传承

百年家族背后的中国史

艾公子——著

辽宁人民出版社

ⓒ 艾公子　2023

图书在版编目（CIP）数据

传承：百年家族背后的中国史 / 艾公子著 . —沈阳：辽宁人民出版社，2023.5
ISBN 978-7-205-10687-4

Ⅰ．①传… Ⅱ．①艾… Ⅲ．①家族—史料—中国②中国历史—史料 Ⅳ．① K820.9 ② K206

中国国家版本馆 CIP 数据核字（2022）第 238880 号

出版发行：	辽宁人民出版社
地　址：	沈阳市和平区十一纬路 25 号　邮编：110003
	http://www.lnpph.com.cn
印　刷：	天津旭丰源印刷有限公司
幅面尺寸：	170mm × 240mm
印　张：	27
字　数：	410 千字
出版时间：	2023 年 5 月第 1 版
印刷时间：	2023 年 5 月第 1 次印刷
责任编辑：	娄　瓴
助理编辑：	贾妙笙
封面设计：	今亮后声・郭维维
版式设计：	新视点工作室
责任校对：	吴艳杰
书　号：	ISBN 978-7-205-10687-4
定　价：	75.00 元

自 序

家族与中国

唐朝贞观十二年（638），当历时六年的《氏族志》修成，被进呈到唐太宗李世民面前时，李世民勃然大怒。

原来，出身陇西李氏的唐太宗指示修撰《氏族志》，本意是要抬高皇族的尊崇地位，对魏晋南北朝以来根深蒂固的世家大族重新进行洗牌定位，没想到负责修撰工作的大臣高士廉等人，竟然还是将传统的山东（指崤山以东）地区的崔、卢、王、郑等大族列为第一等，品级甚至高过皇族陇西李氏。

对此，李世民不无恼火地说："朕实不解山东四姓为何自矜，而人间又为何重之？"

于是，在李世民的怒批下，高士廉等大臣连忙重新修订《氏族志》，并按照李世民的精神指示，将皇族列为一等，外戚次之，崔、卢、王、郑等传统顶级门阀士族，则被降为第三等。

不仅如此，新编的《氏族志》还规定，日后世家排名，要以姓氏族人所在的官位品级来确定家族的等级，唐太宗甚至下诏，不准崔、卢、王、郑等世家大族互相通婚。

尽管如此，在唐代，世家大族的影响力仍然不可小觑，满朝文武权贵，私底下还是倾心于与传统的世家大族联姻通婚。

到了唐文宗时，唐文宗向出身荥阳郑氏的宰相郑覃求婚，希望郑覃能将孙女嫁给当时的皇太子李永，但郑覃却委婉拒绝，宁可将孙女嫁给当时仅仅为九品官员却出身山东士族的小吏崔皋。

为此，唐文宗无奈叹息说："民间修婚姻，不计官品而上阀阅。我家二百年天子，难道还比不上崔、卢这些世家吗？"

以上，唐太宗的暴怒和唐文宗的哀叹，都揭露了唐代社会的一个重要力量的存在，那就是：家族。

在当时的崔、卢、王、郑等自诩出身"清流"的名门世家看来，陇西李氏尽管当时贵为皇族，但祖上却是出身胡人或是胡化的汉人，因此在文化传统和门阀品级上，他们从内心里仍然高傲矜持，甚至宁可将自己的儿女嫁给出身士族的九品芝麻官，也不愿与皇族攀亲，这在今天看来貌似迂腐和不可思议，但却是唐代社会的真实写照。

因为在古代中国，在皇权之外，活跃着一些更为久远和深厚的社会元素，那就是：家族的力量。

阅读中国历史，"家族"是一个无法忽视的重要概念，实际上，影响中国历史变量的，除了政治、经济，在社会变量中，"家族"是一个具有巨大影响力的构成和元素。

如果从《氏族志》的故事引申开来，纵观历史可知，中国的家族，主要经历了四个发展时期。

从西周至春秋时期，中国实行宗法制度，那时，周天子是天下的共主，也是"天下宗主"；到了春秋战国时期，宗法制开始瓦解，个体的家庭与小家族才开始从宗族中独立出来。

家族发展进入第二阶段后，从两汉到隋唐时期，家族的典型形式是门阀士族。原先在春秋晚期瓦解分离出来的小家庭、小家族，此时逐渐被以门阀士族为代表的大家族所代替。历经汉末和魏晋南北朝的大乱世，小家族需要团结起来，以更大的形式抵御外力变迁，那时，"一宗近将万室，烟火连接，比屋而居"。所谓世家大族，也与当时社会久经动荡和讲究门阀背景息息相关，尽管在南北朝结束之后，世家大族的力量逐渐被削弱，但他们在隋唐两代的历史和社会中，仍然具有巨大的影响力，而前文提到的《氏族志》和宰相郑覃拒绝唐文宗联姻的故事，便可以说明当时世家大族的影响力之深刻。

传统家族的第三次演化，是从宋代开始，延续至元明清时期。在此之前，从唐代开始实施的科举制对寒门庶族的提拔，以及皇权的有意压制与打击，以及唐朝末期的战乱和农民战争等因素的交替打击，使得自魏晋南北朝以来，能与皇族共舞的世家大族逐渐瓦解消亡，进入宋代后，由于两宋倡导文治和实行大规模科举取士，科举制的公平选拔，使得大批出身平民阶层的子弟得以实现阶层流动，并进入国家上层。

于是，从宋代开始，在传统世家大族瓦解的基础上，主要以血缘、地域、科举功名等进行联结提升的大众化、世俗化的家族开始崛起，并逐渐形成了今天中国农村社会的家族结构。此后千年，中国的乡村结构尽管历经时代动荡和冲击，却始终保持稳固，从而成为中华民族世代相承的底层根基。

因为，只要有了家族，这个民族的基层血脉就始终存在，不管上层如何变化，都可以依靠基层的家族，重新组合建构起一个新的稳定社会。

19世纪两次鸦片战争之后，中华帝国开启近代化历程。在这个过程中，中国的部分沿海地区率先城市化，这对依靠传统农业和农村组织起来的家族，形成了新的冲击。晚清民国崛起的新式家族，例如曾国藩家族、贝聿铭家族、义宁陈氏等，都是在中西交融的时代大背景下，将中华民族的传统品德，与最新的国际义理、慈善公益等融而为一，从而培养出了品学传家、报效家国的优秀子弟，这一从19世纪中期开始的家族演化，堪称西周以来三千年中国家族的第四次大演变。

从宏大历史回到个体本身，在笔者的故乡广东潮汕地区，修缮族谱、慎终追远，是乡村社会的重要传统，笔者的祖先在西晋永嘉之乱开始后，从中原河南一路辗转南下，后来迁徙定居福建莆田，一直到南宋末年，笔者祖先又从福建迁徙到广东潮汕，沿着河南—江苏—福建—广东，一路迁徙走来，历经1600多年。

每每看到家族的族谱，笔者心中都会生出无限感慨。从西晋迄今的1600多年中，历经朝代更迭、风云变幻，先祖们代代传承，忠实记录着一个北方家族的迁徙脉络。如今，笔者父亲还在老家房子的门楼背后，特地用一块石碑镌刻上四个大字：荥阳世家。

我的家族来自一个我至今尚未去过的遥远的地方：河南荥阳。我知道，这是先祖们为了让我知道家族的源流和脉络。因为无论经历多少代人、多少时间，我们始终都要追思一个问题：

我从哪里来？要到哪里去？

今天的中国社会变迁剧烈，自十九世纪四十年代第一次鸦片战争以来，近二百年来的中国，逐步从农业化，向工业化、现代化演进，传统以农业为基础的家族结构面临着剧烈的冲击和解构。根据2021年5月公布的第七次全国人口普查数据，全国人口达14.1178亿人，这其中居住在城镇的人口为9.0199亿人，占比63.89%；而居住在乡村的人口为5.0979亿人，占比36.11%。

中国的城镇化还在不断推进。按照欧美国家的经验，进入到成熟阶段，中国的城镇人口比例甚至有可能达到总人口的80%以上。但是，在从乡村迁徙到城市的过程中，我们时常感觉到个体的孤独与无依。

为什么会产生这种感觉呢？很重要的一个原因是，在城市里，我们离开了传统熟悉的乡村和家族，从一个熟人社会进入到一个陌生人社会。这种切换，会让我们产生不安全感和孤独感。

在笔者的故乡广东潮汕地区，人们会将家族中迁徙到另外一个地方定居下来的第一代人称为一世祖。在今天，数以亿计的中国人正在离开传统的乡村和家族，迁徙成为某个城市的一世祖。作为开枝散叶的第一代人，我们其实需要为子孙后代回答好一个问题，这就是文章开头提到的"我从哪里来，要到哪里去"的灵魂和脉络之问。

城市化是全世界都在经历的进程，这个进程不可逆转。但在城市化的进程中，我们作为承前启后的中国人，究竟该为自己的子孙后代准备好什么？回答好什么？

这就是我们写作《传承：百年家族背后的中国史》的原因。实际上，帮助自己和后代子孙回顾家族来源与血脉传承，也是在帮助我们这个民族回答历史的溯源问题。四大文明古国中，中国是唯一文明不曾断裂的国家，原因就在于中华民族以家族为单位，世世代代传承，即便在历代的动荡冲击中，仍保留着文明的薪火，故始终屹立不倒、涅槃重生。

所以，在城市化与全球化的进程中，我们有必要重新审视我们的家族源流，并去吸收历史上的那些顶级家族的传世智慧，学习他们的为人处世，学习他们的持家之道。那些仁义礼智信的朴实道理，浸润在许多顶级家族的家教之中。我们回顾过往和学习先贤家族，也是为了助力我们自己的家族，助力整个民族不断开拓创新、继往开来。

国家、市场和社会，是西方社会运转的三个重要概念，但在中国，我认为还要加上一个要素，那就是：家族。

我们从农村走向城市，我们从农业化走向工业化，我们从中国走向全球化。在这个浩瀚的历史进程中，我想我们对自己的家族、族群和民族，对过去、现在和未来，对我们的子孙在新的历史进程中如何重构组织、审视自我，都肩负着不可推卸的责任。那就是，让家族的薪火和传世智慧，永生永世地流传下去。

甚至夸张一点说，未来，假如我们走出地球，走向浩瀚的宇宙，我们仍将追溯自己的来源。作为浩瀚宇宙中的微渺个体，我们仍需要继续回答这个问题：我们从哪里来？要到哪里去？

作为给子孙后代和未来的一个回答，家族，是必不可少的答案之一。

我们秉承着对过去、现在和未来的敬畏，在虔诚恭敬中写下这本小书，作为我们流传给后世的回答。希望无论走到哪里，我们都莫忘了，自己的家族和出处。

艾公子　郑焕坚

2021年初夏于广州

目 录

楔子　中国古代第一家族，凭什么兴盛两千年？　_001

第一章　开疆拓土：两汉的功臣与外戚

李广家族：三代人都被诅咒，细思恐极　_017

帝国最牛外戚：两大家族，影响历史七十年　_029

扶风马氏：马姓中名声最响的一支　_041

东汉神奇家族：兄妹三人，让世人铭记两千年　_052

窦氏家族：兴衰三百年，十三人封侯　_064

汉朝战神家族：终结匈奴，马踏鲜卑　_077

天师家族两千年　_088

第二章　黄金时代：魏晋至隋唐的门阀家族

三国诸葛家族：各为其主，尽忠行事　_101

颍川荀氏：一个汉晋豪门的兴衰　_113

琅邪王氏：中古第一豪族传奇　_124

中古第二豪族，为何盛极而衰？ _133

桓氏家族：三代人出一个皇帝，仅用一年就败光了 _143

独孤家族：南北朝最后的赢家 _155

崔氏豪门七百年 _162

中国出宰相最多的家族，藏在山西一个小村子里 _171

南兰陵萧氏：一个家族的逆袭史 _178

大唐韦氏家族，差点出了"武则天第二" _187

杜氏家族九百年：不负于家，亦不负国 _198

第三章　科举、文化与战功：宋明清家族传承

宋朝学霸家族：一门三宰相的秘诀 _213

范氏义庄：一个超越人生与时代的家族故事 _225

真真假假杨家将：一个传奇家族的真相 _235

大宋第一将门家族，威震帝国两百年 _246

王阳明家族兴衰史 _253

文徵明家族：苏州城内的君子世家 _264

沐英家族：统治云南三百年 _274

张廷玉家族：长居高位，何以不倒？ _283

第四章　从传统到现代：晚清以来家族的转型

清朝巨富家族，终结于1953年　_295

晚清名门传承：不给子孙留财产，凭什么兴盛两百年？　_305

左宗棠家族：他带兵收复了新疆，子孙却从此远离政坛　_314

李鸿章家族：功过是非一百年　_325

萨氏家族：海军世家，精忠报国　_337

一个"失败"了一百年的家族　_346

张伯苓家族：奋斗百年，教育救国　_361

牛气千年的家族：家教很"笨"，为何却无比成功？　_378

海宁查家：中国武侠背后的传奇家族　_387

富了十五代人，苏州贝家凭什么？　_399

义宁陈氏：近代以来最有文化的家族　_405

参考文献　_415

楔子　中国古代第一家族，凭什么兴盛两千年？

1

为了保护一个即将出生的婴儿，整个曲阜城如临大敌。

这是1920年2月23日，山东曲阜城里，北洋政府总统徐世昌特派的军队，包围了整个曲阜孔府。特派将军和时任山东省省长屈映光，以及孟子、颜回、曾子三氏奉祀官，都在焦急地等待曲阜孔府里即将传出的那一声婴儿的啼哭。

3个月前（1919年11月），孔子第七十六代嫡孙、第三十代衍圣公孔令贻（1872—1919）突然在北京病逝，享年47岁。作为从北宋就开始世袭承封的贵族，"衍圣公"是一个只有孔子的嫡系男性子嗣才能继承的爵位，但孔令贻生前只有两个女儿，唯一令人欣慰的是，孔令贻的小妾王氏此时已怀有身孕。

孩子不知是男是女，但如果是男孩儿，按照惯例，他将受封成为第三十一代衍圣公。

王氏生产在即，为了防止王氏即将出生的孩子被掉包，北洋政府派出的军队和代表紧紧包围了整个曲阜孔府。在产房，孔府血缘关系最近的十二府长辈老太太也亲自坐镇监督，偏偏王氏难产，孔府上下焦虑万分。

好不容易，婴儿顺利出生。

是个男婴。

当消息传开时,整个曲阜震动了。随后,曲阜全城开始燃放鞭炮,北洋政府也下令在曲阜鸣放13响礼炮,以庆祝"圣裔不辍"。

同年6月,当这位被命名为孔德成的婴儿满百日时,北洋政府总统徐世昌特地下令,封襁褓中的孔子第七十七代孙孔德成为袭封第三十一代衍圣公。

这,就是末代衍圣公孔德成。

2

孔德成出生时,孔子家族作为世界上延续与世袭时间最长的贵族世家,已经存在了2000多年。

这是一个超越王朝更替与江山鼎革变迁的世袭贵族。

公元前219年,秦始皇在东巡郡县时,特地封孔子的九代孙孔鲋为鲁地文通君,文通君只是名誉称号,并非祭祀孔子的专门封号,然而这也开了封赏孔子嫡系子孙的先例。

汉高祖时期,刘邦在公元前195年经过鲁地,又封孔子的九代孙孔腾(孔鲋之弟)为"奉祀君",专事孔子的祭祀事宜。

由于汉代的"罢黜百家,独尊儒术",公元前2世纪,司马迁在写作《史记》时,就敏锐地捕捉到了即将在后世发生的文化锐变,因此他将孔子写入了只有世袭王侯才能入列的"世家"系列,尽管此时距离孔子被封为"王",还有千年时间。

到了汉元帝时期,公元前43年,汉元帝又封孔子的十三代孙孔霸为太师,并赐爵关内侯,食邑八百户,号褒成君,以所食邑奉孔子祀,这也是孔子后裔世袭爵位奉祀的开始。

北宋时期,因自唐朝中期以后有军人割据乱政的传统,北宋朝廷开始极力推行"崇文抑武",在此背景下,公元1045年,宋仁宗正式封孔子的四十六代孙孔宗愿为衍圣公。此后,"衍圣公"这一世袭爵位封号历经北宋、金与南宋、元、明、清、民国,一直延续到第三十一代,也就是末代衍圣公孔德成时,已经承袭了800多年。

宋代时,衍圣公相当于八品官,元代被提升为三品,明朝初年是一品文官,后又"班列文官之首",清代还特许衍圣公在紫禁城骑马,在御道上行走。而历代衍圣公所居住的衍圣公府(今孔府),更是全国仅次于明清皇宫的最大府第。作为世受封爵的贵族世家,孔子嫡系家族的显赫与尊崇,自古无二。

3

尽管后世地位显赫,但孔子家族刚开始却是人丁凋零的。

从孔子开始,孔子家族连续七代单传,一直到第八代孔谦才生了三个儿子;到东汉章帝刘炟时期(57—88),孔子家族20岁以上的男丁只有60多人,而此时,距离孔子生活时期(前551—前479)已经过去了500多年。

即使到了唐朝末年,定居今天山东曲阜一带的孔子后裔也只有十户左右。但是五代十国后期,孔子后裔数量开始大幅增长,不仅曲阜正统的人丁大增,就连外迁的人口也逐渐增多。

在孔子家族的传说中,孔子家族走向旺盛的转折点,与一宗骇人听闻的灭族屠杀案有关。

后梁乾化三年(913),恰逢五代十国乱世,作为孔子家族世袭奴仆后代的孔末(原姓刘,跟随孔子家族改姓孔),因孔子后裔所享有的世代荣华富贵眼红不已,于是带领暴徒,对在曲阜居住的孔氏家族进行灭门屠杀,此事史称"孔末乱孔"。当时,孔子的第四十三代嫡孙孔仁玉只有9个月大,由于刚好在外婆家而躲过一劫。

在将孔子嫡系家族满门屠杀后,孔末开始冒充孔子嫡孙进行招摇撞骗。一直到17年后的后唐明宗长兴元年（930），有人将孔末冒充圣裔之事诉诸朝廷，经过核实，最终后唐朝廷将孔末诛杀，17岁的孔仁玉才得以回归曲阜孔府，而孔仁玉也因此被称为孔氏家族"中兴祖"。

尽管史家对于"孔末乱孔"事件的真实性存有争议，但是孔仁玉振兴孔家，却是不争的事实。此后到了元朝前期的孔子五十三代孙时，孔子嫡系后裔子孙已达84人，连同上下几代共有334人。相比五代十国以前，孔子家族历经1000多年发展却始终人丁凋零的局面，从五代十国的第四十三代嫡孙孔仁玉时，孔子家族的人口开始了快速增长。

到了明朝五十七代孙时，孔子家族人丁（不含女性）已超过万人；清朝乾隆年间，孔子后裔子孙数量突破了10万；到了民国时期，这一数字增加到56万；而到当代，孔子后裔子孙已有400多万，并散居到全球各地，其中光韩国就有孔子后裔7万多人。

在孔子家族世代居住的山东曲阜，只要追溯三代，几乎当地每一家都与孔家有着亲戚关系，因此曲阜当地有俗语称"无孔不成席，无孔不成村"。

4

作为王朝道统和国家意识形态的象征，孔子家族在乱世中，注定颠沛流离。

北宋靖康之变后，面对南下入侵的女真人，为了道统的延续，1128年，作为孔子第四十八代嫡孙的"衍圣公"孔端友带着孔氏族人，护佑着孔家的"世传珍宝"——孔子夫妇楷木像及画像，跟随宋室一起辗转南迁到了浙江衢州。第二年（1129年），宋高宗御批孔端友在衢州兴建孔府、孔庙，这也是孔氏南宗的开端。

与此同时，为了国家道统的正统性，女真人建立的金国则册封孔端友的同父异母弟弟孔端操为衍圣公，以主持曲阜孔庙祭祀，这也就是孔氏北宗的开端。从此,孔氏家族开始了南北宗之争。

在蒙古人攻灭金国和南宋后,孔子家族的南北宗之争也摆到了忽必烈的面前。当时,忽必烈有意成全本为嫡系、正统的孔子五十三代嫡孙、南宗的衍圣公孔洙回归山东曲阜,解决孔子家族嫡传的南北宗之争。但孔洙却主动表示,孔子南宗当时在浙江衢州已经有五代先祖入葬(第四十八代、四十九代、五十代、五十一代、五十二代),他自己实在不忍心离弃先祖。况且北宗孔氏家族毕竟也是嫡系子孙,在乱世中守护曲阜祖业也劳苦功高,因此他自己愿意放弃南宗衍圣公的封号爵位,解决孔子家族跨越百年的南北之争。

当时,作为衍圣公所享有的世袭荣华富贵,是天下其他家族所梦寐难求的,但孔洙却主动放弃,这让忽必烈感慨不已,他称赞孔洙:"宁违荣而不违亲,真圣公后也。"

为了杜绝日后孔子南宗子孙与北宗夺嫡,忽必烈也特地做了安排,命人专门制定了衢州孔氏南宗家规,张挂在南宗孔氏家庙,声明作为孔子北宗的曲阜子孙袭封千年不易,如孔子南宗子孙妄起争端,将被"置之重典,永不叙录"。

5

但作为与中华民族安危与共、袭封2000多年的特权家族,孔家是否仅仅凭借作为孔子子孙的血缘关系,便足以屹立千年不倒?

对于这一点,孔子的家教早已蕴含答案。

孔子在世时,经常潦倒不如意,但他还是教育儿子孔鲤说:"不学诗,无以言;不学礼,无以立。"

这就是流传千古的"诗礼庭训"。

这一流传2500多年的祖训,即使到今天,也仍然是孔氏家族的祖训和家教。据孔子后人透露,直到今天,按照孔子家训改编的对联"礼乐传家久,诗书继世长"仍然是曲阜孔氏家族最常用的春联内容。在孔家后人看来,"学诗学礼"的祖训,核心是重视教育、礼门义路的家风,孔子的七十六代孙孔令绍则将之简单表述为"有文化,守规矩"。

"有文化,守规矩",这六个字看似简单,但当一个家族2000多年延续不断地将其执行到底的时候,它开始迸发出无比强大的精神力量。

秦朝末年,秦始皇"焚书坑儒",孔子的九代孙孔鲋为了承担文化传续重任,冒险做出了"鲁壁藏书"的举动,将家藏的《论语》《尚书》《孝经》等书,藏于旧宅的墙壁中。秦末农民起义爆发后,孔鲋又跟随陈胜农民军抗击暴秦,最终被秦将章邯的军队所杀,卒年57岁。

孔鲋虽死,但他留下的存续道统、抗击暴政的精神,始终鼓励着孔氏后人。孔家从西汉开始受封后,更加恪守礼义门风,到了东汉末年,孔子的第二十代孙孔融更是留下了四岁让梨的佳话。

孔融长大后,恰逢东汉末年宦官专权陷害士人。在"党锢之祸"的政治危局中,士人张俭遭到通缉,于是便逃到孔家,希望投奔自己的朋友、孔融的哥哥孔褒。张俭到孔家时,恰巧孔褒不在家。正当张俭犹豫去留之际,年仅16岁的孔融看出了危难所在,于是自作主张决定收留、保护张俭。

后来事情败露,张俭逃走,孔融和孔褒兄弟都被逮捕下狱。宦官审讯两兄弟时,孔融主动承担罪责说:"是我自己决定收留张俭,与我哥哥无关。"孔褒则为弟弟辩护说:"张俭是我的朋友,他是来投奔我的,与弟弟无关,要杀就杀我。"孔融、孔褒的母亲听说后又主动投案说:"我是他们的母亲,是我教育无方,所有罪责由我一人承担。"

为了拯救这个国家的士人,孔融一家三口争先求死,这让当时的人无限感慨唏嘘。最终,宦官下令杀死了孔褒,并释放了孔融和孔母。而孔家为了道义"一门争死"的故事所表现出的孔家正义耿直的政治品格,也始终流传后世。

到了元代,孔子的五十二代孙孔治在为官时就始终"孝友仁厚,公谨廉明"。孔治在儿子孔思诚出任曲阜县尹之初，就告诫儿子说："毋妄怒，轻笞人。邑中长者视之如父兄，幼者抚之如子弟……"

明代初期，孔子的五十七代孙孔讷"为人严谨，天性仁孝"，乐善好施，对无力婚葬的乡邻时常解囊相助。

但也有例外的时候。明朝万历十一年（1583），当时的世袭衍圣公孔尚贤在进京朝见时，随身带着土特产贩卖，又贪图驿站便利，以致遭到弹劾，遭到"考成法"处治。另外，孔尚贤娶了权相严嵩的孙女为妻，后来严嵩倒台时，孔尚贤也受到了一定拖累。鉴于政治凶险和个人教训，孔尚贤于是特地立下了《孔氏祖训箴规》，并提出"崇儒重道，好礼尚德，孔门素为佩服。为子孙者，勿嗜利忘义，出入衙门，有亏先德"的家训。

在历代先祖不断总结并身体力行的祖训家风教育下，孔家，这个沿袭千年的道统象征，其后人也始终仁义布施。到了明末纷乱的崇祯十三年（1640），山东发生灾荒，瘟疫肆虐。当时，孔子的六十五代孙孔胤植特地上奏朝廷，请求免除当地粮税，并出钱物救济灾民，先后"救活"数千人。

在乱世之中，这个象征道统的家族，也始终心怀天下。

明末清初时，鉴于国家衰亡，孔子六十四代孙孔尚任在千古名著《桃花扇》中，委婉地写出了一个时代士人的哀愁。他借用剧中人物之口说："你们不晓得，那些文人名士，都是识时务的俊杰，从三年前俱已出山了。"

尽管不得不在清朝的高压统治下生活，但孔尚任仍然借着一杆笔，控诉着乱世的无操守者，表达出对故国明朝的无限哀思。《桃花扇》三易其稿，成书后的第二年，孔尚任就遭到罢官并差点因此被杀。只因他是孔子后人，最终才被赦免一死。

到了清代，孔子的六十七代孙孔毓珣担任四川龙安知府期间，"因俗为治，弊去其太甚，边民安之"。在湖广地区任职期间，孔毓珣又带领民众筑堤捍江，因为他治河有功，民众特地将堤坝称为"孔公堤"。

后来，雍正皇帝在召见孔子七十代孙孔广棨时感慨说："至圣先师后裔当存圣贤之心，行圣贤之事，一切秉礼守义，以骄奢为戒。"

作为中华帝国道统的象征，孔家人尽管享受了皇权的特封，但家族却始终秉礼守义，不能不说，这也是2000多年来，孔氏家族得以长盛不衰的根本原因。

6

尽管家族历经富贵，但特殊的袭封背景，也让孔家世代谨慎。

对此，孔府前一副金字对联也道出了关键所在：

> 与国咸休，安富尊荣公府第，
> 同天并老，文章道德圣人家。

在这副对联中，"富"字上面缺了一点，"章"字的一竖一直通到上面。

孔家人对此的解释是："富贵无边，文章通天。"在他们看来，只有秉持"礼乐传家久，诗书继世长"的祖训，家族才能在谨慎克制中，绵延2000多年而兴盛不衰。因为孔子家族世袭绵延的特权虽然"与国咸休"，但如果家族自身没有高尚节制的门风加持，则必将势危倾覆。

时间来到1924年后，当年，冯玉祥发动军变，将清朝废帝溥仪赶出了紫禁城，作为帝国最后象征的溥仪狼狈出走，这也给了孔氏家族极大的心理震撼。到了1928年，在族人的商议下，当时年仅9岁（虚岁）的孔德成上书中央政府，请求取消"衍圣公"的封爵。1935年，南京国民政府最终作出决议：废除一切封建爵位，并将"衍圣公"孔德成的爵位改为"大成至圣先师奉祀官"头衔；另外将早已没落多时的孔子南宗、浙江衢州孔子嫡系子孙，任命为"大成至圣先师南宗奉祀官"。

尽管如此，一生信仰儒家道统的蒋介石，还是对孔德成予以了特殊礼遇。1935年7月，在孔德成就任"大成至圣先师奉祀官"的仪式上，国民党官员陈立夫出面主持，戴季陶监督，蒋介石也出席观礼。

尽管"衍圣公"的封号不再，但作为中国道统的象征，孔德成仍然被赋予了特殊的含义。对此，在当时的乱世中，日本人也居心叵测，并几次三番试图诱惑末代衍圣公孔德成前往日本。

1937年全面抗战爆发后，当年年底，日军侵入山东鲁南，面对曲阜即将沦陷敌手的危亡局面，为了抢救作为中国道统象征的末代"衍圣公"孔德成，蒋介石特地命令国民党第二十师师长孙桐萱率兵到曲阜孔府，连夜护送孔德成逃出曲阜。

孔德成离开孔府仅仅几个小时后，日军就攻占了曲阜孔府。

后来，孔德成的堂弟、同为孔子七十七代裔孙的孔德墉回忆说："现在看来……若孔德成落入日本人之手，后果不堪设想。起码会把他绑架至日本，供奉成有名无实的伪圣人。"

孔德成离开曲阜后抵达武汉，随后发表了抗日宣言。武汉沦陷后，孔德成又跟随国民政府退往重庆继续坚持抗战。蒋介石特地下令在重庆歌乐山为末代"衍圣公"修建了奉祀官府，并且让他参加国民党的参政会。

关于如何对待作为中华文明象征的曲阜孔庙，早在日军进占曲阜之前，日本东京大学教授高田真治就上书日本军部说：

"山东作战，如破坏曲阜古迹，日本将负破坏世界文化遗迹的责任。"

为此，日本军部特地命令前线部队避开在曲阜一带的战斗，日军攻占山东后，尽管在其他地方犯下滔天罪行，但对曲阜孔庙却始终毕恭毕敬。

曲阜沦陷期间，当时随父亲孔令煜一起守护孔府的孔德墉回忆说：

"120名日本兵占领了孔家大院，他们在孔府还算老实、规矩。大院内凡贴上'内宅，止步'的字样，若没上级批示，日本兵一般不敢贸然闯入。

"我接待过一个少将，他不敢坐在我的上边，只要我坐在上边的话，他一定会自动地坐在下边。当官的坐在他的旁边，其余的全部都要在外边站着。"

孔令煜回忆说，日本人长期经受中华文明世泽，也有尊孔传统。为此，在曲阜沦陷期间，日本人也将孔府奉若神明，即便是日本军方组团参观，也会规规矩矩地排队。

7

抗战胜利后，孔德成一度短暂返回曲阜，1949年时代巨变之际，孔德成又跟随蒋介石漂洋过海到了台湾。

作为遗腹子，孔德成出生前就没了父亲，出生后十几天，母亲又因产褥热去世。尽管名义上坐享荣华富贵，但一出生就成了孤儿的他，心中的孤苦，或许只有自己才能体味。

他生逢乱世，从民国变故到抗战漂泊，再到解放战争，最终流落小岛台湾，这种个人的特殊身世，加上家族祖训，也让他一生谨小慎微。据曾经担任台湾防务部门负责人的郝柏村回忆说："我和孔德成共事五年，我们开会时，没见他说过一句话。"

但孔德成有自己的个性和坚持。

到了20世纪90年代，山东曲阜当地生产了以"孔府"命名的"孔府家酒""孔府宴酒"，为此，家乡代表团特地到了台湾拜访孔德成，并向他献上了包装豪华的"孔府家酒"，希望末代"衍圣公"能为此站台代言。没想到性格耿直的孔德成只是淡淡地说了一句："我们孔家没有这种酒。"

在台湾，孔德成尽管名义上担任"大成至圣先师奉祀官""国大代表"和台北故宫博物院终身院长，但他的实际职务，却是台湾大学中文系教授，主要在台湾大学和辅仁大学讲授三礼研究、金文研究和殷周青铜彝器研究等课程。

早在抗战迁居重庆时就师从著名学者王献唐的孔德成，年轻时就立下了做一位纯粹学人、而不以道统自居的志向，对他来说，出身孔家、身为末代"衍圣公"虽然是一种特殊的无上荣誉，但若沉迷于此，不仅他个人，整个孔家都将难以适应时代的巨变。

时代的隔离，让孔德成自1949年离开大陆后，终身都未再返回故乡曲阜。1993年，人在台湾的孔德成特地写了一副对联"风雨一杯酒，江山万里心"，并托人寄给了在大陆的姐姐孔德懋，委托她去父母的空坟前磕头烧纸。孔德懋将弟弟孔德成的这副对联挂在了客厅，每每睹物思人。

2008年，末代"衍圣公"孔德成在台湾去世，享年89岁。由于孔德成的儿子孔维益已于此前病逝，2009年，"大成至圣先师奉祀官"最终由末代"衍圣公"孔德成的嫡孙、孔维益的独子孔垂长继承。

此后，原本全职经商的孔垂长，作为孔子的第七十九代嫡孙开始投入到宣扬儒家文明的事业中来。对于自己特殊的血脉所蕴含的特殊使命，孔垂长说："我在成长过程中知道自己有个与生俱来的使命时，内心里是有些抗拒的，但也只能无奈接受，这就是命运吧。"

而作为孔子家族血脉的延续，2006年，孔垂长的儿子、孔子第八十代嫡孙在台湾出生。为了给这位天赋使命的曾孙取个名字，当时仍然在世的末代"衍圣公"孔德成前后想了一个多月，最终给曾孙取名为孔佑仁。

"佑"是辈分排序；而"仁"，则是孔子思想中的核心要义，也是这个2000多年兴盛不衰的圣裔家族，得以福泽绵长的根本内蕴。

8

在大陆，孔子南宗嫡系传人、孔子第七十五代孙孔祥楷，也于1947年9岁时被当时的国民政府委任为"大成至圣先师南宗奉祀官"。

1956年，孔祥楷高考后被录取到西安建筑工程学院（今西安建筑科技大学）建筑工程系。大学毕业后，孔祥楷被分配到河北唐山的金矿任技术员。由于长期在偏远的矿上工作，孔祥楷竟然因此奇迹般地躲过了历次政治运动。

后来孔祥楷回忆说："我能度过大劫，可能得益于我一直做普通人，始终与工人工作、生活在一起。"

历经坎坷曲折，1993年，浙江衢州市委在经过与孔祥楷工作的中国黄金总公司多次协商后，最终将自从1956年后就离开故乡的"南宗末代奉祀官"孔祥楷迎回故里。

后来，有学者表示，作为孔子南宗的嫡系传人，孔祥楷应该将自己作为孔子"嫡长世系"的身份报告上去，对此孔祥楷则说："谢谢了！人当有所为，有所不为！"

对于去世后落葬台湾的末代"衍圣公"孔德成，孔德成的堂弟、世界孔子后裔宗亲联谊总会会长孔德墉则表示："我们的愿望是他能够落叶归根，葬在曲阜的祖茔孔林内。这里一直给他预留着墓地。"

同时期的孔祥楷则做了一件事，在修缮位处浙江衢州的孔子南宗家庙时，对于如何题写孔子的牌位，有人建议仍然按照旧例写成"大成至圣先师之神位"，但孔祥楷却拒绝了，他说：

"夫子说'祭神如神在'，可见孔夫子并不认为有'神'，连孔夫子都不认为有神，那他自己会是神吗？所以，此处牌位不应写'神'字。"

从神到人，这个延续2000多年的圣裔家族，知道自己该做什么、不该做什么。他们也时刻铭记着孔子家族先哲留下的祖训：

黎明即起，洒扫庭除；

自我检点，不扯滥务；

居身简朴，辛勤劳杵；

一丝一缕，恒念力物；

粗茶淡饭，慎近酒酤；

恪守信义，邻里互助；

忠厚传家，苦读诗书；

振振绳绳，繁我孔族。

时代沧桑巨变，但他们严谨持守的家风，确保了一个特殊的家族得以延续2000多年而不衰。或许，那些颠扑不破的真理，从来，就是朴实无华的。

第一章 开疆拓土：两汉的功臣与外戚

李广家族：三代人都被诅咒，细思恐极

岁月不饶人，作为一代名将，李广变得越来越焦虑。

他找到一个名叫王朔的巫师倾诉，说自大汉与匈奴交战以来，我李广就领兵打仗，那些平庸之辈以及我的十多个部下都已经封侯了，只有我不能封侯，这是为什么？

王朔问道："你有没有做过让自己特别后悔的事？"

李广想了想说，在担任陇西太守期间，自己曾不守信用杀了800多名已投降的羌人。

王朔说，杀降最犯克，这就是你命中不能封侯的原因啊。

作为西汉对匈战争中名气最大的将领之一，李广经历了太多令世人同情的厄运。而他的家族，整整三代人都无法走出悲情的宿命。

那些驱散不去的厄运，李广及其子孙在世时就无法解释，只能承受。如果"命中注定"的说法能够给这个家族些许安慰，那么，王朔的解释也值得回味吧。

1

元狩四年（前119），以卫青为大将军、霍去病为骠骑将军的汉朝大军进攻

匈奴。

汉武帝以年老为由不让李广随军出征，经过李广多次申请，汉武帝才勉强同意封他为前将军。但汉武帝私下告诉卫青，若要擒拿单于，不要让李广冲在前面，他的年龄太大，命数又不好，不是吉利之兆。

汉军很快获悉了匈奴单于居所的位置。遵照汉武帝的意思，总指挥官卫青不让年老的李广对阵单于，而是让李广从前锋位置撤回，并入右路军，配合中路军作战。同时，卫青有意让曾救过自己性命的好友公孙敖建功立业，命其率领精锐部队去捉拿单于。李广再次表明他愿与单于拼死决战，但遭到卫青的拒绝，于是只得愤愤不平地按照军令行动。

在战斗过程中，由于没有向导，李广的军队居然迷路了，耽误了与卫青会合的时间，导致中路军在交战中无法击溃并俘获单于。

战后，卫青要向汉武帝报告战果，便派人询问李广延误战机的原因，李广不做答复。卫青又派人继续追问此事，要求李广提交一份书面报告进行说明。这下彻底把李广激怒了，他说："我与匈奴交战七十余次。今日有幸跟随大将军出征战单于，可大将军却让我绕远迂回，道路不熟，以致迷失了方向，这难道不是天意吗？我李广已经60多岁，再也不愿意让那些刀笔吏们来审判我而蒙羞了。"

说完，他拔剑自刎。

根据司马迁《史记》的记载，李广自杀后，全军上下恸哭，百姓闻之，无论老幼皆为之落泪。

2

李广，陇西成纪人，祖上是秦国名将李信。史书说他习得世传弓法，射得一手好箭。

但李广最好的年华恰逢汉朝对匈奴采取战略防御时期，一代名将难显身手。汉文帝曾对李广说:"可惜你生不逢时啊,如果在高帝(刘邦)时代,凭你的战功,封个万户侯还不是轻而易举?"

汉景帝时期,有一次,李广亲率百名骑兵去追杀三名匈奴射雕手,刚完事儿,匈奴的数千骑兵赶到。匈奴人见到李广的小部队,以为是汉军诱敌的疑兵,立刻上山摆开阵势。李广的手下十分害怕,都想掉转马头往回奔,但被李广及时制止了。

李广说:"吾去大军数十里,今如此以百骑走,匈奴追射我立尽。今我留,匈奴必以我为大军之诱,必不敢击我。"

李广命令所有的骑兵向前,一直走到离匈奴阵地不到二里路的地方才停下来,然后又下令道:"皆下马解鞍。"

他手下的骑兵大惑不解,敌人这么多,又离得这么近,我们都下马解鞍,万一他们发起进攻,想跑都跑不了了。李广坚定地说,我们越放松,敌人就越相信我们是诱敌的疑兵,越不敢动我们。

匈奴骑兵果真不敢贸然进攻。

这时,一名骑白马的匈奴将领出阵来,李广骑上马,带十几个骑兵,射杀了白马将,然后重回到他的队里,卸下马鞍。他命士兵都放开马匹,睡在地上。

天色渐晚,匈奴骑兵始终觉得他们可疑,不敢前来攻击。到了半夜时分,匈奴担心汉军伏兵乘夜发动袭击,便引兵而去。第二天一早,李广有惊无险地带着他的百名骑兵回到了大部队。

汉武帝时,李广曾任右北平太守,匈奴人惧怕他,不敢进犯,还给他起了个绰号"飞将军"。唐诗名句"但使龙城飞将在,不教胡马度阴山",说的就是李广的威慑力。

这样一个有胆有识的名将,终其一生,二千石俸禄官做了40多年,就是未能再进一步。历史上,自司马迁起就有"李广难封"的慨叹。"何知七十战,白首未封侯",尽管李广获得了后世的广泛同情,但他的经历作为一个历史的命题,我们可以冷静探讨一下。

关于李广一生不得封侯的原因,历史上有不同的说法。

一种观点认为,根本原因是李广的军功不够。虽然他个人勇武,射箭一流,是个典型的个人英雄主义者,但在汉匈对抗的大背景下,朝廷更加重视将领的带兵谋略与统筹能力,这恰恰是李广的缺陷。这也最终导致其在汉武帝时期的五次对匈战争中要么战败被俘(后逃脱),要么无功而返,要么功过相抵,始终难以取得足够封侯的战绩。

另一种观点则认为,是汉武帝的偏见与卫青的压制,导致李广没有收获战功的空间。

汉武帝重用的名将如卫青、霍去病、李广利等,基本都是外戚出身。与汉武帝非亲非故又不善言辞的李广,名声虽大,却从未得到朝廷的真正重用。每次带兵不过几千人,大大限制了他的能力。最后一次出战,还是在他本人力请之后才获准。汉武帝刚答应李广为汉军的前将军,转身就对总指挥官卫青说,不能让李广作战。可见,汉武帝对李广确实有颇多的忌讳。

3

李广的自杀换来了后世的同情,但现实的影响却是,李氏家族面临没落。

他生前对手下士卒很不错,"得赏赐辄分其麾下,饮食与士共之"。他家无余财,死前"终不言家产事"。他的口碑很好,人们说他"天下无双"。他为人木讷,不善言辞,闲暇就只射箭和喝酒,司马迁在《史记》中形容他"桃李不言,下自成蹊",推崇他的人格感召力。

但他的家族却厄运连连。

李广有三个儿子。老大李当户在汉武帝身边做官,有一次汉武帝和他的男宠韩嫣在一起,韩嫣言行放肆,李当户看不惯,便起身追打韩嫣。汉武帝从此认为李当户是个勇士，可惜李当户很早就去世了。老二李椒曾任代郡太守，不过也很早就去世。

李广自杀时，他的小儿子李敢是骠骑将军霍去病麾下的一名校尉。李敢追随霍去病讨伐匈奴左贤王，奋勇杀敌，夺得左贤王的令鼓、令旗，获得汉武帝赐爵关内侯。但父亲之死对李敢的刺激很大，他一直在寻找机会为父报仇。

李敢后来射伤了大将军卫青，卫青没有声张，隐瞒了此事。但一次李敢和霍去病一起护卫汉武帝去打猎，霍去病想替舅舅卫青报一箭之仇，就趁机射杀了李敢。汉武帝包庇霍去病，对外声称李敢是在打猎时被一只鹿撞死了。

李广还有个族弟李蔡，曾随卫青出击匈奴右贤王，有功，封为乐安侯。后来他官至丞相，在朝廷上混得风生水起。但在李广死后，厄运也缠上了他。李广死后第二年，汉武帝以李蔡侵占汉景帝墓地的罪名，下令逮捕了他，李蔡不愿意接受审讯，效法他的哥哥自杀了。

当李广家族的第三代代表人物李陵走上历史舞台时，这个家族实际上已经衰落了。

4

李陵是个遗腹子，出生时父亲李当户已去世。

毕竟出身名将之家，他跟祖父李广一样擅长射箭，长大后任建章宫护卫队长。后来，汉武帝封他为骑都尉，率领一支5000人的军队，在张掖、酒泉一带巡防。

天汉二年（前99），贰师将军李广利奉命率领3万骑兵从酒泉出发，讨伐匈奴右贤王。汉武帝命李陵作为辎重部队的指挥官，配合作战。

祖父李广的宿命这时在李陵身上重演了——李陵血气方刚，不愿意承担后勤工作，希望直接加入战斗。他求见汉武帝，表示愿意率领5000步兵插入敌阵，以分散匈奴骑兵的优势兵力，减轻贰师将军的压力。

汉武帝的态度很明确：实在没有更多的骑兵派给你了。李陵却自信满满："用不着骑兵，臣愿以少击多，5000步兵就能直捣匈奴王廷。"

以步兵对抗骑兵，这是典型的找死，但李陵愿意放手一搏。汉武帝最后看不过去，决定让强弩都尉路博德率兵接应李陵兵马。路博德是老将，接到任务要他去充当配角，心里十分不爽，于是上奏汉武帝说，如今正值秋季，匈奴马肥兵强，不如等开春后再出兵攻打浚稽山（今蒙古国境内阿尔泰山脉中段）。

汉武帝接到奏章后大怒，他以为是李陵后悔了不愿出战，因而教唆路博德出面上书。于是他直接给李陵下诏，要求李陵务必在九月发兵，并警告李陵："你和路博德说过什么，到时回来给我解释清楚。"

于是，李陵率领他的5000步兵，越过居延要塞北行，开启了他的悲情之旅。

起初行军很顺利，直到李陵军在浚稽山遭遇了单于的大部队，3万多匈奴骑兵将他们包围在两山之间。

大战开始。匈奴骑兵见汉军人数不多，直扑汉军营寨。李陵不慌不忙，指挥若定，"引士出营外为陈，前行持戟盾，后行持弓弩"，并下令"闻鼓声而纵，闻金声而止"。一下子千弩俱发，匈奴人一个个应弦而倒，李陵第一回合就杀死匈奴兵数千人。

匈奴单于被震住了，立马再召集8万骑兵围攻李陵。面对悬殊的兵力，李陵率军以一当十，又杀死3000多匈奴兵。随后边战边退，转战了四五日，又杀敌数千。

当李陵率军退入一处山谷后，他从一名匈奴俘虏口中得到了一个重要情报——匈奴人认为这几千汉军是"诱饵"，山谷一战将是最后一战，这里离汉朝边塞不远，匈奴人如果不能取胜，就得撤回去了。

也就是说，只要李陵打赢这最后一战，他的部队就安全了。

根据班固《汉书》记载，这是一场极其艰难和悲壮的战斗，人数处于极度劣势的李陵军"战一日数十合",犹再"伤杀虏二千余人"。

就在单于被打得没脾气准备撤退的时候,厄运降临了。李陵军中一个叫管敢的人因为不堪忍受校尉的侮辱,竟然在这关键时刻投奔了匈奴,并向匈奴人透露了李陵的底牌:"李陵并无后援,箭也用完了,现在只有李陵和成安侯韩延年各率800人前行。如出动精锐骑兵追击,一定可以歼灭他们。"

这一次,李陵军的所有退路都被截断了。他们拼死朝着南方突围,箭用完了,就把战车的车辐砍下来,拿在手里当武器。

最后,李陵军矢尽车毁,受困峡谷。匈奴人从山上滚下巨石,李陵军死伤甚多,陷入绝境。史家班固写下了李陵走向末路的经过:

> (黄)昏后,(李)陵便衣独步出营,止左右:"毋随我,丈夫一取单于耳!"良久,陵还,太息曰:"兵败,死矣!"……于是尽斩旌旗,及珍宝埋地中,陵叹曰:"复得数十矢,足以脱矣!今无兵复战,天明坐受缚矣!各鸟兽散,犹有得脱归报天子者。"……陵与韩延年俱上马,壮士从者十余人,虏骑数千追之,韩延年战死,陵曰:"无面目报陛下!"遂降。

对于李陵来说,这就是命,从祖父一辈就缠绕这个家族的宿命。所不同的是,他的祖父在绝望后选择了自杀,而他在绝望后选择了投降。

也许是年龄的差异,使祖孙两人做出了不同的抉择——李广在一生最后一战中迷路失责,时年已经60多岁,对于命数只有叹息和接受;而李陵此时才35岁左右,血气方刚,并不甘心就此服输,保住性命或许还有其他的可能性。正如司马迁后来为李陵辩护所说,他不死,是想找机会重新效忠大汉。

可是,这条路最终也被堵死了。

5

投降之后，在偏远的荒漠之中，李陵开始了另一段悲怆的生命旅程。

没有人宽容他。在当时的汉朝朝廷上，此人已是"声颓身丧"，人人得而唾骂之。你可以战败，但必须战死，这是一代大帝的底线。战败而降，显然拂了皇帝的面子。

在汉武帝发动的声讨李陵投降的运动中，只有与李陵并无深交的司马迁站出来替他说话。

司马迁说，李陵为人诚实，时刻准备救国家于危急，有"国士之风"；率5000步兵抗衡单于8万大军，战斗惨烈，虽败犹荣；他虽然投降了，但可能是假降，终有一天"宜欲得当以报汉也"。

司马迁的声音是微弱的，而他付出的代价是巨大的。汉武帝对司马迁不合时宜地为一个投降将领说话，表现得十分恼怒，甚至联想到司马迁可能是通过抬高李陵来贬低自己宠姬李夫人的哥哥、贰师将军李广利，遂下令判处司马迁斩刑。根据当时的法律，司马迁若不想死，只能拿钱赎罪、被贬为庶人，或者选择宫刑。

可怜一贫如洗的司马迁，最终选择了被阉割，忍辱一生。

千百年来，一个个精致的利己主义者，站在道德制高点讨伐投降者，骂爽了，仿佛自己也就成了忠义之士。可这铺天盖地、貌似正义的讨伐之声，不过是为了迎合和讨好统治者罢了，哪有什么骨气和忠义可言？司马迁早就看穿了这场朝堂上的游戏，尽管他自认没有勇气，但还是凭良心说出了真相。这才是值得敬佩的。

事情过去一年后，反复无常的汉武帝终于冷静了，他派公孙敖领兵深入匈奴腹地，设法营救李陵。

这对于投降后"忽忽如狂，自痛负汉"的李陵来说，原本是一个解脱的好机会，可是，命运又跟他开了个大大的玩笑——他压根儿不知道汉武帝派人营救自己的事儿。公孙敖根本没有联系到李陵，只是抓住一个匈奴人，听说李陵正在为单于训练军队，就返回报告汉武帝了。

听完公孙敖的汇报，汉武帝直接下令将李陵的母亲、妻子和子女全部诛杀。

灭族，彻底断绝了李陵回归汉朝的最后一丝可能性。这个消息如同五雷轰顶，刺激着李陵重新反思，对这样一个酷虐的帝王尽忠，到底有没有必要，值不值得？

后来，汉朝使者到匈奴，李陵质问："我曾率5000步兵纵横匈奴之地，因得不到救援而失败，究竟有何愧对汉朝之处而要诛灭我全家？"

汉朝使者回答："汉天子听说你在为匈奴练兵。"

李陵说："帮匈奴练兵的人是李绪（另一个投降匈奴的汉人），不是我啊！"

可惜，悲剧已经铸成，操弄生杀予夺之权的汉武帝是永远不会知道这背后的信息传递错误的。

6

按照宿命的观点，李陵的悲剧，在祖父的时代已经埋下了种子。

汉武帝是一个有雄才大略的帝王，他的所作所为造就了中华民族的底色。但是，回到历史的现场，不难发现光鲜的背后总有残暴的真相。

帝国的高压将名将家族推向战争一线，他们可以凭此斩获功名，振兴家族，但也可能在一场败仗之后，掉入厄运的黑洞，致使整个家族遭到监押或斩首。尤其是汉武帝晚年，杀功臣，杀败将，大肆株连，让很多为国尽忠之人胆战心惊，心灰意冷。

李陵就对汉武帝的酷虐有颇多非议，在受单于之命去劝降苏武时，他这样说:"不久前,令兄苏嘉侍奉皇帝,在行宫门屏处扶皇帝下车,不小心将车辕撞到柱子上折断了,就被认为对皇帝大不敬,最后只好伏剑自刎。令弟苏贤因底下人与驸马争船,淹死驸马后逃走,皇帝下令令弟捉拿凶手,令弟抓不到凶手惶恐中服毒自尽……至于他们的孩子,生死未知。"

在暴君治下过日子,苏武家族的遭遇跟李陵家族几乎如出一辙。讲完,李陵开始说自己:"我刚投降匈奴时,常常像发疯一样,觉得自己愧对汉朝,痛苦不堪……当今皇上年岁已高,朝令夕改,大臣无缘无故被诛灭者达十多家。在汉朝,自身安危都无法保证,还谈何忠君保节呢?"

作为汉朝使节,苏武在李陵投降匈奴的前一年就遭到匈奴人扣押。匈奴单于费了很大精力逼迫苏武投降,但多年来,苏武始终宁死不屈。对于李陵批评汉武帝的说辞,苏武坚持认为,君臣如同父子,不应谈论对错。

多年后,因汉朝与匈奴重新缔结和亲关系,在极寒边地守节19年的苏武终于获准归汉。李陵亲自为苏武饯行。

酒宴上,李陵怅然泪下:"我李陵虽然怯懦,如果汉朝当初能宽容我,我一定伺机为汉朝建立功业,这是我至死都不敢忘记的。但是,汉朝诛灭了我全家,我还有什么要顾全的呢?"

"异域之人,壹别长绝,"以后再无见面机会,李陵不禁感慨了一句,苏武"知吾心矣"。

这是一种绝望而企盼知音的凄凉之音。如果不是遇到倔强的苏武,这些话,李陵也只会让它们烂在肚子里。

苏武,一个绝对忠诚的人,不管自身和家族遭受怎样的痛苦,哪怕这些痛苦是他尊崇的皇帝加给他的,他也始终坚定归汉的信念。而李陵,一个相对忠诚的人,当他发现帝王权力的暴戾和任性之后,则选择了另一条路。

这两个在匈奴大漠中产生交集的历史人物,互为对方的镜子。后人可以赞美苏武的忠贞,可以鄙薄李陵的怯懦,但请给予他们多一些同情的理解,因为他们其实都是皇权的受害者。

酒宴的最后，李陵起舞，唱了起来：

> 径万里兮度沙幕，
> 为君将兮奋匈奴。
> 路穷绝兮矢刃摧，
> 士众灭兮名已隤。
> 老母已死，
> 虽欲报恩将安归！

一曲终了，泣下数行，遂与苏武诀别。

7

李陵在匈奴整整生活了25年，直至老死。

匈奴单于很同情李陵的遭遇，将自己的女儿嫁给了他，并封他为右校王。

在猜忌、冷酷的汉朝政治之外，李陵感受到了原始的人情与人性。

汉昭帝继位后，李陵以前的好友霍光、上官桀等人辅政，他们想让李陵返回汉朝，特意派了陇西人任立政为特使。面对任立政暗示其可以归汉的表态，李陵面无表情，淡淡地说："吾已胡服矣。"

当任立政强调"来归故乡，毋忧富贵"时，李陵则回答："归易耳，恐再辱，奈何！"

任立政仍不死心，第三次追问有意归汉否，李陵最终给出的答复是："丈夫不能再辱！"

他宁可自我放逐于所谓的蛮荒之地，也不愿意回到那个诛杀他全家的无情的政治帝国。

公元前74年，李陵病死。

他与匈奴妻子生有子女。在他死后第十八年，公元前56年，李陵之子在匈奴内乱中立乌藉都尉为单于，不久呼韩邪单于捕杀乌藉都尉。自此，李陵后裔不见于文献记载。

到了南北朝至隋唐时期，陇西李氏作为衣冠旧族，被奉为一等门第，很多家族都追认李广（或李陵）为先祖。北魏皇族鲜卑拓跋氏被认为是李陵匈奴后裔，唐朝开国皇帝李渊家族自称是李广之后。但是，这些追认行为，多多少少带有"自称"或"假称"的成分，年代久远，真假难辨。

在汉代，人们普遍认为，李广家族在三代之后已经绝嗣了。

史家班固不无悲哀地写道："三代之将，道家所忌，自（李）广至（李）陵，遂亡其宗，哀哉！"

将一个家族的兴灭归罪于"三代为将杀业太重"的玄冥之学，或许是当时的人所能得出的最有说服力的结论了。

但千万别忘了，这个家族悲情与厄运的背后，是那只高举着的、冷酷无情的权力之手。

帝国最牛外戚：两大家族，影响历史七十年

历史是牛人谱写的，牛人是普通妇女生的。

西汉有两个妇女，很出名，但没人知道她们的名字。司马迁写《史记》，只能以×媪（媪，意为老妇，也泛指妇女）来称呼她们。

一个叫刘媪，即嫁入老刘家的妇女，刘家老妇。没名，也没姓（用的是夫姓）。但刘媪不得了，因为她儿子刘邦后来成了开国皇帝。

另一个叫卫媪。这个卫媪也了不得，是女性逆袭者的榜样。

她原是汉武帝姐姐平阳公主家的女仆，嫁给了一个同样地位卑微的不知名的卫姓男子，生了三女一子，分别是长子卫长君、长女卫君孺、次女卫少儿、三女卫子夫；后来还和一个姓郑的小吏偷情，有了个私生子，叫卫青。

卫媪两代为奴，她的子女基本都在平阳公主家做仆人。她家也有偷情的传统，次女卫少儿后来与平阳县小吏霍仲孺偷情，生了个儿子，叫霍去病。

整体来看，汉代及汉代以前的婚姻观念还是相当开放的，这导致偷情、私通、私生子遍地都是，很多人还因此左右了历史进程。

联想到刘邦的传奇出生经历，估计背后也大有文章。《史记》说，刘媪曾在大泽旁歇息，梦与神遇，其时雷电交加，天色晦暗。刘邦的父亲刘太公前去寻找，见有蛟龙伏于刘媪身上，不久刘媪即有了身孕，生下刘邦。

刘邦后来与项羽争霸，项羽抓了刘太公，说要把刘太公炖了。刘邦听了，笑笑："兄弟，到时分我一杯羹。"这是亲生父亲吗？感觉不是。

由此可见，刘媪的怀孕过程，可能是用来神化汉高祖刘邦的，也可能是用来掩盖刘邦实为私生子、刘太公戴了绿帽子的事实的。

说回卫媪，这个神奇的妇女，后来有了很多身份标签，比如汉武帝的丈母娘，霍去病的外婆，等等。最有意思的是，因为平阳公主克夫，死了两任老公，最后嫁给卫青，所以卫媪就从平阳公主的家仆，变成了平阳公主的家婆。而卫青和汉武帝互娶对方的姐姐，一开始卫青是汉武帝的小舅子，然后又成了汉武帝的姐夫。那个乱啊，一张关系图都很难捋得清。

总之，这一切权力关系的派生，都源于卫媪的三女卫子夫，上位为汉武帝的皇后。

史学家将帝王的妻族（或母族），统称为外戚。卫、霍两家因此成为西汉武、昭、宣三朝最著名、最有权势的外戚。

故事，就从这里讲起。

1

汉武帝刘彻娶了青梅竹马的表姐陈阿娇，后将她立为皇后。陈阿娇在历史上留下"金屋藏娇"的成语，却没有给汉武帝留下一儿半女。

汉武帝的姐姐平阳公主比弟弟还焦急。她闲着没事，特地选了十多名良家美女，百般调教，饰以盛装，准备献给他的弟弟。按照宫斗剧的路数，女人都是有心机的。万一哪一个美女被临幸了，又万一哪个生了个太子，那平阳公主的功劳，比天还大。

这一年，某日，汉武帝顺路到平阳公主家。养靓女千日，用在这一日。平阳公主赶紧献出美人，可惜，汉武帝一个也没看中。

宴会上，有歌女献唱，汉武帝反倒死盯着一名歌女。平阳公主马上安排这名歌女服侍皇帝更衣。这名意外被临幸的歌女，正是平阳公主府上蓄养的歌女卫子夫。

随后，汉武帝启驾回宫，平阳公主命卫子夫随行。据记载，临上车时，平阳公主摸着卫子夫的背，说了些"苟富贵，勿相忘"之类的话。

后来，平阳公主由卫子夫的大姑姐，又变成了卫子夫的弟媳。

事实上，卫子夫入宫后待遇并不好，像进了冷宫，汉武帝很快把她遗忘了。直到好几个月以后，皇帝下令清理后宫，想把那些不入眼的女子放逐出宫。轮到卫子夫时，她涕泣求去，一张哭脸又让皇帝心生怜意。第二次得到临幸后，卫子夫有了身孕，并生下一个女娃，这是汉武帝的第一个孩子。

后宫说来说去，就是后妃围绕孩子在做斗争。生下孩子的卫子夫，恩宠日隆。没能生出孩子的皇后陈阿娇，慢慢失宠。陈阿娇气不过，她母亲更咽不下这口气，她母亲就是汉武帝的姑妈、馆陶公主刘嫖。

刘嫖派人去抓捕卫子夫的弟弟、当时还在建章宫当差的卫青，欲杀卫青，以恐吓卫子夫。但操办的人太大意了，竟然走漏了风声，让卫青被好友公孙敖带领快骑救走了。

当时卫青还只是一个不起眼的小喽啰，没想到这次死里逃生，竟让他"C位出道"。汉武帝闻知此事，不仅将陈阿娇打入冷宫，还提拔卫青做建章宫卫总管，兼任皇帝的贴身侍从。卫子夫的哥哥卫长君也因此显贵，同样当了皇帝的贴身侍从。

数日之内，卫子夫的家人，得到赏金累计达千金。

在生下三个公主后，卫子夫又为汉武帝生下第一个皇子——刘据。从此，卫家从世代为仆的卑微家族，一下子跃升为帝国的显贵家族。

卫家大姐卫君孺嫁给太仆公孙贺为妻。太仆是"三公九卿"之一，而公孙贺因娶了卫家长女，更受皇帝信任。卫家二姐卫少儿很有其母之风，**偷情成性**，与小吏霍仲孺偷情，生了霍去病，后又与西汉开国功臣陈平的后人陈掌有私情。汉武帝得知后，找来陈掌，使他显贵。陈掌偷情还能沾卫家的光，就干脆把卫少儿娶了。就连与卫家亲近的公孙敖，也升官加爵。

汉武帝的态度很直白：谁跟卫家好，我就提拔谁。只能说，卫家的女人真的不一般。

2

现在回看卫家崛起的历史，真是不得不感慨：历史就是一切机缘巧合的产物。

你想，要不是卫家的女人厉害，根本就不会有卫青、霍去病舅甥两个天才战神私生子的降生，也根本不会有汉武帝对卫家的拼命垂青和眷顾。

同样，要不是卫家的男人也厉害，纵有汉武帝的青睐和加持，他们也不过是一群扶不起的阿斗罢了。

最重要的是，卫家崛起的时代也刚刚好。要是早一些，在文景两帝时期，汉朝韬光养晦，卫青、霍去病纵有大才，也没机会打匈奴；要是晚一些，儒生当道，开始讲文凭、讲学问了，这两个没啥文化、连兵书都不看的战神，恐怕也难有机会当上大将军。

历史，就是这么巧。

汉武帝不愧是一代雄主，他给了一个族群挺立千秋的自信。在他之前，中原民族饱受匈奴欺凌。汉高祖刘邦当年迎击匈奴，被围白登山七天七夜，后来只能定下国策，以和亲政策换和平。到汉武帝继位时，汉匈关系已有了重新调整的基础和条件。

简单地说，汉朝经过休养生息，储备了雄厚的物质基础。而且，从汉初以来，马政备受重视，汉朝在边郡养马几十万匹，建立起一支可与匈奴相抗衡的骑兵部队，这是改和亲为战争的王牌。公元前133年的马邑之谋，标志着汉武帝放弃汉朝贯彻了60多年的和亲政策，开启了对匈战争。

虽然这次计谋失败了，但那或许是因为，卫青还没出场。

4年后的公元前129年，汉武帝派出四路大军，意欲直捣匈奴的政治中心——龙城，此役史称"龙城之战"。四路大军，各由一名将军率一万骑兵，具体安排如下：李广由雁门关发兵；公孙敖从代郡出师；公孙贺从云中开拔；卫青从上谷进发。

大军归来后，作战结果让人大跌眼镜：名将李广全军覆灭，本人被俘，侥幸逃生；公孙敖损兵折将，大败而归；公孙贺平安返回，没大战绩；只有首次带兵出征的卫青，打到了长城以外，直捣匈奴龙城，一直冲杀到单于祭天的地方，斩杀700多人，凯歌还朝。

汉武帝大喜过望，心道：还是小舅子靠谱。从此，卫青成为抗击匈奴的主将。

如果说卫子夫靠子宫上位，那么，她的弟弟卫青，最终是靠军功上位。卫青连战连胜，一举逆转了西汉对匈奴屡战屡败的局势。最牛的一次，他直捣匈奴老巢，包围了右贤王，如神兵天降，打了右贤王一个措手不及，俘虏15000多人。

汉武帝欣喜若狂，提拔卫青为大司马大将军，封长平侯，连他三个儿子都封了侯，可谓一人得道，全家升天。

人生没有定数，如果有，也只有历史上那些神奇的相面术士看得清。

卫青小时候过得很惨，他是母亲卫媪与小吏郑季偷情的结晶，所以与姐姐卫子夫同母异父，本应姓郑。最初他跟父亲回了家，负责放羊。因为他是私生子，兄弟们都看不起他，把他当奴仆使唤。

一个类似江湖术士的闲人看到他，竟对他说："你是贵人哪，将来一定封侯。"卫青当时的反应是："去去去，没闲钱打发你，不挨打挨骂我就知足了，还封侯呢！"

不知道封侯之后的卫青，是否会想起这段云淡烟轻的往事，想起这名四处游荡的"先知"？

3

可以肯定的是，卫青平步青云后，想起了他的外甥霍去病。

年仅十七八岁的霍去病以皇后外甥的身份，担任皇帝的贴身侍卫。后来他加入卫青的军队，并且逐步展现出军事天才。

公元前123年，大将军卫青率六将军出击。在这场战争中，名不见经传的霍去病亲率800轻骑脱离大军，孤军深入敌区，寻找战机，发动突袭。此战中，其他人都表现平平，唯有霍去病功冠全军，斩敌首级2028颗，活捉了单于的亲戚、高官等一众匈奴贵族，给予匈奴沉重一击。汉武帝对18岁的霍去病刮目相看，封他为冠军侯。

之后，霍去病就跟开了挂一样，比他舅舅卫青还凶悍勇猛。

他经常率领精兵深入敌阵，离开自己的主力大军数百里。有人劝他回师，因为孤军深入，非常容易遭遇敌人，到时将无人接应。霍去病却从不放在心上，坚信两军相遇勇者胜。一见到匈奴骑兵，他第一个扬鞭策马冲杀过去。底下士兵哪敢怠慢，一个个奋勇争先，匈奴将士还没反应过来，已经死伤惨重。

20岁那年，霍去病率军出陇西远征，扫荡了匈奴六个部落，冲过焉支山，纵深千余里，杀死匈奴两个王，为汉朝拿下河西四郡。

历来骁勇的匈奴人，想不到有一天也会惨兮兮地唱：

> 亡我祁连山，使我六畜不蕃息；
> 失我焉支山，使我妇女无颜色。

霍去病最大的一次胜利，发生在公元前119年。当时，汉武帝命卫青、霍去病舅甥两人各率5万骑兵，追击漠北的匈奴主力。卫青在漫天风沙中与匈奴大战，双方均损失惨重。霍去病则出塞2000余里，直打到狼居胥山（今蒙古乌兰巴托东），对匈奴东部地区实行了一次大扫荡，俘斩匈奴官兵7万余人。史书上说，经此一战，匈奴远遁，漠南无王廷。

为了庆贺这次大胜，霍去病在狼居胥山主峰上建立高台，并在姑衍山举行仪式，祭奠为国捐躯的将士。后来的2000余年，中国人都以"封狼居胥"来代指建立无比巨大的军功。

建立盖世功勋的霍去病，年仅22岁。但他就像大汉王朝最璀璨的一颗流星，迅速划过天际，像上天赐予汉家王朝的一名战神，完成任务就归位了。去世时，他才24岁。

汉武帝曾专门为霍去病修造了一座豪宅，以表彰他的战功。没想到，霍去病婉言谢绝了，他说："匈奴未灭，何以家为也！"

一句话，掷地有声，成为后世无数英豪自我激励、为国牺牲的经典座右铭。

4

卫青和霍去病的建功立业，表面是基于皇后卫子夫的裙带关系，实际上是因为汉武帝的雄才大略以及国策的调整。

汉武帝曾对卫青吐露帝王心声："汉家庶事草创，加四夷侵陵中国，朕不变更制度，后世无法；不出师征伐，天下不安，为此者不得不劳民。"意思是说，变更制度和出师征伐是他在位时急需完成的两大任务，二者均指向帝国大一统。

在树立绝对皇权、构建大一统帝国的政治攻略中，皇帝虽然称孤道寡，但不可能真的是孤家寡人。纵观历史，皇权不可能独立存在，势必依存于以下四种势力中的一种或多种：宗室，外戚，宦官，臣僚。

汉武帝时期，是皇权调整与扩张的关键期。在他之前，有跟高祖刘邦打江山的军功勋贵集团，有以吕后为首的外戚秉权，有分封郡国引发的七国之乱，所有这些，都是皇权极易受到挑战的表现。

汉武帝强化皇权，从军队入手，将军权从军功勋贵集团向外戚集中。这个过渡过程，恰好在卫青、霍去病身上得以体现。卫青、霍去病的崛起，一方面是因为他们有外戚身份，另一方面是因为他们本身战功卓著，是典型的军功新贵。

但他们都很清楚地意识到，汉武帝对军权的分享，必须以外戚支持与服从皇权为前提。丧失了这个前提，诸吕的命运就是外戚的下场。因此，尽管战功赫赫，卫青却因"柔和媚上"受到史家诟病。

卫青的部将曾劝他广招宾客，卫青严词拒绝，说亲附士大夫是"人主之柄"，即握在皇帝手里的把柄，到时怎么被弄死都不知道。

他以专心征战、回避政治、远离朝政的姿态，表示绝对服从皇权。在他姐姐卫子夫的皇后地位动摇后，他甚至拿出自己用战功换来的奖赏，去讨好皇帝的新宠。但此时，已经没有先知替他卜算出身后家族的命运了。

卫青死后第十五年，一场巫蛊之狱轰动朝野。

当时，帝都长安城内盛行巫蛊邪术。在庙堂和宫中，也有很多人妄图用此术加害政敌，这加重了晚年汉武帝的多疑、冷酷和昏聩。

先是卫青的大姐夫、丞相公孙贺遭人诬告用巫蛊诅咒汉武帝。汉武帝一怒之下，将公孙贺全家灭族，这一下子拉开了卫家覆灭的序幕。

汉武帝任用一个名叫江充的佞臣查办巫蛊之案。江充等人的目标很明确，其矛头直指卫氏家族及其姻亲或亲信。继公孙贺被灭族后，公孙敖也被灭族。随后，卫子夫所生的两个公主，以及卫青的儿子，都被杀掉。

江充连连得逞，好不得意，进一步将矛头直指皇后卫子夫、太子刘据。他自称"于太子宫得木人尤多，又有帛书，所言不道"，把这当作太子抢班夺权的铁证。太子惶恐无计，遂杀了江充，矫皇帝之命起兵自卫。

京城哄传太子已反，汉武帝大怒，亲自回京平叛。在双方斗杀中，京城十多万兵民死于沟壑。后来，太子兵败后走投无路，自缢身死，太子妃以及三个儿子、一个女儿全部遇害，皇后卫子夫自杀，卫氏家族几乎灭门。只有太子的孙子刘询尚在襁褓中，得到大臣的保护，侥幸逃生。

平息"巫蛊之祸"后，汉武帝才回过神来，但已无可挽回。他只能再次以屠杀的方式，为太子刘据平反昭雪，帝国功臣再次卷入其中。

自此，皇帝与军功新贵两败俱伤，高层权力出现真空。一个真正的外戚专权时代，来临了。

5

汉武帝在生命的最后时刻，几乎否定了自己一生的事业和政策。在颁布轮台罪己诏的同时，他着手寻找能够贯彻他新政策的辅佐大臣。放眼望去，帝国人才经历"巫蛊之祸"的劫难，所剩无几，他一眼就看到了老臣霍光。

霍光也是个传奇，他是霍去病同父异母的弟弟。当年，小吏霍仲孺在平阳公主府中与卫少儿私通，有了私生子霍去病之后就离去了。他并未带走卫氏母子，而是在老家另娶了一名女子，婚后二人生下一个男娃，取名霍光。

日子一年年过去，霍去病在封侯拜将后，已查访到自己的亲生父亲是谁。出征漠北之前，途经河东平阳，他特地去探望了素未谋面的亲生父亲霍仲孺。霍仲孺看见自己的私生子成了帝国的顶梁柱，"扑通"就跪到地上，连说："我命好啊！"

打完胜仗回来，霍去病想请父亲一起到长安居住。霍仲孺不愿意，他年纪大了无所作为，但希望哥哥带上弟弟去历练，于是霍去病将弟弟霍光带走了。霍光做梦都没想到，自己一个"贫二代"，因为同父异母哥哥霍去病的关系，一夜之间成了皇帝身边的人。

他在汉武帝身边服侍近30年，一向以"资性端正"著称，遇大事"静定凝重"，为人稳重，史书说他"小心谨慎，未尝有过，甚见亲信"。有官员偷偷观察过，霍光每次进出宫殿，迈出的步子总是一样大，步数也总是一样多。汉武帝知道这一细节后，暗记于心，趁着上朝时给霍光数步子，果然如此。

霍光的幸运还在于，他虽因外戚卫氏的关系而显贵，却与卫氏没有血缘关系。因而，在"巫蛊之祸"卫氏灭族的劫难中，霍光并未受到波及，反而因为帝国人才凋零更显突出。

汉武帝临终前，曾命宫廷画师画周公像，赐给霍光，意思是年幼的刘弗陵继位后，霍光应行周公辅政之事。这样，霍光成为汉武帝托孤的最核心人选，肩负起代理幼小皇帝摄行政务的职责。

和霍光一同成为顾命大臣的，还有车骑将军金日䃅、左将军上官桀和御史大夫桑弘羊。但史书记载，汉昭帝刘弗陵继位后，"政事一决于（霍）光"。霍光还与另一名顾命大臣上官桀进行政治联姻，把自己的女儿嫁给了上官桀的儿子上官安；随后将上官安的女儿、自己的外孙女嫁给汉昭帝当皇后，霍光由此成为正牌外戚。从此时起，到公元前68年霍光去世，整整20年，霍光虽无皇帝之名，却是帝国最有权势的人。

后来，上官父子与霍光争权，串通汉武帝的另一个儿子燕王刘旦谋反。事情败露，霍光果断杀掉了上官父子一家以及支持上官父子的桑弘羊，而另一个顾命大臣金日䃅早已故去。至此，辅政四人组，只剩霍光唱独角戏。

客观地说，霍光当政时期，不遗余力地贯彻了汉武帝晚年罪己诏的思想，使得被掏空的国力得到恢复，人民得以喘息，造就了历史上有名的"昭宣中兴"。他本人也无夺权自立的想法，而是守住了一个辅政大臣的底线，所以史家常以"伊（尹）霍（光）"并称。

但是，他太没有当年卫青、霍去病风光时的政治自觉了，他没有用自己的能力去维护和加强皇权，而是相反，强化了"君弱臣强"的政治格局。秉政期间，废立皇帝对他来说不在话下。昌邑王刘贺在汉昭帝早逝后被立为帝，不到一个月，就因为过早暴露了铲除霍光势力的计划，随即被废。

到废太子刘据的孙子刘询（即汉宣帝）被立为帝时，霍家势力已经登峰造极，严重挤压了皇权空间。

以下是部分霍家成员及其所任要职：

霍光——大司马大将军；

霍禹——中郎将；

霍山——奉车都尉侍中；

霍云——中郎将；

霍光女婿邓广汉——长乐卫尉；

霍光女婿金赏——奉车都尉；

霍光女婿赵平——骑都尉、光禄大夫；

霍光女婿范明友——度辽将军、未央卫尉；

霍光女婿任胜——诸吏中郎将、羽林监；

霍光姊婿张朔——给事中光禄大夫；

霍光孙婿王汉——中郎将；

霍光外孙女——皇太后。

不仅如此，朝廷中许多重臣，或出自霍光门下，或与霍家关系密切，形成"党亲连体，根据于朝廷"的局面。就连汉宣帝继位后，见到霍光也总是"如芒刺在背"，一直小心翼翼，生怕重蹈昌邑王刘贺被废的命运。

人臣做到让人君害怕，家族危机已经在此埋下来了。

更何况，霍光一家，尽出恃权放纵之人。霍光的老婆霍显，一心想让小女儿霍成君成为汉宣帝的皇后，便买通御医，毒死分娩后的许皇后。霍光知道此事后，为了家族安全，捂住了此事。

汉宣帝应该也知道幕后黑手，但慑于霍家权势，不敢追责。

6

公元前68年春，霍光病重去世。

汉宣帝为霍光举行了最高规格的葬礼，并给霍光的兄孙（实际上可能是霍光的儿子）霍山、霍云封侯。但在一系列礼遇的背后，一张清算霍家的大网，悄悄布下。

用了3年时间，汉宣帝或调任，或削黜，逐渐清理了朝廷内外的霍家势力。然后，许皇后被毒死一案，适时地以告密的形式爆发。汉宣帝趁机收网，霍家被彻底灭族，罪名是密谋"废天子而立霍禹（霍光之子）"。

事实上，霍家谋不谋反已不重要，皇帝需要一个大大的罪名以震慑天下，他们家就只能"被谋反"了。

北宋司马光写《资治通鉴》时，这样说：

> 霍光之辅汉室，可谓忠矣；然卒不能庇其宗，何也？夫威福者，人君之器也，人臣执之，久而不归，鲜不及矣……（霍）光久专大柄，不知避去，多置亲党，充塞朝廷，使人主蓄愤于上，吏民积怨于下，切齿侧目，待时而发，其得免于身幸矣，况子孙以骄侈趣之哉！

意思是，霍光秉权太久，而不知归还权柄，被灭族只是迟早的事。

权力之剑，果报不爽。

这一段长长的历史，讲到这里，我们看到卫、霍两个家族的崛起、极盛与覆灭。作为西汉中期武、昭、宣三朝最典型的外戚家族，卫、霍两家的命运，实际上是王朝历史循环中一个小小的缩影。

帝王将相的历史，永远逃不脱权力得失的过程。只不过，卫、霍两家出过影响历史走向、重塑民族自信的文臣武将，所以我们复盘这个过程时，会更加痛惋、于心不忍而已。

从公元前138年卫子夫怀孕专宠、卫家显贵开始，到公元前68年一代权臣霍光去世为止，这两个家族，整整影响历史70年，如同群星闪耀西汉，功过任人评说，而他们的名字，永载史册。

扶风马氏：马姓中名声最响的一支

最后一次出征时，马援已经64岁了。

汉光武帝刘秀念其年老，本来不同意他的请战。但马援一再请求，说："臣尚能披甲上马。"刘秀让他上马一试，只见马援据鞍顾盼，威风不减当年。

刘秀笑道："老将军真是精神矍铄！"

这是建武二十五年（49），东汉开国名将马援，最终在征讨武陵蛮的路上实现了他马革裹尸的夙愿。

扶风马氏，这个文武全才的传奇家族，凭借马援一生戎马，在汉代名扬天下，也成为后世马姓中名声最响亮的一支。

1

扶风马氏一族的源头，可追溯到战国时期赵国名将赵奢。

赵奢一生的高光时刻，一次是在任田部吏时秉公执法，因为平原君家没有依法交税，处死了他9个家臣，由此得到平原君的赏识，被推荐给赵王；另一次是在阏与之战中，指挥赵军击败了如狼似虎的秦军。

之后，赵奢因军功被封为马服君，封地位于今邯郸西北。他有个儿子赵括，在长平之战中惨败于秦将白起，导致40万士卒被坑杀，自己也战死沙场，赵国元气大伤。或许是出于战败后承受的罪恶感，赵奢的另一个儿子赵牧及其后代，不再以赵为姓，而是根据马服君的封号，改为马姓。

秦汉之际，马服君子孙作为六国贵族后裔被迁往咸阳。到了汉武帝时期，由于"徙陵"制度，郡国豪杰与资产超过300万的富豪大都被迁到茂陵附近，这一支马氏子孙又被迫到扶风（包括今陕西扶风县）一带定居，由此逐渐发展成赫赫有名的扶风马氏。

在当时，京兆尹、左冯翊、右扶风三郡并称三辅，位于汉帝国的中心。马氏家族虽然作为豪族受到中央的监管，但也得以跻身朝堂。赵奢的五世孙中，马通多次出征匈奴，立有战功，在"巫蛊之祸"中领兵镇压太子刘据的军队，被封为列侯。另有一个叫马何罗，是马通的兄长，任侍中仆射，属于皇帝的亲信之职。

在群星闪耀的汉武帝时代，马通兄弟不算大人物，却因卷入武帝晚年的政治事件，险些被灭族。

"巫蛊之祸"是汉武帝晚年昏聩酿成的悲剧。他的儿子——原本将继承皇位的卫太子刘据由于受到无端猜忌，惶恐之下起兵诛杀奸佞，兵败身死。那个因私报复、挑拨汉武帝父子关系的佞臣江充是邯郸人，与同为赵人出身的马通兄弟过从甚密。"巫蛊之祸"中，马通兄弟在站队时毫不犹豫地选择帮皇帝镇压太子，既是为好哥们儿两肋插刀，也是忠心护主。

但这事坏了。"巫蛊之祸"后，当事人汉武帝表示非常后悔，知道太子死得冤，开始追查当初诬陷太子的党羽。马何罗担心因此获罪，决定铤而走险，干一件大事。他凭借作为近臣的便利，趁着一天早晨汉武帝还未起床，偷偷抽出刀刃逼近，想要一刀将汉武帝刺死。

说时迟，那时快，大臣金日䃅及时察觉到马何罗的反常举动，大声喊人救驾，自己也冲过去死死地抱住马何罗，把他拦下来。马何罗随后伏诛，被改名为"莽何罗"。之后，马通也受到牵连，被朝廷下令斩杀。

扶风马氏家族因为此事在西汉一朝长期受到冷落,直到马援出现,这个家族才再度兴起。

2

马通就是马援的曾祖父。

西汉末年,伴随着王莽篡权,朝中也开始了新一轮的洗牌。

当时,马援的几位兄长都得到王莽提拔,大哥马况一度出任河南太守,被授以俸禄二千石的高官。哥哥们专门给马援请了大儒满昌当老师,教授他《齐诗》,但少年马援志不在句读之学,只想到江湖上闯荡一番。

马况理解弟弟的志向,对马援说:"你会是大才,但可能大器晚成。"于是,年轻的马援走了一条与众不同的道路。有一次,他奉命押送囚犯,因私自释放了一名囚犯而逃往北地(今甘肃庆阳市),从此靠放牧为生。此后20多年,马援游牧于陇右,基本都在大西北生活。

在流落边塞时,马援说出了一句千古名言:"丈夫为志,穷当益坚,老当益壮。"

几年后,马援创业成功,发了财,管着几百户人家,有牛、马、羊数千头,谷数万斛。他又说:"殖货财产,贵其能施赈也,否则守钱虏耳。"这是说,人发达了,贵在能救助他人,否则就是守财奴。马援身体力行,将所获钱财全部散给弟兄朋友们,自己依旧过着迁徙的游牧生活。

后来,马援跃居高位,也不忘劝诫其他官员说:"凡人为贵,当使可贱。"这是说,人这一辈子啊,想要过富贵的日子,就要能过贫贱的日子。

马援的道德风尚,奠定了此后扶风马氏的家风。

3

天下大乱,擅养牛马的马援受时代裹挟,也加入乱世的逐鹿中。他投靠的第一任老板是陇右割据军阀隗嚣。在隗嚣麾下，马援作为使者分别出使会见了称帝于蜀的公孙述与建立东汉的刘秀。

公孙述接见马援时大讲排场，前呼后拥，摆起了皇帝的架子。马援和公孙述是扶风茂陵同乡，交情不错，两人见面后"握手欢如平生"，相处得十分愉快。但马援对老友妄自尊大的做法不以为然，他回去后对别人说："公孙述不学周公吐哺接纳国士，图谋成败，反而只注重修饰边幅，如人偶一般。这家伙如何能得天下？"

之后，马援前往洛阳，见到汉光武帝刘秀，场面大不相同。光武帝不装腔作势，而是仪容甚简地接待马援，还跟他开玩笑说："卿遨游二帝间，今见卿，使人大惭。"

马援与光武帝相处后，发现他才是有可能统一天下的英主。于是，马援说了另一句有名的话："当今之世，非独君择臣也，臣亦择君矣。"不久后，马援借隗嚣派遣长子入质洛阳之机，带领家属归附光武帝。

在东汉初年的统一战争中，马援聚米为山，在沙盘上为光武帝制定作战对策，平复了自己生活多年的陇右，并镇守陇西之境，安抚羌人诸部。调任中央后，马援又领兵出击，平定了交趾、匈奴、乌桓等叛乱，被授予"伏波将军"称号，封为新息侯，成为炙手可热的新贵。

一次庆功宴上，马援豪言："男儿应当死于边野，以马革裹尸还葬，怎么能卧于床上，只顾享受天伦之乐呢？"马援心怀豪情壮志，在为东汉打下江山的同时，也成为名垂千古的民族英雄。

建武十六年（40），今越南北部的交趾发生了"二徵之乱"。徵侧、徵贰两姐妹为向交趾太守苏定复仇，联合当地豪族，起兵叛乱，迅速攻下六十五城。马援临危受命，带兵南下征讨，平定叛乱，诛杀二徵姐妹。

为加强汉帝国对交趾、九真、日南三郡（均在今越南中北部）的统治，马援在林邑（今越南顺化附近）树立铜柱，作为西南边境的界标，并在交趾开辟道路，兴办水利，因地制宜地修正汉律与当地实际情况的矛盾之处，因此受到越人的拥戴。

唐代，马援的后裔马总为安南都护时，又在汉朝故地复立铜柱，进一步加强了西南地区民众对中土的认同感。

明朝人编《广西通志》时也记叙了马援铜柱的影响力："千百年来，交人顾视铜柱，信如蓍龟，终不逾跬步，以争尽寸之地。"后来，"铜柱堂"成为中华马姓的一个重要堂号，与"扶风堂"皆出自扶风马氏。

在马援生前南征的战场，即中国南方的湖南、两广等地，乃至远在天涯海角的海南，都有祭祀马援的伏波庙或相关历史遗迹分布。清人乔莱在《游伏波岩记》中就说："粤人祠伏波，如蜀人祠诸葛。"

4

出征交趾之时，马援听闻两个侄子马严、马敦平时喜好议论是非，而且与侠士来往，就写了一封家书寄给他们。这篇著名的短文《诫兄子严、敦书》，堪称马援留给后世子孙的家训：

> 吾欲汝曹闻人过失，如闻父母之名。耳可得闻，口不可得言也。好议论人长短，妄是非正法，此吾所大恶也……
>
> 龙伯高敦厚周慎，口无择言，谦约节俭，廉公有威。吾爱之重之，愿汝曹效之。杜季良豪侠好义，忧人之忧，乐人之乐，清浊无所失，父丧致客，数郡毕至。吾爱之重之，不愿汝曹效也。效伯高不得，犹为谨敕之士，所谓"刻鹄不成尚类鹜"者也。效季良不得，陷为天下轻薄子，所谓"画虎不成反类犬"者也。

马援在书信中告诫侄子要善于向他人学习，但要有选择性地学习，比如龙伯高与杜季良，都是值得敬重的人，前者为人诚恳厚道、谦虚清廉，说出的话没什么可以挑剔的，值得学习；后者豪迈好义，喜欢主持公道、乱交朋友，我很尊敬他，但不希望你们跟他学习。

马援接着说，学龙伯高而不得，顶多是画天鹅不成，仍有些像鸭子；学习杜季良不成，就是画虎不成反类犬了。马严、马敦听从叔父的教诲，从此端正学习态度，终成当朝名臣，被时人称为"钜下二卿"。

然而，这封家书却险些给扶风马氏带来无妄之灾。

书信中提及的杜季良，为人尚义任侠，与当时另外两家豪族梁氏、窦氏颇有交情。杜季良的仇人得知当朝重臣马援写了这么一封信，就向汉光武帝告状说："陛下，您看这个杜季良多坏啊，马援将军还不远万里写信告诫他的侄子，梁、窦两家的年轻人梁松、窦固就跟他结交，这不是败坏风气吗？"

这两个年轻人可不好惹。梁松娶了光武帝之女舞阴公主，窦固娶了涅阳公主。此二人，都是驸马爷。杜季良的仇人本来是要状告杜季良，却牵扯到梁松、窦固二人。光武帝得知后，把这两个女婿叫来痛骂了一顿，梁、窦二人叩头流血，才不被问罪。梁、窦两家因此与马援结下梁子。

尤其是梁松十分记恨马援。到了建武二十五年（49），马援最后一次征讨今湘西、鄂西南等地的五溪蛮时，梁松的仇恨终于爆发。

南方气候炎热，这一战，马援的先头部队在得到光武帝的同意后，选择从险道进军，遭受挫折，年老的马援染病，许多士卒也因水土不服病死。光武帝派梁松到前线责问主将，调查情况。

梁松到前线时，64岁的老将马援已不幸病逝于军中。本来马援作为功勋元老，应该生荣死哀，军中要赶紧派人告知朝廷，为他举办隆重的葬礼。梁松却趁机构陷马援有罪，以此激怒光武帝。

在梁松诬陷马援后，与马援有隙的大臣也上书指责他在南征时收受了一车"明珠文犀"的贿赂。所谓的"明珠"，其实是马援从交趾带回的薏苡种仁

（又叫苡仁、米仁），这种果实有清热利湿的功效，可治疗风湿痹痛，不过是马援为缓解征战多年的职业病而食用的药材，却被说成是子虚乌有的明珠。这就是历史上有名的"薏苡之谤"。

伴君如伴虎，不明真相的光武帝听信谗言，在盛怒之下收回了马援的新息侯印绶。面对皇帝突如其来的问责，马氏一族一筹莫展，不敢再与宾客故人相会，只能先在城西买了几亩地，将马援的尸体草草安葬。之后，马援之侄马严与马援的妻儿以草索相连进宫请罪，先后六次上书诉冤，才得以摆脱冤屈。

一代忠臣名将，在沙场上实现了马革裹尸的抱负，却敌不过政敌的攻讦与帝王的喜怒无常。

5

汉明帝刘庄即位后，在洛阳云台阁追思中兴名臣，列云台二十八将，命人绘功臣画像，与二十八星宿一一对应。云台二十八将中为何没有马伏波，这是自古以来颇有争议的一个问题。

当时，东平王刘苍看了这些画像后，就大感意外，问汉明帝："何故不画伏波将军像？"明帝笑而不答。汉明帝这一笑，堪比蒙娜丽莎的微笑，让人琢磨了近两千年。

有人认为，马援晚年功高震主，死后蒙冤，不将他列入二十八将，应是出于帝王心事。但更多人认为，这是因为马援之女为明帝皇后，当时马氏是外戚，汉明帝为了避嫌而未将其列入。

汉明帝的皇后马氏，是马援的小女儿。

明德皇后马氏年少时就开始帮母亲管理家事，好诵读《春秋》《楚辞》等古代典籍，是一个聪慧的少女。史载，马氏身材高挑，达七尺二寸，还有一头秀发，她13岁时被选入宫中侍奉光武帝的皇后阴丽华，因才貌出众得到阴丽华力荐，嫁给了其子刘庄。

汉明帝刘庄即位后，永平三年（60）的立后事件中，马氏又在阴太后的支持下被立为皇后。由此，扶风马氏成为外戚家族，在马援冤案后重回鼎盛。

汉明帝一朝，马皇后是皇帝的贤内助。

在楚王刘英谋反案中，数以千计的人受到牵连，其中大多无辜。马皇后一有机会就向汉明帝辩明，解救了很多蒙冤的人。汉明帝从此对皇后刮目相看，每次一有棘手的问题，就会问问她的意见，以国家政事"数以试后"。

马皇后谨记马援的家训，执掌后宫时明晓大义，清廉谦逊。她大概属于素颜美女，平时在后宫力行节俭，穿粗布衣服，裙子也不镶边，看到自己娘家有人衣着华丽，还命人中断了每年给他们的资助。与马皇后的贤明相对应，马氏家族虽贵为外戚，在朝几乎都不显赫。因此，在东汉外戚、宦官当道的时代，马氏没有成为一支祸乱朝堂的外戚力量。

后来，汉章帝刘炟即位，要给其养母马皇后的家人封侯，马皇后再三推辞，并为此专门颁布了一道懿旨。

在这篇文章中，马皇后说："陛下的马家舅父如今个个显贵，而我身为太后，食不求甘，穿着简朴，就是为了让外戚好好反省自己。我前几天过濯龙门，那些去马家问候请安的人，车如流水，马如游龙，家中的用人穿着极尽奢华，连我车上的御者比起他们都差远了。他们只知道享乐，无忧国忘家之虑，我怎么能同意为他们加封呢？

最后，马皇后直言："吾岂可上负先帝之旨，下亏先人之德，重袭西京败亡之祸哉！"她宁愿不要眼前的富贵，也不愿重蹈西汉外戚败亡的覆辙。

后来，马援之子马廖等人虽然封侯受爵，却都辞官归家，不再理政，保住了家族的安宁，也失去了外戚的荣耀。

权力此消彼长。东汉时期，新的外戚势力如窦氏、邓氏、梁氏等相继崛起，扶风马氏的政治地位逐渐下滑，但其名声没有因此沉寂，反而传扬得更加悠远。

6

扶风马氏凭借军功成名,其文化风气也毫不逊色。明德马皇后被一些学者认为是我国古代第一位女史学家,她参与编著了《显宗起居注》,比班昭补写《汉书》早了约20年。

前文提及的马援之侄马严,也不忘其叔父在家书中的教诲。他晚年退休后在家教导子孙,亲自传授学业,使这一支马氏子孙成为文化大族。

马严之子马融为东汉大儒,一生博学多才、著述颇丰,被《后汉书》评价为"通儒"。

马融在仕途上极不得意,邓氏外戚当道时,他上《广成颂》讽刺邓太后不修武备,得罪了邓氏;梁氏外戚当权时,他又得罪了飞扬跋扈的大将军梁冀。因此,马融长期受禁锢不用,流落于东汉的"国家图书馆"东观,家里一度穷得揭不开锅。

一般人受到这种打压,可能就自暴自弃,想一辈子就这么算了,但马融不服输。东观是当时最大的藏书机构与史学馆,马融就在此专心求学,校订五经、百家、传记,不改文人的倔强品性。

读马融的赋,可读出他超然的气度。他在《长笛赋》中写制笛之竹奇险的生长环境,极富感染力,且词句新奇,颇有想象力。在《围棋赋》中,他将围棋喻为治国用兵的工具,有几分其叔祖马援堆米成山的气概。《琴赋》中,他率先提出了"琴德"的概念:"惟梧桐之所生,在衡山之峻陂,于是游闲公子,中道失志。居无室庐,罔所息置。孤茕特行,怀闵抱思。昔师旷三奏,而神物下降,玄鹤二八,轩舞于庭,何琴德之深哉!"

晚年的马融辞官归隐,在家乡设帐收徒。他讲课时常坐于高堂之上,放下绛红色的纱帐,前面传授学业,后面就命歌姬、舞女唱歌、跳舞,以此考验学生的专注力。有这样的老师,真是让人羡慕。到八十八岁寿终正寝时,马融已经桃李满天下，门徒千余人，其中最有名的弟子是北海郑玄、涿郡卢植。

郑玄博采众长，遍注今古文经，是汉代经学的集大成者，堪称东汉学者中的大师。卢植也是东汉后期的名臣，曾参与平定黄巾之乱，为范阳卢氏的祖先。刘备年轻时就曾是卢植门下弟子，也就是马融的徒孙。曹操也是卢植的粉丝，称赞其为"士之楷模"。

扶风马氏之文风有子孙、门徒继承，武功亦后继有人，出类拔萃者当属汉末西北军阀马腾、马超父子。

东汉后期，马援的一个后裔马平，投身"西部大开发"，在天水担任基层官员，后留居陇西，娶羌女为妻，生下马腾。身上流有羌族血统的马腾身材高大，长得十分帅气，在汉末乱世中起兵割据凉州，防御北边的少数民族，安抚西北各地民众，在扶风马氏的老家三辅地区备受拥戴，史载："三辅甚安爱之。"

曹操平定关东后，转而攻略关中，派部下拉拢马腾入朝。马腾不得已入朝为官，将其在凉州的部曲交给长子马超。建安十六年（211），曹操派夏侯渊、钟繇取道关中，讨伐汉中（今陕西汉中）的张鲁。这下子误会大了，西北军阀马超、韩遂等人都以为曹操出兵伐己，纷纷放下新仇旧恨，联合起来反曹，领十万大军屯聚于渭河、潼关。

马超正是在潼关之战中成名的。他乘曹军渡河之机发起突袭，差点儿一战擒杀曹操，多亏曹操的职业保镖许褚一手举起马鞍挡箭，一手撑杆，才拼死保住曹操一命。曹操在与马超交战时也曾感慨："马儿不死，吾无葬地也。"

可惜马超虽然勇冠三军，但无谋。他多次起兵反曹，身在朝廷的父亲马腾及两个弟弟被曹操所杀，最后他兵败失去凉州的根据地，只好寄人篱下，先后投奔张鲁、刘备。

后世文学作品描绘了一个蜀汉五虎将"锦马超"的形象。但在历史上，马超晚景是非常失意的，他死于蜀汉建立的次年，大仇未报，却身患重病，临终前上书刘备,说:"臣宗族二百余人,被曹操杀害殆尽,唯有从弟马岱可以继承我们宗族的血脉,臣将他托付给陛下,其他也没什么话了。"马援后裔中的一代名将,就此含恨而逝。

两千年来,扶风马氏仍在不断书写他们的故事。如今,扶风县境内的法门镇马家村、新店乡西伏波村、南阳镇邢马村、杏林镇马家堡等10余个村,都有扶风马氏的后裔聚居。另有一些扶风马氏后代,早已迁居到中国各地。

自明清以来,诞生了多位经学大家的安徽桐城马氏,也出自扶风马氏,为桐城历史上的五大望族之一,人才辈出。浙江嵊州马氏,除竹溪乡上周村马氏外,其他均出自陕西扶风。台湾苗栗县有一座"扶风堂",每年有众多马氏族人来此祭祖。还有海内外各地的马氏宗亲,前往陕西扶风县寻根祭祖。马氏扶风堂、铜柱堂分布广泛,不胜枚举,马姓在汉族中,更是排名前二十的大姓。

扶风马氏为何能在两千多年间名人辈出,长盛不衰?答案,或许就在马伏波那一句句千古名言中。

树立志向,马援说:"丈夫为志,穷当益坚,老当益壮。"

身处逆境,马援说:"凡人为贵,当使可贱。"

对待财富,马援说:"殖货财产,贵其能施赈也,否则守钱虏耳。"

报效祖国,马援说:"男儿要当死于边野,以马革裹尸还葬耳。"

如此,扶风马氏波澜壮阔的历史,将不断延续。

东汉神奇家族：兄妹三人，让世人铭记两千年

建武三十年（54），正在洛阳求学的青年班固接到了一个噩耗：父亲班彪在望都（今属河北保定）任上逝世。

年仅23岁的班固很悲痛，深感自己从此失去了依靠，于是辞别洛阳太学，返回家乡为父亲服丧。

班固打开父亲留下的《续太史公书》，细细品读，在惊叹父亲穷尽半生精力所续写的汉史见解精辟之余，还发现书中不少地方仍不详尽。他决定钻研修史，子承父业，完成父亲班彪的愿望。

从这时起，他常闭门不出，沉迷读书。谁知，人在家中坐，祸从天上来。

有人给汉明帝刘庄递了个折子，告状说班固在家私自撰写汉朝历史。汉明帝一看，赶紧下诏给班固所在郡的郡守，命其将班固收捕到京兆狱中，并且把他家里的书稿全部没收。

班固一脸茫然地被关到大牢里。

此时，班固那个日后名震西域的弟弟班超还是个无名之辈。听到消息，班超吓得不轻，担心狱中的哥哥在严刑拷问之下，不懂得辩解而含冤受辱。于是，他急忙赶到京城，上书求见皇帝。汉明帝接见了他，班超详细地说明了哥哥班固修史的本意。而此时，郡守也送来了班固所写的书稿。

汉明帝一看：不得了，不得了。于是剧情来了个惊天大逆转。

汉明帝本人10岁便能通读《春秋》，连父亲光武帝刘秀都对他刮目相看。汉明帝师从博士桓荣，对《尚书》等典籍学习得十分透彻。登基之后，他治国有方，吏治清明，更是十分爱才。

听完班超的一番申诉，汉明帝对班固修史的宗旨深表认同。看过书稿后，他更是对班固的历史学识和文采水平十分赞赏。于是，汉明帝大手一挥，让班固去校书部报到，任命其为兰台令史，进行当朝历史的修撰工作。

在此期间，班固写成了《世祖本纪》《列传》《载记》（后被收入《东观汉记》）。汉明帝越看越喜欢，对班固的才华也已了然于心，遂下旨让他把之前在老家写的史书继续写下去。这便是日后流传千古的史学巨著、我国第一部纪传体断代史——《汉书》。

班固，被章学诚评价为"整齐一代之书，文赡事详，要非后世史官所能及"。他能写成这部史学巨著，与其家族传承下来的史学、文学修养关系密切。

扶风班氏，从不缺文士才女，他们靠祖传的智商和实事求是的精神，在汉代留下了浓墨重彩的一笔。

1

根据《汉书·叙传》记载，班固言其先祖为楚国令尹子文。关于这位老祖宗，《汉书》故事讲得颇为奇幻：子文生下来就被抛弃在野外，后被老虎哺育成人，因楚人称老虎为"班"，子文儿子便以班为号。秦灭楚后，班氏迁居到晋地、代地之间，从此以"班"为姓。

但据学者考证，按《春秋左传注·宣公四年》记载，子文儿子的"班"字似乎没有承袭下去，因此，这种说法极有可能只是一种伪托。

秦汉时期，伪托先祖之风盛行。如《汉书·王莽传》记载王莽是"王氏虞帝之后也，出自帝喾"；《汉书·扬雄传》记载扬雄称"其先出自有周伯侨者，以支庶初食采于晋之扬，因氏焉"。诸如此类，为自己家族祖先作依托之言的，不胜枚举。

从班氏七世祖班壹到高祖班回生活的时期，是班氏家族逐渐富强和入仕的阶段。

从班壹开始，班氏迁居楼烦（今山西西北部），在泥阳（故城位于今甘肃宁县）建有祖庙。此时，班氏家族靠经营畜牧业发家，成为货殖高手，"以财雄边"。

班壹之子班孺任侠，是《史记》言及的游侠一类人物，由于四处行侠仗义，多被居民称颂。

班孺又生班长，自此，班氏一族开始步入仕途，官至上谷太守。班长之子班回，凭借着出众的才能，成为长子（今山西长治）县令。至此，班氏一族总算是摸清了入仕门道。

当班回之子班况生下四位子女，班氏家族开始留名于后世。

2

班氏一族的腾达，绕不开汉成帝刘骜的宠妃班婕妤。

当时班氏显赫到何种程度？连光禄大夫谷永都要在上疏中批判一通："建始、河平之际，许、班之贵，倾动前朝，熏灼四方，赏赐无量，空虚内臧（藏），女宠至极，不可尚矣。"

班婕妤的父亲班况，最初因孝廉被举荐为官，因政绩甚好升迁至上河农都尉。之后，大司农又多次上书称赞其功高，于是班况进入朝堂，任左曹越骑校尉。

班婕妤，真名已不可考，世人亦称之为班姬。初入宫时不过为地位较低的少使，但不久便因美貌和才情而受到汉成帝的赏识和宠爱。

热恋时期,汉成帝在出游时曾打算跟班婕妤同坐一车,但班婕妤推辞了,她说:"看自古以来的画像,圣明的君主身边坐的都是名臣,唯有夏、商、周三代亡国之君身边才会有受宠幸的女子。现在殿下想要与我同坐一辇,不就和那些亡国的君主很像吗?"

汉成帝听了以后直呼有道理,于是作罢。不久之后,这件事传到了太后王政君耳边,太后对她的做法大加赞赏,称"古有樊姬,今有班婕妤"。这开了挂的后台,让班婕妤在宫中名气更甚。

然而,好景不长,帝王的钟情是有保质期的。随着赵飞燕姐妹入宫,班婕妤受召见的频率大大下降。这还不止,赵氏姐妹还要诬陷她"挟媚道,祝诅后宫"。

受盘问之时,班婕妤面无惧色,只是淡淡地说道:"我听说'死生有命,富贵在天',善良正直尚且不能得到福分,做这些邪佞之事又是想得到什么呢?假如鬼神无知,向他们祷告也没有用,所以我才不会做这种事。"

汉成帝再一次被她清晰的头脑和逻辑给说服了,不仅放了她,还赏赐了百两黄金加以抚慰。

班婕妤被释放后,知道赵氏姐妹骄横嫉妒,怕迟早还会再栽跟头,于是,她自动请求去长信宫侍奉太后,落个安宁。

长信宫中,无比清冷。郁闷无处释放,班婕妤只好动笔写写东西,留下了著名的汉赋《自悼赋》和五言诗《怨歌行》。

惟人生兮一世,忽一过兮若浮。

已独享兮高明,处生民兮极休。

勉虞精兮极乐,与福禄兮无期。

——班婕妤《自悼赋》(节选)

一笔写尽深宫被弃女子的悲惨遭遇和哀伤。

班婕妤的抒情短赋和五言诗风格别开生面，在中国文学发展史上具有革新意义。班氏一族也是由她开始，在经学、文学、史学方面都取得卓越成就，可以说班氏家学由此发展，她对后辈有着重大影响。尤其是班婕妤的"写实主义"精神，对整个班氏家族的行事作风都有影响。

班婕妤还有三位兄弟：班伯、班斿（同"游"）和班稚，也都是个顶个的人才。其中，班稚便是班固的祖父。

这班伯和班斿因才识出众而仕途通达，但遗憾的是，他们都英年早逝。班伯在打击地方豪强方面胆识过人，政绩显要。而班斿则曾同刘向一起典校中秘藏书。由于班斿常奏请校书之事，得以受诏入官，在天子面前念书。除此以外，天子还将中秘之书的副本赏赐给他。

这赏赐可不得了，要知道，在当时，这些书不是谁都有资格看的。秦时焚书坑儒，汉初"罢黜百家，独尊儒术"，当时对书籍的管控十分严格。这次赏赐为日后班彪得以博览群书、积累学问创造了重要条件。

班氏最小的弟弟班稚，即班彪之父，年少后进，也担任了一官半职。求学年间，他曾与王莽关系很好，"王莽少与稚兄弟同列友善，兄事斿而弟畜稚"。

可天下哪有不散之筵席？不到10岁的汉平帝刘衎继位后，野心勃勃的王莽把持朝政。当时，谶纬之学盛行，一般就是假托神仙圣人，预决吉凶，告人政事。朝堂内外如临大敌，大家不过是利用吉凶之兆为自己的政治野心站台罢了。

王莽派遣使者到各地访查风俗，采集颂歌，但班稚这人与班婕妤一样不喜欢这些虚妄之事。他反对谶纬之学，同时也鄙夷谄媚，便没有献上颂歌。王莽一党对此很是不满，就以"疾害圣政"的罪名弹劾班稚。原本官至广平相的班稚主动归还相印，决定远离波涛汹涌的政治中心。

被贬斥后的班稚，对西汉末年的政治倍感失望，于是放弃了政治活动，闭户闲居。这种仕途观念后续也一定程度上影响到了儿子班彪,令其"佛系"入仕,一心修史。

3

班彪年幼之时,跟随父亲游学于长安。他敏而好学,热衷于读史。在这一时期,托伯父、姑母和父亲的交际,班彪与许多大儒都有接触往来,如刘向、刘歆、扬雄和桓谭等,这些学者对他的学术思想产生了一定的影响。

二十多岁的班彪,也曾是个热血少年。其时,三辅大乱,班彪打算离开长安,到天水投奔当时割据一方的隗嚣。

> 余遭世之颠覆兮,罹填塞之阨灾。
> 旧室灭以丘墟兮,曾不得乎少留。
> 遂奋袂以北征兮,超绝迹而远游。
>
> ——班彪《北征赋》(节选)

班彪初离长安时写下的《北征赋》,表达了自己想要摆脱旧境,在外开辟新天地,创一番事业的远大理想。

隗嚣对他也很看重,经常与他论事,但两人的分歧很快就出现了:隗嚣割据一方,势力很大,野心也很大,想要自立为王,而班彪则不以为然。站在外戚立场,他更支持汉室复兴统一天下。

在争论中,两人谁也没有说服谁。而后班彪写下《王命论》企图规劝隗嚣,依旧没有起到作用。班彪意识到二人终归殊途,为免让自己落入险境,他再次选择了离开。

一路奔波,班彪来到了河西,遇见了张掖属国都尉窦融。老乡见老乡,同为外戚倍亲切,班彪倍受礼遇。

当时，河西一带在窦融的治理下，可以说是大乱汉室下的一片净土。百姓安居，各方势力都也想要争取他的支持。窦融与班彪可谓一拍即合，二人有一致的战略方向——与后来的光武帝刘秀合作。窦融与光武帝密切往来的章奏，处处留有班彪的思想痕迹。因此，后来光武帝业成，问起窦融以往写的奏章有谁参与其中，窦融答曰："皆从事班彪所为。"

光武帝赏识班彪才能，推举其为茂才，令其出任徐县令，但班彪干了一两年就"以病免"。这是为何？因为他在北征时期，周旋于隗嚣、窦融和光武帝等政治家之间，见识到了高层人物的阴谋权术，统一后的东汉也不是他心中所想的理想政权。班彪越想越没意思，觉得当官不如写书。后来也有人多次招揽其任职，但他都不愿参与，极力摆脱官场应酬，一心只想研究历史典籍。

班彪发现，司马迁所著《太史公书》（东汉灵帝《东海庙碑》后始称《史记》）记事仅到汉武帝刘彻，后面发生的事虽有好事之人续作，但其水平低下，不足以继承太史公之书。于是班彪决定继续搜集前史遗事，续写《太史公书》。

他花费了约十年时间写成《续太史公书》（《史记后传》）。《续太史公书》虽已散佚，但后来班固所著的《汉书》正是在父亲班彪文稿的基础上写成的，班彪的史学思想、行文风格仍散见于其中。时人对该书评价甚高，比如，班彪父子头号粉丝王充就评价道："班叔皮（班彪）续《太史公书》百篇以上，记事详悉，义浅理备。观读之者以为甲，而太史公乙。"

对班彪所作有如此高的评价，主要是因为班彪叙事能够反映历史之真实，对善恶均直书无讳。他对前史的评价更是鞭辟入里，不少史学后辈都继承和发扬了他的见解。

4

班固从小读书天赋极高，年仅9岁就可诵读诗文，书写篇章。13岁那年，作为班彪学生的王充在洛阳一见到他，就开启了夸夸模式："此儿必记汉事。"长大后，班固读书依旧十分认真，博览古籍，"九流百家之言，无不穷究。所学无常师，不为章句，举大义而已"。班固的才学比起他的父亲班彪更胜一筹。

前文提到，他因父亲去世而回乡潜心修史，后被举报，却因祸得福。皇帝下旨让他修史，《汉书》也从私家著述摇身一变成为官方认证的史书。

班固在任期间，深得皇帝赏识。如汉章帝刘炟因喜好文辞，多次诏令班固入宫读书，有时候还让他日夜陪伴。每次出外巡行，班固都会呈上赋颂。朝廷有大事商议时，天子让他诘难诸位公卿，让他时时在朝堂前论辩，对他的赏赐也十分优厚。

尽管如此，他还是免不了遭遇谗言，有人讥讽他没有功劳在身。于是班固写了篇文章回应了这种无聊的讥笑：

斯所谓见势利之华，暗道德之实，守突奥之荧烛，未卬（仰）天庭而睹白日也……仆亦不任厕技于彼列，故密尔自娱于斯文。

——班固《答宾戏》（节选）

意思是，我就自娱自乐了又怎么样？你们这种人眼光太短浅了，看不到我在伟大功业背后的低调努力。

不过，夜深人静之时，班固确实又觉得自己好像如东方朔、扬雄感慨所言，没有生在好时代，才能还没能施展。他在思考自己该如何建功立业。

不久，他因母亲病逝辞官。汉和帝刘肇在位的永元初年（89），他跟随大将军窦宪跑去西域，任职中护军，参与军务谋划。

这时候的班固已经58岁了，他为什么要突然远走西域呢？

班固对西域事业的关注，源于父亲班彪，弟弟班超亦同理。班氏一族"家本北边",由于曾居住于边境多年,班彪及两位儿子对于边境的情况也比较熟悉。在如何对待和防备周边少数民族的问题上,班彪有着深刻见解。他曾参与过朝廷数次与边境事宜有关的讨论,还曾上言复置护羌校尉〔建武九年(33)〕、谈论北匈奴乞和亲之事〔建武二十八年（52）〕等。

班固跟随窦宪打了几场仗,在此期间写下了《封燕然山铭》《窦将军北征颂》,对窦宪北征匈奴的功绩大加歌颂。窦宪班师回朝后,仍改不了飞扬跋扈的作风。作为外戚,窦氏兄弟行事太过高调,引起很多人不满。后来,或许是因为密谋叛乱,又或许是被汉和帝刘肇设局"捕杀",窦宪被革职,后来自杀。班固既是宪窦的世交,又是他的幕僚,受到株连,也被免职。

班固这个人,也许是忙于修史和打匈奴,对门下诸人的管教比较疏忽,因此他家里的人多不遵守法度,时不时在外惹祸,这些也都给他埋下了祸根。

洛阳令种兢就是隐患之一。某日,班固的家奴侵犯了种兢的车骑,官吏捶打并喝令他离开,谁知道这家奴牛得很,借酒力发疯,大骂在场的所有人。种兢气得半死,却碍于当时窦宪风头大盛,不敢发作。但他对此事一直怀恨在心。当班固的靠山窦宪倒台,种兢便抓住机会报仇,把班固关起来严刑拷打。一代良史因此死于狱中,时年61岁。

皇帝知道后大怒,谴责了种兢。由此可知,历代天子对班固其实十分看重和赞许。班固的结局本不应该如此,只不过他时运不好,最终被仇家报复致死。

班固除了史学成就极高,在文学上也有着极高的贡献,尤其是汉赋。他为后世留下的《幽通赋》《两都赋》《终南山赋》等作品,可以说是当时的鸿篇巨制。班固乃当之无愧的文史大家。

班固作史,更倾向于"史以致用",即在记载前人的生产实践和社会活动中,总结一代之经验和规律,待后人借鉴。这样的修史思想让中国史书的编撰又上升到了一个新高度。求实且务实,依旧是班氏一族的本色。

5

无名小辈班超，当年救兄心切，大胆上书。果不其然，这等情义和胆识引起了汉明帝刘庄的注意。

永平五年（62）某日，汉明帝问班固："哎，你弟现在人在哪儿，在忙什么？"班固答道："替官府抄写文书，以此奉养我们的老母亲。"汉明帝一听，这不是大材小用吗，于是把班超提拔为兰台令史。

又是兰台令史。

虽然班超才学也不差，但文字工作似乎对他没有很大的吸引力，他反而是以开发西域立功封侯的张骞、傅介为偶像。他志不在文书，不久后便"坐事免官"。

永平十六年（73），窦固受汉明帝重用，出征北匈奴。当时班超42岁，受好友窦固提拔，为假（副贰）司马，随窦固出征北匈奴，胜利而归。班超投笔从戎，由此开启了作为西域都护传奇的一生。他兢兢业业镇守西域31年，为汉室的稳定统治做出了极大贡献。

西域，尽管自汉宣帝刘询起已设立都护府，但仍时不时被匈奴侵扰。在拉扯之中，汉朝渐渐失去对西域的控制，商路受阻。西域诸国虽摇摆不定，其实也渴望和平，希望得到有力的庇护。

窦固此次击败北匈奴，让汉廷看到了恢复对西域控制的希望。

皇帝派遣班超、郭恂出使西域，第一站是鄯善。班超以高速运转的头脑和干脆利落的作战计划，把首鼠两端的鄯善迅速拿下。其实这只是个临时任务，由于班超完成得十分出色，汉明帝刘庄大喜，提拔其为军司马。班超继续带着他的三十六人"外交天团"，在西域开展收归事业。

班超二次出使西域，目的地是于阗。原本于阗的巫师瞧不起汉廷这支队伍，想给他们一个下马威，刚开始就要牵走班超的马。班超手起刀落，巫师的头就没了。于阗王广德看到巫师的脑袋，又被班超一通责备后，知道来人不好惹，于是转而投靠汉廷。

班超两次出使西域，拿下了鄯善、于阗两个西域大国，西域南路基本上已重归汉廷。次年春，班超继续西行，招抚疏勒，自此，西域南路诸国已全部回归汉廷治下。

窦固在永平十七年（74）冬天再次率领大军出关讨伐匈奴，平定车师。为重建西域秩序，他又命陈睦为西域都护。不久之后，匈奴来了一次大反攻。陈睦、班超被围攻。这次反攻，让天子打算放弃西域，下令汉廷所有人员撤离，同时召回班超。

班超准备离开疏勒之时，疏勒全国上下惊慌，害怕龟兹报复。班超路经于阗国，有的人痛哭不已，抱着马脚请求班超别走。见此景象，班超也不甘就此放弃，于是他又返回疏勒。

在偌大的西域，汉廷势力只剩班超和三十六名随从，他们在蛰伏，等待时机。班超说服了疏勒、康居、于阗和拘弥等四国，一起攻打姑墨，杀敌七百余人。此一役让班超认为这是平定西域的好时机，于是他在建初五年（80），上奏汉章帝刘炟请兵，分析详备，汉章帝遂派兵援助。有了兵马以后，班超为兵长史，从此成为汉廷在西域的最高行政和军事长官。

又经过若干年战争，永元三年（91），龟兹、姑墨、温宿等国终于投降，大局已定，朝廷任命班超为西域都护。

永元七年（95），朝廷为了表彰班超平定西域的功勋，下诏封其为定远侯，食邑千户，后人称之为"班定远"。

永元十二年（100），久居西域的班超思念故土，于是上书汉和帝刘肇，请求返回故乡，他的妹妹班昭也上书请求召回班超。奏章送达后，汉和帝深受触动，于是召班超回朝。两年后，七十一岁的班超病逝，朝廷派人专门前往吊唁。

班超在西域共31年，在西域战况最危急的时候，他镇定、从容，凭借一支精锐的队伍力挽狂澜，最终让西域归于安定，为汉朝发展争取了稳定的环境，无愧初心。王夫之评价班超说："古今未有奇智神勇而能此者。"

6

班固、班超两兄弟，文才武略皆有之，名留汉史。但可能很多人不知道他们还有一个小他们十多岁的妹妹，也是个大才女。

妹妹名为班昭，嫁给了同郡的曹寿，据《后汉书·烈女传》记载，其"博学高才"。不幸的是她丈夫死得早，但她一直恪守礼节，行事符合规矩。

她的哥哥班固著有《汉书》，班固被仇家所害，猝然而逝，书里的"八表"和"天文志"都还没写完。汉和帝想了想，知道班昭才学不输兄弟，于是召请她到东观藏书阁将《汉书》写完。换而言之，班昭也继承了父兄的事业——修史。

皇帝对班昭十分看重，多次召她入宫，要皇后和贵人们以待师之礼侍奉班昭，称其为"大家"。每次有奇珍异宝进贡，皇帝都要请班昭作赋赞颂。

邓太后掌管朝政时期，班昭更是进一步参与了朝廷政务。由于班昭在修史、议政上都颇有功劳，邓太后还特地封其儿子为关内侯，官至齐国之相。班昭逝世时，邓太后身穿白色丧服哀悼，派遣使者监护治丧之事。

观其一生，班昭名望甚高，是为班氏一族增光添彩之人。

扶风班氏，自汉朝班况起，人才济济，既为国修史，又平定边疆，是当之无愧的功臣之家。翻看中国历史，如此神奇的家族，实乃罕见。

窦氏家族：兴衰三百年，十三人封侯

西汉初年，皇宫"裁员"，吕后将一些宫女派遣出宫，赏赐给各地诸侯。其中有一个姑娘，名叫窦猗房。

窦姑娘听说自己也在出宫名册中，就想回到家乡赵国，托关系找到了负责此事的宦官，请他帮忙把自己列入去赵国的名单。宦官一口答应下来，却做事马虎，愣是把她的名字写到去代国的名单上。名册一公布，窦猗房得知自己无法还乡，无奈地前往代国，一路哭得梨花带雨。

塞翁失马，焉知非福。到了代国，才貌出众的窦猗房幸运地得到代王宠爱，为其生下一女二子，上演了一出麻雀变凤凰的好戏。代王刘恒正是后来的汉文帝，窦姑娘也就成了窦皇后。

此时，这个偶然事件引发的裂变才刚刚开始。窦猗房由宫女一跃成为皇后，其家族备受荣宠，封侯受赏显赫一时。窦氏家族历经两汉，四起四落，其成败荣辱与大汉王朝相伴相生。这一切的起源，竟然只是一个宦官的小小失误。

1

窦猗房的运气好到极点，用现在的话说，可能是她上辈子拯救了世界。她一生历经三朝，享尽荣华，在汉景帝时为皇太后，到武帝一朝又荣升为太皇太后，可谓富贵长寿。

公元前141年，16岁的汉武帝刘彻即位时，朝中大事还得向窦太后请示，而这位祖母让刘彻苦恼不已。因为窦太后是道家黄老之学的忠实粉丝，推崇"无为而治"，对儒学嗤之以鼻，认为儒生不过是些华而不实的骗子。

之前有一次，窦太后的儿子汉景帝请儒士辕固生入宫参加"汤武革命"专题研讨会。窦太后听说后，就把辕固生请来，问他如何看待《老子》这本书。辕固生一点儿面子都不给，不屑地说，《老子》是"家人言"，意思是道家不过是普通人的言论，小家子气。窦太后一听就急了：你怎么能侮辱我的偶像老子？她命人把辕固生扔到猪圈里，让他赤手空拳与野猪搏斗，一场学术辩论顿时变成政治迫害。幸亏汉景帝及时赶到，赐给辕固生一把兵器用来刺死野猪，才没让他白白送命。

汉武帝即位，小伙子年轻气盛，一心想推行改革，一展抱负，便任用了一批精通儒学的大臣，儒生赵绾、王臧因此得到重用，被提拔为公卿。汉武帝又让一些因循守旧的前朝老臣提前下岗，任命自己的舅舅田蚡为太尉，魏其侯窦婴为丞相，在平衡新旧两大外戚势力的同时，也请他们协助自己推行新政。

窦婴是平定"七国之乱"的功臣，也是窦太后的侄子，本应该站在他姑姑那边，可此人偏偏性情耿直。汉景帝在位时，窦太后一直希望他将来把皇位传给弟弟，即自己的小儿子梁王刘武，为此经常在大儿子汉景帝面前唠叨。窦婴就为汉景帝解围，进谏道："汉朝天下是高祖打下来的，皇位父子相传也是我大汉的规矩，怎么能传给兄弟呢？"

窦婴这么一说，老太太自然不高兴，姑侄俩由此生隙。汉武帝大刀阔斧闹改革时，窦太后就坐不住了。尤其是在听到赵绾、王臧向汉武帝进言，请他以后不要再向太皇太后报告朝政之事后，窦太后勃然大怒。

晚年的窦太后虽双目失明，但行动迅速，立马与支持黄老学派的朝中大臣及诸侯王串通发动政变，罢免了赵绾、王臧、窦婴与田蚡等尊儒官员，扼杀了汉武帝的新政。之后，赵绾、王臧二人下狱被处死。窦婴和田蚡都是关系户，虽免于一死，但也只能以侯爵的身份赋闲在家。

此后五年，朝纲大权仍掌握在以窦太后为首的旧势力手中。直到建元六年（前135）窦太后去世，汉武帝才摆脱桎梏。

2

在中央集权的制度下，外戚不过是皇权的衍生物。一旦皇帝夺回权力，威胁皇权的外戚自然危在旦夕。窦太后死后，汉武帝与窦氏家族逐渐疏远，即便是之前支持过他的窦婴也受到冷落。为打压窦氏，汉武帝任命舅舅田蚡为丞相，扶植新的外戚势力。

原本对窦婴阿谀奉承的小人纷纷转身投靠田蚡，只有当年同样平叛有功的将军灌夫不愿巴结新贵，一如往日常来拜访窦婴。灌夫与窦婴一样为人耿直，因此多次与田蚡结怨。

在元光四年（前131）田蚡与燕王之女的婚宴上，灌夫的怒气终于彻底爆发。

当时，汉武帝的母亲王太后命王公大臣都去赴宴，给自己弟弟道贺。灌夫本想推辞不去，窦婴偏要拉着他同去，说你和丞相已经和解了。酒席上，新郎官田蚡向宾客敬酒，众人纷纷避席（离开坐席，伏于地上），表示尊敬。等到前任丞相窦婴起身向众人敬酒时，只有他的老朋友行避席之礼，其余人知道他已经失势，一点儿面子都不给，照常坐着，只是微微欠身，足见人情冷暖。灌夫见状怒不可遏，也起身一一敬酒，并借机当众斥责对窦婴无礼的宾客，闹得众人不欢而散。

田蚡当时已贵为丞相，当然咽不下这口气，就向汉武帝上奏，说灌夫在酒席上犯了大不敬之罪，又清算其以往犯下的罪过，直接给判了个死刑。

消息传来，窦婴感到万分愧疚，认为正是因为他邀请灌夫与自己同去赴宴，才有今日之祸，便下定决心救出灌夫。窦婴的妻子忧心忡忡，劝说道："灌夫得罪的是丞相和王太后一家，如何能救？"窦婴还是不听劝，说："侯爵是我用军功换来的，就算丢了，也没什么可惜。但我不能让灌夫一人去死，而我自己独活。"

窦婴瞒着家人偷偷上书，汉武帝就让他与田蚡到王太后那里辩论，让众臣评理。这一辩论倒是把窦婴自己推到了火坑里。他为救灌夫，给这位好友说了不少好话，还当面揭露田蚡骄奢淫逸的过失。

田蚡一边为自己辩解，一边攻击窦婴："我喜爱的都是声色犬马、田地房舍而已，但魏其侯和灌夫却喜欢召集天下豪杰，暗地里希望天下大乱，好让他们建功立业。我不明白他意欲何为。"

这番话可不得了，汉武帝问大臣们谁说得对。众臣畏惧太后一党，唯唯诺诺，不敢表态。于是汉武帝命人彻查，发现窦婴为灌夫做的辩解不符实情，有欺君的嫌疑，就把窦婴也投入大牢。

危急关头，窦婴告诉汉武帝，当年景帝曾留下遗诏，说如果遇到不便之处，可以凭此诏直接向皇帝发表意见。这份诏书或许可免窦婴之罪，但据史书记载，汉武帝派人搜查，在宫廷档案和窦婴家中，都没有发现这份所谓的遗诏。于是窦婴又多了一项罪名——伪造先帝诏书，这是死罪。此后，各种流言蜚语非常"巧合"地传到汉武帝耳中，一个个罪名被扣到窦婴头上。

这一年十二月的最后一日，寒风萧萧，飞雪飘零，汉武帝下令将窦婴处死于渭城。

至高无上的皇权在这一刻露出锋利的獠牙。窦婴是否真的有罪，对汉武帝而言，似乎并不重要。窦婴之死，对窦氏家族造成沉重打击，窦氏家族从此盛极而衰。此后，窦氏家族虽"世为二千石"，但在西汉的政治舞台上，其权势早已无法与窦太后在世时同日而语。

3

时间往回拨几十年，回到窦猗房还是宫女小窦的时候。

窦猗房有两个兄弟，哥哥叫窦长君，弟弟叫窦少君。窦家的孩子小时候的日子过得相当坎坷，他们的父亲在钓鱼时不幸坠河丧生，由于家境贫寒，窦少君从小就被拐卖到外地为奴，生死未卜。

后来，窦猗房成为皇后。有一天，一个衣衫褴褛的奴仆辗转来到长安，自称是皇后的弟弟，请求召见。此人就是窦少君。

窦皇后见到失散多年的亲弟弟，顿时泣不成声。汉文帝为之感动，赏赐给窦少君大量钱财。汉景帝在位时，又封他这位舅舅为章武侯。

窦少君认了个亲，就从一介奴仆跻身当朝权贵之列，堪称大汉头号锦鲤。更巧的是，两汉之际，窦少君这一支出了一个重振窦氏家族的关键人物——窦融。

窦融是窦少君的七世孙，在西汉末年可说是一个精明的政治投机者。起初，窦融的一个妹妹嫁给大司空王邑为妾，窦融因此在王莽掌权时得到重用。后来窦融拜为波水将军，随新莽大军东征，讨伐更始军。王莽败亡后，窦融带着手下的军队改投更始政权的大司马赵萌，出任巨鹿太守。

天下形势未明，窦融为了振兴家族四处奔走。他深知更始帝刘玄难成大事，只好另谋出路，果断辞掉巨鹿太守之职，请求出镇河西。汉代河西，指今甘肃、青海两省的黄河以西，包括河西走廊及其以北直至居延的广大地区。汉武帝击败匈奴，夺得河西后，先后在此设立武威、酒泉、张掖、敦煌四郡，史称河西四郡。

窦融请求前往河西，与其家族累世在河西为官不无关系。窦少君的封地本在河北，到了窦融高祖父那一代，窦家举家西迁，仕宦于河西，被任命为张掖太守、武威太守、护羌校尉等职。"西部大开发"是件苦差事，可在乱世之中，河西地区远离中原纷争，正适合扩充实力。窦融带领一家老小到河西后，因家族世代在河西为官，深得人心，被一致推举为河西政治集团领袖，执掌河西诸郡。

窦融在河西发展经济，加强边塞防御，将河西各郡建设成一个独立的武装割据势力，但他始终没有建立政权，而是暗中观察天下大势。

从已出土居延汉简的纪年简中，不难看出窦融的小心思。

初到河西时，他用的是"更始"年号。更始军失败后，他又以赤眉军刘盆子的"建世"为年号。

建武二年（26），赤眉军败走长安后，窦融一时不知该奉谁为正朔，就沿用西汉平帝的年号"元始"，将当年记为"汉元始廿六年"。

所谓元始二十六年，其实是汉光武帝建武二年。窦融凭借敏锐的政治嗅觉，感觉到汉光武帝刘秀是当时最有希望实现统一的人物。将经营多年的河西献给新主，正是他的计划。建武五年（29），窦融派人到洛阳奉书献马，向光武帝表示归顺。光武帝封窦融为凉州牧，至此，河西归汉。

窦融归汉后，在河西为汉军的统一战争提供支援，对匈奴、诸羌形成牵制，助光武帝平定陇西隗嚣、巴蜀公孙述。陇、蜀割据政权始终在做无谓的抵抗，直到破产，其地尽归东汉。窦融却主动接受兼并，让出"股权"，送上给力"助攻"，由此青云直上。

光武帝在给窦融的诏书中，还跟他拉关系："汉景帝是窦太后所生，我的先祖定王刘发是汉景帝之子。你将河西之地献给我，又助我平定陇、蜀，这是窦太后在天之灵保佑我大汉江山啊！"

建武十二年（36），陇、蜀皆平，窦融进京献上河西各郡印绶，从此安居洛阳，因归汉有功，被刘秀拜为大司空。光武帝以和平的方式解除窦氏在河西的势力，而窦氏家族再次与汉室联姻，重返中枢。窦融在世时，窦氏家族备受荣宠，据史书记载："窦氏一公，两侯，三公主，四二千石，相与并时。自祖及孙，官府邸第相望京邑，奴婢以千数，于亲戚、功臣中莫与为比。"

4

浮华转瞬即逝，这些短暂的欢愉，终将以残暴结束。汉朝皇帝没有忘记当年被窦太后支配的恐惧，汉明帝刘庄即位后，很快察觉到窦氏家族的威胁，皇权再一次对窦氏家族露出獠牙。皇帝给你的，随时可以要回来。

永平二年（59），羌人部落烧当羌的豪强滇岸，对护羌校尉窦林声称将率部来降。窦林被下属欺瞒，一拍脑门就将这一喜讯上报朝廷，请汉明帝封滇岸为归义侯。

窦林是窦融的侄子，任职期间政绩出色，为诸羌所信任，算不上是绣花枕头。可是，第二年，滇岸的哥哥滇吾又来降，原来他才是烧当羌的首领。窦林只得把好消息再次上报朝廷。如此一来，烧当羌一年内投降了两次，汉明帝很生气：你逗我玩呢？窦林一时语塞，就上奏称："滇岸及滇吾，陇西语不正耳。"这哥儿俩是同一个人，我没骗陛下，看看我真诚的眼神。

汉明帝立马将窦林罢免，之后又有人弹劾窦林贪赃枉法，汉明帝就直接将他下狱处死，还下诏责备窦融对后辈约束不力，吓得年迈的窦融上交印绶，提前退休回家。

窦林案之后，窦融之子窦穆也摊上了大事。

窦融的封地在安丰，与之相邻的是六安国。窦穆贪图六安国的封地，想靠姻亲关系将六安国据为己有，竟然伪造汉明帝母亲阴太后的诏书，命令六安侯离婚，改娶窦氏家族的女儿。汉明帝正愁逮不着机会，得知此事后，立即将窦穆等在朝为官的窦氏亲属全部罢免，命他们返回故郡。

眼见家族命运急转直下，窦融在恐惧中病逝。窦氏家族第二次由盛转衰。

5

这一回，权势与荣耀，并没有让窦氏家族苦等太久，他们凭借着与皇族错综复杂的关系，在帝国中始终有一席之地。窦氏家族卷入政治危机时，有少数成员幸免于难，如窦融的侄子窦固。他娶的是汉光武帝与阴丽华的掌上明珠涅阳公主，算起来他是汉明帝的妹夫。

东汉初年，北匈奴频频南下侵扰，成为朝廷的心腹大患，河西一带边患尤为严重。窦固抓住机遇，在对匈奴的战争中屡建奇功。

永平十六年（73），汉明帝分兵四路出师西域，反击北匈奴，其中窦固与耿忠一路从酒泉出发。当年卫青成名之战的神奇经历再度上演，四路军队中，只有窦固一路杀到天山，将北匈奴呼衍王所部痛打一顿，斩首千余级，追击至蒲类海（今新疆巴里坤湖）。其他三路大军全部无功而返。

窦固的表演还没结束。第二年，窦固与耿秉合兵一处，出玉门关平定西域，"破白山，降车师"，两战两捷，还使汉朝时隔多年再次恢复对西域的控制，可谓意义重大。

窦固军功显赫，连连升迁，无疑是为窦氏家族重返政坛积累重要的资本。而让窦氏家族彻底走出低谷，重新登上权力之巅的却是一个女人。

汉明帝之子汉章帝刘炟在位时，章德皇后窦氏才貌超群，得宠一时。窦皇后的父亲是窦融的孙子窦勋，母亲是刘秀的孙女沘阳公主。她入主后宫，宣告窦氏家族历经两百多年的轮回后，由功臣家族再一次成为外戚家族。历史告诉我们，姓窦的皇后都不简单。

6

章和二年（88），汉章帝英年早逝，留下年幼的汉和帝即位，窦太后临朝听政。窦太后的哥哥窦宪成为最大赢家，以侍中一职辅政，风头一时无二。

窦宪是一位矛盾的人物，旧史因他开东汉外戚专权之先河，常忽视其功绩，贬斥其为祸首。不管后世评价如何，窦宪在其位尽其责，至少是一个有魄力的政治家。因东汉崇经重儒，他执政时起用了不少治经学的儒者，在当时颇有声望。

窦宪另一项惊人举措，是废除了汉武帝以来实行的盐铁专卖制度。在盐铁专卖政策下，国家通过经营盐铁，填补财政亏空。这是皇权高度集中的必然产物，也是对富商大贾乃至豪强地主的打击，使之无利可图。由于官吏腐败，这项政策未能达到理想的效果，到东汉时，"吏多不良，动失其便，以违上意"。

窦宪正是豪强势力的代表，早已不满皇室瓜分他们的蛋糕，上台后看皇权孱弱，直接就把盐铁专卖制度给废除了，完成了一次划时代的改革。在窦宪掌权时期，东汉朝廷允许私人售卖盐铁，而由政府征税，所谓"罢盐铁之禁，纵民煮铸，入税县官"，这一举措成功为窦宪拉拢了地方豪族。

窦宪执政雷厉风行，性急如火，史书称其"性果急，睚眦之怨莫不报复"。当时，窦太后年轻守寡，难免空虚寂寞，竟在国丧期间与都乡侯刘畅私通。窦宪知道后，不满妹妹瞒着自己有外遇，更担心刘畅"得幸太后"，会借机插手政治，威胁自己地位，当即派出刺客将刘畅刺杀。

窦太后一气之下把窦宪关了起来，要他偿命。

窦宪想起不久前南匈奴单于上书，请求与朝廷共同出兵讨伐北匈奴，他灵机一动，自请出击北匈奴，以赎死罪。汉明帝时窦固两次大胜北匈奴，汉朝得以在西域重置西域都护与戊己校尉，可到和帝时期，北匈奴虽元气大伤，仍不时侵扰边境。

窦太后正在气头上，巴不得她哥离远点儿，就拜窦宪为车骑将军，任命窦固的老搭档耿秉为副将，命他们发动大军北击匈奴。

7

窦氏家族有两项过人天赋，一是窦家女子天生的皇后命，二是窦家的男儿特别能打仗。

永元元年（89）秋，窦宪率大军出塞。汉匈大战中，汉军追击三千多里，北匈奴诸部溃逃，直至山穷水尽。稽落山（今蒙古汗呼赫山脉）一战，汉军大破北单于主力部队，纵横漠北多年的北匈奴几乎土崩瓦解。

战后，窦宪志得意满，与部下登上燕然山（今蒙古杭爱山），命时任中护军的班固撰文，刻石记功："惟永元元年秋七月，有汉元舅曰车骑将军窦宪，寅亮圣明，登翼王室，纳于大麓，维清缉熙……陵高阙，下鸡鹿，经碛卤，绝大漠……上以摅高、文之宿愤，光祖宗之玄灵；下以安固后嗣，恢拓境宇，振大汉之天声……"

窦宪一战功成的英雄壮举，成为后世文臣武将心中抹不去的浪漫情怀。尤其是在唐诗宋词的边塞吟咏中，"燕然勒功"更是不少风云人物一生的理想。

两年后，窦宪派大军出居延塞，决意就此歼灭北匈奴。此战，汉军出塞五千余里，在金微山（今阿尔泰山）彻底击溃北匈奴，斩首五千余级。这是汉军作战行程最长的一次，也是汉匈三百年边境战争的最后一战。北匈奴残部迫于汉朝军事压力，再也不敢南下。有一种说法认为，匈奴人向欧洲方向一路西迁，最终兵临罗马城下。窦宪与大汉雄师，间接推动了整个欧洲的历史进程。

在击败匈奴后，窦宪以赫赫战功拜为大将军，封冠军侯，食邑两万户，地位如日中天，无人可以撼动。正所谓"处颠者危，势丰者亏"，危机正悄悄逼近功高震主的窦氏家族。

永元四年（92），汉和帝正当束发之年，已知朝中之事，对横行朝野的窦宪尤为不满，决定先下手为强，铲除窦氏一党。

窦宪回朝前，汉和帝以窦氏家族图谋不轨为由，与亲信钩盾令郑众等人谋划诛杀窦宪之计。钩盾令，实际上就是皇家花园管理员，而这个郑众是个宦官。成也宦官，败也宦官，两汉窦氏家族的第三次衰败，正是因为这个宦官的计谋。东汉外戚与宦官的斗争，也就此揭开序幕。

窦宪回洛阳后，郑众立马率禁军镇守皇宫，同时紧闭城门。窦宪无法与军队取得联系，就算有兵权也无可奈何。郑众率军搜捕城中窦氏一党，将窦宪及其兄弟一一缴械，遣送回封国。之后，汉和帝迫令窦宪自杀，一代名将，一时权臣，最终死于非命。

窦宪死后，章德窦太后遭到软禁，日子也不好过。汉和帝刘肇不是窦太后的亲生儿子，而是汉章帝的梁贵人所生。当年正是因为受窦太后诬陷，梁贵人才忧愤而死。窦太后既是汉和帝的养母，也是他的杀母仇人。窦太后去世后，梁贵人的家人上书诉说冤屈，请汉和帝废黜窦太后尊号，不让她与汉章帝合葬。

汉和帝虽痛恨窦氏，却不忘窦太后的养育之恩，亲自下诏说："论礼，臣子没有贬斥尊上的道理，有恩德便不忍离析，有仁义就不该亏待。"汉和帝仍然将窦太后当作亲生母亲，敬爱有加，让她与汉章帝合葬，魂归敬陵。

这在窦氏家族第三次盛极而衰的悲剧中，多少留下一点儿人性的温存。

8

窦氏家族并未就此退出东汉历史，而是在外戚与宦官的斗争愈演愈烈的时代，又一次卷入权力纷争。

窦宪死后又过了六十多年，到了延熹八年（165），汉桓帝废邓皇后，在选立新后时本想立其宠爱的田贵人为皇后。以豪强地主为主的士大夫纷纷抗议，认为田贵人出身卑微，不宜为后。太尉陈蕃进言"窦族良家"，建议汉桓帝立贵人窦妙为皇后。汉桓帝迫于舆论压力，无法按个人意愿选择皇后，只好放弃爱情，以"娶先大族"的原则册立窦妙为皇后，但从此很少宠幸窦皇后。

桓思皇后窦妙，出自窦氏家族，她的父亲窦武是窦融的玄孙。

窦武精通儒术，疾恶如仇，是当时出了名的清流，对宦官弄权深恶痛绝。尤其是在延熹九年（166）第一次"党锢之祸"后，汉桓帝听信宦官谗言，逮捕"党人"200多人，打压反对宦官的士大夫和太学生，令窦武对时局更加忧虑。

党锢之祸后，窦武多次上书力争，为"党人"鸣冤，恳请汉桓帝释放李膺等清流士大夫。官僚士大夫看在眼里，都把这个外戚当作盟友，将他与刘淑、陈蕃合称"三君"。

窦武与宦官斗争，既是出于士大夫的政治立场，也是窦氏家族夺回权力的必要手段。当年，宦官正是通过帮皇帝消灭外戚势力才登上政治舞台。这场战争，不是你死，就是我亡。

永康元年（167），汉桓帝死后无子继位，窦武与太后窦妙做主，迎立宗室刘宏为帝，是为汉灵帝。窦武以大将军身份辅政，征召天下名士，打响对宦官的复仇之战，一时间"天下雄俊，知其风旨，莫不延颈企踵，思奋其智力"。

汉灵帝刚即位，窦武就奏请窦太后，以贪污之罪诛杀宦官管霸、苏康。窦太后为父亲提供火力支援，将两个大宦官下狱处死。宦官势力为之震惊，这才知道窦武要向他们动刀。

窦氏家族很有想法，却在诛除宦官时犯了优柔寡断的致命失误。朝堂之上，两党相争，有一念之差，就将功亏一篑。管、苏二宦官伏诛后，窦武立即再请窦太后杀宦官曹节。窦妙担心窦武把事情做得太绝，以致宫廷生变，断然拒绝。窦太后的仁慈，给了宦官喘息的机会。

同年，窦武弹劾宦官集团手下的长乐尚书郑飒。郑飒为人贪婪狡诈，陈蕃劝窦武将郑飒就地正法。窦武不同意，偏要走司法程序将郑飒送到北寺狱审问，收集证据后再将供词一并上交，好将宦官一网打尽。

狗急了也跳墙，宦官人人自危，趁着窦武犹豫不决，赶紧先发制人。正当窦武准备向太后上奏清算宦官罪行时，宦官曹节、王甫等发动政变，挟持汉灵帝，夺取窦太后玺书，矫诏诛杀窦武、陈蕃。

窦武比窦宪当初的处境好一点儿，手下还有数千将士，可与宦官殊死搏斗。陈蕃已经70多岁，也率领属官和学生80人，拔刀冲向宫门，大声呵斥王甫。王甫手下的士兵将这位老臣团团围住，却不敢近前。陈蕃怒目而视，振臂高呼："大将军忠心为国，宦官造反谋逆，为何反而诬陷窦氏！"

最后陈蕃寡不敌众，被逮捕入狱，王甫的手下狠狠地踢踹眼前这位手无缚鸡之力的老人，骂道："老东西，你还能消灭我们，还想断我们的财路吗？"当天，陈蕃不幸遇害。窦武逐渐陷入绝境。

宦官矫诏，以皇帝名义命车骑将军周靖等率领军队陆续进京，镇压窦氏一党。窦武的军队一天内就被歼灭殆尽，他在绝望之下悲愤自杀，尸体被枭首示众。政变之后，窦武、陈蕃被灭族，窦太后被幽禁。

这是汉代窦氏家族的最后一次衰败，也是最为悲惨的一次。窦氏亲属、宾客、相关官员均被株连，除窦武两岁的孙子窦辅之外无一幸免。窦氏家族在大汉王朝的夕阳余晖中彻底走向败落。

窦氏家族的兴盛，始于吕后时期一个宦官的无心之失，最终又亡于宦官，也亡于皇权。有汉一代，窦氏一门十三侯，近一半不得善终，更少有能维持几世者。他们的每一次盛衰，都有一双看不见的手在操纵。这个豪门大族，纵横两汉朝堂三百年，四起四落，出过权臣，也出过英雄，有女中豪杰，也有热血男儿。

壮哉，窦氏家族！

汉朝战神家族：终结匈奴，马踏鲜卑

35岁就已位居帝国大将军的耿弇，决定向光武帝刘秀主动请辞。

东汉建武十三年（37），随着大将吴汉平定四川，东汉的统一大业宣告完成，动荡多年的帝国再次归于一统。作为光武帝刘秀肚子里的蛔虫，耿弇明白，是时候交出兵权了。

话说西汉末年王莽篡位，很快又因为变法失败被杀，天下再次陷入动荡。在各路势力混战中，公元23年，当时年仅21岁的耿弇认准了做过太学生的皇族刘秀，此后一直追随刘秀，为其四处征战。在短短十余年的征战中，耿弇为刘秀败延岑、伐张步、平齐鲁、定陇右，共为东汉平定四十六郡、攻取城池三百余座，几乎打下了东汉的半壁江山，可谓居功至伟，是东汉实至名归的开国元帅。

但耿弇一直活得战战兢兢。

东汉建武三年（27），渔阳太守彭宠起兵叛乱。此前，耿弇曾经说服彭宠和上谷太守耿况（耿弇父亲）一起出兵支持刘秀创业。没想到几年后彭宠却逆反作乱，刘秀大手一挥，命令耿弇率兵前往渔阳平叛，耿弇想到自己父子与彭宠的交情，心有不安，于是提出返回洛阳，但刘秀却下诏书要耿弇放心平叛。为表忠心，耿弇主动提出将弟弟耿国留在洛阳做人质。

耿弇明白，他与西汉初期的开国名将淮阴侯韩信一样，都是因平定整个华北起家，但韩信狡兔死、走狗烹的结局，让耿弇不由得一直小心翼翼，以免功高震主。

这位20多岁的小伙子作为超级战神，在为光武帝刘秀打工期间，多次以弱胜强，甚至以几万兵力就大破张步的20多万大军，历经大小三百余战，攻无不克，在古代战争史上极其罕见，因此，即使光武帝不多想，耿弇自身都察觉到了自己的功高震主。

于是，就在平定了华北地区，被光武帝赞誉为韩信第二后，耿弇开始隐藏自己。

出于权术制衡的考虑，耿弇这位超级战神，此后则基本被雪藏起来，不再作为一方主将。对此，《后汉书》作者范晔说，耿弇在平定华北地区后，"而无（复）尺寸功，夫岂不怀？"

说穿了，耿弇这位员工的能力实在太强，以致老板也不得不开始提防。于是，光武帝开始分派其他将领四处出征，好在他手下兵多将广、人才济济，即使少了战神耿弇，东汉的天下统一大战，也仍然在顺利推进。

但耿弇越来越不安，于是，就在公元37年吴汉平定四川、天下基本平定后，当时年仅35岁的耿弇主动提出要交出兵权，光武帝很快表态：同意。

紧接着，光武帝对其他功臣说，我不会让耿弇成为第二个淮阴侯（韩信）的，意思是说，他不搞狡兔死、走狗烹那一套。此前，在跟家乡父老一起喝酒叙旧时，光武帝就曾说，他虽然是在马上得天下，但却将以柔道治天下。作为太学生出身的儒家主义者，光武帝是个胸怀宽广的好老板。在身后，他更是因为善待功臣集团，而被后世评价为史上最仁慈的开国皇帝。

耿弇当然也是个聪明人，在交出兵权后，他在光武帝钦定的功臣集团云台二十八将中，排名第四。

老板终于放心了。

年纪轻轻就位居开国元帅之位,却能急流勇退、逊位自保,耿弇的政治智慧和军事才华一样突出,而由他一手建立的茂陵耿氏家族,此时才刚刚在东汉帝国的历史星空中冉冉升起。

1

作为东汉帝国的六大开国功臣家族之一,无论是在东汉历史上还是在后世,茂陵耿氏都颇为低调。

西汉武帝时期,耿弇家族的先祖从河南巨鹿迁至茂陵(今陕西秦岭以北,鄠县、咸阳以西之地),此后家族在此定居。西汉末年,耿弇说服自己的父亲、上谷太守耿况起兵支持刘秀创业,自己则身先士卒、冲锋陷阵,为东汉帝国打下了几乎半壁江山,官拜建威大将军。

耿弇兄弟一共5人,其中耿弇的弟弟耿舒不仅在东汉建国时立下战功,在东汉开国后又曾击退流民军20多万人,并北抗匈奴、斩杀匈奴二王,封牟平侯。

但与历史上的许多开国功臣家族在江山底定后,子孙后代开始奢靡堕落不同的是,茂陵耿氏人才辈出,子孙后代不仅没有躺在功劳簿上睡觉,相反还世代习武,处于不断创业的状态。

东汉明帝永平十七年(74),耿弇的侄子耿秉(耿弇的弟弟耿国之子)奉命跟随名将窦固出征西域,作为前锋,耿秉所向披靡,大破匈奴和车师联军,并降服了车师后王安得,使得西汉末年后一度失去控制的西域再次回归东汉帝国控制。

为了巩固对西域的控制,东汉帝国随后在西域再次设置西域都护和戊己校尉,当时,陈睦担任东汉帝国在西域的最高军事长官西域都护。另外,东汉帝国还分别在车师金蒲城(今新疆奇台西北)和柳中城(今新疆艾丁湖东北)设置戊己校尉,每处屯兵数百人。而在公元74年,担任金蒲城戊己校尉的正是耿弇的另外一位侄子耿恭,即耿弇的兄弟耿广之子。

由于在西域难以长期养兵，因此东汉大军在平定车师后，随即东撤回到河西走廊。眼见汉朝大军后撤，匈奴随即在第二年卷土重来。东汉明帝永平十八年（75），受到匈奴撺掇的焉耆和龟兹两国发兵，攻杀了新任的西域都护陈睦。随后，驻守柳中城的戊己校尉关宠所部也在匈奴的攻击下全军覆没。于是，驻守金蒲城的戊己校尉耿恭所部就成了东汉帝国在西域的孤军。

为了守住大汉帝国光复的西域国土，耿恭率部转战有溪流、可以固守的疏勒城，此后从75年五月到76年二月，耿恭率部在疏勒城内坚守近一年之久，以微弱的兵力抵抗匈奴两万大军。为了迫使汉军投降，匈奴将疏勒城下的溪流堵绝。耿恭率部在城内掘井十五丈，却仍不见水，守城部队在水尽援绝的情况下仍不放弃，甚至挤榨马粪汁来饮用。

为了持续坚守，耿恭亲自带领士兵挖井运土，却始终不见泉水。为此他拜神祈祷说，自己听说西汉时期贰师将军李广利征伐西域缺水，李广利拔佩刀刺山，于是飞泉涌出，"今汉德神明，岂有穷哉！"于是耿恭整顿军服"向井再拜，为吏士祷"，不一会儿，泉水竟然喷涌而出，疏勒城内的汉军在近乎绝境的情况下起死回生，"众皆呼万岁"。于是，耿恭命令兵士向匈奴人抛水示意，以为神明显灵的匈奴人大惊，随后引军离去。

当时，西域境内的其他汉军部队都已全军覆没，匈奴人不久后又联合再次反叛汉朝的车师国，出兵围攻耿恭所在的疏勒城，但耿恭部队誓死不降。在"食尽穷困"的情况下，耿恭所部甚至将皮甲和弓弩都拿出来熬煮，"食其筋革"。

耿恭部队到最后仅剩下几十人，匈奴单于非常感动，想要招降耿恭，说："只要你投降，我必封你为王，赏你妻子。"但耿恭却杀掉匈奴使者明志，匈奴单于大怒，于是增兵围攻，但就是攻不下耿恭死守的疏勒城。

当时，恰好东汉明帝去世，国内大丧，汉军救援部队始终不至。一直到疏勒城被围的第二年（76），新上位的东汉章帝才在司徒鲍昱的极力坚持下，派出7000多人前往救援。

汉军再次出征西域，在交河城大破匈奴军，共斩杀3800人，并俘虏3000余人。眼见汉军再次兵临城下，反复无常的车师国也再次投降。但领兵的汉军将领考虑到疏勒城已经被围近一年，大家都以为耿恭等人已死，因此都不愿意再深入救援。好在耿恭此前派往河西走廊求援的军吏范羌，坚持不愿放弃老长官和军中同袍，在范羌的坚持下，汉军分兵2000人，由范羌带领前往营救耿恭。

救援途中，积雪达到一丈多深，当援军终于抵达疏勒城下时，耿恭等人在夜间听到兵马之声，还以为是匈奴再次来袭，待到汉军亮明身份后，耿恭等人痛哭流涕，这才打开城门迎接。

随后，耿恭等残存的26人从疏勒城中跟随汉军东撤。当时，北匈奴仍然不时派兵袭击、骚扰，汉军且战且退。因此，当他们历经千难万险回到玉门关时，耿恭等26人最后只剩下13人仍然存活。

当见到这些孤军奋战、守卫西域的战士们衣衫褴褛、鞋履洞穿、形销骨立的样貌时，守卫玉门关的中郎将郑众痛哭流涕。他亲自为西域孤军将士们沐浴更衣，还为其上疏请求封赏。在这封疏文中，郑众写道：

"耿恭以单兵固守孤城，当匈奴之冲，对数万之众，连月逾年，心力困尽。凿山为井，煮弩为粮，出于万死无一生之望。前后杀伤丑虏数千百计，卒全忠勇，不为大汉耻。恭之节义，古今未有。宜蒙显爵，以厉将帅。"

耿恭等人回到东汉首都洛阳后，司徒鲍昱又上奏汉章帝说，耿恭孤军坚守西域近一年，气节甚至超过了西汉时期的苏武。于是汉章帝提拔耿恭为骑都尉，另拜耿恭的司马石修为洛阳市丞，张封为雍营司马，坚持率军救援耿恭的军吏范羌则封为共丞，其他九人则升为羽林。

耿恭回归后，又曾率兵出击羌人，降服羌族数万人，但却因故被上司陷害，最终被罢官免职，卒于家中。

2

尽管遭遇不公,但茂陵耿氏的雄风并未泯灭,他们即将以家族合力,给予匈奴人最后一击。

此前,西汉在公元前202年建国后就一直遭受匈奴人的侵袭骚扰。为了抗击匈奴,捍卫大汉荣光,从汉武帝元光五年(前130)起,汉朝军队开始了此后长达200多年的对匈战争,而击垮匈奴人的最后一战,就是由茂陵耿氏家族完成的。

东汉和帝永元元年(89),汉朝三路大军齐发前往征讨北匈奴,其中外戚窦宪会同名将耿秉,从位处今天内蒙古的朔方郡出发北上。不久,在窦宪、耿秉的联合指挥下,耿弇的侄子耿夔、耿谭率军在稽落山之战中大破北匈奴,共"斩名王已下万三千级,获生口马牛羊橐驼百余万……(北匈奴)等八十一部率众降者前后二十余万人",北匈奴单于仓皇逃窜。经此一战,北匈奴部落在连年征战后再遭重创,此后再无力反击汉朝。

窦宪在茂陵耿氏家族的耿秉、耿夔、耿谭等人的奋战厮杀下,登上燕然山(今蒙古国境内)勒石铭功。历史铭刻了窦宪燕然勒石的丰功伟绩,但其实在背后完成歼灭北匈奴这一壮举的,却是茂陵耿氏家族。

公元91年,燕然勒功两年后,窦宪再次率军讨伐北匈奴余部。在此次出征中,耿弇的侄子耿夔竟然仅仅带着800骑兵出居延塞(今内蒙古额济纳旗),然后在金微山(今阿尔泰山)出其不意地大破北匈奴单于王庭,俘虏了北匈奴单于的母亲阏氏,斩杀大部落王以下5000余人,北匈奴单于仅仅带着几名骑兵逃脱,此后不知所踪。

当时,汉军出塞5000多里,将所缴获的北匈奴俘虏、财宝、牲畜带回内地,其出兵之远,是汉匈200多年战争中的历史之最。在茂陵耿氏的最后一击下,北匈奴的残余彻底崩溃。此后,北匈奴余部2万多人南下归顺东汉,其他部则西迁中亚和东欧,掀起了此后欧洲的异族迁徙浪潮,并最终导致了西罗马帝国的陨落。

而从汉武帝元光五年(前130)开始至公元91年,大汉民族在历经200多年汉匈战争后,最终彻底战胜了匈奴人,牢牢捍卫了大汉帝国,取得了农业民族对游牧民族的第一次彻底胜利。因此从历史的功绩来说,历经卫青、霍去病、窦氏家族等无数功臣战将参与的北伐,汉匈战争最终由茂陵耿氏完成了最后的胜利之笔,茂陵耿氏也由此奠定了千古战神家族的美誉。

公元91年的大战后,耿夔因功被封为粟邑侯和中郎将,并被派遣驻守在今天的新疆伊吾一带,此后,由于老上司窦宪失势自杀,耿夔受到牵连,也被罢免官职、削夺爵位。

但大汉帝国仍然需要茂陵耿氏家族的雄风壮志。到了汉安帝建光元年(121),耿夔再度出任度辽将军,并驻守在帝国东北,抗击在匈奴衰落之后逐渐崛起的鲜卑人。在耿夔的抗击下,鲜卑人多次被击败。

日后,这个继匈奴之后的少数民族,将在东汉毁灭后逐渐崛起并南下入主中原。但在耿夔守卫时期,鲜卑人始终处于被压制状态。有茂陵耿氏在,北方异族难以造次。

对于茂陵耿氏,从第一代耿况,第二代耿弇、耿舒,到第三代耿秉、耿恭、耿夔,三代人战功赫赫、功勋卓著的奇特现象,《后汉书》的作者范晔评论说:

"三世为将,道家所忌,而耿氏累叶以功名自终。将其用兵欲以杀止杀乎?何其独能隆也!"

根据史书记载,茂陵耿氏从东汉初年的27年起兵辅助刘秀开始崛起,此后到220年东汉终结,近200年间整个家族一共涌现出2位大将军、9位将军、13位公卿、3位驸马,19人封侯,另外还有数十人被封为"中郎将、护羌校尉及刺史"或俸禄"二千石"。其家族之显赫,在功臣贵戚遍布的东汉帝国中,都属于威名赫赫。

但在范晔看来，茂陵耿氏之所以能够世代为将、屡出名人，与这个家族所提倡的"以暴制暴、以战止战"的仁义理念有很大关系。范晔说，本来"三世为将，道家所忌"，但茂陵耿氏族人例如耿弇，功成后知身退，其对整个耿氏家族起到了示范性作用。

可以说，茂陵耿氏家族从一开始就没有如韩信之类的军事天才、政治蛮夫，而是一个军事才华与政治智慧并行的武将世家。例如参与完成对北匈奴最后一战的耿秉就胸怀大志，"常以中国虚费，边陲不宁，其患专在匈奴"而为国家忧愁。而耿秉提出的战争理念就是"以战去战，盛王之道"，其目的并非是升官发财，而是实现为整个国家鞠躬尽瘁、死而后已的战略式布局，耿秉堪称政治家与军事家的合体。

正是茂陵耿氏这种政治与军事并举的家族遗风，使得他们得以为大汉帝国立下了千古功勋。尽管由于时代久远，茂陵耿氏的威名逐渐被后世遗忘，其声名不如后世经过小说演义传颂的杨家将、呼家将等武将世家，但从实际的功勋和影响来看，仅以击溃匈奴、马踏鲜卑、西平羌人的军功战绩，茂陵耿氏就是中国古代当之无愧的杰出武将世家。

3

尽管受到政治斗争的牵连，茂陵耿氏在第三代后逐渐陨落，但在东汉六大功臣家族中，茂陵耿氏却与其他五大功臣家族相反，衍生出了完全不同的家族门风与道德气节。

在创立东汉王朝的历史进程中，协助刘秀创业立下卓越功勋的六大功臣家族分别是邓禹家族、耿弇家族、梁统家族、窦融家族、马援家族和阴氏（阴陆、阴识）家族。

六大家族中，梁统家族到了梁统的玄孙梁冀时，梁冀以外戚的身份把持朝政，骄横跋扈。9岁的汉质帝刘缵因为当面怒斥梁冀为"跋扈将军"，就被梁冀毒杀。最终，残暴凶妄的梁冀被汉桓帝联合宦官诛杀灭族，梁统家族至此彻底陨落。

而在历史上声名赫赫的窦氏家族也几经浮沉，其子孙多次以外戚身份把持朝政，与宦官集团斗得你死我活。汉桓帝死后，窦氏家族后人窦武试图剿灭为祸朝政的宦官集团，失败后反被宦官集团灭族。

此外，邓禹家族、马援家族和阴氏家族则在东汉末年的政治风雨中走向衰落。这些东汉初年的功臣家族的后世子孙很多都沦为纨绔子弟，或是为各自利益在朝政上以外戚、军阀的身份你争我夺。从身份定位上来说，他们始终没有突破为利益而争的功臣贵戚范畴。

但茂陵耿氏却实现了自我的跨越。耿氏家族在东汉的历史进程中逐渐转型为世家大族，而世家大族与外戚集团和宦官集团的区别就是，外戚集团和宦官集团都是为自身的利益而战，而世家大族却将理念、气节、操守、追求和情怀铭刻进家族的门风。他们也追求利益，但却是惠及家国苍生的利益。这种理想和气节，才是士族精神的真正核心。

到了东汉末年，由于黄巾起义天下大乱，加上首都洛阳城内的外戚集团与宦官集团斗得你死我活，军阀董卓趁乱领兵进入洛阳、控制朝政，汉家天下逐渐式微。东汉建安元年（196），走投无路的汉献帝被曹操迎到许县（许都）。此后，曹操"挟天子以令诸侯"，在攻灭北方各路军阀的过程中逐渐崛起，汉献帝成为傀儡。

在茂陵耿氏等世家大族和拥汉派看来，作为大宦官曹腾的养孙，出身宦官集团的曹操挟持汉献帝以号令天下，"实为汉贼"。而在整个东汉时期，为了与利欲熏心的宦官集团做斗争，许多世家大族与其展开厮杀，窦氏家族甚至因此被灭族。而宦官集团为了打压士族，更是两次发动"党锢之祸"，残杀、打压士族，在这种"光复大汉"的理想期许下，世家大族在东汉最后的余晖中，仍然前仆后继。

就在汉献帝被曹操挟持到许都4年后，东汉建安五年（200），士族董承、将军吴子兰、王子服等人因为试图刺杀曹操而被灭族。

士族集团第一次刺曹行动失败14年后，汉献帝建安十九年（214），尽忠汉朝皇室的伏氏家族也因为试图行刺曹操未果，以致被灭族屠杀。

当时，曹操已经统一北方，许多世家大族在曹操的威权之下已经俯首称臣，汉献帝成了彻头彻尾的傀儡。面对当时投向曹操即可享受荣华富贵，扶持汉室却将遭受灭族威胁的政治处境，作为茂陵耿氏的后代和曾经降服北匈奴的名将耿秉的曾孙，汉献帝身边的少府耿纪，决定站出来为汉室做最后一搏。

这是东汉帝国内部，世家大族的壮烈尾声。

汉献帝建安二十二年（217），62岁的曹操在此前封魏王，在"奏事不称臣，受诏不拜"的基础上，又朝着篡位继续前进。这一年，曹操甚至开始"设天子旌旗，出入称警跸"。眼见曹操的篡位野心日益显露，作为茂陵耿氏的后代，任职少府的耿纪不顾此前士族集团两次刺曹失败的血泪往事，决定以卵击石，实行刺曹行动。

于是，汉献帝建安二十三年（218）正月，耿纪与太医令吉本、司直韦晃等人趁夜集众进攻曹操的丞相府。在这场东汉士族最后的反击中，耿纪等人在许都城中高喊着"杀尽曹贼，以扶汉室"的悲壮口号，冲向了曹操的军队。

他们，根本不是曹操大军的对手。

最终，耿纪和吉本、韦晃等人全部被灭三族，茂陵耿氏在这场最后的战斗中，被惨烈灭族。

这是一场堂吉诃德式一往无前的悲壮牺牲，茂陵耿氏明知不可为而为之，为这个东汉帝国的世家大族谱写了最后的荣光，"遂与汉俱兴亡"。

在权威、名利、地位和荣华富贵面前，这个家族的子孙，却选择了为理念、气节、操守、追求和情怀做出最后的毁灭式牺牲，这已经超越了传统的为一家一姓尽忠的观念，而成为一种内化的情操和气节。因此，尽管茂陵耿氏被灭族，但他们所传承的士族精神，却被此后的世家大族所继承。

在此后魏晋南北朝江山动荡、文化丧亡的大乱世中，我们在琅邪王氏、陈郡谢氏等无数世家大族的身上，时不时瞥见了这种士族精神的闪光，也因此，中华民族才得以在乱世的不断冲击下，保存文化精神的种子不灭，才得以在后世蛮族入侵的冲击下，始终不屈不挠，虽百死而犹战，虽百死其犹未悔。

而茂陵耿氏家族的遗风，正代表了汉民族在恢宏草创时，所具有的血性、刚烈、勇毅、道义、责任担当与义无反顾，这种遗风，显然浸润了此后中华民族的精神血脉。

天师家族两千年

在小说《水浒传》中，宋仁宗因为京师开封瘟疫蔓延，特地遣派太尉洪信前往江西龙虎山，延请张天师前来祈禳瘟疫，这洪信上了龙虎山后，遇到一个倒骑黄牛、横吹铁笛的道童，中途又被猛虎和大蛇吓得要死，因此没等寻到张天师，他就赶紧下山。

没想到下山后，龙虎山上的上清宫住持真人却告诉他：

"太尉可惜错过，这个牧童，正是天师。"

在《水浒传》中，有眼不识泰山的洪信后面又在龙虎山上强行打开封印、挖开地穴，放出了三十六天罡、七十二地煞等一百零八个魔君，这正是《水浒传》中第一回的故事"张天师祈禳瘟疫，洪太尉误走妖魔"。

小说当然是小说，但元末明初的书生施耐庵，却在小说中介绍了一个在古代中国早已显赫人间的家族，这就是被誉为"北孔南张"的两大古典贵族中的南张——与孔子家族并列传承2000多年不改的张天师家族。

我们要讲的，正是在小说之外，正史中的这个传奇家族。

1

东汉建安二十年（215），在基本平定中原后，曹操亲率十万大军西征汉中，而他的目标，是蛰居汉中地区长达20多年、拥众50多万的天师道教主——张鲁。

汉中，是一个夹在关中平原和四川之间的盆地，由于东汉末年天下大乱，各路民众纷纷进入汉中地区避难。当时，历经多年战乱、饥荒和瘟疫，东汉帝国人口从永寿三年（157）的5600多万人，锐减至700多万人。

三国时期，曹魏拥有大概445万人口，蜀汉拥有约94万人口，东吴拥有约210万人口。

相比于仍然地广人稀的四川地区，小小的汉中，当时却集中了数十万人口，这在东汉末年无异于一笔巨大的财富。因此，曹操野心勃勃，誓要夺取汉中的人口和土地。

在正史《三国志》和后世小说《三国演义》中，占据汉中地区的张鲁，似乎是一个夹在曹操和刘备两大枭雄之间无关紧要的小角色，但以张鲁当时占有的人口资源来说，他绝对是不可忽略的存在。

而张鲁能够占据汉中，得益于他的爷爷——天师道的创始人、教祖张道陵。

按照传说，张道陵是西汉开国功臣张良的第八世孙。尽管在后世被尊为教祖，但张道陵起初只是一个书生。

张道陵7岁时就通读了《道德经》，后来进入东汉首都洛阳太学成为太学生。读书时，他就通晓天文地理、河洛谶纬之学，以至于年纪轻轻，就有千余人跟随他就学，这种早熟的心智，使得他开始参悟人生。因此，张道陵时常感慨，儒家的经书并不能解答他心中有关生死的难题，于是，张道陵开始放弃儒学，改习长生之道。

汉代谶纬秘术盛行，这种时代的氛围，也使张道陵得以从容思考。26岁时，他被东汉朝廷征召为江州令。但不久后，张道陵就辞官隐居到洛阳北邙山中，精思学道。

后来，张道陵四处云游、访道求仙，并在江西云锦山结庐而居、筑坛炼丹。传说张道陵到云锦山3年后神丹炼成，龙虎出现，因此云锦山后来被改称为龙虎山。

到了张道陵60岁时，已是东汉永元五年（93）。两年前，名将窦宪出塞五千里，率军大破北匈奴，并登燕然山（今蒙古国杭爱山）勒石铭功。尽管东汉帝国如日中天，但看破世事红尘的张道陵却飘然又从江西龙虎山，来到了四川成都西部的鹤鸣山修炼传道。

也就是在四川时期，张道陵开始传授"正一盟威之道"，并正式创立道教，尊老子为教祖。由于入教教徒必须缴纳五斗米，因此正一盟威之道也被称为"五斗米教"。

张道陵创立的正一盟威道，在后世也被称为"天师道"。天师道门下弟子众多，按区域分为二十四个教区，每个教区分设治头和祭酒统领事务，主要分布在今天的四川、陕西地区。在今天看来，这是一种政教合一的组织。

传说中，张道陵出生于东汉初年的光武帝建武十年（34），活到123岁才去世，此时已是东汉末年的汉桓帝永寿二年（156）。传说不一定可信，但是张道陵建立起的这个政教合一的组织，却在后世遗留给孙子张鲁以巨大的政治和宗教遗产。

张道陵临终前，将作为法器的丹药、斩邪二剑及玉印等器物传给了长子张衡，并嘱咐世世代代由张道陵家族的宗亲子孙继承衣钵。创立天师道的张道陵在此后被称为祖天师，第二代张衡又被称为嗣天师。张衡一生平平无奇，此后又将道统传给了第三代，也就是张道陵的孙子张鲁。

此时恰逢东汉末年乱世，汉献帝初平二年（191），刘备正担任平原县县令，忙着与青州刺史田楷联合对抗冀州牧袁绍。当时盘踞四川的是益州牧刘焉。而张鲁，则是益州牧刘焉的座上宾。

由于四川与汉中唇齿相依，于是刘焉任命张鲁为督义司马，并命令别部司马张脩率兵与张鲁一起攻取汉中。没想到平定汉中后，张鲁却杀死了张脩，并夺其兵众，在汉中地区割据自立。

此后，刘焉病死，幼子刘璋继任益州牧。后来，枭雄刘备又率兵入川击败刘璋，夺取了四川。于是，避居汉中的张鲁，要直接面对刘备、曹操这南北两大枭雄的巨大压力。

当时，刘备对张鲁的看法是："鲁自守之贼，不足虑也。"枭雄孙权则认为："米贼张鲁居王巴（重庆）、汉（中），为曹操耳目，规图益州（四川）"。

在当时的各路枭雄看来，张鲁在汉中自守，没有野心，迟早都是块将被碾得粉碎的夹心饼干。

但张鲁能在汉中自立20多年，当然也不是外界所认为的那样简单。

凭借着祖父张道陵和父亲张衡留下的遗产，在东汉末年的乱世中，张鲁是一位拥有教会组织的宗教首领。他治理汉中地区的方式相当奇特，区域内不设官吏，而是以教法统治，教民如果犯法，会被宽宥三次，到第四次才会被惩处；如果是小过，则会被要求修道路一百步来赎罪。

在汉中地区，张鲁在春夏两季万物生长之时禁止屠杀，也禁止酗酒。张鲁还在汉中地区设立义舍，里面放置米肉，免费供过路行人量腹取食。在东汉末年的乱世中，各路民众纷纷涌入汉中地区避乱，而张鲁这种无为而治、政教合一的宗教统治，尽管治理方法简单，但这一地区在当时无异于世外桃源，这也使得汉中地区人口迅速膨胀起来。

但枭雄曹操自然不会放过这块肥肉，东汉建安二十年（215），曹操在击败马超和韩遂联军后，又南下击败张鲁，夺取汉中。深知张鲁在汉中地区根基深厚的曹操随后将张鲁封为阆中侯，食邑一万户，并且将张鲁的五个儿子全部封为列侯，还让自己的儿子曹宇娶张鲁的女儿为妻。张鲁全家则被曹操迁徙到邺城监视居住。

此后，刘备又与曹操在汉中展开争夺战，最终经过四年激战，刘备手下大将黄忠督军阵斩曹操的大将夏侯渊，夺取了汉中地区，奠定了魏、蜀、吴三分天下的格局。

而张鲁作为汉末三国乱世的配角，此后一直籍籍无名。但是张天师家族在中国历史上的传承，此时才刚刚拉开序幕。

2

随着张鲁归顺曹操，天师道也从西南地区传入了中原。继承曹魏政权的司马家族此后相继攻灭了蜀汉和东吴，这就为天师道接着进入江南地区创造了条件。

虽然西晋政权短暂统一天下，但帝国很快再次陷入战乱。两晋南北朝时期，佛教在北方逐渐兴起，道教在动荡的北方趋于式微。但在南方，崇尚玄学和道教的社会氛围，却为天师道和张天师家族的生存提供了条件。

进入东晋后，门阀士族中出现了许多信奉五斗米教的世家，当时北方的士族例如清河崔氏、范阳卢氏、天水尹氏，以及迁居南方的琅邪王氏、高平郗氏、颍川庾氏、谯国桓氏等家族中，都有人信奉道教，像琅邪王氏中的"书圣"王羲之就"世事张氏五斗米道"。

王羲之信道，经常与江浙名士游乐山水，还与道士许迈共同修道、服用五石散。当时，王羲之的书法名冠天下，山阴（今浙江绍兴）有位老道士听说后，也很想得到王羲之的书法作品。他听说王羲之热爱饲养白鹅，便精心养育了一批良种白鹅，养成后每天故意到王羲之与友人郊游的地方放养。

王羲之终于"偶遇"这批白鹅后，果然满心欢喜，向道士提出想买下这群鹅，道士于是说："你只要帮我写一篇《黄庭经》，我就把这些鹅全部送给你。"王羲之欣然允诺，为道士写下了被后世称为"右军正书第二"的《黄庭经》。因为这一奇特的来由，王羲之所书的《黄庭经》也被称为《换鹅帖》。后来，唐代李白还在《送贺宾客归越》中写道："山阴道士如相见，应写黄庭换白鹅。"

经过两晋南北朝的发酵，天师道开始走入社会上层。随着隋朝统一南北，中国再次进入了大一统时代。李唐代替隋朝后，道教始祖老子李聃被追尊为李唐皇室的"圣祖"，这也使得道教在整个唐代受到热烈追捧，天师道的发展也因此进入了鼎盛时期。

虽然受到皇家器重，但作为天师道的传人，历代天师仍然恪守本分。唐高宗时期，唐高宗李治召见第十二代天师张恒，问以治国安民之道，张恒回答说："能无为则天下治矣。"李治对此深以为然，史书记载："上嘉之。"

从深耕民间到进入士大夫的视野，再到与帝王对话，唐高宗李治与第十二代天师张恒的这次问答，也标志着张天师家族进入了帝国的顶层视野。

通过道教与皇权的结合，张天师家族的政治地位开始扶摇直上。天宝七载（748），唐玄宗就将天师道教祖张道陵册封为"太师"，并亲自召见第十五代天师张高，——命令张高在京师长安设坛传箓，还免除了天师道的祖山龙虎山的赋税。

李唐皇族对张天师家族一直恩宠不断，到了会昌元年（841），唐武宗还召见了第二十代天师张谌，并亲赐"真仙观"三个大字作为张谌的箓坛门额。

与皇权的结合，使得张天师家族在大唐帝国备受尊崇，但这也牺牲了修道的清静，使得历代张天师开始受缚于政治。例如曾与唐高宗对话的第十二代天师张恒在终于获准返回龙虎山后，就曾经感慨说："吾几落世网，今还我素矣。"

如果说张天师家族仅仅满足于做帝王的座上宾和以神鬼之术进奉，那这种恩宠和礼遇，是否足以持续千年，显然是个很值得思量的问题。但历史的传承表明，历代天师的为人和政治眼界，显然不止于此。

历史进入宋代后，宋真宗景德元年（1005），辽国大举入侵，在寇準等大臣的力请下，宋真宗不得已御驾亲征，最终，宋辽双方达成了澶渊之盟，结束了两国长达数十年的间续战争，此后，宋辽双方维持了长达百余年的和平。

宋辽和平的实现，使得北宋真正进入了文治时代，但这也使得宋真宗更加倾心沉浸在道教之中，并开始了此后长达14年之久的装神弄鬼的"天书政治"。宋真宗对道教的沉迷，也使得张天师家族的政治地位更加崇高。大中祥符八年（1015），宋真宗亲自召见第二十四代天师张正随，并赐号"真静先生"。此后，历代的张天师都得到了北宋皇帝的"先生"赐号，张天师家族与皇权的结合更加紧密。

父亲宋真宗对道教的倾心热爱，也深深影响到了儿子宋仁宗。宋仁宗还曾咨询第二十五代天师张乾曜该如何养生和飞升成仙。

张乾曜的回答是："此非可以辅政教也！陛下苟能还淳返朴，行以简易，则天下和平矣；志虑清明，神气和完矣，奚事冲举哉！"

有别于一般的道士术士，第二十五代天师张乾曜很敏锐地捕捉到了宋真宗、宋仁宗父子对于修炼成仙的爱好，为此张乾曜才委婉地劝诫宋仁宗，不应以所谓"白日飞仙"的追求去"辅政教"，而是应该无为而治，"还淳返朴"，为天下太平谋才是正道。

宋仁宗在中国历史上是出了名的谦虚谨慎，曾被包拯把唾沫喷到脸上都不生气，对于第二十五代天师张乾曜的劝诫他也铭记在心。而张天师家族近帝王而不媚帝王的风骨，也历经唐宋数代而不变。

北宋进入到宋徽宗时期后，"诸事皆能、独不能为君"的艺术皇帝宋徽宗对于修炼成仙也非常着迷。宋徽宗曾经当面问第三十代天师张继先，应该如何炼丹以求长生不老，张继先的回答是：

"此野人之事，非人主所宜嗜。但清净无为，便可同符尧舜。"

张继先劝诫宋徽宗，作为帝王，不应该关注炼丹长生这些"野人之事"，而是应该"清净无为"，如此才是"尧、舜之道"。

当宋徽宗问及北宋国运时，鉴于宋徽宗时期内忧外患的局面，张继先语义深沉地警戒要小心"赤马红羊之兆，请修德"。

按照张继先的劝谏，丙丁为火，色赤红；午属马，未属羊。丙午（马年）、丁未（羊年）年都是国家容易发生灾祸的年份，一定要谨慎小心，这也就是赤马红羊之厄的传说，即农历丙午年、丁未年易发大难，一定要小心。

当时，女真人正在北方崛起，宋徽宗却不以为然，张继先为此警示朝野说："蓬莱水浅，沧海又要变桑田了吗？"

眼见帝国危亡在即，自己却无力回天，于是第三十代天师张继先请求返回龙虎山。当宋徽宗要赐予他金帛财宝时，张继先却辞谢帝王说："臣一野褐也，得无以用。"

北宋靖康元年（1126，丙午年），金人再次挥兵南下。联想到张继先此前的预言，推卸责任主动退位的太上皇宋徽宗突然醒悟，于是派人邀请张继先北上、试图让他"以法术退敌"。张继先无奈，只得从江西龙虎山启程北上，当行经泗州（今安徽泗县）天庆观时，张继先写下了一首诗：

　　一面青铜镜，重景苍玉山。
　　恍然夜船发，移迹洞天间。
　　宝殿香云合，无人万象闲。
　　西山红日下，烟雨若潜潜。

写完诗后，张继先端坐而逝，年仅36岁。

传说中，他仙逝这一天，正是靖康元年闰十一月丙辰日（1127年1月9日），恰好是金兵攻陷开封之日。

张继先也正是《水浒传》中所提的"虚靖先生"张天师，只不过他生活的年代被作者施耐庵从宋徽宗时期提前到了宋仁宗时期，足见其民间影响之广。

3

帝国的安危兴盛，非个人之力所能左右，但此后历代的国君们，仍然对张天师家族保持着崇高的敬意。

蒙古人攻灭南宋后，忽必烈又命令第三十六代天师张宗演"主领江南道教"，并且正式册封张宗演为"嗣汉天师"，从而使得"天师"这个名号，从天师道内部称号上升成为大元政权的官方封号。

朱元璋灭元后，对此进行了反思。朱元璋说："天岂有师？"于是将嗣汉天师的封号改为正一嗣教大真人，并加封第四十二代天师张正常"永掌天下道教事"。从此，张天师家族正式成为兼有名义与实权的道家最高领袖，拥有了与北方孔家平起平坐的资本。

明代人张岱在《陶庵梦忆》中写道，孔家人说："天下只三家人家：我家与江西张、凤阳朱而已。江西张，道士气；凤阳朱，暴发人家，小家气。"

这在此后也衍生出了张天师家族的地位超然故事。例如民间互问姓名，一般是说"免贵"姓什么什么，但是有两个半人家却不会说"免贵"，一个是"北孔"孔家，一个是"南张"张家，另外半个则是当时的帝王姓，至于是姓杨、姓李，还是姓赵、姓朱，则是变幻不定的，所以只能称是半个人家。

但是张天师家族始终保持着对政治的自觉清醒和政治关怀。明朝正德元年（1506），年仅16岁的明武宗刚刚登基，就召见第四十八代天师张彦頨，询问他说："卿之祖非神仙乎？朕闻神仙长在，今还可见，亦可学否？"

修仙长生，是历代帝王的古今幻梦，也是对历代天师政治智慧的考验。对此张彦頨回答说："臣闻君之愈於神仙者，尧舜是也，至今犹存。上自天子，下及庶人，未尝不见，愿陛下慕而效之，则圣寿可等天地矣。乃若臣类为神仙者，奚足尚哉。"

对于历代张天师来说，劝诫历代帝王放弃修仙长生的美梦，正视人间的政治修为，是他们的职责，但帝王们并不以为然。

由于放纵嬉戏，明武宗年仅31岁就暴病身亡，而明朝的皇帝们并不以为戒。到了明神宗时期，万历皇帝还问第五十代天师张国祥说："圣人以神道设教，卿教非神道乎？"

张国祥于是劝诫说："圣人治天下，静默思道，恭己正南面而已。故神其道而天下化。三代而下，一日万几，非励精不能图治。"

纵观从唐高宗到宋徽宗再到明神宗的近千年时间，尽管张天师家族的宗教地位日益崇高，但千古帝王的追问却几乎如出一辙，他们都希望从神道中获取所谓天命和修仙长生之道。从这个意义来说，张天师家族在陪伴君王的近千年中，始终恪守准则，将神道与世道、人道融为一体，苦心劝谏帝王要励精图治，委婉劝诫不可妄求仙道。

万历皇帝的追问，也伴随着晚明的风雨飘摇戛然而止。随着1644年崇祯皇帝在煤山上吊，后续的清朝由于崇尚藏传佛教，疏远了传统王朝所崇尚的天师道。到了乾隆时期，朝廷更是将张天师的品秩由正一品骤降为正五品，并取消朝觐资格。

此后，由于第五十七代天师张存义祈雨有功，皇帝才将天师的品秩勉强提升为正三品，并恢复朝觐资格。然而到了道光年间，清朝官方又一次取消了天师朝觐的资格，从此天师家族与皇权之间的关系愈发疏远。

1912年清朝覆灭后，江西都督李烈钧宣布取消天师封号；袁世凯复辟后，赐予龙虎山张天师传人正一嗣教大真人的册封。但袁世凯死后，北洋政府又取消了对天师的册封。

在民国的乱世中，第六十三代天师张恩溥在1924年嗣位后，就接连遭遇时代的冲击。龙虎山天师府一度被查抄，张恩溥本人也被囚禁。由于时代变迁，天师府原有的土地田产等多有流失。为此，张恩溥不得不往来于上海、苏州、无锡等地，通过出售符箓、主持法事等补贴家用。

当时，直系军阀吴佩孚因为在年轻时贫困潦倒，曾经当过算命先生，所以对龙虎山天师颇有好感。而另外一位直系军阀孙传芳笃信佛教，同时对道家也颇为宽容。在北方军阀的庇护下，张恩溥得以长期活跃在江浙一带。

国民军开始北伐后，吴佩孚、孙传芳相继被北伐军击溃，孙传芳甚至因为早年滥杀无辜，而被为父复仇的施剑翘刺杀于天津居士林。第六十三代天师张恩溥也因此颠沛流离。抗战期间，张恩溥隐居龙虎山，到了1949年，他辗转到了台湾定居。

1969年，张恩溥最终在台湾病逝，由于张恩溥的长子张允贤早已去世，于是张恩溥的堂侄张源先宣布继任为第六十四代天师，但张源先一直无法拿到张恩溥遗留的祖传印剑。随着张源先在2008年病逝后，下一代天师继承人的人选又成了问题，至少有张意将、张道祯、张懿凤等三人各自宣布自己继任为天师。在纠缠纷乱中，这个传袭两千多年的家族，也在时代的风雨中再次面临考验。

对此，早在20世纪30年代，江南一带就有民谣这样传唱："绝不绝，灭不灭，六十三代有一歇。"意思是说张天师家族到第六十三代张恩溥时，必将经历考验。

冥冥之中，历史真的是一言难尽。

第二章
黄金时代：魏晋至隋唐的门阀家族

三国诸葛家族：各为其主，尽忠行事

在生命的最后时刻，诸葛亮放不下的除了他的国，还有他8岁的儿子诸葛瞻。

临终前，诸葛亮给儿子写了一封家书，此即知名度不亚于《出师表》的《诫子书》，全篇不到百字，满是一位父亲的殷切期望：

"夫君子之行，静以修身，俭以养德。非淡泊无以明志，非宁静无以致远。夫学须静也，才须学也，非学无以广才，非志无以成学。淫慢则不能励精，险躁则不能治性。年与时驰，意与日去，遂成枯落，多不接世，悲守穷庐，将复何及！"

这是诸葛亮的家训，从中可见一种志存高远的人生观与淡泊宁静的价值观。

同年，诸葛亮病逝于北伐途中。他逝世29年后，诸葛瞻率领长子诸葛尚与奇袭阴平的魏将邓艾决战，在成都陷落之前兵败于绵竹（今四川德阳市），以身殉国。以诸葛亮为代表的琅邪诸葛家族，在一出壮烈豪迈的悲剧中走向巅峰。

1

琅邪诸葛氏兴起于西汉时的诸葛丰。

诸葛丰的前后几世，以及诸葛氏的起源，至今缺乏史书佐证，因此众说纷纭。关于诸葛这个姓氏的源流，一般有三种说法。

一是根据《世本》记载，诸葛氏出自上古的有熊氏，为詹葛氏演变而来。这一说因为年代太过久远，难以考证。

二是东汉学者应劭说的，秦末汉初有个功臣葛婴，子孙被封于诸县，遂将姓氏改为复姓"诸葛"。但葛婴被封县侯已被证实为虚妄，后面的记载大概也不太可靠。

三是《三国志》引吴人韦曜《吴书》的记载，也是目前流传最广的说法："（诸葛瑾、诸葛亮兄弟）其先葛氏，本琅邪诸县人，后徙阳都。阳都先有姓葛者，时人谓之诸葛，因以为氏。"这是说，原来有一支葛氏住在琅邪诸县（今山东诸城市），后来因故迁移至同郡的阳都县（今山东沂南县），可阳都原本就有一个葛氏家族，怎么办呢？诸县的葛氏为了与原来阳都的葛氏区别开来，就自己改称为"诸葛"。诸葛的意思，就是从诸县迁来的葛氏。

关于诸葛家族为何在西汉时搬家到阳都，有人从历史地理的角度推测，大概是因为西汉宣帝时的诸城、昌乐大地震。史书记载，汉宣帝在位时，山东琅邪一带曾经发生大地震，震感跨数十郡县，死了6000多人。诸县葛姓经历天灾，难免有些慌，便举家迁往90多公里外的阳城。

正是在这一时期，琅邪诸葛家族诞生了第一位英杰——诸葛丰。

2

诸葛丰是大器晚成的典范，入仕时年纪已经不小了。从他在上书时自称"年岁衰暮"，以及汉元帝怜其"耆老"等可推测，诸葛丰在京为官时已经年过花甲。诸葛丰老当益壮，入朝后被任命为司隶校尉。司隶校尉大致相当于首都卫戍司令，有领兵之职，也是汉代的国家监察官，是汉武帝为加强京城治安与监察京畿百官所设，权力不小。

诸葛丰以刚直闻名，他当司隶校尉时严厉打击权贵。因此，当时京城的豪强圈子流传着一句话:"间何阔,逢诸葛。"意思是,由于司隶校尉诸葛丰维持京师秩序,京城的豪强们畏惧他,都断绝了来往。为何豪强们好长时间没能见面呢?因为都被诸葛丰检举,遇到麻烦了。诸葛丰工作出色,还被破格涨了工资。

汉元帝时,有个外戚许章仗着自己出自皇帝的娘舅家,平时生活奢侈,不遵法令。诸葛丰掌握证据后,决定以司隶校尉符节将他逮捕归案。适逢许章乘车外出,诸葛丰派人将他拦了下来,举起符节要求他下车就范。许章倒是有赛车手的天赋,不听命令,反而驾车而逃。诸葛丰在后面紧追不舍,最后许章逃入宫中。诸葛丰随后向皇帝上奏此事。

汉元帝面对许章的哀求,多少有些偏心。有了汉元帝的袒护,许章没被绳之以法,诸葛丰的司隶校尉符节却被皇帝收回,司隶校尉也正是从诸葛丰开始不再掌握符节。诸葛丰不胜愤懑,旋即上书表达他一扫朝廷秽浊之气的决心:"不待时而断奸臣之首,悬于都市,编书其罪。"可汉元帝根本不放在心上。

因为这件事,诸葛丰失去了汉元帝的信任,之后又因为与朝臣的另一次冲突而获罪,被免为庶人。当时,汉元帝本来要对诸葛丰加刑,因其年老才放他一马,诸葛丰丢官后老死于家中。在此之后一直到东汉末年,琅邪诸葛氏历经了一段沉寂时期。

从这件事可知,诸葛丰执法严明,崇法习儒,他被柔仁好儒的汉元帝排斥完全在情理之中,但这很大程度上影响了后世子孙的成长。诸葛亮治蜀就以崇尚刑名、用法公允著称。

正如陈寅恪先生所说,琅邪诸葛家族是"世代相传的法家"。只有崇尚法治的实用主义者才能在乱世的大变局中应时而出,崭露头角。这是汉末诸葛家族的成功秘诀,也内含家族盛极而衰的隐患。

3

诸葛家族无疑应该归入汉魏士族之列,尤其在汉末三国时期,这一家族出现了一个极为特殊的现象,"一门三方为冠盖,天下荣之"。

其中最著名者,为蜀汉的诸葛亮、孙吴的诸葛瑾与曹魏的诸葛诞,一家人分布三国,皆为重臣,声名显赫。诸葛亮在永安托孤后掌握蜀汉大权;诸葛瑾之子诸葛恪在孙权死后为辅政大臣;诸葛诞反对司马氏起兵于淮南。他们或权倾一国,或称雄地方,甚至到了影响历史进程的地步。此为琅邪诸葛家族最波澜壮阔的一段历史。这一切,始于乱世中的一次别离。

诸葛丰传七世至诸葛珪、诸葛玄,诸葛珪生子瑾、亮、均与二女。不幸的是,诸葛珪英年早逝,诸葛亮兄弟姐妹几个都是叔叔诸葛玄一手带大的。在诸葛亮13岁之前,琅邪阳都一带的社会环境较为安定,即便是黄巾起义也没有给此地带来较大的冲击。作为当地名门望族的诸葛氏,族人依旧过着耕读的安逸生活。

兴平元年(194),曹操的父亲曹嵩遭遇飞来横祸,在途经徐州时为徐州牧陶谦的部下所杀(一说为陶谦派兵杀害)。曹嵩死得很窝囊,陶谦部下的兵马到来时,他慌不择路,想从后院的小门逃跑,可是他的爱妾太胖了,卡在门中,曹嵩只好拉着她逃到厕所,最后和爱妾在厕所中一同被杀。

之后,曹操的报复十分残暴。他兴兵讨伐徐州,在沿路十余县大肆杀戮,"鸡犬亦尽,墟邑无复行人"。曹操的早期谋士陈宫就是因为这事心生不满,发动叛乱,与曹操分道扬镳。

曹操东征陶谦,使琅邪一带生灵涂炭,备受战争之苦,诸葛家族失去了最后一片净土。诸葛玄深感乱世已至,惶惶不可终日,于是带着侄子、侄女南下避难。正好当时袁术要举荐诸葛玄为豫章太守,时年14岁的诸葛亮就随叔父先到豫章(今江西南昌)。不久后诸葛玄前往荆州投奔老朋友荆州牧刘表,诸葛亮又随他搬到了荆州。诸葛玄死后,少年诸葛亮在南阳隆中开始了长吟梁甫的躬耕岁月。

战火继续蔓延。诸葛珪、诸葛玄一家的南迁分两次完成。

诸葛玄南下时，诸葛亮的哥哥诸葛瑾年已弱冠，留在家乡阳都奉养继母，看守田园、墓地，以尽孝道。次年，诸葛瑾见琅邪的战争形势不容乐观，才带着其余家人避乱南下，但他没有追随叔父去荆州，而是去了江东。正是由于这次离别，诸葛瑾、诸葛亮兄弟后来分别归于吴、蜀，一人避祸江东为臣，一人为兴复汉室而战，最终都干出了一番事业。

诸葛瑾在江东回忆这段经历时说："本州倾覆，生类殄尽。弃坟墓，携老弱，披草莱，归圣化，在流隶之中，蒙生成之福。"诸葛家族乱世中九死一生的遭遇，以及得遇明主的感恩之情，溢于言表。诸葛兄弟的不同选择，其实也可以看作这一家人的"风投"战略。不能把鸡蛋放在一个篮子里，在乱世之中分家，这是大智慧。

4

叔父诸葛玄的这次迁徙给诸葛亮带来了非同寻常的人脉。很多人读"三顾茅庐"的故事，总觉得诸葛亮是个农村知识分子，可人家根本就不是普通的农民，而是荆州豪强的姻亲。

众所周知，诸葛亮在荆州娶妻黄氏（即民间故事中的黄月英），岳父是当地的名士黄承彦。

汉末，荆州最大的豪族是蔡氏，其中比较有名的人物是蔡瑁，后来归降曹操。曹、蔡二人本就是故交，曹操入襄阳后曾亲访蔡瑁，直接到他私宅，跟他妻儿相谈甚欢。历史上也没有曹操中反间计杀蔡瑁的记载，那是小说虚构的故事。《襄阳耆旧记》载，蔡瑁有两个姐姐，一个嫁给了刘表为继室，一个嫁给黄承彦为妻。按黄家这边的亲戚关系，诸葛亮是刘表与蔡瑁的外甥女婿。

这还没完。诸葛亮的两个姐姐当时也跟着叔叔逃到荆州，这两位诸葛小姐都嫁给了当地大族。诸葛亮的大姐嫁蒯祺为妻，蒯氏是与蔡氏齐名的襄阳大族。二姐嫁给庞山民，庞山民是什么人？他的父亲就是大名鼎鼎的隐士庞德公,诸葛亮为"卧龙",庞统为"凤雏",这两个外号就是庞德公取的,而庞统也是庞德公的侄子,可说这就是荆州名士圈的一次成功炒作。

诸葛亮后来跟朋友说:"中国甚多士大夫,要四方遨游,又何必归故乡呢!"实际上,前文所述的这几层亲戚关系,已经将诸葛亮与荆襄当地名士密切地联系在一起,他在荆州本就不愁前程,哪怕躬耕到老都行。

不过诸葛亮志不在此。他与一无所有的刘备相遇,一生的命运就此改变。

东汉末年,天下大乱,刘备四处寄人篱下,直到中年也没有自己的一块地盘,却仍有称霸的野心。建安十二年(207),刘备三顾茅庐,与诸葛亮初次见面。诸葛亮被刘备的理想所打动,愿意出山辅佐,还为老板制定了一套完整的建国方略,这就是《隆中对》。

刘备说,有了诸葛亮后如鱼得水。直到刘备病危时,他还将蜀汉大权交给诸葛亮,让儿子刘禅待诸葛亮如父。刘备对诸葛亮说:"我的儿子如果可以辅佐,你就辅佐他;如其不才,君可自取。"诸葛亮感激涕零,发誓竭尽股肱之力,至死效忠,为蜀汉大业奉献了毕生精力。

诸葛亮在蜀汉掌权11年,重视屯田政策,主张"务农殖谷,闭关息民",在蜀地实行盐铁官营,大力发展蜀锦贸易。正是在国家经济的支持下,诸葛亮上前后《出师表》,五次北伐,直至积劳成疾,病逝于军中。有人发现,诸葛亮从琅邪南下到躬耕南阳的前半生,过了27年;他出山后为刘备父子效忠,到234年病逝,也过了27年,正好是另一半人生,实现了自己鞠躬尽瘁、死而后已的承诺。

诸葛亮晚年除了国事外,最挂念他的儿子。诸葛亮老来得子,直到去世时儿子诸葛瞻才8岁。在行军途中,诸葛亮还不忘写信给哥哥诸葛瑾,分享自己的育儿经,说:"瞻儿聪明可爱,但我怕他太过早熟,将来成不了大器。"

在诸葛瞻出生前,诸葛亮已经有了礼法上的嫡长子,那是他从哥哥诸葛瑾过继的儿子诸葛乔。

诸葛瑾与诸葛亮的关系，一向为人称道。他们在乱世之中多年未见，各为其主，却依旧感情深厚。赤壁之战前，诸葛亮前往江东面见孙权，促成了孙刘联盟。孙权对诸葛亮颇有好感，每次诸葛亮来，就意欲将其留下，还想请诸葛瑾前去游说，说："你与孔明是同胞兄弟，且于情于理应该是弟随兄，为何不劝孔明留下？"

诸葛瑾却说："亮以身失于人，委质家分，义无二心。弟之不留，犹瑾之不往也。"诸葛瑾知道，诸葛亮绝对不会背叛主公刘备，不会忘记恩主的知遇之恩，就像自己也一定不会背叛孙权。

后来，诸葛瑾出使蜀地，与弟弟诸葛亮只谈公事，从无私下拜访，更未论及私情。他们平时宁愿书信来往，也不愿以公谋私，可谓君子不欺暗室。诸葛瑾在孙吴颇受重用，是孙权身边重要的谏臣，一生致力于屯田用武、北伐曹魏，这也使他的儿子诸葛恪在年幼时就初露锋芒，成了孙吴朝堂上的天才少年。

诸葛恪从小才思敏捷，又能言善辩。一日，孙权大宴群臣，使人牵来一头驴，以此拿诸葛瑾开玩笑。因为诸葛瑾脸长，孙权便让人在驴上贴上一张纸，上题："诸葛子瑜（诸葛瑾字）。"诸葛恪当时年纪小，跪下跟孙权说，请让我用笔添上两个字。孙权笑呵呵地同意，只见诸葛恪在纸上加了"之驴"二字，这样就变成了"诸葛子瑜之驴"，众人大笑，孙权只好将驴赐给诸葛恪。

还有一次，孙吴群臣聚在一堂。诸葛恪与老臣张昭起了争执，这时，一只白头鸟飞落庭中。

孙权问众臣："这是什么鸟？"

诸葛恪应声答道："这是白头翁。"

满朝文武中，张昭最为年老，他以为诸葛恪是以这只鸟来戏弄自己，刁难诸葛恪说："从来没听过有鸟名叫'白头翁'，诸葛恪是在欺瞒主公，不信您让他再找来一只'白头母'。"

诸葛恪不服气，反唇相讥："有鸟名为'鹦母'（即鹦鹉），未必就是一对，请您也找一只'鹦父'来！"张昭一时语塞，又是一次满堂大笑。

这些故事都是典型的神童故事，却暴露了诸葛恪一个致命的缺点——轻浮急躁。诸葛瑾对这个儿子的才华是既欣喜，又担忧，说："恪不大兴吾家，将大赤吾族也！"他担心，诸葛恪或许会给一家人带来血光之灾。

诸葛亮远在蜀汉，听说这个侄子性情疏狂，也写信表达了自己的忧虑："仆虽在远，窃用不安。"

252年，三国中最长寿的皇帝孙权去世，死前传位给幼子孙亮。诸葛恪成为权势最重的辅政大臣，掌握孙吴的实权。诸葛恪成为继叔父诸葛亮之后，三国中的第二位诸葛氏权臣。他与父亲诸葛瑾一样忠于孙吴，但做事刚愎自用，德行远不及其父，也没有像他叔叔在蜀汉那般受到爱戴，反而招致怨声载道。

在掌权当年，好大喜功的诸葛恪就贸然发兵北伐曹魏，尽管取得了一些胜利，也白白耗费了国力。到次年春夏，出征的吴国士兵困苦不堪，病者大半，诸葛恪视而不见，竟然将规劝他的部下一一罢免，剥夺兵权。孙吴皇室见诸葛恪不得人心，乘机谋划政变，设计杀死诸葛恪。

253年，诸葛恪班师建业（今江苏南京）后，另一个辅政大臣孙峻和吴主孙亮请诸葛恪前去赴宴。史载，为人机敏的诸葛恪感觉到事情不对劲儿，前一晚通宵不寐，可还是带着不安之心前去赴宴。诸葛恪到了宫门外，孙峻为确保计划万无一失，还试探性地问："假如您身体不适，可以之后再来朝见，我去禀告陛下。"诸葛恪只好说："我尽量前往。"

宴席上，诸葛恪终于察觉危机来临，本想以腹痛为由离开，却被大臣劝阻，就这样失去了逃生的机会。孙峻借机更换戎装，带兵上殿，厉声喝道："陛下有诏，捉拿诸葛恪！"

诸葛恪当时有剑履上殿的特权，可还未来得及拔剑，已被孙峻的将士砍死。这位骄纵的天才、孙吴的权臣，死后仅以苇席裹身，草草安葬，之后被灭三族。琅邪诸葛氏在孙吴的诸葛瑾一支，因为诸葛恪的武断专行，几乎被屠杀殆尽，遭到灭门之灾。

5

三国归晋后，琅邪诸葛氏发展最好的不是诸葛亮的子孙，也不是诸葛瑾这一支，而是他们的族弟诸葛诞一脉。

琅邪诸葛氏并没有全部南迁，诸葛瑾、诸葛亮的族弟诸葛诞即留在北方的代表。他出仕曹魏，而且是铁杆亲曹派，在曹氏与司马氏的斗争中成为曹爽培植的重要将领，镇守军事重镇寿春（今安徽寿县），还是曹魏名臣夏侯玄的好友。

魏晋时期，时人对琅邪诸葛氏赞叹不已，称之为："蜀得其龙，吴得其虎，魏得其狗。"其中的"龙""虎"分别指诸葛亮、诸葛瑾，"狗"就是诸葛诞。余嘉锡先生认为，此处的"狗"，是功狗之意，并非贬义。

诸葛诞是曹魏的忠臣良将，死得光荣。正始之变，司马懿斗垮了曹爽一党，之后，诸葛诞的好友夏侯玄也遭到司马师杀害，诸葛诞在时代的夹缝之间难以脱身。

曹魏甘露二年（257），掌权的司马昭征召诸葛诞入朝为司空，这是明升暗贬，夺取诸葛诞的兵权。诸葛诞不甘心坐以待毙，铤而走险，举兵十万发动了叛乱。这也是曹魏"淮南三叛"的最后一次，前后三场叛乱，都是以推翻司马氏统治为目的。诸葛诞坚守寿春数月，并以儿子诸葛靓入吴为人质，向孙吴求援，可还是寡不敌众，兵败身死。

一个人的品质到底值不值得后世赞誉，不仅要看他生前，还要看他死后。诸葛诞失败后，他麾下数百人被俘，却坚决不向司马昭投降，说："为诸葛公死，不恨。"

行刑时，这些人站成一排，司马氏每处死一人就招降下一人。直至最后，他们之中都无一人投降，都愿意为诸葛诞而死。

诸葛诞这一支与司马氏成为世仇，可他们恰恰又与司马氏关系最为密切，甚至还有联姻。司马懿早已知道诸葛诞的政治态度发生了动摇，为了拉拢他，让儿子琅邪王司马伷娶了诸葛诞的女儿为妻。这位王妃史称诸葛太妃，是东晋开创者晋元帝司马睿的祖母。司马与诸葛这对历史上的死对头就这样成了亲家，极富戏剧性。

即便乱世飘零，诸葛氏仍不改坚毅家风。在孙吴，吴主孙皓问诸葛诞之子诸葛靓："卿的字是'仲思'，为何所思？"诸葛靓答道："在家思孝，事君思忠，朋友思信。如斯而已！"

晋灭吴后，在吴的诸葛靓北归，宁死不降晋，终身不朝晋都洛阳的方向而坐，以表示不忘杀父之仇。晋武帝司马炎跟诸葛靓是老相识，就让婶婶诸葛太妃请他到琅邪王家里做客。等诸葛靓到了，司马炎从房中出来，给他一个"惊喜"。诸葛靓见当朝皇帝亲自前来，也不好推辞，只好陪他一同赴宴饮酒。

酒过三巡，司马炎感人肺腑地说："请卿再追忆当年的竹马之情，好不好？"诸葛靓却泪流满面，说："臣不能吞炭漆身复仇，今日见到陛下，实在是愧恨！"司马炎自知难以挽回这段友谊，只好无奈离去。尽管诸葛靓终身不仕晋朝，但他的儿孙凭借与琅邪王的关系，在晋朝仍有一席之地。

永嘉南渡之后，王与司马共天下，琅邪诸葛还敢跟同乡的琅邪王氏叫板。渡江之初，王、葛并称，都是当时的世家大族，诸葛靓的儿子诸葛恢不服王导，与他争论过姓族先后。王导问诸葛恢："何不言葛、王，而云王、葛？"

诸葛恢官职比不上人家，也不忘揶揄地说："譬言驴马，不言马驴，驴宁胜马邪？"

6

东晋之后，琅邪诸葛氏日渐式微，到了晋末已经沦为"次等士族"，与北府兵将领混在一起，靠军功走上了人生巅峰。这在其他世家大族看来，显然不入流。日后，刘裕起兵讨伐桓楚，他的盟友诸葛长民就是琅邪诸葛氏的一员。但在刘裕掌权后，这一支也被斩草除根。

田余庆先生认为："两晋时期，儒学家族如果不入玄风，就产生不了为世所知的名士，从而也不能继续维持其尊显的士族地位。"诸葛家族是一个法家传世的望族，恪守的是经世致用的家族传统。但在两晋时期，玄学风气正盛，奉行实用主义的诸葛家族不尚玄学，不为士族所容，才逐渐从渡江之初与王氏并称的大族下降为与刘裕家族并列的次等士族。

然而，一篇《诫子书》，使静以修身，俭以养德，淡泊明志，宁静致远，这些谆谆教诲早已融入琅邪诸葛的家风中。或许，诸葛家族的子孙也继承了诸葛亮的处世态度，虽沉默，却从不沉沦，也如诸葛亮一样自强不息，而诸葛亮的精神远远不止在家族之中传承。

蜀汉灭亡后，诸葛亮的孙子诸葛京与曾孙诸葛显在晋朝为官，移居河东。诸葛显与王羲之还有过交集，王羲之的传世书法作品中有一帖《成都城池帖》，其中提到，"往在都，见诸葛显，曾具问蜀中事"。

诸葛显对王羲之说，成都的城池、门楼等，都是秦时司马错所修建，王羲之听后为之神往。王羲之对治蜀的诸葛亮也敬佩不已，他临摹过诸葛亮的《远涉帖》，从他与诸葛亮后裔的交游来看，其原本很可能是从诸葛显处得到的。

唐代，诸葛亮是唐诗创作题材中的经典人物，现存吟咏诸葛的唐诗就超过百首，如杜甫在成都探访诸葛武侯祠后所作的《蜀相》：

> 丞相祠堂何处寻，锦官城外柏森森。
>
> 映阶碧草自春色，隔叶黄鹂空好音。
>
> 三顾频烦天下计，两朝开济老臣心。
>
> 出师未捷身先死，长使英雄泪满襟。

两宋之际，为国尽忠的宗泽、岳飞都以诸葛亮为偶像。宗泽临终之时，反复含恨吟诵着"出师未捷身先死"，至死都想发兵渡河收复汴京。南宋文天祥坚持抗元，被俘后常以诸葛亮激励自己，作诗曰："至今《出师表》，读之泪沾胸。汉贼明大义，赤心贯苍穹。"

诸葛亮是一位失败的英雄，却自古为人崇拜。钱穆先生对诸葛亮推崇备至，认为："有一诸葛，已可使三国照耀后世。"实际上，作为琅邪诸葛的代言人，有一孔明，也足以使琅邪诸葛家族名垂千古。

颍川荀氏：一个汉晋豪门的兴衰

在随军南征的途中，荀彧病了，丞相曹操让他留在寿春（今安徽寿县）休养。不久后，在前线带兵的曹操命人给荀彧送去了一个食盒。这是他最后一次给荀彧赏赐。

荀彧将盒子打开一看，里面空无一物。他捧着空盒子若有所思，随即取来毒药服下，结束了自己的生命。此为《后汉书》记载的荀彧之死。这一年，是建安十七年（212），距离荀彧与曹操相识，已经过去了21年。

有"王佐之才"美誉的荀彧，出生于一个以道德立世的士族。他用自己的死，将颍川荀氏的德行推向了顶峰，但这个传奇家族被时代与权力裹挟着，此后走向下坡。

1

古人的记载中，荀彧是在一个高知分子的聚会中登场的。

荀家与同为颍川老乡的名士陈寔一家关系密切，经常往来走动。

陈寔为人清贫，每次阖家出行只有一辆车。于是，长子陈元方驾车，四子陈季方步行跟在车后，拿着父亲的拐杖，孙子陈群时年尚幼，就跟祖父坐在车里。

到了荀家，作为主人的荀淑也派出所有子孙热情招待。荀淑的三儿子到门口迎接客人，六子负责行酒，其余的孩子都在席间帮忙准备吃的。年幼的荀彧此时被爷爷荀淑抱着，放在膝上玩耍，其乐融融。

荀彧出生的年代，是昏暗的桓灵之世。后世大都认为，东汉世道变坏，就是从这两个皇帝开始。《出师表》里说，刘备每次跟诸葛亮谈起此事，"未尝不叹息痛恨于桓、灵也"。

荀彧的祖父荀淑是那个年代的道德标杆，敢指着专横跋扈的皇亲贵胄、佞幸奸臣痛骂。大将军梁冀擅权时，荀淑通过察举制被举荐为官，他上疏对策，讽刺外戚梁冀势焰熏天。梁冀有个外号叫"跋扈将军"，连皇帝都怕他，荀淑却不怕。梁冀一看荀淑写的文章，不乐意了，赶紧将他外调到地方为官。

荀淑因反对权臣而无法在朝为官，但是名声却更大了。他两次出任地方官，因在任时处事公正，品行高洁，被称为"神君"，世人还将他与陈寔等人尊称为"颍川四长"。荀淑看不惯阴险狡诈的权臣，却礼贤下士，佩服德才兼备的年轻人。

当时有个有才的后生叫黄宪，出生贫贱，被称为"牛医儿"，就是说他爸是兽医，给牛看病的。有一次，荀淑到了黄宪的老家慎阳（今河南正阳县），只见这个少年仪表非凡，谈吐过人。荀淑大为惊异，与黄宪交谈整日，挪不开脚步，还上前作揖道："子，吾之师表也！"

告别黄宪后，荀淑又遇到当地的名士袁阆。袁阆没来得及跟他打招呼，荀淑就说，你们当地有一位堪比颜回的贤人，您知道吗？袁阆一听就明白，说："您一定是见到黄宪了。"荀淑拜黄宪为师的故事，一时传为佳话。

后来，荀淑看不惯东汉朝廷的腐败无能，索性弃官不做，归隐家乡颍川，专心照料家产，教育子女。他的八个儿子都才华横溢，人称"八龙"。

颍川，因境内有颍水流经而得名，治所在阳翟（今河南禹州），与汝南、南阳是东汉人口最多的三个郡，其治下的许县（今河南许昌）后来成为东汉的最后一个帝都。一般认为，颍川荀氏家族是战国时期思想家荀子的后人。

荀子早年在齐国稷下学宫当过老师，后来游学到秦国，晚年居住于楚国兰陵，门下出过李斯、韩非等杰出学生。他的一支后代在秦汉时期迁居到颍川，并逐渐转变为地方豪族。东汉时，荀淑成为这个家族崛起的奠基人。到了东汉末年，颍川荀氏已是最有名望的文化世家之一。

2

荀淑的归隐，无法让颍川荀氏远离时代的浪潮。

东汉王朝倾覆前夕，朝中的外戚与宦官两大势力长期交相擅权，祸国乱政。以颍川士族为代表的清流士人，积极投身于政治运动，与宦官展开斗争，却引发了朝廷打压士族的两次党锢之祸。颍川名士李膺、杜密等相继遇害，荀淑的侄子荀昱也被处死，其他一些族人被判禁锢终身。

号称"荀氏八龙"的荀淑八子俭、绲、靖、焘、汪、爽、肃、旉，虽使荀氏名望更盛，却因家族被卷入党锢之祸，大都郁郁不得志。

荀淑的六子荀爽（字慈明）是"八龙"中最为知名的一位，当时的谚语说："荀家有八龙，慈明世无双。"党锢之祸后，荀爽因与清流领袖李膺过从甚密，受到牵连，不得已逃到汉水之滨隐居，专心治学，穷尽二十年之功，成为一代硕儒。

荀爽自知"以直道不容于时"，面对黑暗的局势，他大胆地对传统儒学进行改造。他说："臣闻有夫妇，然后有父子，有父子然后有君臣；有君臣然后有上下，有上下然后有礼义。"在荀爽看来，君臣之间的政治关系，应该是屈居于夫妇、父子等家庭关系之下的。先有家，才有君，先谈孝，再谈忠，这才符合天理人伦。

有一次，荀爽和前文提到的名士袁阆见面。袁阆问他："颍川现在都有哪些名士啊？"荀爽先提到自己的几位哥哥。袁阆嘲笑他："才德之士难道是靠亲朋故旧来撑场面的吗？"

荀爽辩驳道："当年祁黄羊告老还乡时，向君主举荐人才，其中有他的儿子，也有他的仇人，人们都认为他非常公道。周公旦作《文王》，不去论述上古的尧、舜，却歌颂自己的父亲周文王和兄长周武王，这符合'亲亲'的大义。再说不爱自己的亲人而先去爱别人，这不是颠倒了天理人伦吗？"

特立独行的荀爽，等到花甲之年才遇到他的伯乐。那个人，却偏偏是董卓。

中平六年（189），董卓进京，废帝擅权，为了拉拢士大夫，他强征荀爽为官。本来隐居乡野的荀爽先是被任命为平原相，93天后直升为三公之一的司空，升职速度跟坐火箭一样。荀爽当时已年迈，还想要振兴汉室。他劝说董卓不要滥杀无辜，却眼见都城洛阳被一把火烧了，皇帝与臣民被迫迁都长安，一路死伤无数，尸横遍野。

士大夫推崇统一的政治秩序，但他们大多也是"德治"的拥趸。董卓的残暴行为，使得归附他的士大夫很快走向其对立面。荀爽淡泊名利，即便董卓让他不足百日就从一介寒士位列三公，他也不愿与这个暴虐成性的权臣合作。他加入了司徒王允等人刺杀董卓的计划，但事情未成就因病去世，孤身一人葬在他乡。

多年后，荀彧才将他叔叔荀爽的棺椁迎回颍川老家安葬。

3

颍川士人，是东汉末年一个极其重要的群体，如荀氏、陈氏、钟氏、郭氏等家族，他们秉承家学门风，或著书立说，或封侯拜将，在汉末的兵荒马乱中，形成了一股强大的政治力量。其中出类拔萃者，当属荀彧。

董卓进京，群雄割据，东汉名存实亡，颍川荀氏给自己留了条后路。荀爽临终前，他的侄子荀彧、荀衍、荀谌等带着族人前往各地寻找栖身之所。荀彧是荀绲之子,在朝中当守宫令,帮皇帝掌管笔墨纸砚等物品。他弃官归家,对乡亲父老说:"颍川是四战之地,若天下有变,会常常成为交兵的地方,我们应该速速离开,不宜久留。"

但乡人大多怀念故土,不愿逃离家乡,荀彧只好独自将宗族迁往冀州避难,并与投奔袁绍的兄弟会合。不久后,颍川郡县果然如他所言惨遭兵马屠戮,荀彧的乡人多数死于战乱。

此时,荀彧的兄弟荀谌凭借三寸不烂之舌,帮袁绍说服韩馥夺取了冀州。颍川荀氏的族人一部分跟随荀谌投靠袁绍,与郭图、辛毗等形成一支颍州士族组成的智囊团。但袁绍手下还有一支来自冀州的士族代表,包括审配、田丰、沮授等。这两拨人都是人才,后来却争斗不休,在迎奉汉献帝、官渡之战、袁氏继承人等大问题上产生分歧,把袁绍集团都给搞垮了。

常怀匡佐汉室之心的荀彧跟着族人来到河北,袁绍对他以上宾之礼优待。可荀彧发现,袁绍这个四世三公的公子哥为人优柔寡断,喜欢任用小人,终究成不了大事,而自己要寻找一位能真正拯救大汉天下的英主。初平二年(191),29岁的荀彧再度南下,来到了曹操的地盘。

此时曹操的势力尚不强大,创业不久的他见荀彧前来投靠,大喜过望,说:"吾之子房也。"意思是,你就是我的张良啊!之后,一些荀氏族人跟随荀彧投奔曹操,另一部分留在袁绍那里。

荀彧与曹操一见面就投缘,他们有一个共同的革命目标,那就是匡扶汉室。当时,曹操被认为是汉朝的忠臣,前一年关东诸军讨伐董卓时,曹操见诸军都在隔岸观火,指责他们说:"如今我们举义兵,却迟迟不愿西进,大失天下之望,我为诸君感到羞耻。"说完就独自带兵五千去追击董卓,差点儿把命搭上,总算讨了个东郡太守的职位,还是老朋友袁绍帮他争取来的。荀彧对曹操的义举连连称赞,他认为,非曹操不能消灭群雄以匡扶汉室。

曹操也离不开荀彧。荀彧一来,就给曹操集团做了一个企业发展战略——

建立以兖州（大体位于古黄河和济水之间）为中心的根据地，逐步统一北方。

曹操原本想趁着徐州牧陶谦病死攻下徐州，荀彧却向他进言："昔日汉高祖保关中，汉光武帝据河内，都是'深根固本以制天下'，进可攻，退可守，故虽有困难失败的时候，但终成大业。将军在兖州起兵，平定青州黄巾军，百姓无不诚心归附，且河、济是天下之要地，虽已残破，尚可自保，这就是将军的关中、河内啊。"

曹操采纳了荀彧的建议，巩固在兖州的统治，大兴屯田，招揽士人，招兵买马，并于建安元年（196），将流离失所的汉献帝接送到颍川治下的许县（今河南许昌），"奉天子以令不臣"。

此后，曹操依荀彧之计，擒拿东面的吕布，联合关中的军阀，为曹袁的官渡决战解除后顾之忧。官渡之战前夕，曹操面对袁绍大军时犹豫不决，也是荀彧为他分析形势，以"四胜四败论"劝说曹操与实力更强的袁绍决战，奠定了曹操统一北方的格局。

此外，荀彧还担任曹操集团的HR，帮老板招来了大半个文官团队，钟繇、陈群、华歆、司马懿、杜畿等，都得到过荀彧的推举。

曹操早期有个颍川籍的谋士叫戏志才，也是荀彧举荐的。戏志才英年早逝，曹操身边缺个助手，就跟荀彧说："听说汝南、颍川多奇士，不知有谁可以来接手戏志才的工作呢？"

荀彧给曹操推荐了同乡好友郭嘉。郭嘉当时也是个二十来岁的小伙子，过来面试，曹操和他聊过一番后，称赞他："使孤成大业者，必此人也。"郭嘉与曹操见面后也大为惊喜，说："这才是我真正的主公啊！"此后，郭嘉作为曹操的主要谋士，屡献奇谋，功勋卓著。

在与曹操共事的21年中，荀彧成为颍川荀氏乃至颍川士人的领军人物，任尚书令，封万岁亭侯，处理中央政府日常行政，世称"荀令君"。

在这个由曹操集团与东汉朝廷合成的特殊政权中，颍川荀氏的优秀人才占据着不同的重要位置。与荀彧同辈的堂兄荀悦在宫中侍讲，与孔融一同担任汉献帝的老师，早晚议论天下大事。

荀悦是荀淑长子荀俭的儿子，年少丧父，家中贫苦，且受党锢之祸影响，只能隐居陋巷。他没有书可读，就跑到别人家借阅，12岁就对《春秋》等典籍过目不忘，后来也成了一个大学者，相当励志。荀彧从小就佩服这位家族中的寒士，在荀悦尚未成名时就对他敬重有加。

汉献帝喜好典籍，但觉得班固的《汉书》晦涩难懂。荀悦入宫侍讲后，就受命按编年史的体例，编成《汉纪》三十篇。这部书蕴藏着荀悦的政治理想，其中有不少重申君臣之义、主张以民为本的内容。

曹操挟天子以令诸侯后，汉献帝如同提线木偶被困在宫中，荀悦是他了解世界的窗口，也是他少有的可以倾诉的对象。人微言轻的荀悦对这位最后的大汉天子却只有深深的无奈，这种忧虑伴随他直到人生的终点。

曹操手下的另一位谋士荀攸，比荀彧大6岁，论关系却是荀彧的从侄。他与堂叔荀彧一样，是一个精通政治谋略的天才。

荀攸从小机警过人。他的祖父去世后，有个叫张权的属吏主动向荀家要求去看守坟墓。小荀攸觉得事出反常必有妖，就告诉他的叔叔，这个张权看起来贼眉鼠眼，肯定不是什么好人。这一番话惊醒众人，荀家人一查，才知道张权是个逃犯，不过是想借守墓藏身，大家从此对荀攸刮目相看。

董卓之乱中，在朝为官的荀攸参与了刺董计划，被关进大牢险些丧命，后来接受曹操的邀请，成为曹军的军师。曹操对荀攸十分赞赏，曾对荀彧等人说："公达（荀攸字），非常人也，吾得与之计事，天下当何忧哉！"在擒拿吕布、火烧乌巢、消灭袁绍诸子的多次谋划中，荀攸行事周密，计谋百出，功劳不下其叔荀彧。

曹操对这叔侄俩也是言听计从，他说："荀令君之进善，不进不休；荀军师之去恶，不去不止。"无论是荀彧劝说曹操择善从之，还是荀攸建议曹操锄奸去恶，他们都有办法让曹操听从意见。

作为颍川士族的翘楚，荀氏家族成员在乱世中风云际会，却有着不同的抉择。暗流涌动的许都，各种利益斗争与意识形态不断冲突，撕裂了曹操与荀彧多年的情谊，也让荀彧在理想与现实的纠结中走向悲剧。

4

先是荀悦遭受到现实的毒打。

荀悦的同事兼好友孔融，整天跟曹操作对。曹操南下攻打荆州前，为了保证粮食供应，下了禁酒令。孔融就站出来反对说不能禁酒，还写信给曹操，信中都是傲慢无礼的言辞。

禁酒令不过是件小事，更让曹操警惕的是，孔融仗着自己是孔子后人，名重天下，发表了不少威胁曹操政权的言论。比如说，孔融认为既然如今北方一统，南方只有一部分地区尚未归附，那就应该恢复大汉王朝的统治，全面恢复文官制度。这是对军事统治者曹操的挑衅，也是在帮汉献帝说话。

建安十三年（208），多嘴的孔融被曹操以多项罪名处死，其中不乏"欲图不轨""谤讪朝廷"等条目。孔融和荀悦都是汉献帝的侍讲，经常在宫里讨论时政，关系很好。孔融之死让荀悦深受打击，第二年，荀悦就病死了。

荀彧与荀悦有着相似的政治理想。在给曹操的一份奏议中，荀彧提出，教化与征伐应当并举，应该服从于礼义。（"教化征伐，并时而用""以一圣真，并隆礼学，渐敦教化，则王道两济"）言下之意，就是加强大汉天子的神圣权威。荀彧理想中的王圣，建立在汉朝皇帝的统治之下。

建安十七年（212）发生的一件事情，可能与荀彧死因有关。

当时，曹操的心腹董昭等人力劝曹操称魏公，加九锡，并以此事私下询问荀彧。晋爵国公，加九锡，这在当时看来是篡位的先兆，荀彧义正词严地表示反对。

他说，曹公"本兴义兵以匡朝宁国，秉忠贞之诚，守退让之实；君子爱人以德，不宜如此"。史载"太祖由是心不能平"，即曹操知道荀彧这么说，心情很郁闷。

东汉早已行将就木，荀彧却仍是正直的君子，是大汉的忠臣，一如他祖父荀淑当年是道德的标杆。无论是《三国志》记载的忧愤而死，还是《后汉书》记载的服毒自尽，根据现有的史料推测，荀彧极有可能是在与曹操合作破裂后非正常死亡。他放弃触手可及的荣华富贵，选择为理想殉道。

与叔父荀彧、荀悦相比，为人低调的侄子荀攸更懂得明哲保身。荀彧去世次年，荀攸为自保加入了劝进曹操的阵营，两次上书请曹操进位魏公。

荀攸在建安十九年（214）一次随军出征途中病逝，得以善终。从此以后，曹操每次说起他都会泪流不止。荀攸死后，家无余财，他本来有优厚的俸禄与食邑，但其所得都分给了亲朋好友，就像他的堂叔荀彧一样。

荀彧带着遗憾离开后，曹操始终没有踏出荀彧生前最不愿看到的那一步。或许，曹操也忘不了荀彧的夙愿，他至死，都没有称帝。

5

荀彧为汉而死，使颍川荀氏名声更盛。魏晋时期，颍川荀氏的发展达到顶峰，与曹家、司马家都有联姻。荀彧长子荀恽娶了曹操的女儿安阳公主，荀彧之孙荀霬的妻子是司马懿与张春华的女儿、司马师兄弟的亲妹妹。不到百年，荀氏子弟有官爵者达72人，他们重视道德的家风却逐渐流失。

荀顗是荀彧第六子，也是司马家族的重要谋臣，在司马氏夺取曹魏政权中极为卖力。为了显示对司马昭的恭敬，荀顗号召三公以下的曹魏官员对司马昭行叩拜礼，并且自己带头做起，当着众人的面跪下，从此备受荣宠。这与他坚守气节的父亲荀彧、曾祖荀淑形成了鲜明的对比。

荀勖也是司马氏器重的谋臣，他是荀爽的曾孙，早年在大将军曹爽手下工作，曹爽被司马懿铲除后，他就转而投靠司马氏。荀勖为人城府颇深，为了追求自身的最大利益，他与族叔荀颢勾结司马氏的心腹贾充，把贾充的女儿贾南风推荐给了晋武帝司马炎当儿媳。贾南风相貌丑陋，性情歹毒，可荀颢、荀勖为了与贾充结成同盟，硬是厚着脸皮把她说成了才色绝世的美女，帮助她与太子司马衷订婚。

入宫后不久，贾南风就露出了马脚。有一次她出于嫉妒，动手打伤了太子的其他姬妾，而她们正怀有身孕，因此流产了。司马炎得知后大怒，打算废掉她，另找一个太子妃。荀勖力谏，才让司马炎平息怒气，保住了贾南风的地位。

贾南风，就是傻皇帝晋惠帝的皇后，也是日后西晋"八王之乱"的罪魁祸首之一。实际上，早在司马衷还是太子时，晋武帝就知道儿子愚钝懦弱，担心他日后难以治国，便派荀勖与另一个大臣前去考察太子。另一个大臣回来后如实报告，认为太子还是老样子，恐怕难堪大任；荀勖却睁着眼睛说瞎话，极力称赞太子有德。

荀勖的做法，在当时受到正直人士的讥讽，这也给他的家族埋下了深深的隐患。

永嘉南渡后，九州分裂，颍川荀氏在荀勖第三子荀组的带领下，一族数百人跟随晋元帝司马睿渡江，流落江东。建立东晋朝廷的晋元帝本身势力微弱，不得不依靠中原南渡士族与江东士族，遂在东晋形成"王与马，共天下"的门阀政治格局。

南迁的荀氏子弟依靠司马氏，而此时的司马氏却还要依靠琅邪王氏等士族，根基并不牢固。随着荀氏子弟散落四处，或英年早逝，或死于战乱，家族人才迅速凋零，家势也逐渐衰落。

这一时期，颍川荀氏的高光时刻，由一位女中豪杰创造。

荀彧有个后代叫荀灌娘，是晋朝平南将军荀崧的女儿，从小不爱红妆爱武装。十六国时期，荀崧镇守的宛城（今河南南阳）遭到叛军围攻，城中几乎粮尽，需要派人趁夜突围，到襄阳求援。荀灌娘时年13岁，主动请缨，带领一支敢死队穿过重重包围，历经九死一生，终于赶到襄阳，请来援军的三千精兵，解了宛城之围。荀灌娘凭借这一壮举，成为被写入《晋书·列女传》的奇女子。

东晋末年，颍川荀氏早已今不如昔。荀彧后代荀伯子自以为是，以"荫籍之美"与陈郡谢氏联姻，却又傲视谢氏这个后起之秀。荀伯子后来官至御史中丞，他的自负却被认为是不自量力，连史书都埋汰他，说其"颇杂嘲戏，故世人以此非之"。

到了隋初，兴衰400年的颍川荀氏，已彻底退出了第一流高门大族的行列，渐渐默默无闻。从荀淑成为世人敬重的长者，到荀彧为了理想献身，颍川荀氏曾经以德行名扬天下。与荀彧同朝为官的许多士大夫，甚至将他视为偶像。

有人问钟繇："您与荀令君相比如何？"钟繇认为，朝中不少人都是曹操的部下，只有荀彧既是曹操的老师，也是他的朋友，仅凭这一点，就是任何人都无法比拟的。

晋朝的奠基人司马懿回想起荀彧更是感慨万千，他说："我从古籍中可以间接了解到古代的圣人，但说到数十年来举世无双的贤才，我敢保证，只有可敬的荀令君。"

以道德传家，为世人传颂，依附于权势，转眼成烟云。

琅邪王氏：中古第一豪族传奇

> 朱雀桥边野草花，乌衣巷口夕阳斜。
>
> 旧时王谢堂前燕，飞入寻常百姓家。

当出生在安史之乱后的唐朝"诗豪"刘禹锡写下这首诗的时候，诗中提及的世家豪门——琅邪王氏家族，已经兴盛了600多年。

虽然在刘禹锡的年代，琅邪王氏已今非昔比，但要到唐朝灭亡之后，这个被誉为"华夏首望""中古第一豪族"的家族，才算真正"飞入寻常百姓家"。在这个意义上，刘禹锡这首诗，其实是一首悲怆的预言诗。

秦始皇建立帝制以后，中国的王朝兴替，基本都走不出国祚难超300年的魔咒。相应地，随着最高权力的易手，中国的历代皇族再厉害也无法续写超过300年的家族辉煌。在残酷的政治斗争中，有些皇族在交出权力的那一刻，已经遭遇了灭顶之灾。然而，一些未曾登上权力巅峰的家族，反倒能够维系数百乃至上千年的风光。这在普遍信奉"君子之泽，五世而斩"的国人心目中，简直是可遇而不可求的家族传奇。

在这些绵延六七百年以上长盛不衰的家族中，琅邪王氏公认是排在第一位的。

历史学家周振鹤经过统计发现，中古时期（两晋到唐末）一直维持强盛势头的家族，一共有30个；这30个家族中，琅邪王氏总共出了五品以上官员199人，高居首位。

1

琅邪王氏的发迹，是从他们后来追认的"一世祖"王吉开始的。

汉武帝时期独尊儒术，士子通一经就可以入仕，王吉精通五经，学问和人品都相当出众，因此被推举为孝廉。后来，他又获任昌邑国王中尉，这是他人生的重要转折。昌邑国，在今山东菏泽巨野县。从王吉出生的琅邪国（今山东临沂）到昌邑国，现在看不算远，在当时已经是跨郡国了。王国中尉掌管军队，是郡国非常重要的武官，王吉以文官身份出任这么重要的职位，可见朝廷对他的信任。

在昌邑国，王吉辅佐的昌邑王在历史上赫赫有名，就是后来的汉废帝、海昏侯刘贺。史载，刘贺游猎无度，王吉苦谏无用，但刘贺为了感谢王吉的忠心，曾派人赠送王吉500斤牛肉。

公元前74年，汉昭帝驾崩，因其无子，大将军霍光便召刘贺入朝，立为皇太子。谁都知道，西汉的朝政当时已被霍光牢牢握在手中，王吉赶紧提醒刘贺说："臣愿大王事之敬之，政事一听之，大王垂拱南面而已。"意思是要刘贺韬光养晦，向霍光示弱，待时机成熟再夺回国家统治权。

后来的结果证明，刘贺又没听王吉的劝谏。仅仅当了27天皇帝之后，刘贺就被霍光废掉，成为中国历史上第一个被废的皇帝。霍光还抹黑刘贺，说他在位27天，干了1127件荒唐事。王吉因此受到牵连。他曾告诫子孙的"毋为王国吏"，就包含了他自身的惨痛教训。

王吉的儿子王骏、孙子王崇，谨守王吉的训导，做官不仅恪守臣道，而且在复杂的政治斗争中韬光养晦，趋利避害。两人最后官都做得很大，位居三公。

经过这三代人的努力，琅邪王氏的家族地位开始上升。史学家普遍认为，到西汉晚期，琅邪王氏已经成为上层世族。

2

王崇之后，琅邪王氏大约传了六代人，到王祥（184—268）这一代，开始真正崛起。

读过二十四孝故事的人，应该都知道王祥。他正是其中"卧冰求鲤"的主人公，被后世称为"孝圣"。王祥的生母早逝，继母和父亲对其非打即骂，他反而更加恭谨地孝敬父母。面对继母的中伤、迫害，他仍然"笃孝至纯"。父母生病，王祥衣不解带，日夜照顾，汤药必亲自尝过后，再给父母服用。天寒地冻，继母想吃鲜鱼，他脱衣卧于河冰之上，冰被暖化，孝感天地，从冰下跃出两尾鲤鱼。

经过民间演绎，故事有些夸张，但历史上，王祥确实是因为孝行而受到地方政府的关注。州郡多次请他做官，他都拒绝了，直到继母去世，他才在同父异母弟弟王览的劝说下出仕为官。

此时，正好是魏文帝曹丕当政时期，用人一改其父曹操"唯才是举"的做法，首推品行，再看才能。王祥以孝行闻名天下，自然受到朝廷器重。王祥其后为官30余年，步步高升，位列三公。西晋代魏之后，王祥仍为三公，并进封睢陵公。

王祥临终前，给子孙留下的48字遗训，此后成为琅邪王氏族人遵循的家训。遗训这样说："言行可覆，信之至也；推美引过，德之至也；扬名显亲，孝之至也；兄弟怡怡，宗族欣欣，悌之至也；临财莫过让。此五者，立身之本。"

简单翻译一下：为人表里如一，有始有终，信守诺言，不圆滑世故，这是诚信；把荣誉和成绩让给他人，勇于担当过失和责任，谦逊低调，任劳任怨，此为"推美引过";孝有大小,孝敬父母只是小孝,而提高修养,建立功业让家族扬名、父母有光,才是大孝;兄弟团结,家族和睦,此为悌;面对利益懂得谦让,生活保持清廉俭朴。

这五条,便是王祥所坚守的"立身之本"。临死前,他希望他的子孙后代都能谨记敦行。史书记载,琅邪王氏"子孙皆奉而行之",王祥也因此成为琅邪王氏家风的奠定者。

大家可能感到奇怪,王祥的遗训中,提到了信、德、孝、悌、让,但唯独没有提到"忠"。这里面其实暗含了历史的大背景。

东汉末年以来,改朝换代频繁上演,成为当时政治生活的主线。两汉时期不断被提倡的忠君思想逐渐被孝亲观念所取代。试想,曹家、司马家以及后来南朝的刘家、萧家等等,他们的江山都是通过所谓"禅让"得来的,统治者最怕的就是臣下的"忠",臣下都忠君,忠于前朝,那统治者算什么?他们想到了"忠君"背后的伦理困境,因此决定以"孝"来代替"忠"。在这种背景下,世家大族的家族观念日渐加强,当"报国"与"保家"发生冲突时,人们往往会选择后者。可以说,在整个魏晋南北朝时期,"不忠"没人管,不孝则不被容于世。

王祥因为孝名而受到重用,在改朝换代中屡次化险为夷,不断升迁,位居极品,本身就是时代"孝大于忠"的受益者。他临终前特别标榜的孝与悌,亦成为此后世族主要的社会价值标准。

一个朝代灭亡了,首当其冲的是皇族。而善于应变的世族,则可以好好地迎接下一个朝代、下一个皇族。琅邪王氏能够历数百年、数个朝代而长盛不衰,正是这种社会风气的受益者。

3

从王祥这一代起,琅邪王氏逐渐进入在历史长河中最灿烂的一段时期。

具体来说，琅邪王氏此后有三个支系人才辈出，影响了两晋南北朝300多年的历史。

一支起自王祥。前面讲了，他死时备极哀荣，政治地位与社会地位当时很少有人比得上。他有5个儿子，3个早亡，剩下两个均官至太守，第三代、第四代也都是五品官。东晋南迁后，王祥这一支留在洛阳，后来慢慢衰落。

一支起自王祥同父异母的弟弟王览。王览以"悌"出名，保护哥哥王祥免受继母迫害，后来做到三品官。他有6个儿子，其中三品官2人、六品官4人。到第三代，出了王导、王敦、王旷等牛人，一下子把琅邪王氏推至家族显赫的顶点。第四代则有王羲之、王允之等人才。整个琅邪王氏，王览这一支，人才是最盛的。史书说"奕世多贤才，兴于江左矣"，指的就是王览的后人在东晋建功立业。

还有一支起自王祥、王览的从祖兄弟（同一个曾祖父、不同祖父的兄弟）王雄。王雄有两个儿子，一个做到梁州刺史，一个做到平北将军。第三代出了两个牛人，一个是"竹林七贤"之一的王戎，另一个是王戎的堂弟、清谈大师、玄学领袖王衍，他曾统率西晋十几万军马，后被石勒围歼。总之，王雄这一支，在西晋末年的名声，盖过了王祥、王览那两支。

西晋王室衰微之际，琅邪王氏已为家族未雨绸缪。当时，认定"中国已乱"的王衍，分别派弟弟王澄、族弟王敦，出镇荆州和青州，说你们两个在外，我留在洛阳，这样家族就有"三窟"，可以确保无虞了。与此同时，王览的嫡长孙王导则举族奉琅邪王司马睿南下。这成为东晋王朝的起点。至此，琅邪王氏四点两面对朝廷政治形成牵制的格局已经形成。

司马睿移镇建康（今南京）后，南方的士族并未把这位向来没啥名气的西晋皇室成员放在眼里，很长时间，都没有一个士大夫来拜见他。

王导有意树立司马睿的权威，就和族兄王敦商定，在上巳节当天，让司马睿出游，而自己兄弟俩跟随在后。江南大族一看，琅邪王氏这样的北方望族都对司马睿这么毕恭毕敬，于是纷纷下拜。后来，王导又亲自出面，说服纪、顾这两个江南大族的人出来辅佐司马睿。纪、顾带头后，示范效应就出来了，史书说此后"百姓归心"。

西晋灭亡后的公元317年，司马睿在建康称帝。北方世家大族迫于战乱，纷纷南迁，但他们看到司马睿后，都大失所望，认为此人不能成功立业。直到当他们见到王导，并与他深入交流后，这才放下心来："江左有辅佐霸业的管仲，我们可以不必担忧了。"

为此，史学大师陈寅恪称王导为"民族功臣"，说他"笼络江东士族，统一内部，结合南人、北人两种实力，以抵抗外侮，民族得以独立，文化得以延续"。

在东晋，王导辅政，王敦掌军，朝中军政要员多为琅邪王氏家族出身。琅邪王氏迎来全盛时期，史称"王与马，共天下"。

后来，王敦想为家族谋取更进一步的利益，两次起兵作乱。史书上关于王导的态度多有争议，有说他默许族兄起兵，有说他大义灭亲。我们所知道的事，就是王导在王敦起兵时，每天率领家族子弟20余人到皇帝面前待罪。这样，在王敦失败身亡后，这次负面事件对琅邪王氏的不利影响被降到了最低。

由于王敦的失败，琅邪王氏从全盛时期进入守成阶段。

整个家族因为王导在关键时刻的立场得以保全，未受大的影响。尤其是王导这一支，除早卒的子孙外，基本都能做到有实权的三品官以上，衣冠蝉联直到南朝落幕。

4

南朝大史学家沈约曾说，他研究了晋、宋、齐、梁四代的历史，发现"未有爵位蝉联、文才相继如王氏之盛也"。可见，在当时，琅邪王氏长盛不衰已是公认的事实。这个家族的人不仅多高官，而且多才子。

有人根据二十四史中的记载统计，从汉代到明清，琅邪王氏家族共培养出了王导、王抟等92位宰辅，王融、王羲之、王献之等600余位名士，任何一个中古豪族都难以望其项背。

前面说了，王祥死前留下遗训，提孝悌，不提忠君。自始至终，琅邪王氏族人都恪守了这条遗训，在剧烈的改朝换代中始终不死忠一姓，这堪称这个家族绵延六七百年的主要秘诀之一。虽然琅邪王氏的这种做法，后来被一些抽离了历史情境的"愤青"骂为"只顾保全家世，不顾朝代更替"，但是，整个帝制时代，也不过是王朝的周期兴替而已。只要顺应历史发展，不为腐朽王朝、作恶君王尽愚忠，维护安定大局，尽可能减少战乱，让百姓少受乱离之苦，就是对历史做出了贡献。

东晋永和四年（348），司马昱、殷浩让王羲之出仕，担任护军将军，目的是想借助他的社会影响力打击权臣桓温。王羲之上任后，从东晋大局出发，优先考虑人民的利益，体恤老百姓疾苦，减少赋税，开仓济民。这一立场和担当，赢得了后人的共鸣。元代的赵孟頫评价说，王羲之"发粟赈饥，上疏争议，悉不阿党。凡所处分，轻重时宜，当为晋室第一流人品"。不为一家一姓尽忠，而为国为民建立事功，这正是琅邪王氏的成功之处。

在乱世中，一个家族要维持兴盛，需要特别留意一点。那就是王衍所说的，要让家族如狡兔一般有"三窟"，无论是政治站队，还是家族精英分布，都不要把整个家族放在"一个篮子"里。

王祥这一支留在洛阳，原本是琅邪王氏最显赫的一支，但随着北方沉沦，后来湮灭无闻。不过王览这一支，后人渡江向南，遂成就了琅邪王氏最大的荣光。后来，王敦起兵，王导待罪，截然不同的两种家族态度，也为琅邪王氏确保了退路，分散了风险，不至于举族押在造反上。

事实上，魏晋南北朝时期，一个政权的稳定，全赖几个豪族与皇族之间的势力均衡。一旦权势的均衡被打破，就会发生内乱。琅邪王氏的家族势力如此强盛，有目共睹，常常招致皇族与其他家族的忌恨和制衡。琅邪王氏的应对之策，就是在必要时主动贬损过盛的家族势力，从而使得各方势力都能放心接纳这样一个谦逊、自制力极强的家族。

史载，齐武帝时期，王导的玄孙王僧虔被任命为开府仪同三司（南北朝时期一种高级官位）。王僧虔突然想到，他的侄子王俭已经担任此职，"一门有二台司，实可畏惧"。于是，他赶紧以"君子所忧无德，不忧无宠"为由，坚决推辞，不让自己的家族看起来使人"畏惧"。这种低调退让的做派，也是当年王祥遗训的内容。琅邪王氏历经长年乱世而不倒，绝非侥幸。

琅邪王氏绵延不绝的奇迹，在历史上早就引起关注。唐代史学家李延寿写南朝历史时，专门提到，琅邪王氏"簪缨不替"，是因为这个家族"无亏文雅之风"。意思是，琅邪王氏累世公卿的地位，与其对家族子弟的文化教育是分不开的。

在时人看来，琅邪王氏之所以称得上"第一豪族"，绝对不是因为他们出了多少大官，而在于他们出了多少大师。琅邪王氏首先是以文化世家，而不是政治世家的身份，得到社会的认同的。

琅邪王氏的始祖王吉时经学是正统，这个家族就以经学立世；后来，玄学成为显学，王戎、王衍甚至王导，就都以玄学传家。

此外，王氏子弟在佛学、文学、书法、绘画等领域，均多有建树。王导当年南下之时，曾将钟繇传世的法帖《宣示表》夹在衣带中带到江南，后来传给家族中书法最有出息的王羲之。

在兵连祸结、仓皇南迁的时候，大多数人对金银财宝尚且无暇顾及，而王导竟然专心于一纸法帖，这大概就是琅邪王氏不忘文化传承的表现。后来，深受王导影响的王羲之，成为中国的"书圣"。王羲之的儿子王献之同样以书法闻名于世，与父亲合称"二王"。

魏晋南北朝很多高门大族，因为子弟靠家荫就能做官，生活太容易了，导致不出几代家族中就充斥着不学无术之徒。但琅邪王氏绝不允许不学无术的子弟存在，对子弟的教育倾注了大量心血，且不时自我警醒。

王僧虔曾告诫子弟说，族中子弟过去靠门荫，年纪很轻便得到了很好的官位和名声，但失荫之后，这些便都谈不上了，因此应该自己去努力。他还说，一个人是否受到尊敬，名声是好是坏，是否名垂后世，关键不在于门第和仕宦，而在于是否有真才实学和值得人们尊敬的地方。

说到底，文化传家才是琅邪王氏累世不衰、家风不坠最根本的依托。

一直到唐朝时，李唐皇族刻意打击山东旧世族，并以科举取士取代魏晋南北朝的九品中正制。琅邪王氏虽然由此衰落，但仍未解体，直到唐朝灭亡，所有世家大族均烟消云散，琅邪王氏才连同着彻底没落。

算起来，这个家族在历史长河中，兴盛了六七百年，族中诞生了王祥、王导、王羲之、王献之等一大批迄今受人景仰的一线历史名人，确实对得起"中古第一豪族"的盛名。

传奇虽不再，但传奇已刻进历史！

中古第二豪族，为何盛极而衰？

淝水之战前30年，浙江会稽山上。

这是东晋永和九年（353）的暮春时节，出身琅邪王氏的王羲之，领着一众出身名门的亲友，在会稽山阴的兰亭举办了首次兰亭雅集，日后，这段历史将因为王羲之的一篇《兰亭序》闻名天下：

> 是日也，天朗气清，惠风和畅。仰观宇宙之大，俯察品类之盛，所以游目骋怀，足以极视听之娱，信可乐也。

在这场"群贤毕至，少长咸集"的历史性聚会中，主角无疑是以王羲之为首的琅邪王氏族人，当时有"王与马，共天下"之称，一度与司马家族共治天下的琅邪王氏号称"天下第一士族"。

然而历史容易被选择性地忽视，许多人都没有注意到参加这场聚会的还有一位叫作谢安的年轻人。30年后的公元383年，这位年轻人将率领他所属的陈郡谢氏族人，在淝水之战中力挽狂澜，击败苻坚的前秦大军，从而挽救了东晋江山，保卫了华夏文明。

陈郡谢氏，作为隐藏在《兰亭序》背后的世家大族，即将在这场兰亭雅集之后，冉冉升起于历史的天空。

1

对于陈郡谢氏，早期，琅邪王氏是很看不起的。

三国曹操时代，谢安的曾祖父，即陈郡谢氏的始祖谢缵只是一个小小的五品典农中郎将。谢安的祖父谢衡，是西晋一位大儒，然而，在三国两晋崇尚玄学清谈的时代风尚中，随着世家大族的崛起，儒学一度没落，以致被视为酸臭腐儒。史载："（晋惠帝）元康以来，贱经尚道，以玄虚宏放为夷达，以儒术清俭为鄙俗。"

到了陈郡谢氏的第三代，谢安的父亲谢裒时期，谢裒与自己的哥哥谢鲲一度都是出身琅邪王氏的权臣王敦的幕府门客。

在王羲之的祖先们看来，陈郡谢氏那时候只是个给他们打工的小马仔而已。因此，当后来晋升至吏部尚书、太常卿等高级职务的谢安父亲谢裒，想向诸葛恢为双方子女求婚联姻时，诸葛恢直接拒绝了。诸葛恢是蜀汉名相诸葛亮的族人，在东吴和曹魏西晋都家族显赫，诸葛恢非常不屑地说，陈郡谢氏是个什么东西，"不能复与谢裒儿婚"。

琅邪王氏更是一度打心眼里鄙视这个后起家族。《世说新语》记载说，谢安的弟弟谢万曾经参加了王羲之组织的兰亭雅集，有一次，谢万想去拜访东晋宰相王导的小儿子、书法家王恬，没想到王恬竟然将谢万完全视为透明人，"了无相酬对意"，其傲慢至此。

当时，从三国曹丕时代确定九品中正制以来，随着西晋一统天下，曹魏、西晋出身的世家大族纷纷因"冢中枯骨"自傲，对自己的家世门阀骄纵矜持，因此即使是到了王羲之兰亭雅集的时代，琅邪王氏、高平郗氏、颍川庾氏、谯国桓氏等世家大族仍然因身世自傲，而陈郡谢氏依然只是一个跟班的小从游，仅仅只是因为曾经作为琅邪王氏的幕府，算个"自己人"而已。

2

与后世一样，在曹魏两晋的门阀政治时代，一个世家大族的崛起，往往需要积累数代人近百年的时间和努力。而成就陈郡谢氏丰功伟业的，当属爆发于383年的淝水之战。

作为当年曾经跟着王羲之等琅邪王氏族人出游的年轻人，陈郡谢氏自从谢安的父亲谢裒开始，沾着琅邪王氏的家族荣光，开始飞黄腾达。到了谢安时代，一度长期隐居浙江会稽东山的谢安又投奔当时的一号权臣桓温，靠着桓温、琅邪王氏等家族的庇护和自己的聪明才干，谢安最终一步步升任东晋权要，成为东晋的尚书仆射、总领吏部事务，与尚书令王彪之一起执掌朝政。

淝水之战前四年，东晋太元四年（379），已经统一北方的前秦攻破江汉要镇襄阳，对东晋虎视眈眈。在这历史的紧要关头，谢安不畏众人疑难，知人善任，提拔自己的侄子谢玄为将。谢玄则不负众望，训练出了此后击溃前秦并深刻影响了东晋和南北朝历史走向的北府兵。

作为北府兵的创建者，陈郡谢氏家族的高光时刻即将来临。

襄阳沦陷后，面对前秦军队的南下，谢玄先是指挥北府兵击溃前秦军队，随后又在四年后的淝水之战中（383），以8万北府兵大破前秦君主苻坚指挥的百万大军。

当前线大捷的消息传来时，作为淝水之战总指挥的谢安正与客人下棋。看过战报后，谢安"了无喜色"，继续下棋。当客人问起战况如何时，谢安才淡淡地说了一句："小儿辈遂已破贼。"

强忍着心中狂喜的谢安下棋完后回到家中，才兴奋得手舞足蹈。由于太过兴奋，他在迈过门槛时竟然将脚下木屐的齿牙折断，他自己却没有任何感觉，"其矫情镇物如此"。

对于陈郡谢氏来说，383年的淝水之战是整个谢氏家族的最高光时刻。战后，谢玄继续带兵北伐，将自从"十六国时期"以后退居淮河以南的汉人江山推进到黄河南岸，东晋国势一度大振。谢安家族因此奋起，先后有四人因功被封为公爵：谢安被封为庐陵郡公；谢安的弟弟谢石被封为南康公；谢安的侄子谢玄被封为康乐公；谢安的儿子谢琰被封为望蔡公。至此，"一门四公"的陈郡谢氏历经百年艰辛，终于一跃成为与琅邪王氏并肩齐名的世家大族，权势在东晋朝中一时无二。

3

在淝水之战前后，从东晋到南朝的200多年间（317—589），陈郡谢氏载入史书的人数共有12代、100余人之多，史称"子弟皆芝兰、风流满《晋书》"。

然而，巅峰之际，也是陨落之时。

在魏晋南北朝各个世家大族起起落落的浪潮中，作为新崛起的名门，陈郡谢氏不仅需要面对当时朝中根基深厚的琅邪王氏，而且还要制衡当时控制长江中游的权臣谯国桓氏家族。另外，来自司马家族的皇权势力也不断对陈郡谢氏掣肘提防。

谯国桓氏的成员、性格放纵的桓伊有一次在东晋孝武帝面前抚筝哀怨唱诗道：

> 为君既不易，为臣良独难。
> 忠信事不显，乃有见疑患。
> 周旦佐文武，金縢功不刊。
> 推心辅王政，二叔反流言。

作为同样被猜忌提防的世家大族成员，出身谯国桓氏的桓伊故意以西周时期周公旦的典故，唱出世家大族当时的艰难处境。当桓伊一曲终了时，座席上的谢安泪流满面，特地走过来跟桓伊说："足下不同于常人！"

淝水之战后第二年，即东晋太元十年（385），遭遇皇权猜忌和各个世家大族围攻的谢安主动交出权力，自请移镇广陵。当年，在淝水之战中崛起的谢安，在焦虑不安中去世，享年66岁。

谢安受到猜忌离开首都建康（南京）后，作为北府兵创办人的谢玄也自请离开军事前线，转赴浙江换了个散骑常侍、左将军、会稽内史的闲职。谢安去世后第三年，东晋太元十三年（388），作为淝水之战的实际指挥人，一度将汉人兵锋重新推进到黄河北岸，甚至收复了部分黄河北岸沦陷国土的谢玄，最终也在猜忌和抑郁中去世，年仅46岁。

后来，作为谢玄的孙子和王羲之的外孙，已经进入南朝的谢灵运在《山居赋》中，回忆自己的家族史时写道："余祖车骑（谢玄）建大功淮（河）、淝（水），江左得免横流之祸，后及太傅（谢安）既薨，远图已辍，于是便求解驾东归，以避君侧之乱。废兴隐显，当是贤达之心，故选神丽之所，以申高栖之意。经始山川，实基于此。"

陈郡谢氏起家于今天河南淮阳一带的古陈郡，建功立业于建康（南京），最终先祖却被迫远迁浙江会稽（绍兴）等地"以避君侧之乱，废兴隐显"。在淝水之战中建立不世伟业、已经"功高震主"的陈郡谢氏，不得已选择远迁避祸以保全宗族，这里面，实在是有难以言说的血泪苦衷。

4

尽管家族权势从巅峰陨落，但急流勇退的谢安，也为保全谢氏家族做出了表率。

对于琅邪王氏、陈郡谢氏等中古世家为何能绵延兴旺数百年之久，现当代史学家钱穆曾经总结说："一个大门第，决非全赖于外在之权势与财力，而能保泰持盈达于数百年之久，更非清虚与奢汰，所能使闺门雍睦，子弟循谨，维持此门户于不衰。当时极重家教门风，孝弟妇德，皆从两汉儒学传来。"

作为在三国时代曾经出过儒学家谢衡的陈郡谢氏，对家族子弟的教育始终倾尽全力。谢安对家族子弟的教育可谓苦心孤诣。淝水之战的统兵大将谢玄在年少时喜好奢侈，嗜好香囊，叔父谢安看在眼里急在心里，但他却不强硬呵斥，而是跟谢玄以游戏打赌，将谢玄的香囊全部赢了过来然后烧掉，以此来警醒家族子弟。也正是由于谢安等人的勉力教导，因此外表崇尚玄学、内里以儒学为根基，"外玄内儒"的陈郡谢氏，最终得以在历史的横流中延续兴盛达两百年之久。

尚儒、中和，可以说是陈郡谢氏保持家族门风的重要手段。当代史学家田余庆在评价陈郡谢氏的生存之道时，曾经这样解释："谢氏在东晋，不凭挟主之威，不以外戚苟进，不借强枝压干。"

正是这种内敛、冲淡的为政和处世风格，最终使得陈郡谢氏名传千古。

在两晋南北朝的世家大族中，琅邪王氏的王敦、谯国桓氏的桓温等人都曾功高震主，并且一度图谋自立。外戚出身的鄢陵庾氏的庾亮兄弟没有能力却硬处其位，最终败落遗恨，而取得不世功名的谢安急流勇退，为陈郡谢氏开了个好头。也因此，陈郡谢氏最终在淝水之战后，盖过谯国桓氏、高平郗氏、颍川庾氏等传统世家大族，成为与琅邪王氏比肩齐名的"王谢"二族之一。对此，唐代史学家李延寿评价说："谢氏自晋以降，雅道相传。"意思是说，陈郡谢氏的人物，既有率性风流的一面，也有专心世务、拘于礼法的一面，由此才得以成为世家大族、历经两百多年兴盛不败，否则早就像谯国桓氏、高平郗氏、颍川庾氏等家族一样沦于败落。

5

自古贵族世家生存不易，作为世家大族，陈郡谢氏不仅面临着来自高层的压力，也面临着来自底层的反抗。如果说在政治斗争中谢安还可以保全宗族，但是在底层民众的叛乱起义中，作为世家大族的代表，陈郡谢氏却不幸罹难。

东晋安帝隆安三年（399），浙江爆发了有五斗米教背景的孙恩、卢循之乱，与东汉末年的黄巾起义相似，叛乱民军也将贵族世家作为推翻东晋统治的重点攻击对象。

叛乱爆发后，东晋朝廷派出谢安的儿子谢琰以及他的两个儿子谢肇和谢峻前去镇压义军，不料父子三人反被义军杀害。在这场历时12年之久的叛乱中，陈郡谢氏子弟中的吴兴太守谢邈、南康公谢明慧、黄门侍郎谢冲等人也都前后遇害。于是，在陈郡谢氏的当家人谢安、谢玄去世之后，谢氏家族在这场民乱中被底层民众作为重点攻击清除对象，家族势力遭到了严重削弱。

孙恩之乱后，东晋内部政局更加不稳，就在孙恩、卢循之乱还没完全平定时，东晋大亨元年（403），权臣桓温的儿子、谯国桓氏的桓玄直接威逼晋安帝禅位，在建康（南京）建立桓楚政权。在这场变乱中，北府兵出身的刘裕最终在平定桓玄之乱中势力逐渐壮大，走上了历史舞台。

在刘裕崛起的过程中，谢氏家族部分成员错误站队，在刘裕与另一位将领刘毅的争斗中选择了刘毅。最终，曾当过尚书左仆射的谢混等陈郡谢氏族人，纷纷被在权斗中胜出的刘裕以"党同刘毅"的罪名处死。

当时，以砍柴、种地、打渔和卖草鞋出身的刘裕上位，象征着南北朝时期庶族的崛起，但部分世家大族却没有认清形势，例如太原王氏就因为自恃门第而被刘裕诛杀。反抗北府兵集团的渤海刁氏除刁雍一人北逃外，也全部被杀。在经历错误站队和终于看清形势后，陈郡谢氏与琅邪王氏一起，在改朝换代中选择了投靠新崛起的寒门皇帝。

刘裕在公元420年代晋自立建立刘宋后，为了拉拢北府兵的创建者陈郡谢氏家族，一度重用谢氏家族的谢晦等人。刘裕临死时，谢晦还与徐羡之、傅亮等人一起受命，成为托孤大臣。

鉴于自己家族与皇权斗争的惨痛经历，谢晦的哥哥谢瞻一直明哲保身，他还一再规劝自己的弟弟谢晦说："吾家以素退为业，汝遂势倾朝野，此岂门户福邪？""若处贵而能遗权，斯则是非不得而生，倾危无因而至。君子以明哲保身，其在此乎！"

作为当时的统治者，刘裕父子一方面要利用作为世家大族代表的谢氏家族，另一方面又始终担心作为北府兵创建者的谢氏家族会利用其家族影响力干涉政局。对此隔岸观火的谢瞻心里很明白陈郡谢氏的危险处境。在临死前，谢瞻还特别给弟弟谢晦写信说，要学习宗族的先祖谢安、谢玄等人急流勇退："吾得归骨山足，亦何所多恨。弟思自勉，为国为家。"

此外，当看到自己的族弟、著名诗人谢灵运太过狂妄放纵时，谢瞻还经常劝诫他一定要明哲保身。

但陈郡谢氏的子孙，并没有多少人拥有先祖谢安的智慧。到了元嘉三年（426）刘宋孝文帝时期，手握重兵的谢晦被杀，死时年仅37岁。临死前，谢晦想起了哥哥谢瞻多年前的苦劝，特地赋诗一首说：

功遂侔昔人，保退无智力。
既涉太行险，斯路信难陟。

在谢晦事件中，谢氏家族损失惨重，谢世休、谢曰爵、谢世平、谢绍、谢遁、谢世基、谢世猷等谢氏族人也惨遭屠戮，对此，谢晦的侄子谢世基在临刑时也写诗说：

伟哉横海鳞，壮矣垂天翼。
一旦失风水，翻为蝼蚁食。

在诗中，谢世基以"横海鳞""垂天翼"自比往日辉煌的谢氏家族，但随着东晋末期开始到南朝时皇权的日益强大,世家大族已经难以再一手遮天。在"失风水"、反为寒门出身的刘裕子孙所屠戮"翻为蝼蚁食"之际,谢世基也感慨万分。

直到临死之际,谢世基才痛彻心扉地体悟到,面对寒门庶族的崛起,曹魏两晋时期的世家大族势力,已经无力对抗,渐趋没落。

6

谢晦被杀后的第七年,元嘉十年(433),中国山水田园诗创始人之一——高傲放纵的诗人谢灵运,也被宋文帝刘义隆以"叛逆"罪名杀害于流放地广州,死时年仅47岁。

谢灵运临死前是否想起了族兄谢瞻的苦心劝诫,已经无从猜测。作为陈郡谢氏的子弟,不甘平凡、渴望出人头地的谢灵运始终不明白,属于世家大族的时代正在没落。对于日益崛起的庶族统治者来说,以往树大根深的世家大族就是皇权崛起路上的重大障碍。皇权要发展,世家大族的削弱与没落就是必然的。

此后,与谢灵运一起被称为"大小谢"的诗人谢朓,也于南齐东昏侯永元元年(499)遭到诬陷,最终死于狱中,年仅36岁。

在此后南朝末期的梁朝、陈朝,家族名人辈出、闪烁《晋书》的陈郡谢氏,基本毫无建树,仅仅是守成而已。梁武帝时期,陈郡谢氏在历时四年的"侯景之乱"(548—552)中更是死的死、散的散,家族最后的血脉和元气几乎消亡殆尽。到了南朝最后一个朝代陈朝时,谢氏族人被写入《陈书》的只有三人而已,已经接近完全没落。

到了陈朝时,陈朝皇族始兴王陈叔陵为了给母亲找个风水宝地,更是直接将陈郡谢氏代表人物谢安的墓地直接铲除。面对这种亵渎自己先祖的暴行,当时陈郡谢氏的子孙甚至衰弱到不敢发声抗诉。

作为曾经与琅邪王氏并称的陈郡谢氏，历经从东晋至南朝末年的200多年风雨，至此彻底走向了陨落。到了中唐时期，诗人刘禹锡（772—842）特地写了《乌衣巷》一诗，缅怀王谢两大世家：

朱雀桥边野草花，乌衣巷口夕阳斜。
旧时王谢堂前燕，飞入寻常百姓家。

对于陈郡谢氏来说，他们从卑微走向巅峰，从巅峰走向陨落，历时200多年时光。他们在时代的动荡中面对庶族的崛起、皇权的强势和民乱的冲击，始终无法探索出一条延续家族荣光的道路。因此，当代表人物逐渐风流陨落，子孙后代只能在吃老本的基础上怀念旧日的荣光，对于魏晋南北朝的士族来说，陈郡谢氏的没落，也是此中典型的代表。

一个没有现实依托和精神内核的家族，其陨落也是历史必然。从这个意义来说，陈郡谢氏敲响的警钟，也是此后历代名门家族的警钟——没有什么是永恒的，所谓贵族，其兴也勃，其亡也哀。

桓氏家族：三代人出一个皇帝，仅用一年就败光了

北伐途中，东晋权臣桓温与部下登上一艘战舰，遥望中原故土。桓温颇有感触地说："神州陆沉，百年丘墟，王衍等人难辞其咎啊！"

王衍是西晋重臣，出身琅邪王氏，平生笃好玄学。当年，他们一众大臣只知道夸夸其谈，无力阻挡少数民族南下，不仅丢了疆土，还把自己和百姓的命搭进去。与桓温同行的袁宏也是一位清谈家，他为此开脱说："时运自有兴废，不一定是他们的过错。"

桓温一听，作色道："我听说东汉末年，刘表养过一头千斤大牛，此牛平日里所需食物是普通牛的十倍，但干起负重运输的活，连一头最弱的牲口都比不上。曹操占据荆州后，把这头牛杀了，用来劳军。"这是将那些无所事事、徒有其表的士大夫比喻为"刘表之牛"。

作为务实派，桓温对清谈人士嗤之以鼻，掌权后削弱士族豪强时更是毫不手软。他所代表的谯国桓氏家族堪称东晋士族中的另类，因为他们既是东晋门阀政治的参与者，也是这场游戏中规则的破坏者。

1

谯国桓氏兴起于东汉，有龙亢桓氏、铚县桓氏等支派，因祖上原为姜齐国

君，遂以齐桓公的谥号为姓氏，后来迁至谯郡（在今安徽）一带。其中，龙亢桓氏最初靠读书发迹，是一个经学世家，桓温就出自这一家族。

桓温祖上是帝师级别的豪门，家族中最早出现的大人物是汉代大儒桓荣。桓荣年少时家境贫困，为了养活自己，一边打工，一边跟随九江博士朱普学习《欧阳尚书》，即汉代欧阳生所传今文《尚书》。他整整15年不回家乡，终成大学者。"新莽之乱"后，桓荣逃匿山中授课，即便饥饿困乏，几代人仍家学不辍。

桓氏发迹，就在于一个"勤"字，后来的桓温也是如此。东汉建武十九年（43），已经60岁的桓荣因弟子举荐，被汉光武帝刘秀召见，深得赏识，并入宫担任太子的老师。汉光武帝曾经称赞桓荣："此真儒生也！"

桓荣家族致力于经学研究，子孙都继承其学业，教授《尚书》，门下弟子众多。桓荣接受刘秀的聘请后，成为汉明帝的老师，其子桓郁后来是章帝与和帝的老师，其孙桓焉则当了安帝与顺帝的老师。桓氏三代人先后担任帝师，成为当时最为显著的经学世家，荣耀备至。

有道是："君子之泽，五世而斩。"桓荣家族传到第六世就不行了，一场政变使这个累世公卿之家沦为"刑家"，子弟纷纷潜逃，隐姓埋名，一度走向衰落。

桓氏的六世祖史载阙如，田余庆等学者考证，这位桓温曾祖辈的人物是曹魏大臣桓范。

正始十年（249）的高平陵之变中，桓范作为曹爽党羽，拒绝了司马懿的任命，逃出洛阳，告诉正与皇帝曹芳祭拜帝陵的曹爽，不如"以天子诣许昌，征四方以自辅"。这是一道"挟天子以令诸侯"之计，如果曹爽听从这一计策，司马懿夺权恐怕不会那么顺利。桓范出城时，司马懿有些不安，对蒋济说："智囊往矣。"蒋济却说："曹爽智不及桓范，就像驽马恋栈豆，一定不会用桓范的计策。"

果不其然，曹爽兄弟不听桓范之策，说我们向司马懿投降，退休养老总行吧。桓范哭笑不得，骂道："曹子丹（曹爽之父曹真的字）何等英雄，生出你们兄弟这样的庸碌之辈，你们就等着灭族吧！"

之后数年之间，司马氏权倾朝野，桓范与曹爽等一同被诛灭三族，后世子弟或死或逃，唯恐避之不及。桓氏从此一落千丈，昔日赖以成名的经学家传也丢了。这正是桓氏第六世的记载被尘封的原因。

因此，在东晋门阀政治中，桓氏是一个特殊的士族，南渡时声名不显，地位不高，论政治势力、学业家传、经济力量等都不入流，后来却一跃站在历史舞台的中央。

2

桓温出生的时候，家境窘迫，穷得叮当响。

有一次，桓温的母亲重病，为了给妈妈治病，桓温不得不将幼弟桓冲送到富户为质。有时债主上门讨债，年少的桓温也一筹莫展。即便其父桓彝后来当了宣城（在今安徽东南）太守，家里的经济状况也没有得到改善。

桓温兄弟由此养成了一生勤俭的习惯。桓温得势后，宴饮时不过只有茶水和几盘水果。他弟弟桓冲同样生活俭朴，有一回沐浴后家里人给他送来一套新衣服，结果桓冲大怒，催促用人送回去。还是他妻子跟他说："衣服不经新的，从哪里得到旧衣？"桓冲才勉强换上。

家道中落后，桓氏勤俭持家，而两晋门阀士族一向以生活奢侈闻名，石崇、王恺斗富就是一个著名的例子，由此更可见桓氏的另类。

有学者认为，谯国桓氏最早南渡的成员可能是桓温之父桓彝，但他不曾入选东晋士人编的名人录，这是因为他等同于新晋士族，不受尊重。

桓彝家贫，却很争气，成为列名"八达"之一的名士，平时主要的行为艺术是散发裸奔、豪饮美酒。他常年在名士圈子里混，给儿子取名为温，也因为当时的名人温峤。桓彝还极富政治远见，南渡之初就认准了王导，称他为"江左管夷吾"，后来也正是王导助晋元帝司马睿建立了东晋朝廷。到了晋明帝时，桓彝参与平定王敦之乱，立功受爵。后来苏峻之乱时，桓彝更不得了，在与叛军交战时以身殉国，成为烈士，获得了"忠臣"的美誉。

至此，原本以经学成名的谯国龙亢桓氏，靠着桓彝的军功重返政坛，代价就是桓温年纪轻轻没了爹。泾县令江播在苏峻之乱中参与谋害桓彝，桓温时时想着向他复仇。等到江播去世后，18岁的桓温假扮成客人出席他的葬礼，寻找机会亲手刺杀了仇人的三个儿子。

桓温着实是个猛人。

3

桓温的父亲桓彝混入名士圈站稳了脚跟，又靠军功授爵，桓温却一向看不起热衷于清谈的门阀士族。

王导晚年主办过一次清谈聚会，请来清谈家殷浩辩论玄学，两人自诩如正始年间的王弼、何晏，聊得很起劲。王导还邀请24岁的桓温一起参加，世家大族出身的王濛、王述、谢尚等也都在座。第二天，桓温与别人说起此事："昨夜听殷、王二人清谈，言语甚为美妙，谢尚也还行，但回头再看看王濛、王述，他们就跟身上插着漂亮羽毛扇的母狗一样。"

桓温兄弟所在的东晋朝廷，就是这样一个"劣币驱逐良币"的环境。东晋一代，皇权与士族实际上长期处于相互平衡的状态，琅邪王氏、颍川庾氏、谯国桓氏与陈郡谢氏等门阀势力，你方唱罢我登场，先后扮演"王与马，共天下"的角色。

这是一个贵族制社会，士族的势力甚至已经超过了皇权。史书评价，自永嘉南渡之后，"晋主虽有南面之尊，无总御之实，宰辅执政，政出多门，权去公家，遂成习俗"。

然而，这也是一个封闭内卷、阶层固化的时代，当时的门阀士族子弟，"居官无官官之事，处事无事事之心"，不把政务放在心上，越来越偏离正途，却依靠家世霸占着官职。

王导侄孙王徽之后来在桓温之弟桓冲手下当参军时，就有过一次无厘头的经历。王徽之是书法家，靠门荫入仕后整日蓬头散发地饮酒，对军务从不关心。

桓冲问他："你在军中属于何曹？"

王徽之答道："似乎是马曹。"

桓冲又问："管理多少匹马？"

王徽之说："我连马都不懂，哪里知道数目？"

桓冲继续问他："那马死了多少？"

王徽之跟他扯起了哲学："未知生，焉知死。"

正如田余庆先生的评价，过江之后的东晋名士比西晋"八王之乱""永嘉之乱"时更加颓废、放荡，可以说是"无德"之尤。凭借军功授爵的桓氏，反而受到高门大族的讥讽。

桓温有一次想为其子向太原王氏的王坦之求亲。王坦之本来想答应，回家问自己老父亲的意见，他爸立马反对，大怒道："你竟然这么糊涂！怎么可以为了给桓温面子，而把你的女儿嫁给一个军人的儿子呢？"王坦之只好以其他理由向桓温推辞。

桓温心里明白，说："你父亲不肯也就罢了。"

这个时代的规则，需要有人来打破，而谯国桓氏亲手撕开了一道裂口。

4

桓温长得帅，帅得比较特别，史载他"眼如紫石棱，须作猬毛磔"，有孙仲谋、司马懿一样的帝王之相。他人又有才，被选为驸马，娶了晋明帝的女儿南康长公主为妻。

这桩婚姻改变了桓温乃至整个桓氏家族的命运，这是桓氏发迹的另一个秘诀。

在谯国桓氏崛起之前，南康公主的舅舅庾亮所代表的颍川庾氏，是继琅邪王氏之后把持朝政的世家大族。庾亮之弟庾翼、庾冰也凭借外戚的身份担任朝中要职。桓温初出茅庐就得到了庾氏家族的有力支持，在官场上如鱼得水。庾翼一直看好这个甥女婿，极力向皇帝打广告："桓温有英雄之才，愿陛下勿以常人遇之。"

庾翼掌管荆州这一地方重镇，他死后，朝中大臣却极力反对庾氏继续控制荆州，想对其过度膨胀的势力进行制衡。在这场博弈中，桓温可谓是鹬蚌相争，渔翁得利。永和元年（345），作为一个实力弱小的士族成员，34岁的桓温在会稽王司马昱等人的推荐下，成为新任荆州刺史，都督六州诸军事，有了一块可以大显身手的地盘，还掌握了长江中上游的兵权。

新官上任三把火，桓温掌握荆州兵权后，最直接的立功方式是打仗。

当时，东晋的北边是羯族建立的后赵，兵力雄厚，实力强大；西边是氐族建立的成汉，正龟缩于蜀地。柿子挑软的捏，那就找成汉打一架吧。

在出镇荆州的第二年，桓温上疏朝廷请求伐蜀，还没等朝廷同意，自己招呼都不打就直接领兵上路了。巴蜀之地易守难攻，成汉立国40年，到了后期已经有点儿骄傲，"恃其险远，不修战备"。

桓温亲率大军西进，先派遣一支奇兵为先锋长驱直入，转眼间就到了成汉的腹地青衣县（今四川青神县）。成汉末代国君李势发兵抵抗，但为时已晚。桓温将辎重留在后方，与将士只带三日粮，直奔成都而去，沿途三战三捷。成汉军队都还没反应过来，就到了最终决战。

桓温与成汉在成都西南的最后一战极具戏剧性。史书记载，此战开始时，桓温的先锋部队出师不利，参军战死，全军陷入慌乱之中。成汉军的一支箭还射中了桓温的战马，桓温差点儿摔下马去。

正在桓温军准备撤退重振旗鼓时，军中一个负责擂鼓的军官估计第一天上班，把发布撤退命令的鼓声敲成了进攻的号令。桓温全军士气大振，手下将领拔剑督战，再次向成汉军发起进攻。结果，东晋军打赢了，李势投降，成汉灭亡，桓温仅仅用了三个月就平定蜀地。

平定蜀地后，另一个机遇摆在桓温面前。随着石虎病死，后赵这一强盛的胡人政权正走向崩溃。

北伐，是东晋朝廷无法回避的一个问题，在桓温之前，祖逖与庾亮兄弟都发动过北伐，但始终无法克复中原。针对东晋各派对北伐的态度，钱穆先生有过精彩的分析。他认为东晋一朝的皇室和大世族出于自身利益，大都是反对北伐的。因此，东晋朝廷有意压下桓温的表文不回复，改用名士殷浩等主持北伐，命殷浩在扬州都督五州军事，实际上是与桓温的荆州集团抗衡。

殷浩这个人只好清谈，并没有军事才能，北伐自然以失败告终，他自己也被废为庶人。这个结果，桓温早已预料到，他对谋士郗超说："殷浩这个人有德有言，在朝中做个重臣足矣，朝廷用错人才了。"

殷浩被免职后，表面很淡定，在家整天拿手比画，写"咄咄怪事"四个字。后来听说桓温要起用自己，他兴高采烈地写了一封信回复，但因为太在意此事，反倒忙中出错。他把纸张反复摊开十余次，最后阴差阳错地寄去了一封空书信，桓温一看，直接和他绝交了。

殷浩失败后，桓温成为北伐的唯一人选，朝中再也没人能阻止他。

之后，桓温在15年内发动了三次北伐，取得了不少战果，第一次到达长安以东的灞上。关中百姓"持牛酒迎温于路者十八九"，一些经历过"永嘉之乱"的老人更是感激涕零，说："没想到今日还能见到官军。"遗憾的是，桓温北伐最终还是功败垂成，不然也没南北朝什么事了。

在第三次北伐的枋头之战中，桓温惨败于前燕名将慕容垂，这是他军事生涯中最大的一场败仗,晋军死者多达数万。但北伐将桓温的势力推向了顶峰,到太和四年(369),在拥有军权的东晋十二州中,桓氏已掌握其中一半以上,远远超越了此前王、庾等大族的军事实力。

5

桓温建功立业是为了夺权,而后推行改革,其目的之一就是把那些不务正业的清谈士族从朝堂清除出去。他以刘秀与诸葛亮为偶像,刘秀称帝后就曾有意削弱士族,而诸葛亮依法治蜀更是天下闻名。

为此,桓温曾经给皇帝上了一道奏折,其中有"并官省职"(裁省政府各部门官职)"褒贬赏罚,宜允其实"等建议,制订了改革中央政府的计划。这是桓温的政治理想,也是桓氏的总体主张。桓氏子弟中,军事人才居多,少有清谈文学之士。

但第三次北伐失败之后,桓温的名望和实力俱损,东晋朝中明里暗里反对桓温的声音不绝于耳。桓温决定进一步树立威望,他听从谋士郗超的建议,借故把当时的皇帝司马奕废为海西公,拥立曾经支持过自己的会稽王司马昱为帝,是为晋简文帝。

桓温擅权后,打破了皇权与士族之间的平衡。废立皇帝,意味着他的权力已经凌驾于皇帝之上。同时,桓温也打破了士族与士族之间的平衡。桓温上位后,不仅屠戮庾氏等士族,还颁布"土断",严厉清查户口,对隐匿户口的贵族地主予以惩处。士族出身的他,成了东晋士族最大的敌人。正是因桓温执政后严格法制、清查户口,推行"并官省职",东晋一度形成了"财阜国丰"的局面。

即便是家人有罪,桓温也不会网开一面。海西公被废后,有人假传太后密诏,率数百人攻打建康北门,差点儿打到大殿,引起朝野惊惧。事后惩处渎职官吏时,桓温发现胞弟桓秘有失责之处,将他免官。桓秘从此郁郁不得志,只好纵情田园山水，至死都怨恨桓温。

位高权重的桓温野心膨胀，甚至有诛灭王谢、自立为帝的想法。有一天，桓温躺在床上对亲信说："如果一直这么默默无闻，死后一定会被文、景二帝（司马师、司马昭）所耻笑。"

说到此处，他霍然起身，说出那句千古名言："既不能流芳后世，不足复遗臭万载邪！"

但此时门阀士族还有约束力量。门阀政治即士族与司马氏共天下的政治格局，门阀士族不允许桓温破坏规则。如果不是王、谢两家屡次从中阻止，朝廷就该改姓桓了。

宁康元年（373），62岁的桓温病情危急，他要求朝廷为自己加九锡（当时皇帝赐给大臣的最高礼遇，也是权臣篡位的象征）。出自陈郡谢氏的大臣谢安打听到桓温时日已无多的消息，故意拖延时间，直到桓温去世，也没有让他如愿再接近皇位半步。

桓温这一代枭雄，几乎打破了门阀政治的规则，却还是败于规则之下，还没等到加受九锡就病死了。

6

桓温去世后，桓氏为朝廷所疏远，不再执掌权柄。

年幼时与哥哥桓温一起尝尽艰苦的桓冲，成为谯国桓氏的新领袖。他在朝堂上让位于谢安，从扬州刺史离任后率部回到荆州，镇守桓氏的大本营。淝水之战中，桓冲经营的荆州防线分散了前秦部分兵力，给长江下游的北府兵减轻了军事压力。

实际上，前秦雄主苻坚南下时一开始是以桓氏的荆州军为劲敌，没把成立不久的北府兵放在眼里，直到后来与北府兵交战时吃了亏，他才说："这也是一个强敌啊！"不过，在这场大战中，东晋能够以少胜多、化险为夷，不仅是靠一战成名的北府兵，西线战场的荆州军也功不可没。

桓冲忠于晋室，没有哥哥桓温一般的野心，桓温的遗志由幼子桓玄继承。当初，桓冲离任扬州刺史时，地方的文武官员都来相送。桓冲对一旁的桓玄说："这些都是你家的门生故吏呀。"

年少的桓玄当即掩面哭泣，在场的所有人都感到诧异。带领桓氏夺回大权的理想，像一颗种子深深埋在桓玄的心里，也让他从小就养成了自负的性格。

因受朝廷猜忌，桓玄直到23岁才被任命为太子洗马，之后又出任义兴太守，与当年的桓温不可同日而语。桓玄满怀忧愤，登高俯瞰，叹道："父为九州伯，儿为五湖长！"

当时在位的晋安帝司马德宗是一个昏庸皇帝，分辨不清饥饿寒暑，饮食起居都不能自理，朝中大权掌握在宗室司马道子、司马元显父子手里。司马道子父子偏偏是一对草包，引发孙恩起义的导火线正是他们发布的一道糊涂政令："发东土诸郡免奴为客者"服兵役。"免奴为客者"是刚从奴婢升上来的佃客，让他们充兵役，不仅侵犯了士族地主的利益，也激起了农民的反抗，两边都不讨好。

司马道子父子不得人心，正好给了桓玄可乘之机。桓玄凭借其父桓温旧部的支持，在夺取桓氏根据地荆州后，相继消灭殷仲堪、杨佺期等地方势力，都督荆、江八州军事，威名远扬。

元兴二年（403），桓玄在消灭权臣司马道子父子和北府兵将领刘牢之后，废晋安帝，篡位称帝，建立桓楚政权。

从桓彝到桓玄，经历三代人的发展，桓氏家族在惨淡经营后终于达到权力顶峰，却如昙花一现。桓玄在权力极度膨胀后忘乎所以，迅速走向败亡。

桓温生前勤俭，桓玄却喜爱奇珍异宝，玩物丧志。他父亲桓温有推行政治改革的理想，桓玄却对法令吹毛求疵，为了显示自己的才能肆意处置官员、功臣，导致朝廷混乱，且引起了北府兵这一军事集团的担忧。

史载，当时"百姓疲苦，朝野劳瘁，怨怒思乱者十室八九焉"。门阀政治也在暗流涌动中开始了新一轮的洗牌。桓玄篡位后，次等士族出身的北府兵将领刘裕入朝拜谒。

桓玄一见刘裕，就对其器重有加，他对司徒王谧说："我看刘裕，风骨不凡，果然是人杰。"之后每次宴会，桓玄都会召刘裕入座，殷情款待，并赏赐宝物。

桓玄的妻子刘氏却不以为然。她见刘裕英武不凡，一看就不好惹，于是规劝桓玄道："我看刘裕龙行虎步，胆识不凡，恐怕终究不在人下，不可不防。"

骄傲的桓玄一听，大笑道："若要平荡中原，正需要刘裕此等人才。等到关、陇平定，再对付他即可。"

7

桓氏家族第一个打破了东晋门阀政治的缺口，是规则的挑战者，又不可避免地成了失败者。桓玄称帝不久后，刘裕联合北府兵旧将，以讨伐桓楚为名举兵，驱逐桓玄，扶持晋帝，成为新的权臣。

桓玄失败后一路逃窜，如过街老鼠般人人喊打，最终在益州被杀，传首建康，他的儿子桓升也被送往江陵斩首。此时距离桓玄称帝不过才一年。桓氏残余势力多次图谋东山再起，桓冲之子桓谦与桓石虔之子桓振逃亡在外，重整旗鼓，意欲聚众夺回荆州。

谯国桓氏在荆州经营多年，深得人心，一呼百应。桓谦、桓振起兵后，以迅雷不及掩耳之势攻取江陵（今湖北荆州）。但刘裕派兵攻打江陵，桓振战死沙场，桓氏部众再度四散而逃。

桓谦逃到了北方，听说割据西蜀的谯纵企图东下荆州，就前往蜀地投奔，并为讨伐刘裕招纳士人。此举引起了谯纵的猜忌，桓谦因此被放逐到龙格（今成都双流区），最后在东出荆州的路上被杀。至此，桓氏子弟中有威望、有才能之人几乎被屠杀殆尽，唯有桓冲的孙子桓胤以忠臣之后的身份被朝廷加恩赦免。但仅仅过了两年，桓胤也卷入莫须有的谋反案，遭到杀害。谯国桓氏盛衰不过在转瞬之间，短短几年间就彻底退出了历史舞台。

桓氏的政治理想，一部分为刘裕所继承。元熙二年（420），刘裕逼迫晋帝禅让，称帝建国，改国号为宋，即宋武帝。刘宋王朝以铁腕巩固皇室权力，不断削弱威胁皇权的门阀士族。南北朝时期，门阀政治走向衰落，后来门阀士族虽在隋唐再度兴起，但影响力已远不及当年。

刘裕是门阀政治的掘墓人，而为他递上这把铲子的，正是谯国桓氏。

独孤家族：南北朝最后的赢家

他是中国古代十大美男之一，长相俊俏，一度引领穿衣戴帽时尚。

他是中国史上最牛的军功贵族集团的台柱之一，影响历史走向数百年。

他被称为"天下第一岳父"，三个女儿获封皇后，而且分属三个不同的朝代。

他也被称为"最牛外公"，一个外孙是王朝末代皇帝，另一个外孙是开国皇帝。

虽然他的女儿、女婿和外孙们叱咤天下的时候，他已经看不到了，但在他生前的婚姻布局中，一切伏笔早就预埋好了。

他，叫独孤信。

独孤家族有着一段惊心动魄的家族往事。

1

独孤信（502—557）原名独孤如愿，史书说他"风度弘雅，有奇谋大略"，寥寥数字，说明此人不仅长得帅，还有本事。

独孤信是鲜卑化的匈奴人，其父是一个部落的酋长。在北方胡族汉化的历史背景中，这样的出身算是一般的胡族家庭吧。这个家族的崛起，全凭独孤信一己之力。

北魏末年爆发"六镇之乱",这次叛乱是因北魏迁都洛阳后,边镇鲜卑将领不满自己待遇不如洛阳鲜卑贵族和地位下降,矛盾爆发而起,后来成为北魏崩溃、东西混战的导火索。

对独孤信而言,"六镇之乱"是他成名的开始。

战乱中,独孤信与武川军官贺拔度、贺拔岳等人斩杀了起义军将领卫可孤,一战成名。他由此率领家族挺进中原。其间,他曾加入葛荣的队伍,成为其部下。葛荣失败后,他又转投尔朱荣。在东征西战中,独孤信一路升到武威将军,出任荆州官员,颇有声望。

南北朝乱世中,忠心并不值钱。独孤信起初也随风摇摆,站到强者一边。他参与镇压过起义军,也参加过起义军,最后又归附官府。然而,在北魏孝武帝不甘于权臣高欢操纵,一路西逃之后,独孤信竟然舍家弃子,单骑追随。

当时的人已经很久没亲眼见过忠义之事,突然看到独孤信如此深明大义,遂将此事传为美谈。孝武帝寄人篱下,也颇多感慨,说这是"世乱识忠良"。于是,封独孤信为浮阳郡公。

孝武帝从洛阳出走,本意是想用大将军、雍州刺史宇文泰牵制高欢。但宇文泰并非常人,而是像曹操一样的乱世枭雄,他之所以接纳孝武帝,不过是想挟天子以令诸侯。随着二人渐生嫌隙,宇文泰后来干脆毒死孝武帝,另立孝文帝之孙元宝炬为帝,是为西魏。在此之前,高欢也已扶植傀儡,建立了东魏。北魏遂一分为二。

独孤信的幸运在于,宇文泰是他的发小。他俩从小玩到大,因此独孤信备受西魏实际掌权者宇文泰的信任,并未因站队孝武帝而受到牵连。相反,在西魏建立后,独孤信继续取得战功,一路晋升。

他曾被授予大都督、荆州刺史等职,率兵收复被东魏占据的荆州,在此期间他因寡不敌众,在南梁躲了三年,三年后(537)才回到长安。独孤信自认有损国威,上书请求治罪。结果,他不仅没有受到任何惩罚,官爵俸禄一切照旧，还升任了骠骑大将军。

后来，他升任陇右十州大都督、秦州刺史。史书说，独孤信到秦州后，公事无积压。他以礼义教化百姓，劝农耕田养蚕，数年之中，公私皆富贵，流民愿附者数万家。宇文泰以其"信名遐迩"，故赐名为"信"，这就是独孤信名字的由来。

关于这名美男有一个著名传说，也是发生在秦州刺史任上。史书记载，一日，独孤信外出打猎，回城时天色已晚，因为骑马赶路，没有注意到帽子歪向一边。谁知道第二天，全城的人都学他的样子侧戴帽子，"侧帽风流"的成语由此而来，可见世人对他的崇拜到了何种地步。

但是，明明可以靠脸吃饭，独孤信却偏偏靠才华。

2

宇文泰确实是个不亚于曹操的乱世枭雄。他把持西魏政局的22年间，建立府兵制，设置八柱国。中国历史上最牛的军功贵族集团——关陇集团，在他手上完成集聚，基本成型。

548年，独孤信晋位为柱国大将军，成为"八柱国"之一。也就是说，经过独孤信25年的打拼，独孤家族已成为西魏最显赫的八大家族之一。

据考证，"柱国"为春秋战国时楚国所设立，意为军队的高级统帅。宇文泰掌权西魏时重新设立，在府兵的顶端设置柱国。

在西魏大统十六年（550）以前，"柱国大将军"这一称号共封给八人，分别是宇文泰、元欣、李虎、李弼、于谨、独孤信、赵贵、侯莫陈崇，时称"八柱国家"。

其中，宇文泰总领诸军，元欣为西魏皇族，兵权受到限制，余下六人每人统领两名大将军，即是府兵中的"十二大将军"。

关陇集团，即以这八柱国、十二大将军为基础形成的政治、文化家族网络。根据陈寅恪先生的说法，此集团有两大特征：融治关陇胡汉民族之有武力才智者，比如八柱国家族成员；此集团中人"入则为相，出则为将，自无文武分途之事"。

从西魏到北周、隋、唐，这几个朝代的皇室、后族大多出自这些家族，比如宇文泰的子孙为北周皇族，"八柱国"之一李虎的子孙为唐朝皇族，"十二大将军"之一杨忠的子孙为隋朝皇族。而后族中最大的赢家则非独孤信家族莫属：独孤信的长女嫁给了宇文泰的庶长子宇文毓；四女许配给了李虎的儿子李昞；小女儿独孤伽罗嫁给了杨忠的儿子杨坚。

不过，在独孤信生前，这几门亲事并未太显山露水，算是当时正常的关陇集团内部联姻。

这种政治联姻从独孤信本人就开始了。史载，独孤信有三个妻妾，共育有七子七女。其中两个妻子是进入中原后娶的，有一个是崔氏，即独孤伽罗的生母，出自中古大族清河崔氏。

独孤信作为"胡胡混血"的后代，通过累积战功，终成西魏"八柱国"之一，这才在"胡汉混血"的潮流中有了与汉族大姓清河崔氏联姻的政治资本。而到了独孤信的下一代，联姻世家大族，比如弘农杨氏、陇西李氏等，已是家常便饭了。

独孤信晚年见到了杨忠的儿子杨坚。仅仅一面之缘，独孤信就决定将小女儿独孤伽罗许配给他。当时，独孤伽罗才14岁，杨坚17岁。史书对这门婚事记载不多，仅说独孤信见杨坚"有奇表"，即相貌非凡，就把婚事定了。

后来的历史证明，独孤信看人还是很准的。不过定下这门婚事不久，独孤信就被赐死。后面的历史，他看不到了。

3

独孤信之死，暴露了关陇集团内部联姻合作的另一面：权斗政争。

到了晚年，宇文泰要取代西魏自立已是分分钟的事，但像曹操一样，他想把临门一脚留给自己的儿子。他纠结的是，要选哪个儿子当接班人。

宇文泰心中的人选，不是庶长子宇文毓，而是年纪尚小的嫡子宇文觉。他曾跟亲信密语，说他想立嫡子为接班人，但怕"大司马有疑"。大司马即独孤信，时为三公之一，且是宇文毓的岳父，风头无两。宇文泰对独孤信的忧惧，已经显示了独孤信无法回避宇文泰身后的权力斗争。

宇文泰死后，侄子宇文护接过权力大棒，拥立宇文觉取代西魏，建立北周。随之，关陇集团内部最高层的"八柱国家"矛盾公开化：一方为河内郡开国公独孤信以及南阳郡开国公赵贵；一方为常山郡开国公于谨及其所支持的宇文护。

这是关陇集团内部的第一次高层政争，最终以一种有节制的处置收场。史载，宇文护鉴于独孤信"名望素重，不欲显其罪过，逼令自尽于家"。

55岁的独孤信自杀身亡，独孤家族遭受到重大而致命的政治挫折。独孤信的儿子们，此前父贵子显，依靠父功封爵，论能力却都上不了台面。在家族的至暗时刻，维持独孤家族权势的，不是儿子们，而是女儿们。

先说独孤信的大女儿。宇文护后来废黜宇文觉，迎立宇文毓为王，独孤氏夫贵妻荣，成为王后。只是当上王后仅三个月，独孤氏就病逝。宇文毓登基为帝后，追封独孤氏为敬皇后。因宇文毓死后谥号为明皇帝，独孤氏遂被加谥为明敬皇后。

再说独孤信的四女儿。四女儿当时嫁给李虎的儿子李昞，算是门当户对。后来，李昞被封为柱国大将军、唐国公，与独孤氏生了个儿子，名叫李渊。正是他们的这个孩子，后来开创了大唐基业。李渊当上皇帝，建立大唐帝国时，父母早已不在人世，遂追封父亲李昞为元皇帝，母亲独孤氏为元贞皇后。

最后说说独孤信的小女儿，正牌的开国皇后——独孤伽罗。她也是独孤信几个女儿中唯一留下名字的。独孤信没有选错女婿，杨坚后来取代北周，建立隋朝，成就霸业，独孤伽罗遂为皇后。史载，当上皇帝的杨坚十分"惧内"，专宠皇后一人，六宫形同虚设。当时朝中称杨坚、独孤伽罗为"二圣"。

但这一切，并非像通俗史所说的是基于杨坚对独孤伽罗的爱，而是另有隐情。

4

独孤家族在北周初年连遭独孤信被赐死、明敬皇后早逝两次打击，在皇室已经失去奥援，门庭一度冷落。此时，嫁入弘农杨氏的独孤伽罗也只能谦卑自守，与时进退。

相较于独孤家族的衰微，独孤伽罗的家公、西魏"十二大将军"之一的杨忠，则在北周初年的权斗中保住了弘农杨氏的势力。

杨忠临死前，嘱咐儿子杨坚不要介入北周皇室的政治斗争。

杨坚继承父亲的爵位后，谨记父亲的遗言，在权臣宇文护与武帝宇文邕斗得你死我活之际，超然事外。

572年，宇文邕在宫中杀掉宇文护，开始亲政。同年，宇文邕立长子宇文赟为皇太子，随即纳杨坚与独孤伽罗所生长女杨氏为皇太子妃。至此，弘农杨氏跟当年独孤家族一样，通过联姻皇族，扩大了家族的政治势力。而独孤家族则依靠独孤伽罗这名乱世奇女子，埋下了复兴的种子。

宇文赟继位后，性情越发乖戾暴虐，难以捉摸。579年，他一反成制，接连册立了四个皇后，与杨氏并立为"五后"。随后，又要赐死杨氏，逼她自杀。

一般人认为，宇文赟疯了，才会做出这一系列疯狂举动。而杨坚和独孤伽罗深知，他们的女婿宇文赟没有疯，他是在以这些非常手段来削弱弘农杨氏的权势。自宇文邕上位以来，弘农杨氏权势的上升已经危及皇权，宇文赟因此必去震主之臣。五后并立、赐死杨皇后，不过是宇文赟在敲山震虎。

史载，在弘农杨氏家族命运千钧一发之际，独孤伽罗毅然闯入皇宫，反复向宇文赟求情,叩头直到血流不止,终于使她的长女免于被赐死的命运,也使得她的夫家免于被株连的厄运。

后代史学家说,独孤伽罗此举,中止了宇文赟削弱乃至铲除弘农杨氏的计划,使杨坚及其家族保全权势,并在次年实现了周、隋禅代的历史大变局。也就是说,杨坚的崛起,隋朝的建立,离不开独孤伽罗的功劳。这正是杨坚称帝后宠爱乃至惧怕独孤伽罗的真正原因。

入隋后,独孤伽罗在后宫与朝野中举重若轻的地位,使得独孤家族在经历独孤信被赐死的低沉后,又重回高门大族的行列。

独孤信的大儿子独孤罗在妹夫杨坚当上开国皇帝后,命运也迎来反转。

当年独孤信抛妻弃子,单骑追随北魏孝武帝西逃,尚在襁褓中的独孤罗被遗弃在了高欢那里。高欢将其一直囚禁在监狱里,直到独孤信去世。后来,据说独孤罗曾流落民间为乞丐,七妹独孤伽罗救了他,并开启了他全新的人生。

杨坚立国后,追赠岳父独孤信为太师、上柱国、冀州刺史,封赵国公。孤独罗遂继承其父赵国公的爵位,几个弟弟也都一一封爵。这是独孤家族最高光的时刻。

等到独孤信的外孙李渊取代另一个外孙杨广建立大唐帝国后,独孤家族因为是李渊的母族,而继续受到优待。不过,相较于这个家族最辉煌的时候,毕竟已呈衰落之势。

纵观历史,隋代北周,唐代隋,这两次历史大变局都在关陇集团的姻亲圈内部进行。独孤家族借此实现家族复兴,实力不倒,不得不佩服当年独孤信借助联姻完成了错综复杂的权势布局。这或许才是他被后人称为"天下第一岳父"的原因。

唐朝以后,独孤家族最终与大部分世家大族一起,消失在了历史的烟云中。

崔氏豪门七百年

当了几年皇帝后，唐太宗李世民决定要打倒门阀。

在多次讲话中，他毫不掩饰自己对山东四姓（崔、卢、李、郑）的不满："吾实不解山东四姓为何自矜，而人间又为何重之？"

贞观六年（632），李世民跟宰相房玄龄聊天时谈道："最近朕听闻山东四大姓氏，明明已经家道中落，却还要打肿脸充胖子，依仗先辈的功绩，夸耀自大，子女结婚时总喜欢大肆向亲家收取彩礼，把好好的一场婚礼搞得跟贩卖人口似的。不但破坏了风俗，对社会影响也不好。既然他们德不配位，咱们也该尽早刹住这股子歪风邪气，爱卿以为如何？"

房玄龄听完后，点头称是。

李世民随即下诏，令高士廉、韦挺、岑文本、令狐德棻等普查全国世家门第人口，重新修订世族名录，同时根据历史记载，对一些名不副实的世家大族予以除名、贬斥。

不久之后，不明真相的高士廉递上了《氏族志》的初稿，请李世民御览。

李世民兴致勃勃地翻开这版《氏族志》后，突然大发雷霆，把高士廉劈头盖脸骂了一顿。原来，在这版《氏族志》中，高士廉等人根据古往今来氏族排行的习惯，仍将清河崔氏、博陵崔氏等传统士族列为第一等。

第二章 | 黄金时代：魏晋至隋唐的门阀家族

在中国古代，世族门户决定了社会地位。自魏晋南北朝以来，朝廷实施"九品中正制"，"上品无寒门，下品无士族"。以"五姓七望"为主的山东士族，即清河崔氏、博陵崔氏、范阳卢氏、太原王氏、赵郡李氏、荥阳郑氏和陇西李氏，被认为是中古时期以来北方世家门阀里的第一等。

他们在一个相对封闭的贵族圈层中互相联姻，通过姻亲和血缘关系将家族财产与地位世代保存下去。随着豪门联姻的不断成功，稳固的上流社会网络逐渐形成了。这群贵族，对下品非士族的寒门，形成了天然的鄙视链。

即便历经数百年的战火纷乱，世家大族的子弟依旧坚挺。不过，随着大一统时代的到来，科举制兴起，这些豪门子弟反而成了历史前进的障碍。

正如李世民所说，下旨编写《氏族志》并非是与"五姓七望"有仇，只因他们家境衰落，还没人愿意出来做官，整天贩卖祖宗威望，沽名钓誉，看谁谁不行，做啥啥不好。如果说这些人忠孝两全、道德高尚、孝悌父母那还好，可偏偏有些人就是才能低下，还整天以为自己很尊贵。关键是，朝廷大臣还喜欢跟他们结交，送他们财物，助长他们的嚣张气焰，这样就给社会造成了极大的负面影响。

当然，李世民没有说出来的一层意思是，李唐的天下，不允许豪门来分享皇权。

在李世民的亲自监督下，高士廉等人这次心领神会，重新编纂的《氏族志》将皇族陇西李氏列为第一等氏族，而清河崔氏等故旧氏族被列入第三等。同时，该书规定，日后世家排名时要以姓氏族人的官位品级来确定家族的等级。

尽管从官方的角度而言，这相当于自魏晋时代流传下来的世家大族被重新洗了一次牌，但实际执行结果并不理想，收效甚微。房玄龄、魏徵、程咬金等大唐名臣、重臣依旧以娶清河崔氏女为荣。

1

清河崔氏，源自姜姓，是齐太公姜子牙的后裔，因其祖先曾受封于崔邑而受姓氏崔，与博陵崔氏同属一脉。西汉时，东莱侯崔业定居清河郡东武城县（今河北故城县），故而后世称他的后人为清河崔氏。

清河崔氏崛起于汉末，当时天下战乱不断，群雄四起。崔业后裔崔琰和崔林也投入了这场洪流中，他们一个代替自感形象不佳的曹操接待匈奴使者，留下了"代人捉刀"的成语；一个刚正不阿，历仕数朝，留下了"大器晚成"的典故。

随着两位崔氏子弟的美名远播，"七步成诗"的曹植也迎娶了清河崔氏女为自己的正妃，让清河崔氏跻身皇亲国戚行列。

自曹丕代汉以来，崔氏兄弟中的崔林先后担任大鸿胪、光禄勋，最终位列三公，封安阳乡侯，开三公封列侯之端。

随着曹魏采用以"家世+个人品行=官品"的方式选贤举能，以崔林为首的清河崔氏借助这股"东风"，得以逐渐走向权力中心，成为影响王朝政治格局的中坚力量。

司马炎取代曹魏称帝，建立西晋后，实行了维护各世家大族利益的"占田制"，清河崔氏开枝散叶更加频繁。由于人口基数的不断扩大，清河崔氏后人纷纷离开了原来世代所居住的郡望，向外扩张，先后衍生出了清河大房、清河小房、青州房、鄢陵房、乌水房、西祖崔氏、东祖崔氏等支系。

新成立的王朝还没撑过半个世纪，就在经历"永嘉之乱"后迅速灭亡，宗室司马睿渡江南下，建立东晋，以延续司马氏治天下的正统地位。作为天下门阀之一的清河崔氏自然也响应了此次王朝的迁移，举族南下。

但由于战乱等诸多不可控的因素，清河崔氏还是有一部分人留在清河郡故地，他们先后仕于北方崛起的十六国以及之后的北魏，其中以崔林六世孙崔宏父子为代表的清河崔氏最为显赫。但盛极必衰，这支清河崔氏很快遭遇了前所未有的灭顶之灾，直至北魏中期才稍微有点儿起色。

进入隋唐时期后，随着天下大一统时代的到来，清河崔氏迎来了"最后的盛世"，有唐一代出现了崔元综、崔龟从等12位宰相和7位状元。不过，随着唐末天下大乱，社会阶层再一次被重新排序，清河崔氏从此一蹶不振。

2

说起盛极一时的清河崔氏，必然绕不开一对父子——崔宏、崔浩，他们是东晋衣冠南渡时未能及时南撤的西晋司空从事中郎崔悦的后人。

随着崔悦出仕十六国的后赵政权，这支未及南渡的清河崔氏也开启了在北方十六国及其后统一北方的北魏的任职经历。

崔氏历来以诗书传家，在家族氛围的熏陶下，崔悦的儿子崔潜、孙子崔宏均为当时的饱学之士。特别是崔宏，自小便有神童的称号。据传，当时十六国中势力强大的前秦宗室苻融对其十分尊敬，引为密友。长大后，他又获得当时名人郝轩的盛赞，被称有"王佐之才"，是百年难得一遇的人才。随后，崔宏历仕后燕政权尚书左丞等官，在任期间颇受好评。

当鲜卑人拓跋珪打败后燕之后，第一时间便派出使者去请崔宏前来辅佐自己。由于崔宏久负盛名，因此刚进入新阵营的他迅速得到了拓跋珪的青睐，拓跋珪让其总理军国大事，草拟这支创始团队的规章制度。

当时，正值南方的东晋政权派使者前来问聘，身为领导人的拓跋珪当然也希望能够派人回访。可是他发现自己这支初创团队现在虽然有一定实力了，却还是一个草台班子，没有一个统一的名号。他让手底下的人共同商议起一个国号，方便自己日后问鼎北方，图谋中原。然而，手底下的人普遍文化素质不高，大家想来想去无非就是延续祖宗的名号称"代"，因为拓跋珪为十六国代王拓跋什翼犍的孙子。

这时，崔宏提出："陛下虽然继承了代王的血统，也算是光复祖业。但您率领大家打下如今的新天下，算除旧迎新，建议您学下咱们汉族人，起一个汉字为国号。臣看'魏'字就很不错，过去，'魏'是大国名称，属于神州的上等之国，如果您起一个这么霸气的名字，对咱们国家也是利大于弊啊！"

拓跋珪一听，这主意很好，从此，中国历史上辉煌一时的北魏诞生。

随后，在拓跋珪的支持下，崔宏出任北魏的吏部尚书，亲手设计北魏初期的官制、朝仪、律令、爵品等一系列政治、法律制度，为北魏政权的持续发展奠定了基础。由于功勋卓著，崔宏获封白马侯，成为当时北魏朝廷举足轻重的肱股之臣。

随着崔宏在政治上的成功，崔浩作为崔宏的长子，早早便获得父荫，进入了北魏朝廷。也许是出于爱屋及乌的心理，拓跋珪十分青睐崔浩，让他担任自己的秘书。

在崔宏的倾力教导下，崔浩从小便饱读经史，擅长写作，再加上他的字写得漂亮，拓跋珪时常让他帮忙起草文书。当时，拓跋珪已步入执政后期，性情大变，喜欢苛责下属，大臣们见到他是能躲就躲。可是，崔浩还是和以往一样，丝毫没有受到拓跋珪性情的影响。

拓跋珪死后，其子拓跋嗣登基，是为明元帝。作为先朝近臣，崔氏父子依旧得到了明元帝的重用。崔宏被封为天部大人，晋爵白马公，成为仅次于皇帝的重臣之一。此时，崔浩作为皇帝身边的经史老师，常常被诏到皇帝身边问对。每逢国家节日庆典时，总能看见崔氏父子出现在皇帝身边，时人皆羡慕不已。

拓跋珪晚年，由于一些不当政治举措的影响，北魏正处于内外交困的时期。王朝内部，连年的霜旱导致北魏境内歉收，饿殍千里，百姓处于水深火热之中。而北方柔然、高车等部落几乎每年都南下侵扰，战火时常烧到北魏首都平城（今山西大同）附近，对北魏政权造成极大的影响。

因此，明元帝以及北魏贵族集团都想迁都邺城（今河北临漳县），躲避战火，继续维持统治。

当明元帝拓跋嗣就此事问及群臣意见时，崔浩却借机提出反对意见。

说实话，作为被遗留在北方的汉人名士后代，出身清河崔氏的他怎么会愿意看到北魏政权迁移？这无疑会给这片区域的世家大族，特别是给自己家族带来不可避免的利益损害。因此他以平城的战略地位比邺城重要为由，极力劝阻明元帝迁都，并直言北魏地广人稀，在草原上放放牧还行，真要跟汉人一块儿生活，分分钟被同化了。

虽然他的这些话基本都切中要害，挺有道理，但是，这样的直言将为他招来杀身之祸，使名盛一时的清河崔氏阖族覆灭。

3

明元帝驾崩后，登基的是明元帝长子拓跋焘，即太武帝。此时，崔宏早已谢世，白马公爵位由崔浩继承。

作为倍受三朝帝王倚重的元老，崔浩堪称时下北魏帝国最炙手可热的汉臣，即便是已经登基称帝的拓跋焘见到崔浩也是客客气气的。

他曾对崔浩说："您知识渊博，为帝国的发展做出了不可磨灭的贡献，希望您能像对我父亲、爷爷那样，对我的执政方针的利弊直言相告，不要有什么疑虑。我虽然有时候喜欢发脾气，但都是对事不对人，您别往心里去，脾气发完了，您的建议我还是会照单全办的。"

看到皇帝如此器重自己，崔浩难免变得有些孤傲自负。以往他虽然出身高贵，父亲崔宏也权倾朝野，但毕竟处于帝国初创阶段，受到的民族歧视还比较严重。再加上自己那会儿还年轻，自然更倾向于谨慎从事，以博取统治者的欢心。现如今不同了，虽然自己依旧是汉臣，可已经是历仕三朝、顾问中枢的汉臣，这个身份，这种地位，即便是鲜卑人也无法企及。因此，他完全可以借着皇帝对他的信任，合理合法地抬高汉人，贬低鲜卑人。

事实上，他也这么做了。

崔浩的侄女嫁给了当时同为甲等世家的太原王氏子弟。一次，崔浩见到侄女婿的酒糟鼻，赞叹不已，说这可以与天家贵种相比了。这番话不知怎么就传到了拓跋焘那里，拓跋焘自然非常不高兴，一个汉人的破鼻子居然拿来跟皇族相比，可见在崔浩眼中，北魏皇族是多么的不堪。

真正导致崔浩身死族灭的导火索，却是让崔浩相当满意的《国书》。由于北魏帝国第一次编撰国史时，太武帝拓跋焘的功绩未被收录在里边，因此为了标榜自己，拓跋焘决定再修《国书》。

他把这桩光荣的任务交给熟识经史、擅长写作的崔浩主持。对于修《国书》这活儿，崔浩是极其乐意的。一来，可以展现自己的文笔，为后世留下可歌可颂的经史佳作；二来，这种记录皇室内部历史的著作由自己来完成，说明当权者对自己是高度信任的。这个任务完成得好，自己乃至家族的政治地位都会得到更大的提升。

崔浩在编撰《国书》时，可谓是知无不言，言无不尽，甚至把皇帝家祖先那些乱伦的经历也写得一清二楚。当好大喜功的皇帝把《国书》的内容刻成石碑，供大家学习时，鲜卑贵族们自然也发现了祖先头上的那片"青青草原"。崔浩自然也就成了众矢之的，只不过此时他依旧不明白自己"秉笔直书"有何不对。

北魏太平真君十一年（450），六月。太武帝拓跋焘下令诛杀崔浩，给他陪葬的是他希望振兴的清河崔氏留在北方的全体族人以及姻亲范阳卢氏、太原王氏、河东柳氏全族。

至此，显赫已久的清河崔氏，短暂消失于历史长河中。

4

崔浩之死，一度使清河崔氏销声匿迹很多年，直到北魏孝文帝元宏推行汉化改革，兴礼乐，改旧风，这支北方落魄士族才得以复兴。经过与北魏以及随后的东魏—北齐、西魏—北周等统治阶层的联姻，清河崔氏得以逐渐恢复往日尊荣。

随着天下大一统的浪潮再次到来，进入隋唐时期后，科举制逐渐替代魏晋以来的"九品中正制"，庶族地主也获得跻身朝廷的机会。

但此时如清河崔氏这种累世的世家大族，却依旧凭着累世的声望、财富以及错综复杂的政治联姻，维系着他们贵族阶层的利益。

而且，在过往的历史延续中，他们一直与门当户对的世家大族联姻，保证他们血统的高贵，逐渐在地方上形成了一个个稳固的豪强团体。

虽然李唐的统治者们也正是靠着这样的门阀集团——关陇集团势力在争锋天下中获胜，但对于一个新坐上皇位的统治者而言，如此相似的政治生态，又怎能保证他们不与李氏家族一样在各地"黄袍加身"呢？

因此，自唐太宗李世民即位以来，朝廷采取了一系列举措，诸如撰写《氏族志》，对天下世家大族进行重新定位；故意提倡皇族娶妻纳妾首选当世勋贵之家，颁布"禁婚家"，禁止世家大族之间联姻、收彩礼；再次编撰《姓氏录》，企图扩大士族人群，规定凡在当朝任职五品以上的官员，皆可被列为士族；加大科举力度等手段来试图冲淡世家大族的影响力……

然而，即便政府从法律上强硬限制世家大族的发展，但耐不住那些与皇族联姻的勋贵之家，在与皇族结亲的同时也保持着与世家大族的世代姻亲关系，如房玄龄、魏徵等当世重臣。

况且虽然国家上有政策，世家大族亦可以根据家族传统进行适度调整，适应发展的需要，而清河崔氏作为世家大族的代表之一，便是较早发生转变的。

当初奠定清河崔氏发展基础的崔林、崔琰兄弟以及鼎盛时期的崔宏、崔浩父子都以研习文学经史著称于世，而这种传统的家学渊源，在入唐后依然得到很好的继承。如《唐故前国子监大学生武骑尉崔君墓志铭并序》记载，墓主人"抠衣避世，研精四求之科"；再如，唐太子太保分司东都赠太尉崔慎由以"习左氏春秋、尚书、论语等获第于司"，都充分说明了有唐一代，清河崔氏家族对于族人研习儒家经典的重视。

在科举制度盛行的唐代，即便清河崔氏需要面对来自统治阶级的高压，家族中却依旧涌现了一批以崔慎由、崔元综、崔龟从为代表的大唐宰相，以及留下千古名句"昔人已乘黄鹤去，此地空余黄鹤楼"的大唐诗人崔颢等一批当世诗词大家。据《新唐书》统计，有唐一代，在文学创作方面，清河崔氏共有22人留下超过300部传世经典文集。

由此可见，清河崔氏子弟秉承家族优良遗风，在大唐盛世中依旧保持家族荣耀。

只是，由于科举制的大力推行，清河崔氏这样的世家大族注定不可能再有机会像从前那样享受各种与生俱来的特权。

在不断发展的过程中，世家大族内部也发生了优胜劣汰的分化。有真才实学的清河崔氏子弟得以像先祖那样获得统治阶层的青睐，而躺在祖宗功劳簿上吃喝的大部分家族子弟，便只能坐吃山空，逐渐没落。

纵观清河崔氏自魏晋至隋唐近700年间的家族荣耀，尽管与当朝统治者和社会阶层变化具有很大关联性，但以"研习经史"为核心的门风，始终对家族的发展起到了至关重要的作用。

唐哀帝天祐四年（907），大唐帝国寿终正寝。随着它一同消亡的，还有清河崔氏等一干曾经的世家大族。

进入宋代后，重视科举的历朝皇帝对无数前来报国的寒门士子、读书人给予了足够的关怀。世间从此再无世族、寒门之分，只要是有心为国者，皇帝都欢迎。于是，在平民科举大盛的浪潮下，清河崔氏消逝在历史长河当中。

一个真正属于寒门士子的时代，终于来了。

中国出宰相最多的家族，藏在山西一个小村子里

1

1958年3月，毛泽东游览成都武侯祠，看到唐代名相裴度撰写的一块碑，随即问随行的山西省委第一书记陶鲁笳："你在山西当'父母官'，知道裴度是谁吗？知道中国历史上，出宰相最多的是哪个家族吗？"

没等陶鲁笳回答，毛泽东就笑着说："告诉你吧，中国出宰相最多的，就是你治下闻喜县的裴氏家族。"[1]

裴氏家族发源于山西省闻喜县裴柏村。这一带位处山西境内黄河之东，故古代被称为河东。在这片土地上繁衍生息的裴氏家族，也以"河东裴氏"之名闻名于世，是中古时代的世家大族之一。

中国的历史很长，出一流人物的家族不少。但是，像裴氏家族这样，绵延两千年，兴盛八百年的，可谓绝无仅有。

别看裴柏村现在一副典型内陆农村的样子，在汉唐时期，这里位于中国政治、经济的重心地带，是典型的中原之地。

---

[1] 陶鲁笳《毛主席赞赏的一个封建家族》，《文史月刊》，2006年第4期。

据记载，河东裴氏最早是一支由西北地区进入中原地区、以放牧为业的氏族，经过好几个世纪的熏陶，到春秋时期才完全融入中原文明。类似这样的氏族迁徙与交融，在中华文明早期，每时每刻都在发生。裴氏家族的经历，在当时那叫一个平淡无奇。

神奇的是，到了汉末魏晋之际，裴氏突然爆发，像烟花般在中国历史舞台上绽放，然后经历长时间的辉煌，一直到唐朝末年，才渐渐黯淡下来。也就是说，裴氏家族这场豪华密集的烟花表演，延续了整整八百年，此后进入零星绽放阶段。用史书上的话说，这叫"自秦汉以来，历六朝而兴，至隋唐而盛极，五代以后，余芳而存"。

2

裴氏家族的辉煌史，肇始于裴潜。此人名字听着很"赔钱"，实际上为裴氏赚足了崛起的本钱。在他之前，裴氏也陆续出过一些人物，但正史不曾为他们单独作传，可见其影响力还是相对有限。

裴潜超越先辈的地方，正是在于他是第一个正史为之立传的裴氏族人。《三国志》记载，裴潜曾做曹操的军事参谋，才智卓越，曹魏立国后，官至尚书令，封清阳亭侯，是裴氏家族的第一个宰相。

对裴家来说，从零到一，很难，但从一到多，极易。

怎么个容易法？裴潜的儿子裴秀和侄子裴楷并列晋朝公侯，同为宰相，一时荣耀无比。之后，裴秀之子裴𬱟及裴楷之子裴宪，又先后官至晋室侍中，亦均为宰相。

从裴潜开始，祖孙三代，五人入相，其间不过四五十年时间，这个家族就像开了挂一样，冲往巅峰。

随便哪个家族，要是有河东裴氏此时的成才纪录，那就足够包装宣传两三千年了。但河东裴氏的辉煌之处在于，这点成绩，只能算是这个家族崛起过程中的热身动作。

河东裴氏真正的巅峰出现在唐朝。唐朝289年间,河东裴氏出了17个宰相,宋代欧阳修在《新唐书·宰相世系表》中,将河东裴氏列在了第一位。

不仅如此,节度使、将军、都督、尚书、刺史等高官要职,河东裴氏更是出了一茬又一茬,连驸马都出了10个。毫不夸张地说,哪里有官做,哪里就有裴家族人。

有学者统计,李唐一朝,史籍上有名字可查的裴氏族人,多达六百余人。唐朝不愧是河东裴氏最辉煌的时代。

五代以后,裴氏逐渐衰落,不过偶尔还有大人物冒头。

3

论人才之高密度、高质量,无出其右,裴氏家族到底做对了什么?古往今来,许多人试图探求其中的秘密,有些人还专门跑到裴柏村,希望找到答案。

明末大儒顾炎武就曾访问裴柏村,拜晋公祠(裴氏宗祠,因裴度封晋公,故名),说在村里登垄而望,十里之内,丘墓相连,连着100多个墓主,都是有名字、官爵可考的历史人物,很是震撼。

这次访问后,顾炎武总结,联姻、世袭、自强这三个因素是裴氏家族兴旺的主要原因。

这种归纳当然没错,河东裴氏的起落与门阀制度的兴衰轨迹基本是一致的。裴氏作为衣冠望族,尤其是裴寂作为大唐开国功臣第一,奠定了整个家族此后两百多年兴旺的基调。

然而,正所谓"君子之泽,五世而斩",中古时代,世家大族起起落落,并非一成不变。旧时王谢堂前燕,飞入寻常百姓家,那是常有的事。像河东裴氏这样,长盛不衰,除了时代与制度的因素,肯定还有更深层的原因。

答案其实不复杂,就是这十六个字:重教守训,崇文尚武,德业并举,廉洁自律。

这十六个字是裴氏家训的核心，久而久之，成为裴家的家风。欧阳修曾指出，良好的家风是裴氏兴盛的主要原因。这话不是虚的，它实打实地在历史中发挥了作用。仔细琢磨裴氏家训，每个字都很有分量。

开头就提"重教"。重视教育，是一个家族长盛不衰的基础。作为世家大族，河东裴氏并非依靠武力或者门第来保持家族势力，而是通过教育，形成家学门风，确保人才辈出，不被时代淘汰。我们读《晋书》《南史》《北史》或新旧《唐书》，经常会发现，无论讲到哪个裴氏人物，其中都会用"博学稽古""博识多闻""博涉群书"，以及"自幼强学""少好学""世以儒学为业"等措辞来描述。

可见，许多裴氏族人是凭真才实学走上仕途的。武则天时的著名宰相裴炎，早年在弘文馆就读时，每逢休假，其他同学都出去疯玩，只有他读书不废。人事部门要举荐他出来做官，被他拒绝了，理由是他的学业还没完成。他就这样勤奋苦读了十年，最后自己考取功名。

唐宣宗朝名相裴休，少时和两个兄弟一起读书，"经年不出墅门，昼讲经籍，夜课诗赋"，相当刻苦。最后，兄弟三人皆进士及第。

裴氏家族非常推崇"自立求功者荣，因袭获爵者耻"的精神，不论富贵贫穷，都把教育作为唯一出路。

接着，裴氏家训中提到"守训"，就是要子孙遵守规则，严守祖训。没有一个"守"字，说再多都是空文。

然后，家训循序渐进，讲到裴氏子孙要做什么样的人才，即"崇文尚武"，也就是鼓励子孙做全才，不偏废一科。据不完全统计，河东裴氏历史上出了59位宰相，59位大将军，这两个数字看似偶然，背后其实是"崇文尚武"的家训在发挥作用。

历史上，很多家族出得了文臣，出不了武将，或者相反。裴氏家族则把家族人才的成功之路拓展得相当宽泛,随手举个例子:裴氏中,政治家有裴度、裴寂、裴楷等,军事家有裴行俭、裴骏等,治国能臣有裴光庭,法学家有裴政、裴耀卿等,外交家有裴矩、裴世清等,史学家有裴松之、裴子野等,地图学家有裴秀,小说家有裴启,书法家有裴休,画家有裴宽……这些优秀的裴家人物代表,"从政者行惠民之法,习文者出不朽之作,研习者留济民之术",成就都是杠杠的。

再然后,裴氏家训继续提到"德业并举"。意思很明白,建功立业很重要,道德修养也很重要,要两条腿走路,不可偏废其一。有德的能人,利国利民;无德的能人,祸国殃民。

一个人如果没有道德底线,能力越大,危害也越大。因此,裴氏家族最后把家训的落脚点放在道德上,千头万绪,拎出四个字——"廉洁自律"。这是对成才后的子孙的训诫,可谓抓住了预防人性堕落的要点。一个人的堕落,要么起于贪念,要么缘于失去自我反省的能力。廉洁加上自律,是防堕落的不二良方。

裴昭明是裴松之的孙子,名门之后,但他不贪暴利,为官清廉,靠微薄的俸禄持家生活。连齐武帝都赞叹说:"我读的书少,不知道有哪个古人能跟裴昭明一样清廉。"

裴昭明经常对人说:"人生何事须聚蓄,一身之外,亦复何须?子孙若不才,我聚彼散;若能自立,则不如一经。"因此,他终生不治产业,连房子都没有。如此通透的人生观,确实是裴氏族人的典范,家训的践行者。

北周官员裴侠爱民如子,他身为地方最高长官,一天难得有一顿吃点好的,当时就有歌辞称赞他:"肥鲜不食,丁庸不取。裴公贞惠,为世规矩。"

有一次,皇帝让裴侠单独站在一边,对其他牧守说:"裴侠清正廉明,谨慎奉公,在这方面他是天下第一。你们中间如果有人自认和裴侠一样,可以过去和他站在一起。"众人面面相觑,无人敢为。自此,满朝文武称裴侠为"独立使君"。

有同僚讽劝他说:"人身仕进,须身名并裕,清苦若此,竟欲何为?"意思是做官不就是图名图利嘛,你日子过得苦哈哈的,图啥呢?

裴侠答道:"清廉是做官本分,节俭是立身基础。我清廉自守,并非猎取美名,意在修身自重,唯恐辱没祖先啊!"

裴氏族人为了维持良好的家风,都心有忌惮,故而能够在浊世中保住操守。这样做很不容易,如果像裴侠一样碰到不好的时代,可能同僚们都以贪贿为常事,他自己反而被孤立,如同独行侠。他内心的笃定,以及坚守的力量,就是来自家风祖训中对道德的追求。

4

除了正向激励,裴氏家规中还有反向震慑:凡贪官污吏,死后均不得葬入祖坟。这条红线,严禁族人子孙触碰。

我们不能说裴氏不出贪官污吏,但确实极少极少,而大奸大恶之人更是几乎没有。历代正史中,被立传的裴氏族人大约105人,除了北朝的裴景颜、唐朝的裴延龄等四五人之外,都可用"廉洁自律"来形容。俗话说,常在河边走,哪能不湿鞋。一个家族出这么多高官,却能大抵保住"不湿鞋"的门风,真的很不容易。

历史上还有个传统:富贵不还乡,如锦衣夜行。一个人发迹了,不管做官经商,都要回老家盖大房子。但我们看裴柏村,虽然有这么辉煌的家族史,整个村子自古以来就没出现过什么恢宏的建筑,以至于现在除了古柏和石碑,几乎没有古迹可寻。这种深入骨髓的低调,也跟裴氏的家风教养密切相关。

唐僖宗的宰相裴坦,其子娶了同朝为官的杨收之女,陪嫁物品中有许多金玉首饰。裴坦看到了,立刻命人撤去,厉声说道:"乱我家法!"

家法,即是家风。裴柏村全村常住人口据说历代从没超过1000人,但裴氏家族却出过59个宰相和59个大将军，以及各行各业的顶级人才，这是一个奇迹，又是一种必然。

河东裴氏没有为子孙后代留下深宅大院，也未曾留下万贯家财，却留下了自强不息的精神力量，以及修身自重的道德规范——而这，才是这个家族值得历史致敬的理由。

南兰陵萧氏：一个家族的逆袭史

成功夺位后，唐太宗李世民专门写了一首诗，送给他的表姑父兼亲家翁萧瑀：

> 疾风知劲草，板荡识诚臣。
> 勇夫安识义，智者必怀仁。

短短二十字，尽显这位后来位列凌烟阁的名臣坚韧不拔、忠贞不二的品格。

后来，唐太宗在宫中设宴款待群臣，设置了一个条件：在座最尊贵的客人可以先喝酒。当时，皇后的哥哥长孙无忌、宰相房玄龄等外戚、开国功臣皆在座，听皇帝这么一说，却都不敢乱动，生怕触碰皇帝逆鳞，惹来杀身之祸。

谁知，萧瑀直接端起酒杯，一饮而尽，丝毫没给李世民面子。

见是长辈，唐太宗也不好当着大臣的面直接发作，便问萧瑀为何敢自认是"最尊贵的人"。萧瑀也不傻，顺着皇帝的话直说："臣是梁朝天子儿，隋朝皇后弟，尚书左仆射，天子亲家翁。"

听罢，唐太宗也只能鼓掌大笑，点头而已。

1

萧瑀的成功，离不开一个强大家族的支持。

萧瑀出身南方世家侨族南兰陵萧氏。南兰陵萧氏一族，即兰陵萧氏南迁江左后衍生的支派，传闻最早可溯源至名相萧何、太子太傅萧望之一系。

作为兰陵萧氏的始祖，萧何的功绩自不必说，而萧望之在西汉时代也是一介牛人。早年家境贫寒的他，曾拜师后仓，精研《诗经》等儒家经典，年纪轻轻便成为家乡兰陵地区（今山东枣庄）的大儒。

当时，大将军霍光、左将军上官桀等正受命辅助年幼的汉昭帝处理朝政。一次，大将军府长史丙吉向霍光推荐了包括萧望之在内的当世大儒。在觐见大将军时，为了加强对霍光的保护，防止有人实行暗杀，这些儒生皆被要求脱掉身上所有衣物，裸体接受检查。

与萧望之一同前来的其他儒生见状，赶紧将自己身上的衣服除去，赤条条地站在侍卫面前等待检查。唯独萧望之，一听大将军如此待客，登时来了脾气，嘴里骂骂咧咧地说道："不愿见就算，老子还不稀罕呢！"

听到萧望之出言不逊，侍卫抬手欲打，推搡之间，霍光闻讯赶到。

面对大将军霍光，萧望之的傲气更盛了。他直言道："将军您以功德辅助幼主，要是能感化您的手下，相信天下士子定能争相过来辅助您。可您现在让您的手下如此羞辱有识之士，看来所谓效仿周公吐哺之举，无非是您个人的沽名钓誉！"

表面笑呵呵的霍光虽未当场降罪，却在几人的任用上动了手脚。与萧望之一同觐见霍光的王仲翁之后迅速升迁至光禄大夫的高位，而萧望之被发落到上林苑守大门。

是金子总会发光的。

几年后，汉昭帝驾崩，汉宣帝即位。凭借拥戴新帝之功，霍氏家族权势更甚从前。即位的汉宣帝是史上第一个囚徒出身的皇帝，多年的底层生活经历，让他对霍氏家族擅权之事颇为忌惮。

地节三年（前67），霍光去世不到一年，长安城内就开始下冰雹。冒着冰雹，萧望之趁机向汉宣帝大胆进言："今陛下以圣德居位，思政求贤，尧、舜之用心也。然而善祥未臻，阴阳不和，是大臣任政，一姓擅势之所致也。"

他的肺腑之言，令汉宣帝大为赞赏。鉴于萧望之在儒家学说上的成就，汉宣帝决定任命其为太子太傅，负责教导太子刘奭（即后来的汉元帝）研习经史子集。

在萧望之的教导下，汉元帝成长为西汉历代皇帝中经学研究的集大成者，将西汉王朝打造成中国历史上第一个以儒学治国的朝代。

萧望之以儒学为本、经研治世的思想，也奠定了后来兰陵萧氏（包括南兰陵萧氏）近千年发展的家学底蕴。

当然，南兰陵萧氏是否出自萧何、萧望之系下，尚且存疑。因为历史上记载南兰陵萧氏为萧望之后裔的典籍仅有《南齐书》及《梁书》，在这两本书中，萧望之还被记载为萧何的后裔。而这种说法在同时期编撰的其他史书以及《史记》《汉书》中，却均未被采信。

唐代颜师古在编撰《汉书注》时，更是特别说明："近代谱谍妄相托附，乃云望之萧何之后，追次昭穆，流俗学者共祖述焉。但酇侯（萧何）汉室宗臣，功高位重，子孙胤绪具详表、传。长倩（萧望之）钜儒达学，名节并隆，博览古今，能言其祖。市朝未变，年载非遥，长老所传，耳目相接，若其实承何后，史传宁得弗详？汉书既不叙论，后人焉所取信？不然之事，断可识矣。"

可见，颜师古十分肯定地指出，南兰陵萧氏附会为萧望之之后，进而附会萧望之是萧何之后，其实是抬高门第之举。毕竟，无论萧何还是萧望之都是汉代名臣，在史书中皆有传记，其人物关系详细列明，二人若有这一层关系，史官怎会遗漏或搞错？

尽管南兰陵萧氏在家世谱系上存在强行攀附的问题，但这是整个魏晋时代讲究门第风气下所有家族的"通病"。关键是，这层出于美化的滤镜，并不妨碍这个家族在历史上的精彩表现。北宋欧阳修就曾盛赞兰陵萧氏："名德相望，与唐盛衰。世家之盛，古未有也。"

2

西晋末年，"永嘉之乱"的战火中，北方士族纷纷迁徙南下。跟随大部队的步伐，南兰陵萧氏的始祖萧整也举族搬迁，渡过长江，侨置江南。

根据先前在北方郡望的划分，萧整一脉被安置在今江苏常州至丹阳设置的南兰陵郡中生活。依照郡望，这支南迁的萧氏，遂得名南兰陵萧氏。

此时，东晋权力中枢依旧沿用自三国曹丕时代提出的"九品中正制"录用人才。与渡江的琅邪王氏、陈郡谢氏相比，兰陵萧氏实在不算顶流大族。渡江之后，萧整的两个儿子萧儁、萧鎋最高也只做到了太守的职位，离日后萧氏家族的权倾朝野仍有较大距离。

"大贵人"刘裕帮了萧氏家族一把。

在乱世中，刘裕凭借军功，从东晋王朝手中继承了半壁江山，建立了以刘氏家族为核心的刘宋王朝。刘裕以孝治天下，尊自己的继母萧文寿为皇太后。而萧文寿即出身南兰陵萧氏，为萧整的远房侄女。凭借外戚的身份，萧家得以有更多的机会进入仕途，从政参政。

盛世需文治，乱世靠军功。萧氏族人毫不犹豫地投笔从戎，凭借显赫的武功和外戚的身份，将南兰陵萧氏带上金字塔的顶端。其中，不得不提的是出身南兰陵萧氏"皇舅房"的始祖、刘宋名将萧承之。

与萧望之相似，萧承之也堪称少年英雄。史载，萧承之"少有大志，才力过人"，同族丹阳尹萧摹之、北兖州刺史萧源之都很器重他。根据家族计划，萧承之一早便投身军旅，跟随宋武帝刘裕等人征战天下。

众所周知，自衣冠南渡后，东晋王朝就没有放弃过北伐的军事计划。到了刘宋时代，北伐依旧是南方政权扩大影响、夺取民心的一个重要手段。宋武帝刘裕发家，很大程度上即源于他所参与和发动的数次北伐。所以，为了增加刘宋王朝的影响力，宋文帝刘义隆在继承父、兄江山后，也把目光投向了北伐收复中土的计划。

但刘义隆所处的时代，已经没有了北伐的最佳时机。彼时，崛起的北魏王朝已将北方一盘散沙式的政权收归囊下，在太武帝拓跋焘的治理下，国力蒸蒸日上。而宋文帝根本没有意识到南北两个王朝的差距，紧密部署之下，宋文帝元嘉七年（430），北伐正式开始。

作为军中一员，萧承之也参与了此次战役。起初，战事进展相当顺利，刘宋军队很快拿下了洛阳、虎牢等四个北方军事重镇。可接下来，北魏军队在拓跋焘的严令下发起反攻，双方的形势发生根本性扭转。由于主帅经验欠缺，刘宋军队陷入重重困境。萧承之也带着部队边打边撤，进入了济南城。

当时，跟在萧承之身边的士兵仅有几百人，而城外，北魏数万军队正在加紧集结。只需片刻，萧承之等人就将成为北魏军队的俘虏。

危急时刻，萧承之灵光一闪，脑海中闪过三个字：空城计。

反正横竖都是死，不如死马当活马医。他赶紧让守城的军队全部撤下来，将大门洞开，全城妇孺老幼"等待"北魏军队上门打草谷。

北魏军士看到这种情形，怀疑城中有重兵埋伏，犹豫半天，选择了撤退。萧承之与城中百姓惊险逃过一劫。事后，萧承之对手下说："孤城孤军，当时的情况实在太危险了，如果将真实情况暴露给敌人，那肯定在劫难逃了，所以只好故弄玄虚，欺哄敌军。"

3

准确地说，萧承之的空城计不止救了他自己，还改变了中国历史走向。因为，夺得刘宋江山的齐武帝萧道成，正是萧承之的儿子。

公元479年，凭借父荫以及自己多年的努力，萧道成从刘宋末代皇帝宋顺帝的手中接过传国玉玺，开创史称南齐的萧氏时代。萧氏从次等士族扶摇直上，变身皇族，说实话，执政初期的萧道成想都不敢想。

刘宋末年，随着皇室成员的自相残杀，朝政大权落入了他与袁粲、褚渊、刘秉为首的"四贵"手中。当时被"四贵"扶上皇位的皇帝是刘宋后废帝刘昱，他是刘宋明帝刘彧钦定的皇位继承人。

即位之初，刘昱只有10岁。这个"熊孩子"没别的嗜好，就喜欢没事瞎逛，捉弄大臣。要是开开玩笑也就算了，但这熊孩子胡闹起来是直取大臣性命。

某次，刘昱一时兴起，带着弓箭跑到萧道成家，准备给这位辅政大臣一个"惊喜"。当时，萧道成正在家里睡午觉。熊孩子不管三七二十一，直接冲萧道成圆圆的大肚子上射了一箭，完事扬长而去。所幸小孩子力气小，萧道成伤得并不重。但刘昱这么一瞎闹，萧道成直接让他付出了血的代价。

元徽五年（477）七夕，刘昱又开始"作妖"。睡前，他命令身边的侍卫杨玉夫在殿外等候织女过河，要是看不到或者没有及时去禀告他，就要取杨玉夫性命。君无戏言，杨玉夫担心皇帝跟他来真的，于是趁着刘昱熟睡，一刀砍下了他的脑袋，彻底终结了他想要看织女过河的美梦。

事后，杨玉夫赶紧汇报上司直阁将军王敬则，请求处分。谁知，对方直接报告萧道成，请求萧大人主持公道。也正是在这样的契机下，萧道成成功攫取了刘宋大权，扶立新主，当起了"摄政王"。

虽然兰陵萧氏在萧道成的带领下，实现了阶层跃升，可中古时代，经学文风早已成了衡量世家大族的标准。为免遭其他士族看不起，萧道成登基之初特地召见大儒刘瓛，向其问政，以表明新政权乃至萧氏家族谆谆向学的态度。

面对皇帝的"有心"请教，刘瓛认为"政在《孝经》"。为君者，当鉴前车之失，加以宽厚。听了刘瓛的建议，萧道成随即下旨，召立国学，从国家层面培养儒士，推进东汉末年以来经学文风的复苏。

南齐的大力扶持，让整个江南地区文风日盛，数十年间文治成就逐步逆转，反压中原地区。

在萧道成重文尚儒思想的影响下，即便是贵为王孙的文惠太子萧长懋也依旧刻苦向学，于宫中崇政殿前大讲《孝经》，以此感化域内百姓。当时，江南地区不仅涌现出以萧氏宗室为核心的文人集团"竟陵八友"，还曾有哲学、宗教等领域的多场学术大论战。

其中最著名的当属范缜与萧子良之间展开的有神/无神论大辩论。这场大辩论的正反双方，皆是当世名人。萧子良即"竟陵八友"的发起者，是太子萧长懋的亲弟弟，与哥哥感情甚笃，且同好佛学。他曾数次在府邸内大宴朝臣僧侣，事必躬亲，对佛虔诚之心世所少有。

而反方代表范缜即《神灭论》的作者，为人心直口快，辩论能力就连"竟陵八友"中号称"铁嘴"的萧琛也自叹不如。

辩论中，萧子良问范缜说："你不信因果报应说，那么，人为什么会有富贵贫贱之分？"

范缜答道："人生如同树上的花同时开放，随风飘落，有的花瓣由于风拂帘帷而飘落在厅屋内，留在茵席上；有的花瓣则因篱笆的遮挡，而掉进粪坑中。殿下就犹如留在茵席上的花瓣，下官就是落于粪坑中的花瓣。贵贱虽然不同，但哪有什么因果报应呢？"

萧子良不以为然，但也驳不倒范缜这番有理有据的答辩，只是无言以对。

4

尽管萧道成及其子孙在文化领域上苦下功夫，但萧氏建立的南齐存国时间仅24载。自萧道成之子齐武帝萧赜后，南齐皇帝也掉入了和刘宋王朝一样的

"怪圈",皇帝一代不如一代,最后南齐在东昏侯萧宝卷手上彻底玩完。

中兴二年(502)四月初八,梁武帝萧衍效仿齐高帝萧道成,在百官的拥戴下接受南齐和帝的禅让,建立梁朝,改元天监。

值得一提的是,梁武帝萧衍也是"竟陵八友"之一,与萧子良同为兰陵萧氏南迁始祖萧整的后裔。只是,与建立南齐的那支萧氏略有不同,梁武帝的祖上为萧整次子萧辖,而齐高帝萧道成的祖上是萧整长子萧僎。

为了区分这两支有着血缘联系的兰陵萧氏,梁武帝所属的那支,日后被称作兰陵萧氏"南梁房"。

建立梁朝后,萧衍初期也能意识到修文兴儒对于定国安邦的重要性。除了效仿前朝设立国学,他还曾以皇帝的身份亲临国学讲课,一度让江南文风更盛从前。

然而好景不长,比起修文,崇佛似乎更能让达到政治巅峰的梁武帝心灵宁静。于是,利用皇帝的权威,他先将佛教定为国教,并以身作则住进寺庙接受大臣朝拜,臣民供养。由是,杜牧笔下"南朝四百八十寺"的风光,逐渐替代了从前的"琅琅读书声,莘莘学子意"。

梁武帝与范缜年纪相当,且曾见识过范缜的厉害。为了不让范缜的无神论威胁到自己尊佛,梁武帝不惜亲自上阵,撰写了一篇《敕答臣下神灭论》,在展开新一轮口水战的同时,向世人展示信佛的好处。

范缜终究宝刀未老,面对萧衍的锐意挑衅,他均能一一加以驳斥并反击。所幸无论范缜怎么咒骂当局佞佛,梁武帝皆未将范缜列入大反派序列。

但梁武帝痴迷极乐世界,却未能带来盛世的升华。相反,因为他对朝政的疏忽,萧氏家族缔造的盛世,已出现裂痕。

太清二年(548),"侯景之乱"爆发。一生多数时间吃斋念佛的梁武帝,终未能得到内心的平静,在暮年活活饿死。承载在他身上的荣耀与辉煌,随着主政南朝八十载的南兰陵萧氏的下台,逐渐凋落。

5

不过，即便曾经的辉煌与荣耀不复存在，自萧道成时代以来的文治思想也已在萧氏家族中根深蒂固。

作为一个文化世家，南兰陵萧氏依旧能凭其高度的文化素养在之后的王朝中如鱼得水。

隋开皇九年（589），"圣人可汗"隋文帝杨坚出兵攻灭南陈，并招抚了岭南冼太夫人的部众，天下重归一统。为了安抚江南世家，隋文帝特地为次子晋王杨广选妃南兰陵萧氏女。借着"皇舅"的身份，南兰陵萧氏"齐梁房"再度复兴，满门显贵。

除隋炀帝的萧皇后外，萧家还以萧皇后幼弟萧瑀联姻独孤氏。萧瑀之妻，即唐高祖李渊的表姐妹。凭借这层婚姻关系，隋朝一覆灭，南兰陵萧氏又顺势当上了唐朝的外戚。

尽管自梁朝灭亡后，萧氏族人的身份一再发生转变，但他们骨子里正直、朴实的道德却被完整地保存下来。这成为抵抗唐太宗强势打击世家势力的秘密武器。

在清河崔氏、太原王氏等世家大族日趋没落的时候，南兰陵萧氏却异军突起，成为盛唐政坛上少有的世家相族。

南兰陵萧氏彻底转型。在科举盛行的时代，萧氏子弟几乎都凭借自己的文化成就，早早地当了官。继萧瑀六任宰相后，家族又先后走出了七位宰相，时人称为"八叶宰相"，盛极一时。

到了唐末，盛极一时的萧氏家族也不可避免地走向衰落，但这个家族曾经创造的神话仍值得今人学习。

大唐韦氏家族，差点出了"武则天第二"

长安梦已远，而这个家族，似乎仍在诉说离觞。

诗人韦应物，作为安史之乱后诗坛吐露的新芽，继承了王维、孟浩然的山水田园诗派，书写宦游生涯所见的大好河山，如这首《滁州西涧》：

    独怜幽草涧边生，上有黄鹂深树鸣。
    春潮带雨晚来急，野渡无人舟自横。

韦丛，这位贤淑美丽的女子是元稹终生不忘的发妻。元稹用他最美的诗句悼念这位不幸早逝的妻子：

    曾经沧海难为水，除却巫山不是云。
    取次花丛懒回顾，半缘修道半缘君。

唐末，半生颠沛流离的韦庄目睹了长安城遭军队摧毁的惨状，留下失传千年的长篇叙事诗《秦妇吟》，其中写道：

昔时繁盛皆埋没，举目凄凉无故物。

内库烧为锦绣灰，天街踏尽公卿骨。

这些历史名人都出自同一个家族——京兆韦氏，一个在唐朝时到达顶峰，又在大唐帝国陨落后渐渐归于沉寂的传奇家族。

1

京兆韦氏家族本为楚人，再往前追溯，则出自商周时的韦国。

西汉初年，刘邦除掉功臣韩信，将其原来的封地楚国分为两部分，并把其中一块地封给了自己的弟弟刘交。刘交即楚元王，是一位文艺的诸侯王，喜读书，多才多艺。他就封后，聘请当地贤士、韦氏家族的韦孟为太傅。

韦孟有几分楚人的暴脾气，当年秦灭六国后，他反对秦朝统治，躬耕不仕，等到礼贤下士的刘交治楚，他才出山辅佐。韦孟追忆往事时，在《讽谏诗》写道："俾我小臣，惟傅是辅。矜矜元王，恭俭静一。惠此黎民，纳彼辅弼。"如此一来，韦孟成为楚元王府的元老。在他的倡导下，楚国成为当时学风最浓厚的地区之一。

到了刘交的孙子楚王刘戊在位，韦孟心力交瘁。这个楚王戊荒淫无道，还在汉景帝三年（前154）与吴王刘濞联合发动了"七国之乱"，最后兵败自杀。此前，韦孟对刘戊多次劝谏，可是这个楚王"匪思匪鉴，嗣其罔则。弥弥其逸，岌岌其国"，就是不听劝。这不，不听老人言，吃亏在眼前。

"七国之乱"前后，韦孟离开楚地，带着一家老小向北迁徙到邹鲁，即今山东一带。古有孟母三迁，韦孟徙家孔孟之乡后，也为子孙提供了勤奋好学的模范作用，一家人沐文学礼乐之教、弦歌雅诵之音。一个集儒学、文学、军事、史学、医学与艺术于一身的全能家族，在齐鲁大地生根发芽。

西汉皇帝有一个惯例，就是不仅要给自己营建皇陵，还要将一些资产雄厚、位居高位的豪族迁去陵邑，守护陵园。汉昭帝在位时（前87—前74）修建平陵，韦孟的五世孙韦贤在朝为光禄大夫，受命带领韦氏自邹鲁搬家到关中的平陵邑。

韦贤是一个"股神"式的人物，在他的学生汉昭帝病逝后，他押中了曾经流落民间的汉武帝曾孙刘询，即后来的汉宣帝。汉宣帝即位后不忘韦氏的拥立之功，韦贤、韦玄成父子先后荣登相位。宣帝时营建杜陵，韦氏一族再次搬家，从平陵徙居长安城南的杜陵，这就是京兆杜陵韦氏。

京兆韦氏早年受齐鲁文风洗礼，经历了新莽之乱和东汉末年的动乱，仍以经学闻名，累世传承。最迟于曹魏时期（220—266），京兆韦氏已凭借强大的经济实力和社会影响力，跻身"三辅冠族"之列。

汉末三国时期，京兆韦氏的韦端父子名声籍甚。韦端与当时的关东名儒孔融是好友，他作为关中名士，曾担任凉州刺史，被曹操拜为太仆，进入中央机构。曹操的重要谋臣荀彧以知人善任著称，举荐了韦端之子韦康继任凉州刺史。但韦康不太走运，凉州地处陇西，为马超、韩遂等军阀的根据地，后来马超起兵反曹，韦康孤立无援，坚守城池八月，城陷后被杀。

韦康的弟弟韦诞是书法大家，擅长制墨，曹魏皇宫中的一切宝器铭文皆出自其手。有一次，魏明帝曹叡修了座凌云台，命韦诞以篆书题榜，可由于工匠疏忽，匾额还没题字，就被钉上去了。韦诞只好钻到一个筐子里，被吊到25丈高的台上书写，战战兢兢地把字题好，下来后一脸乌黑靓丽的胡须都被吓白了。

此时，京兆韦氏家族已是一个地位显赫的世家大族。曹魏时开始实行九品中正制，更是给士族地位带来质变，逐渐形成了"上品无寒门，下品无士族"的局面。但形势比人强，京兆韦氏在乱世之中难免遭受厄运。

西晋"永嘉之乱"后，北方士族南下避乱者十有六七，来不及走的，有些在两京陷落后遭受无情的打击与羞辱。十六国时期，留在北方的韦氏家族人数急剧减少。后赵石虎称帝后，京兆韦氏与皇甫、杜、辛等十七家望族一同被强徙外地，沦为戍卒。冉闵杀胡时，京兆韦氏的韦謏因为劝谏他不要大肆杀戮而惨遭其杀害，株连子孙。

北方的十六国统一于北魏，之后又经历西魏与东魏、北周与北齐的演变，南方的东晋则在灭亡后更迭为宋、齐、梁、陈四朝。这段南北分裂的大乱世，史称南北朝。

那些不能杀死你的，终将使你更强大。在长达近300年的战乱中，分散于南北方的京兆韦氏逐渐转变，不仅能治经求学，还能上马治军，从一个弱不禁风的经学世家变成战功赫赫的军功世家，地位也更上一层楼。

2

东晋南北朝时，长江中游襄阳一带的流民多于土著，是关中流民的聚居地（"胡亡氐乱，秦雍流民多南出樊、沔"），也是南渡韦氏家族的大本营。京兆韦氏迁徙南方，主要是在刘宋代晋之际。

东晋安帝年间（405—418），日后建立刘宋的猛人刘裕发兵北伐，一举收复了洛阳、关中，但不久后南撤。京兆韦氏的部分成员不愿继续身陷异族统治，跟随刘裕军队南下。这一支子孙中，功名最显的是南梁名臣韦睿。

南朝齐代宋后，仅仅过了几年太平日子，萧齐皇室内部倾轧，国家政局混乱。韦睿在乱局中，看中了当时掌管侨置雍州事务（治湖北襄樊）的萧齐远房亲戚萧衍。等到萧衍起兵后，韦睿带着2000士卒前来投靠。萧衍与韦睿早有交情，见到这支雪中送炭的军队后大为感动，说："他日见君之面，今日见君之心，吾事就矣！"

在萧衍东进建康（今江苏南京）建立南梁的过程中，韦睿多建奇策，之后受命镇守一方，防御北魏，因素有威名，被鲜卑人称为"韦虎"。

南梁天监五年（506），北魏派兵大举围攻钟离城（今安徽凤阳东北），兵力号称百万之众。梁武帝萧衍派曹景宗与韦睿带兵20万北面拒敌，65岁的韦睿老当益壮，先行一步在曹景宗营前二十里连夜开掘长堑，并于沙洲中建起一座军营，让北魏军大惊失色。适逢淮河暴涨，韦睿组织水军，以装备较好的斗舰冲向北魏军，同时用小船装载油料和柴草，纵火烧毁魏军用来连接各军的桥梁。顷刻间，桥梁尽毁，北魏军大乱，梁军乘势攻杀。魏军主将、中山王元英自知难以取胜，带兵遁去，钟离之围遂解。

这一战，韦睿火攻退敌，以少胜多，北魏军死伤十余万，多为投水而死。史学家吕思勉为此感叹："此为南北交战以来南朝所未有之一大捷，洵足寒鲜卑之胆已！"

钟离之战数年后，韦睿以79岁高龄病逝家中，萧衍闻之恸哭。

经过韦睿等名臣良将的经营，南梁国力强盛，在北魏东西分裂后，一度成为当时最有希望一统南北的政权。可梁武帝萧衍晚年犯糊涂了，酿成"侯景之乱"，自己还被活活饿死。

韦睿的孙子韦粲带兵与侯景军殊死搏斗，战败牺牲，首级被割下来，悬挂于建康城楼上。刚即位的梁简文帝听闻后痛哭流涕，说："社稷所寄，惟在韦公，如何不幸，先死行阵。"史载，"侯景之乱"中，包括韦粲的兄弟、子侄在内，韦氏一族亲属数百人为南梁奋战至死。

在韦睿子孙为南梁尽忠的同时，留在北方的韦氏家族也出了一位改变家族命运的名将——韦孝宽。

东西魏分立，韦孝宽跟随宇文泰力保西魏，而西魏的玉璧城（今山西稷山）为军事重镇，在东西魏战争中首当其冲。韦孝宽镇守此地十余年，东魏多次西犯，都无功而返。

西魏大统十二年（546），东魏实际掌权者高欢亲自带兵攻打玉璧，采取了多种攻城方式（"尽其攻击之术"），都没有啃下这块硬骨头，可见韦孝宽的防御无懈可击。当时，玉璧城孤悬于外，但宇文泰对韦孝宽信任有加，一点儿都不慌。

高欢遣使对韦孝宽说:"你们没有援军,即使坚守也非长久之策。"韦孝宽回信道:"我的城池坚固,兵粮充足,你们不断进攻,只会让自己疲劳,我则是以逸待劳,故有战必胜,而你们兵久于外,劳师动众,就不怕士兵造反吗?我乃关西男儿,是绝对不会投降的。"高欢只好改变策略,射书于城中,说:"能斩城主降者,拜太尉,封开国郡公,邑万户,赏帛万匹。"这封信石沉大海,西魏军不为所动。

高欢久攻不下,又想到一计。他得知韦孝宽之弟韦子迁尚在东魏,就将他当作人质押到玉璧城下,威胁韦孝宽说不投降就杀你弟弟。韦孝宽依旧宁死不降,城中将士见主将如此坚定,非但没有军心涣散,反而大受鼓舞,坚持与东魏军苦战。高欢围攻玉璧城六十天,将士伤亡过半,还染上瘟疫,不得不解围而走。

高欢撤军途中,韦孝宽打起了心理战,四处谣传西魏军以大弩射杀东魏高丞相,还命士兵四处高喊:"劲弩一发,凶身自殒。"高欢忧愤不已,在东魏将士所唱《敕勒歌》"天苍苍,野茫茫,风吹草低见牛羊"的悠扬乐声中一病不起,不久后就病死了。

可以说,高欢是被韦孝宽活活逼死的。

从西魏到北周,韦孝宽凭借累累战功,位列丞相,食邑万户,节度十一州、十五镇诸军事。在历经西晋末年以来的离乱后,京兆韦氏重归顶级家族的行列。

公元581年,杨坚代周建立隋朝,逍遥公韦夐之子、韦孝宽的侄子韦世康得到重用。由于韦世康是北周宇文家族的女婿,与前朝关系密切,他担心受到诛杀,到隋朝时多次请求退休。隋文帝却说,你就是躺着,也得帮我再干几年("纵令筋骨衰谢,犹屈公卧治一隅")。

隋朝统一南方后,南迁韦氏后裔,韦睿之孙韦鼎入仕长安。在隋文帝的干预下,韦世康请韦鼎率领子孙迁回杜陵。至此,南迁的京兆韦氏也结束了侨寓江左的200多年历史。

3

隋唐时期是京兆韦氏的鼎盛阶段。这一时期，京兆韦氏家族人口繁庶，分为西眷、东眷、逍遥公房、郧公房、南皮公房、驸马房、龙门公房、小逍遥公房、京兆诸房韦氏等九大公房。

韦氏地位之崇高，从隋唐韦氏的出仕率与宰辅人数可见一斑。有学者统计，京兆韦氏家族成员见于两《唐书》的有900余位，出任地方最高行政长官的有百余名，而出任宰相者则高达17名，在唐代的宰相世家中仅次于崔氏。

汉唐时有一句谚语："城南韦杜，去天尺五。"韦氏世代居住的杜陵在长安城南，其居地被称为韦曲，而与韦氏同样居于城南的另一大豪族京兆杜氏居住的地方叫作杜曲。

从另一方面来看，京兆韦氏与隋唐皇室的姻亲关系也是其地位的体现。

隋炀帝时，韦氏有过"一门三王妃"的佳话。杨广让嫡长子杨昭娶韦孝宽的孙女为妻。元德太子杨昭英年早逝，错失皇位，但这位韦妃为他生下的儿子代王杨侑，在多年后成为李渊扶立的傀儡皇帝，并于公元618年禅位于李渊。另外，隋豫章王、长宁王都娶韦氏女为王妃。

隋末枭雄王世充在割占洛阳立国后，也迫不及待地与韦氏结为亲家，让长子王玄应娶京兆韦氏的韦匡伯之女。韦匡伯是韦孝宽之孙，从他的墓志来看，这位富家子弟与隋朝皇室关系紧密，贵为国戚，食邑万户，无比尊荣。王世充与韦氏联姻，应该是为了拉拢关中士族，稳固新建政权。

实际上，与王世充打着同样算盘的还有李世民。武德四年（621），李世民攻入洛阳后，心心念念的却是一个女人。这就是韦匡伯的侄女韦珪，即日后有名的韦贵妃。韦珪当时是一个守寡的少妇，在见到李世民之前已经嫁过人，但入秦王府后仍十分得宠。贞观年间，她的地位仅次于长孙皇后，并在长孙氏去世后代行皇后之职，统领后宫。

李世民一向擅长渔色猎艳，而韦贵妃也确实是个大美人。她的墓志铭如此写道："天情简素，禀性矜庄……忧勤绨纮，肃事言容……春椒起咏，艳夺巫岫之莲；秋扇腾文，丽掩蜀江之锦。"但李世民并非只是贪图韦贵妃的美色，他纳韦珪入秦王府，也存在提升储君竞争力的可能，这是一桩关陇集团与关中士族之间的门第婚姻。

为争夺皇位，李世民要寻求京兆韦氏乃至关中士族的支持。当时，太子李建成久居长安，关中士族多倒向太子。京兆韦氏家族作为关中首望，自然是李世民极力争取的对象。

武德九年（626），玄武门之变爆发，李世民夺取了他梦寐以求的储君之位，韦氏也抱对了大腿。韦珪于唐高宗年间被册封为纪国太妃，跟随儿子纪王李慎出藩，以69岁高龄寿终正寝，陪葬昭陵，是唐代后宫中一个为人称羡的成功范例。

在韦贵妃之后，京兆韦氏凭借着与李唐皇室的联姻，一步步走向权力之巅。陈寅恪先生认为，自高宗后期至玄宗时期，在武则天的主导下，形成一个李、武、韦、杨四大家族的婚姻集团，宰制百年之世局。

唐代，出自京兆韦氏家族的皇后有一人，即唐中宗皇后韦氏。这位韦皇后深受婆婆武则天的影响，登上后位之后野心急剧膨胀，最终却身败名裂。

早年的韦皇后也曾与唐中宗李显同甘共苦。李显第一次即位后被武则天废黜，贬为庐陵王，在偏远的房州（今湖北房县）度过了长达十四年的贬谪生活，整日提心吊胆。李显与韦氏的女儿安乐公主就出生在前往房州的路上。女儿出生时，李显脱下自己的衣服包住她，安乐公主才有了一个小名"裹儿"。

武则天可是连自己的儿子都能痛下杀手，李显在贬谪地，每次听说朝廷派人来，就怀疑是母后派来赐死自己的特使，吓得全身颤抖。每当这时候，都是韦氏对丈夫劝解道："祸福倚伏，何常之有，岂失一死，何遽如是也！"患难夫妻相依为命，更加情深意笃。李显对妻子韦氏说："一朝见天日，誓不相禁忌。"

这句话,却成了无法兑现的承诺。

圣历元年(698),李显一家终于等到重回神都洛阳的诏书。七年后,武则天病笃,宰相张柬之等人火速发动政变,逼武则天临死前传位于太子李显,李唐王朝得以复辟,李显再次登基为帝。有一个彪悍的婆婆作为榜样,韦氏第二次成为皇后之后愈发骄横。她处处效法武则天,把手伸向了朝政大权,用歌谣瑞符宣传炒作,参与陪祭天地,还要立女儿安乐公主为"皇太女"。

为了尽早实现独揽大权的野心,韦皇后竟然丧心病狂地毒死了丈夫唐中宗。夫妻俩在生死边缘的逆境之中相互扶持,可在权倾天下的皇位面前,却迅速走向破裂。

李唐皇室刚刚摆脱武周的桎梏,对急于夺权的韦皇后果断地进行了反击。时为临淄王的唐睿宗之子李隆基与姑姑太平公主联合发动唐隆政变,铲除韦后一党,韦皇后及安乐公主皆被杀。韦皇后为她的性急与贪欲付出了代价,其效法武后的美梦就此破产。

韦皇后为何敢拥有如此大的野心?其中一个原因,是唐高宗、武则天都在维护着李、武、韦等家族联合执政的模式。武则天在位时,尽管看不惯韦氏这个儿媳妇,对朝中的韦皇后亲属多有贬谪,却重用京兆韦氏的人才为宰相。比如一代诤臣韦安石,四次拜相,整天直言劝谏武则天,也没惹上什么事。

武则天晚年宠爱张易之兄弟,满朝大臣没几个敢惹怒这两个男宠。有一次,武则天赐宴群臣,张易之叫来了蜀商宋霸子等人前来赴宴。韦安石立即上奏说:"蜀商等贱类,不合预登此筵。"当时,商人地位低下,这么说也不无道理,但韦安石其实是不给张易之面子。在座大臣听后,大为震惊。

武则天没法怪罪韦安石,只好夸他为人耿直,值得鼓励。其他大臣对韦安石深深佩服,说:"此真宰相,非吾等所及也。"

这就是京兆韦氏,他们连一代女皇都不怕。

武则天去世后,韦氏权贵更是备受荣宠,生活豪华奢侈。

韦巨源依附韦皇后，成为其心腹，这名老臣虽无突出的政绩，在钻研食谱方面却是行家。他官拜宰相后，在家中摆了"烧尾宴"款待唐中宗，烧尾宴从此成为唐代最流行的宴会。富家大族每逢有官员升迁，常以酒馔乐舞宴请亲朋。烧尾，有鲤鱼跃龙门之意，这种筵宴几乎囊括盛唐以前的美食，在历史上与满汉全席齐名。

后来，李隆基发动唐隆政变夺权，支持韦皇后的韦巨源死于乱军之中，时年80岁。

历经唐玄宗晚年的安史之乱，李、武、韦、杨联合执政模式才彻底破灭。

4

中晚唐，京兆韦氏依旧备受尊崇，李唐皇室对韦氏也是百般礼遇。

唐宣宗在位时（846—859），京兆韦氏有个后人叫韦廑。这个公子哥比较迷信，为求夏州节度使一职，听信术士的话，实施厌胜之术（一种巫术），即在纸上写所求官职，设醮告天。有人以此为证据，诬告说韦廑怀有异志，要谋反。

唐宣宗知道韦廑不过是被术士蛊惑。在当面斥责韦廑后，皇帝也不忘顾及韦氏的体面，对宰相说："韦廑城南甲族，为奸人所诬，勿使狱吏辱之。"

权势终究只是过眼云烟，京兆韦氏在野心勃勃的韦皇后之后，再没能登上权力巅峰。他们之所以被历史铭记，是因为重拾了最初勤奋好学的家风。

有唐一代，京兆韦氏人才辈出，是一个学术与诸艺样样精通的全能家族。

史学家有韦述。

韦述在玄宗年间为史官，修成《国史》一百一十三卷。安史之乱爆发后，他抱着《国史》藏入南山之中，这些唐代的珍贵史料因他而得以保存，为后世修唐史留下宝贵资料。

为了保护史书，韦述不得已接受安史叛军的伪职。安史之乱后，他不堪同僚羞辱，绝食而死。

文艺界有韦青。

韦青精通音律，与当时的女艺人许和子、张红红皆有来往。张红红出身贫贱，在乱世中居无定所，与其父沿路乞食，被韦青发掘。韦青发现她的音乐天赋后，亲自传授其技艺，帮助张红红走红乐坛，她成名后被选入宫，在宫中号为"记曲娘子"。韦青去世后，张红红对皇帝直言，自己所得的一切皆来自韦青，不忍忘其恩，不久后就悲恸而死。

唐诗有韦应物、韦庄。

韦应物15岁时为唐玄宗近侍，早年放荡不羁，名声不佳。安史之乱中，玄宗逃到蜀地，韦应物丢了饭碗，于是痛改前非，立志读书，之后在各地为官。其诗在中唐诗人中自成一家，堪称一位低调的大师。

韦应物一生两袖清风，走到哪儿都要登临山水，晚年为苏州刺史，没留下资产，死后也就葬在苏州。今苏杭一带韦氏，有一支就是韦应物的后裔。白居易对这位前辈的评价是："高雅闲谈，自成一家之体，今之秉笔者，谁能及之？"

韦应物的四世孙韦庄，上承唐诗，下启宋词，一生仕途坎坷。

他晚年讳言其名作《秦妇吟》。这首描写黄巢起义、庚子乱离（880）的现实主义叙事诗，成为韦庄一生的痛。这是他与大唐王朝的告别，也代表着京兆韦氏盛极而衰的背景。

"内库烧为锦绣灰，天街踏尽公卿骨"，旧贵族在无情战火与王朝衰落之下备受摧残，京兆韦氏不可避免地走向衰落。

唐代以后，京兆韦氏四散飘零，韦曲再无韦氏。如今的西安市，为了纪念京兆韦氏，设有韦曲街道，分为东韦与西韦两村。东韦村多姓田或姓孙，西韦村多姓张、刘。有学者发现，今韦曲附近，很难找到一户韦姓人家。

汉唐关中大族京兆韦氏，在又一次乱世到来时，离开了这片留下无数光荣与悲伤记忆的土地。

杜氏家族九百年：不负于家，亦不负国

生离死别，是诗人杜甫屡屡经历的痛楚。

杜甫31岁那年，他的姑姑去世了，她是家中除祖父杜审言之外，对杜甫影响最深的人。满怀悲痛的杜甫为他这位慈爱的"义姑"写了墓志铭《唐故万年县君京兆杜氏墓碑》，以报答其恩情。

从这篇墓志中可知，杜甫自幼丧母，父亲常年在外，于是由姑姑一手抚养成人。姑姑对他视如己出，给了他母亲般的爱。

有一次，年幼的杜甫与姑姑的儿子都生病了。姑姑杜氏悉心照料两个小孩，又询问当地一位女巫，得到的谶语是，"处楹之东南隅者吉"。回家后，杜氏将杜甫抱到屋中东南角的床，而让儿子易地而眠，后来一语成谶，杜甫活了下来，姑姑自己的儿子却夭折了。

或许这一不幸只是事出偶然，但杜甫每次说起此事，都感动不已，其他人听闻也为之流涕。

无私，是家人赋予杜甫的本真，而杜甫一生也以家族为傲。

杜甫出生于河南巩县，他的郡望则是大名鼎鼎的京兆杜氏。在长安求职时，他居住于城南的杜陵，自称"少陵野老""杜陵野客"。杜陵就是京兆杜氏祖先发迹与世代居住的地方。

京兆杜氏，这个汉唐文化世家，几百年风雨飘摇，始终不负于家，亦不负国。

1

京兆杜氏崛起于西汉，可说是士大夫与豪族相融合的典型代表。杜氏最初以文法、经学起家，靠文化在帝国官场占据一席之地，后凭功绩跻身三公之列，积累世之功，成为世家大族。

这一切，始于汉武帝时期的酷吏杜周。

杜周为官与张汤齐名，是有名的酷吏，最初是张汤的小跟班，精通法律，却家境贫寒，穷困时家里只有一匹马，连马具都配不齐。后来，张汤为汉武帝重用，出任御史大夫，不忘拉兄弟一把，举荐杜周为廷尉。

杜周是个不逊色于老大哥的狠人，当上廷尉后，他审案极为严苛，一件案子受牵连者少则数十人，多则数百人，即便是卫皇后的家人犯法，也逃不过杜周的制裁。凭借汉武帝的信任，杜周得势后，举家从南阳徙居祖先生活过的关中，定居茂陵。他去世时，已经位列三公，家资巨万，早已不是当年那个连马具都配不齐的穷小子。

在育儿方面，杜周与老上司张汤也不分伯仲，两人的儿子杜延年与张安世，品行才干均超过其父，时人称为"良子"，大概就是现在很多父母口中"别人家的孩子"。有别于父亲以严酷发家，杜氏第三子杜延年，在历史上以温和公正著称。而正是因为他坚守善良本性，这个家族留下了兴盛的火种。

汉昭帝在位时，辅政大臣霍光一度权倾朝野，每次霍光有过激做法，如要翦除对他有威胁的大臣、宗室时，杜延年都会及时规劝。后来，在选择皇位继承人时，杜延年力主拥立汉武帝的曾孙刘病已，在皇权更替中押上了筹码。

刘病已是一个在监狱中长大的皇孙，一出生就被定为罪人，他的父亲史皇孙刘进、祖父戾太子刘据都死于汉武帝晚年的"巫蛊之祸"。杜延年一家与史皇孙是故交，他不惧流言蜚语，在刘病已出狱后对他友善相待。杜延年发现，这位小皇孙为人俭朴，慈仁爱人，足以"奉承祖宗，子万民"，遂力劝霍光拥立刘病已。刘病已后来改名刘询，也就是开创孝宣中兴的汉宣帝。

汉宣帝即位后，杜延年虽因长期位居高位，且与霍光家族关系密切，在霍氏倒台时受到贬谪。但汉宣帝顾念旧情，到了杜延年老迈时，还是将他调任回京，委以重任。杜延年年老退休后，汉宣帝对这位恩人以礼相待，赐予他黄金百斤、安车驷马，风风光光地送回杜氏宅第。

这一时期，杜氏家族从茂陵迁往宣帝营建的杜陵一带，此即京兆杜氏的滥觞。

有汉一代，从文吏跻身高位的京兆杜氏，因政治兴起，也随着王朝的更迭逐渐归于沉寂。可是，这个家族在告别权力中心的漫长岁月中，依旧不忘以文法传家，以儒经为业。

到了东汉，朝政为南阳集团等新贵把持，作为西汉将相之家的京兆杜氏虽鲜有高官显贵，但也不乏以文学见长的人物，比如作《论都赋》的文学家杜笃。

这位汉赋名家一生坎坷，曾因得罪美阳县令下狱。他时常叹息："杜氏文明善政，而笃不任为吏；辛氏秉义经武，而笃又怯于事。外内五世，至笃衰矣！"这是说，他的祖辈都是以文法闻名于世的高官，而自己仕途受阻；他的外高祖辛武贤等人都是名将，而自己却未经战阵。杜氏传到他这一代，已经衰微了。

权位被新贵垄断，人生的路越走越窄，有些人到这地步可能就放弃了。但杜笃不辜负京兆杜氏之名。一介文弱书生，竟走向马革裹尸的结局。东汉建初三年（78），西羌作乱。杜笃随汉军出征，在射姑山与羌人狭路相逢，于两军厮杀之中不幸牺牲，为国捐躯。

家国之念，深深铭刻于京兆杜氏的基因中。

2

魏晋时期，世家大族大都靠门第显达，已然衰落的京兆杜氏却凭借才干重振门第。

东汉末年的某天，曹操倚重的谋士荀彧听到邻居家中传来一阵谈话声，其中一人出口不凡，才识过人，为此甚是惊异。住在荀彧隔壁的是侍中耿纪，与他侃侃而谈的人，乃杜延年的后代杜畿。荀彧以知人善任见称，隔天一早，他就急忙过来打听杜畿，并对耿纪说："有国士而不进，何以居位？"

此后，杜畿被荀彧推荐给曹操，成为曹魏的开国勋臣。在人才济济的曹氏集团，杜畿虽非鹤立鸡群，却是曹魏霸业必不可少的一块拼图。他多次在地方为官，所治理的郡县"常为天下最"，可谓一代良臣。杜畿不仅继承了杜氏的文法家学，也传承了祖先杜延年宽以待人的风范，奉行宽惠爱民的为政之道。

在河东（治今山西夏县）为郡守时，杜畿时常到各县巡视，发现有孝子、贞妇、顺孙等道德模范，就下令免除其徭役，确保百姓丰衣足食，还亲自调解民间纠纷。战乱年间，兵燹不绝，百姓难免对长吏怨声载道，唯独杜畿在河东郡得到民众爱戴。后来曹操征张鲁，命杜畿从河东调发五千民夫。这些民夫被召集后，在路上相互勉励："人固有一死，我们不可辜负了杜府君！"之后转战各地，五千民夫竟没有一人逃亡。

杜畿以文化道德传家，其子孙也都成长为经世致用的人才，尤其是杜畿的孙子杜预，成为此后这一家族兴盛六百年的关键人物。

杜预是个文官，手无缚鸡之力，却以武功立世，立的是灭吴的不世之功。这个公子哥从小就信心十足，说："像祖辈那样高尚的道德，我是不奢望能达到，但是在武功与文章方面，我还是有希望达到的。"

曹魏后期，司马昭掌权，杜预娶其妹（高陆公主）为妻，成为司马家的心腹。晋武帝司马炎在位时，蜀汉已灭，唯有孙吴苟延残喘。晋朝大臣多认为吴国尚不可灭，杜预、羊祜等大臣却屡次上书请求晋武帝发兵灭吴，完成统一大业。

咸宁四年（278），老臣羊祜病逝，杜预得到举荐，接任壮志未酬的羊祜都督荆州军事。从此杜预日夜训练将士，为伐吴做准备，并多次上表请战，给晋武帝打鸡血。

最后一次上书时，杜预怒斥反对派都不顾国家利益，只是害怕别人立功。当时，司马炎正在与大臣张华下棋。张华也是个主战派，听说杜预在信中所写的内容，一把推开棋盘，对皇帝说："您别再犹豫了！"

司马炎最终被执着的姑父杜预说服，于太康元年（280）拉开了统一之战的序幕。杜预作为晋军统帅之一，担任西线指挥。随着晋军攻破石头城，吴主孙皓出城投降，三国重归一统。

杜预以平吴之功封侯进爵，载入史册。除此之外，他还有不少别的过人之处，堪称三国时期最后一位全才。除军事之外，杜预懂历法，研制出《二元乾度历》；他也懂律法，与贾充修订《晋律》二十篇，作为晋朝律令；他还以治水闻名天下，在开辟汉水与长江的水道、疏浚南阳农田水利方面功不可没；他也是一位经学家，号称"《左传》癖"，撰写的《春秋左氏经传集解》，是流传至今最早的《左传》注解本。

西晋"永嘉之乱"后，京兆杜氏与其他世家大族一样，一部分随士民南渡迁徙南方，从此背井离乡，另一部分不忍远离祖宗基业，选择留守北方。

杜预四子分散在南北不同地区，形成四个分支。延续到隋唐时期，留守北地的京兆杜氏主要分为两支，分别出自杜预的长子杜锡与四子杜尹；而南渡房支多为"晚渡北人"，遂以军功立业，居住于襄阳等地。杜甫生于河南，祖籍襄阳，即出自京兆杜氏的襄阳支派。

3

唐代有一句俗语："城南韦杜，去天尺五。"世居长安城南的韦氏与杜氏两大关中世族，在唐代发展到鼎盛，也成为李唐皇室的联姻对象。当时，长安城南之地，非韦即杜。唐德宗在位时，十分疼爱他的女儿，有宦官怂恿唐德宗在城南划一块地赐给公主。唐德宗果断拒绝，说："城南杜氏乡里，不可易。"

据《新唐书·宰相世系表》记载，有唐一代，杜氏出了11位宰相，包括杜如晦、杜佑、杜让能等京兆杜氏的杰出人才。

作为唐代最先崭露头角的京兆杜氏成员，杜如晦在凌烟阁二十四功臣中名列第三，去世后成为唐太宗李世民一生念念不忘的功臣。

贞观初年，杜如晦因病早逝，李世民时常梦见他。每次赏赐大臣，他都不忘留给杜如晦的妻儿一份。有一天，李世民在吃瓜时想起杜如晦，不禁泪流满面，将剩下一半拿去祭奠杜如晦，表示与他同享美食。还有一次，李世民赐给房玄龄一条黄金带，又想起了杜如晦，便再取出一条金带，让房玄龄送到杜家，放在杜如晦灵前。

当年，杜如晦在投奔李世民之前，已继承京兆杜氏文法经史的家学，通过隋朝吏部选拔，得到一个滏阳县尉的小官职。隋朝灭亡后，他在房玄龄的推荐下入秦王府，担任李世民的兵曹参军，主管档案文书。

李世民善于网罗人才，在唐朝开创过程中立下大功，也因此受到掣肘。唐高祖李渊担心李世民势力过大，将秦王府的一些僚属遣散，派到地方为官。此时，房玄龄提醒李世民："府中人虽多，大都不足惜，唯有杜如晦聪明识达，堪称王佐之才。若您只想当个藩王，倒是无所用，但您若想要天下，则非此人不可。"

李世民这才知杜如晦是个人才，大惊道："你不说，我差点就错失此人。"此后，杜如晦在跟随李世民南征北战与争夺皇位的谋划中屡次献策，因善于为李世民决断，与房玄龄长短互补，故谓之"房谋杜断"。

杜如晦为京兆杜氏在唐朝政坛打下一片天地。而当李世民时常想念杜如晦时，京兆杜氏在襄阳的分支诞生了一位文豪，他就是杜甫的祖父杜审言。

杜如晦开唐代杜氏从政之风气，杜审言则是京兆杜氏在唐代文学发展中的先驱。

杜审言出生于贞观年间，也是初唐不可忽视的人物，与"初唐四杰"、沈佺期、宋之问等人皆为唐诗的奠基人。他有一首《和晋陵陆丞早春游望》，被称为"初唐五律第一"：

独有宦游人，偏惊物候新。
云霞出海曙，梅柳渡江春。
淑气催黄鸟，晴光转绿蘋。
忽闻歌古调，归思欲沾巾。

有别于后来半生飘零的孙子杜甫，杜审言是个不折不扣的狂人。

杜审言与苏味道等人并称为"文章四友"。苏味道身为朝廷大员，却处事圆滑，有"苏模棱"之称，杜审言不太瞧得起他。苏味道任吏部侍郎时，杜审言去参加考试，对自己的表现信心满满，走出考场后对别人说："完了完了，苏味道一定要死了。"众人纳闷，以为苏味道得了什么不治之症，谁知杜审言却说："他看到我的文章，一定得羞死。"

在官场上，口无遮拦的杜审言注定不会一帆风顺。武周圣历元年（698），杜审言惹上事了，被贬为吉州司户参军。他前往贬所时，宋之问、陈子昂等四十五位好友赋诗相赠。临别之际，杜审言挟琴起舞，引吭高歌，依旧是一副狂士做派，但这次贬谪之旅却有个悲伤的结局。

杜审言到吉州（今江西吉安）为官后，得罪了地头蛇，同僚都与他不和，整天给他穿小鞋。司马周季重与员外司户郭若讷甚至联合起来，构陷杜审言，使其下狱，判了个死罪。

杜审言13岁的次子杜并为了给父亲出口恶气,在周季重大摆宴席之际,潜入其家中,在人群中乘机将周季重刺成重伤,自己也当场遇害,被乱刀砍死。

周季重伤重不愈,临死前感叹道:"吾不知杜审言有孝子,郭若讷误我至此。"

这件事惊动了武则天。朝廷一查,才知道杜审言是被陷害的,于是免了他的罪,又看上其诗文出众,将他调回京城。儿子用自己的生命换回父亲一命,杜审言在北归途中百感交集,亲自为儿子撰写祭文,朝野皆称杜并为孝子。

少年英雄杜并,论关系是杜甫的伯父。

4

杜甫出生时,杜审言已经去世,但杜甫对祖父相当自豪,他在诗中不止一次地自称,"诗是吾家事""吾祖诗冠古"。

日后被称为"诗圣"的杜甫,在祖父狂放之情的感召下,自幼饱读诗书,有过一段鲜衣怒马的少年时光。他出生于大唐最繁华的年代,年轻时一心想"致君尧舜上,再使风俗淳",为帝国伟业尽一份心力。

即便在求取功名时受挫,年轻气盛的杜甫也能"放荡齐赵间,裘马颇轻狂",与偶像李白意气相投,结伴同游,"饮酒观妓,射猎论诗,相得甚欢"。

杜甫也非常崇拜自己的祖先杜预,来到长安后,曾在祖籍所在的杜陵作庐定居,在天宝十三载(754)进献给唐玄宗的《封西岳赋》中,他署名"杜陵诸生",此举代表他早已融入京兆杜氏老家。

残酷的现实却一次次地打击这个热血青年。杜甫在长安十年,四处求职,郁郁不得志,饭都吃不饱,所见的是"朱门酒肉臭,路有冻死骨"的惨状,是繁荣背后的重重危机。在《奉赠韦左丞丈二十二韵》一诗中,他对自己这段穷困生活是这样描述的:"朝扣富儿门,暮随肥马尘。残杯与冷炙,到处潜悲辛。"

安史之乱划分了大唐帝国的盛唐与中衰，也将杜甫的人生分割成两个不同的世界。前半生他为功名利禄漂泊，后半生他居无定所地流浪。正因如此，杜甫比京兆杜氏的历代先贤都更了解底层民众的艰辛，也正因如此，后世将他的诗称为"诗史"。

当他在战乱中随朝廷一路辗转，想起分隔两地的家人，一首《春望》，写出千千万万逃难灾民的忧虑：

国破山河在，城春草木深。
感时花溅泪，恨别鸟惊心。
烽火连三月，家书抵万金。
白头搔更短，浑欲不胜簪。

杜甫看到县吏抓壮丁，把未成年男子都拉走，沿路都是一个个家庭生离死别的哭声。他无能为力，只好在《新安吏》中安慰他们说：

莫自使眼枯，收汝泪纵横。
眼枯即见骨，天地终无情。

眼见朝廷腐朽，悲怆无力的杜甫弃官而去，告别官场，放弃追逐一生苦苦寻求的功名。真正的忠诚也许不是忠于李唐皇室，而是忠于国，忠于民，忠于自己的内心。在寄寓成都期间，他以一首《茅屋为秋风所破歌》，叹息家国之忧："安得广厦千万间，大庇天下寒士俱欢颜，风雨不动安如山。呜呼！何时眼前突兀见此屋，吾庐独破受冻死亦足！"

生命的最后时刻，杜甫是在湖湘之间的一条小船上。那时，他已漂泊多年，贫病交加，自称"亲朋无一字，老病有孤舟"。他在世时只是大唐帝国的一个小人物，可终其一生，都放不下家与国。这份沉重的抱负，也成就了"诗圣"的光辉。

杜甫病逝后，因家中贫困，草草葬在耒水河畔的耒阳。直到四十年后，其孙杜嗣业按照父亲的嘱托，将祖父杜甫的灵柩迁移到偃师县西北的首阳山。在路上，诗人元稹听闻此事，特意前来送行，并受杜嗣业之请，为杜甫撰写了墓志。元稹在墓志中说杜甫最后葬在偃师杜预墓的一侧，而杜甫祖父杜审言的墓也在此处。

5

天才总是成群地来。中晚唐时期，京兆杜氏的后人中仍不乏能臣，杜佑、杜黄裳、杜元颖、杜悰、杜审权、杜让能等人都官拜宰相。

当杜甫为前途四处奔走时，出身京兆杜氏的名臣杜希望之子杜佑，出生于开元盛世的如梦繁华之中。

杜佑历经六朝，出将入相，从地方小吏一直干到了宰相，仕宦长达六十年，几乎不曾遇到什么坎坷。高寿善终的他成了帝国的另一位记录者。

《通典》，这部名列"三通"之一的典章制度专史，即出自杜佑之手。杜佑虽身为宰相，却手不释卷，白天处理公务，晚上挑灯读书，数十年如一日，只为研究历代制度沿革得失，为逐渐衰落的大唐寻找施政方针，救国于危难之间，即"将施有政，用乂邦家"。他认为，这就是历史存在的意义。

杜佑年少时亲历开元、天宝盛世，也目睹了安史之乱，眼看着唐王朝用来维系其极权统治的均田制与府兵制走向瓦解。他在朝为官时，先有刘晏、杨炎在财政上推动的成功改革，后有"二王八司马"王叔文、柳宗元等人在政治上的永贞革新，却因遭到保守势力的反对而失败。

为此，杜佑从大历元年（766）起埋首故纸堆中，采集经史百家之言，用三十多年的时间潜心钻研，完成了这部专叙历代制度变迁的二百卷史学巨著《通典》，全书从上古三皇起，至唐玄宗天宝末年止，在史学上做出具有划时代意义的贡献。

及至唐末，藩镇割据称雄，京兆杜氏依然为国尽忠。唐僖宗在战乱中多次逃出长安，宰相杜审权长子杜让能从驾护卫，此时京城残破，连马都没有，他就随皇帝车驾徒步远行，片刻不离左右。唐僖宗感动地对杜让能说："朕之失道，再致播迁。险难之中，卿常在侧，古所谓忠于所事，卿无负矣！"

唐昭宗即位后，杜让能已为尚书左仆射。凤翔节度使李茂贞不听朝廷号令，还指责宰相杜让能"抑忠臣，夺己功"。年轻气盛的唐昭宗咽不下这口气，凤翔又近京师，就派杜让能发兵讨伐骄纵的李茂贞。

由于朝中大臣与李茂贞勾结，泄露朝廷行踪，杜让能率领的禁军与李茂贞大军在周至县相遇后一战即溃。李茂贞乘胜追击到京城西门外，请唐昭宗"诛晁错以谢诸侯"。杜让能自知难逃一死，对唐昭宗说："臣请归死以纾难！"

唐昭宗不得已，含泪道："与卿决矣！"之后无奈地将杜让能与其弟赐死。杜让能含冤而死十四年后，大唐帝国彻底陨落于藩镇混战之中。

此前，杜佑的孙子杜牧，在诗文中书写晚唐京兆杜氏最后的风流。

在学术界与民间的各种唐代诗人榜单中，杜甫与杜牧都是妥妥的前十名。与京兆杜氏的其他人才一样，人称"小杜"的杜牧也身怀经邦济世之学，却始终未能施展。

他年轻时写的名篇《阿房宫赋》，以六国与秦朝灭亡的教训，劝谏君主爱民与施行仁政，否则失人心，则失天下："秦人不暇自哀，而后人哀之；后人哀之而不鉴之，亦使后人而复哀后人也！"

与官至宰相的堂兄杜悰不同，杜牧一生颇为失意。爷爷杜佑去世后，杜牧父亲这一房就走向没落，甚至居无定所，杜佑留给杜牧一家的三十间房屋，也都为抵债归了别人,八年之中搬了几次家。

杜牧因此更加用功,通过科举苦读步入仕途,后来到扬州牛僧孺的幕府任掌书记。他在《遣怀》诗中回顾这段经历:

落魄江湖载酒行,楚腰纤细掌中轻。

十年一觉扬州梦,赢得青楼薄幸名。

很多人读到此诗,以为杜牧是个游手好闲的富家公子。殊不知,在此期间,杜牧还著有《罪言》《战论》《原十六卫》等多篇政论文章。他时刻关心时政,但始终不为朝廷所用,那首《遣怀》正写于他最失意的时候。后来,宋代司马光修《资治通鉴》时发现了这些被埋没的文章,因杜牧针砭时弊,言多中肯,故采录其言。

杜牧诗中的风流,实为一个才子的失意潦倒,也是一个时代的悲哀。他身陷牛李党争中,却不愿站队,一生英雄,终无用武之地。诗人时时刻刻心忧天下,家的港湾成为他最后的归宿。

唐宣宗大中五年(851),年近半百的杜牧在官场屡次碰壁后回到长安城南杜曲,修葺祖父留下的老宅,因有樊川、御宿川流经其间,杜牧给宅子取名"樊川别墅"。

有一日,他对外甥裴延翰说:"'自古富贵其名磨灭者不可胜记。'我幼时常在此游玩,转眼之间,也垂垂老矣。我有数百篇文章,将来你肯为我作序编为一集,就叫《樊川集》。"然而,当杜牧在生命最后一年的寒冬染病时,他感到大限将至,心灰意冷之际检阅平生所作诗文,将其中大部分都烧掉,这也成为文学史上一大憾事。不久后,这位落魄才子病逝于故乡。

唐代以后,盛极一时的京兆杜氏与同城的韦氏家族都一蹶不振,随战乱落籍异乡,在各地开枝散叶。如今西安保留了杜曲的地名,当地却已无京兆杜氏，偶有几户杜氏人家，也是从周边县市迁来杜曲的。

汉唐京兆杜氏的千年风华已成往事，而杜氏留给文明的记忆已成永恒，他们那一份家与国的情怀，亦为永恒。

第三章
科举、文化与战功：宋明清家族传承

宋朝学霸家族：一门三宰相的秘诀

1

"天有不测风云，人有旦夕祸福。"据说，这是宋代宰相吕蒙正所作《破窑赋》的开篇之句。当年，为了给时任太子的宋真宗"磨磨性子"，吕蒙正将历代名人的经历杂糅入这篇经典的长文中，向太子展示天道无常，协助太子参破人生义理。

现实中，这两句话，不仅深刻地阐明了人生的发展规律，更是宰相吕蒙正一生的写照。

吕蒙正早年出身于洛阳一个官宦家庭，其父吕龟图为五代时期后周政权里专门为皇帝"写日记"的起居郎。家庭还算有点显赫，但其父持家无道。除吕蒙正生母刘氏外，吕龟图还养了几房小妾，并与刘氏关系不睦。故而，没享受几年公子哥儿生活的吕蒙正很快就随母亲一起，被父亲吕龟图赶出了家门，并一度沦为街头小乞丐。

虽然后来曾得洛阳城内一家寺院的老和尚收留，靠着寺院中免费伙食度日，但吕蒙正一家过得连一般穷人都不如。据《邵氏闻见录》记载，当时在洛阳城外的伊河边曾有人卖瓜，小小年纪的吕蒙正也想吃一块，但奈何两手空空,只能等着瓜掉地上,趁着没人注意,捡起来啃食。

不过,生活的困苦终究没有让吕蒙正意志消沉。依靠洛阳城内佛寺的救济,寒窗苦读多年的吕蒙正最终还是熬过了命运中的种种不幸,等来了人生的转折。

公元976年的年底,宋朝完成一次皇权更迭,宋太祖之弟赵炅登基,史称宋太宗。与每一位新皇一样,宋太宗也亟须培养一批亲信大臣。因此,在登基的第二年,宋太宗特地降下圣旨,举办科举考试选拔人才。

这一年,贫如乞丐的吕蒙正34岁。此前他已经历过多次科举失败,直至临行前,他也未曾料到自己将是这次考试成绩最好的举子。

虽说在宋代,经历了晚唐至五代十国时期的社会大动荡,中古时代留下的世家门阀早已消亡殆尽。但对于毫无背景可言的吕蒙正来说,即便科举考试面前人人平等,要考中的概率仍旧相当低。据记载,此次参加殿试的举子超过了5300人,规模尤胜前代。而最终录取为进士者的数量虽也前所未有,但亦不过区区190人。因此,考中者除了运气好,也确实是才学渊博,而身为状元郎的吕蒙正更是如此。

得到命运眷顾的吕蒙正,因状元的身份颇受宋太宗青睐。在赏钱封官之后,宋太宗特别准许他"越级上报",如遇政事不懂,可派人快马回京禀告,交由皇帝处理。

凭借着状元的身份外加皇帝的信任,以吕蒙正为首的一个文人世家东莱吕氏,从此活跃于宋朝政坛之上。在两宋300多年的时间中,这个家族出过至少8位宰辅级高官,被后世盛赞"赵家天子吕家相"。

2

东莱吕氏源于吕蒙正的祖父吕梦奇,此人早年间生活在掖县(今山东莱州)。汉朝时,掖县所在地即东莱郡郡治,故出身于此处的吕梦奇及其后裔便自称东莱吕氏。

但吕梦奇很早便离开了家乡，在风云变幻的五代时期历任后唐的工部侍郎、户部侍郎等要职。此后，吕家再无一人重返掖县定居。在这支举世闻名的东莱吕氏之下，吕梦奇的两个儿子吕龟图和吕龟祥兄弟，又创造出两支不同籍贯的吕氏族人。吕蒙正即属于东莱吕氏长房洛阳支下的传人。

与其父吕龟图宠妾灭妻的行径不同，成名后的吕蒙正并没有立即忙于自己的婚姻大事，而是选择筹钱盖房子，不计前嫌，将父母接来同住，奉养两位终老，极尽人子之道。

太平兴国五年（980），历任地方有功的吕蒙正被授予左补阙、知制诰等官职，留在宋太宗身边起草诏令，顾问政事。当时，由于北方战事不断，宋太宗曾希望派人出使朔方，促成和谈，以减少宋军作战的损失。但在人选上宋太宗却一时不知如何决定，于是便传旨中书省，让大臣们遴选出自己心目中的合适人选。

为此，吕蒙正特别为宋太宗推荐了一人，但他遴选出来的人选并非宋太宗心目中最合适的那一个。因此，宋太宗之后又多次询问吕蒙正出使人选的意见，但吕蒙正的回答都一样。

三番两次之后，宋太宗勃然大怒，认为吕蒙正为人固执，不懂变通。但吕蒙正却没有被皇帝的怒火吓倒，反而理直气壮地坚持自己的意见。他表示："之所以选择此人出使，没有其他原因，仅因为他是满朝文武中综合实力最强的，没有之一。您老说我固执，其实是您不懂我。总之，我不是那种蛊惑圣上、蒙蔽圣听的奸臣。"

眼见吕蒙正拍着胸脯保证，宋太宗也不愿过分为难这位亲信状元。于是便依了他的请求，按他推荐的人选安排使节活动，果然获得圆满成功。

由于吕蒙正始终以正道自持，外加慧眼识才，所以在仕途上晋升得极快，没几年便爬升到参知政事的职位上，成为朝政要员，地位仅次于同中书门下平章事（宰相）。

随着官位的水涨船高，见风使舵的人自然也会过来阿谀奉承这位平民出身的朝廷新贵。有人给吕蒙正送了一面古镜，并宣称此镜能照见方圆两百里的各类东西。来人原以为能通过这种方式，巴结贿赂吕蒙正，便可为自己谋得一官半职。但早年便识得人间冷暖的吕蒙正，又岂能被这种小把戏所蒙骗？于是他便笑称："吾面不过碟子大，安用照二百里哉？"来者自知无趣，只得退下。

事实上，吕蒙正之"正"，并非仅是做做样子。

按照当时惯例，当官员晋升到宰相级别时，可荫补一子为朝廷五品官。不过，对于这种变相培养新世家门阀的机会，吕蒙正却不大感兴趣。

在他的认知中，自己早年贫困交加，通过多年的寒窗苦读才得以成为一代状元。入朝任职也不过升州通判，职级六品起步。而未经过科举洗礼的普通人，仅因其家人是高官，便从此飞上枝头变凤凰，着实不大合理。但荫补制度本身有激励官员服务朝廷的作用，因此，吕蒙正在最大限度地保留荫补实质的基础上，将官位品阶压到最低。从此，宋朝高官荫子仅限授官九品。

在浩然正气之外，遇事敢直言，也是吕蒙正传承给吕氏后人的门风。

宋太宗执政后期，皇帝为了标榜自己的丰功伟绩，曾召群臣饮宴，并轮流听取诸位大臣的溜须拍马，十分得意。轮到吕蒙正禀报时，他对尚在自我陶醉的宋太宗说："乘舆所在，士庶走集，故繁盛如此。臣尝见都城外不数里，饥寒而死者甚众，不必尽然。愿陛下视近以及远，苍生之所幸也。"

此话终究让宋太宗心里不舒服，"变色不言"。

吕蒙正历仕两朝，三度拜相，宦海沉浮，正直在其中扮演着极为重要的作用。

3

晚年，吕蒙正致仕回家。因其"浑厚渊博，忠亮宽懿……与人无亲疏，无高下阶级"，即使远离朝堂，宋真宗仍旧十分挂念这位老臣。趁着"泰山封禅"之机，他曾两度驾临吕蒙正府上。

宋真宗此举固然有倚重老臣之意，但也希望吕蒙正多举荐些族中人才，服务朝廷。

宋真宗曾问吕蒙正："爱卿，你觉得你家这几个孩子中，哪个能担辅政重任？"

对此，正直的吕蒙正表示，他身边的这些儿子都不中用。但是他的侄子吕夷简，人还不错，现为颍州推官，要是用得好，必然能成为一代名相。

不得不说，吕蒙正眼光精准。后来，身为东莱吕氏族人的吕夷简也成为一代风云人物。

吕夷简的祖父是吕龟图的弟弟吕龟祥。与侄子吕蒙正一样，吕龟祥也参加了宋太宗初年的那场科举考试，成为190名进士之一，官至殿中丞知寿州。因其在任期间多有官声，得民众爱戴，故退休后，吕龟祥便定居寿州，成为东莱吕氏寿州支系始祖。

尽管同族不同支，但科举传家的特点也在寿州吕氏一脉中再度呈现。除吕龟祥外，与吕蒙正同辈的吕蒙亨、吕蒙周、吕蒙巽也相继考中进士，入朝为官。而吕夷简的父亲吕蒙亨在宋太宗雍熙二年（985）的科举考试中，成绩也相当优异。但由于吕蒙正当时为相，吕蒙亨也只能避嫌不参加殿试。得知此事的宋太宗，不禁感慨："斯并势家，与孤寒竞进，纵以艺升，人亦谓朕有私也。"

由此可见，在宋初，为了抑制世家大族的发展，官僚子弟入仕，没有特权可言。即便有才识如吕蒙亨，皇帝也不便因此破坏规定。一直等到宋太宗至道元年（995）吕蒙正罢相，吕蒙亨才得以晋升。

凭借族中文风盛行的优良传统，外加吕蒙正为官多年正直的为人品行，初入仕途的吕夷简也以廉能、敢说话闻名于朝。当时，宋真宗兴起"天书运动"，各地均围绕着皇帝造祥瑞、献祥瑞。皇帝乐在其中，并颁旨各地多修宫观，大兴土木。百姓的日子有多艰苦，可想而知。

对此，初入仕途的吕夷简以为不妥。他上书直言，批评宋真宗建筑宫观劳民伤财，请求停止。好在宋真宗虽沉迷仙术祥瑞，却也不是个真正的昏君，见吕夷简的奏折言辞恳切，大加赞赏，认为其有"为国爱民之心"，并未对其多加责难。

后来，经吕蒙正推荐，吕夷简被宋真宗视为辅政治国大才，曾数度被委以重任，出使辽国，权知开封府，宋真宗将其姓名书写于屏风之上。朝廷上下一度以为吕夷简将继其叔叔之后，在宋真宗朝继续担任宰相官职。

不过，宋真宗的本意或许并非如此。在宋真宗朝任官20余年间，吕夷简未曾有机会进入中枢，参政议政。直到乾兴元年（1022），宋真宗驾崩后，临朝称制的刘太后才将吕夷简请入中枢，拜为同中书门下平章事，正式任相。

4

但吕夷简对自己仕途上的"伯乐"，其实并没有过多讨好。刘太后在独掌朝纲上颇有手段，甚至曾一度想改姓称帝，效仿武则天。面对这样的太后，吕夷简即便身居高位，也只能谨慎从事，小心应对。为了平衡与刘太后之间的关系，吕夷简尽力在各种日常小事中满足太后自负的心理，给对方留一个相对较好的印象。

因此，与吕蒙正相比，吕夷简的正直在众人看来并不彻底。不过，一遇大事，吕夷简的犯颜直谏就立马展露无余。

刘太后为了让宋真宗百年之后仍能与其喜好的"祥瑞""天书"相伴于另一个世界，曾下旨要求将宋真宗年间产生的祥瑞等物搬入太庙，奉于真宗灵前。但众所周知，宋真宗年间的"天书""祥瑞"一概为人造，而且为了迎合天书运动，在宋真宗在位的最后十几年中，举国上下无不在为荒唐的国君迷信行为大建宫观，劳民伤财已甚。

当听闻太后有此意时，吕夷简不惜毁掉之前在刘太后那里攒下的好印象，直言苦谏，告知太后此事过于铺张浪费，且请入太庙就等同国家未来将持续执行宋真宗过去错误的"天书运动",对整个宋朝影响颇深。

不过,吕夷简情商也颇高,他能理解刘太后行为背后隐含的真情。因此,在阻止祥瑞进入太庙的同时,他也建议太后将祥瑞放入宋真宗墓中,盖棺定论,停止这场"国家灾难"。

于是,《宋史》在评价吕夷简时称:"仁宗初立,太后临朝十余年,天下晏然,夷简之力为多。"

诚然,在维护宋仁宗初年的天下太平局面中,吕夷简功劳卓著。由于掌握朝政大权的刘太后只是宋仁宗的养母,因此,刘太后一直想淡化宋仁宗生母李宸妃的影响。在李宸妃病故之后,刘太后起初也打算草草下葬了事。但此事不知如何被吕夷简得知,趁着早朝的机会,吕夷简旁敲侧击地询问太后,宫中最近是否有妃子去世。

本来朝廷大臣过问后宫之事,在以往来说,多有不妥,但吕夷简显然想得更远。刘太后当面质问吕夷简:"卿何间我们母子也?"吕夷简也不说废话,直言道:"太后他日不欲全刘氏乎?"

在吕夷简看来,宋仁宗生母之谜迟早要大白于天下,而太后的刻意隐瞒非但不能起到良好的作用,还极有可能让得知真相的宋仁宗产生报复心理,在宋朝境内掀起一波问罪屠杀,如此一来,对宋朝都将是一场悲剧。

所幸,执掌朝政的刘太后脑子还挺好使,当即答应吕夷简以皇后之礼下葬李宸妃。

果然,不出吕夷简所料,在刘太后去世后,宋仁宗从其八叔赵元俨那了解到自己的真正身世。在悲痛之余,也准备做出灭刘氏全族的决定。但在吕夷简等人的协助下,得知真相的宋仁宗,最终打消了这个念头。

5

与吕蒙正刚正不阿的品格相比,吕夷简多少存有为自己仕途着想的"私心"。

刘太后去世后，宋仁宗正式亲政。吕夷简第一时间便向宋仁宗递交了八项理政建议，要求宋仁宗做到"正朝纲、塞邪径、禁货贿、辨佞壬、绝女谒、疏近习、罢力役、节冗费"。

尽管这当中有着吕夷简一心为国的忠义，但身为刘太后称制期间辅政的宰相，刘太后故去之后，他并未像丁谓、夏竦等人一样遭遇贬斥，也着实让一部分人眼红。宋仁宗的郭皇后趁机给皇帝吹"枕边风"，称"夷简独不附太后邪？但多机巧，善应变耳"。

皇后此言一出，吕夷简随即被划归刘太后一党，结束了宰相生涯。

对此，吕夷简怀恨在心。虽然皇后有机会给宋仁宗进言，但两者不和的消息早已是公开的秘密。深知其中关系的吕夷简，极力支持宋仁宗废后。但此事遭遇了时任谏官的范仲淹反对，年轻气盛的范仲淹以为废后之事不可为。于是，吕夷简与范仲淹这两大名臣，自此结下梁子。

利用手中职权，吕夷简首先对范仲淹发难。他要求有司压下范仲淹等人的台谏奏疏，导致宋仁宗最终做出了废黜皇后的决定。范仲淹等人并不罢休，他们决意在朝会上与吕夷简一争高下。但吕夷简权大势大，在范仲淹等人还没开口说话时，便通过宋仁宗下旨外放范仲淹等人出外任官。

第一回合的较量，吕夷简赢了。但外放为官的范仲淹并没有放过任何可以弹劾吕夷简的机会，于是第二回合较量，很快便到来了。

景祐三年（1036），范仲淹向宋仁宗呈上了一幅《百官图》，在画序处，范仲淹列明了图中百官的晋升次序。其意思很直白，就是指名道姓地告知仁宗，百官晋升均需看吕夷简的脸色，长此以往，吕夷简等人结党营私，不可不察。

吕夷简知道后颇为不悦，认为范仲淹沽名钓誉，为人迂腐。毕竟，从吕夷简的叔父吕蒙正始，吕家便时常为宋朝皇帝举荐人才，这已成一种家族传统。因此，吕夷简也就范仲淹献图一事，弹劾范仲淹"越权言事、勾结朋党、离间君臣",结果,范仲淹再度被贬。

范仲淹乃当时文臣的楷模,此事一时间在朝中引起轩然大波。那群日后将出现在当代中小学语文课本里的文人翘楚,如欧阳修、苏舜钦等人纷纷上书为范仲淹求情,而书法家蔡襄更是直接写了一首《四贤一不肖》,斥责言官对范仲淹被贬一事视而不见。

如此一来,欧阳修等人的行为反倒坐实了范仲淹结交朋党的罪过。继范仲淹之后,他们也被贬斥。

但正如吕蒙正知人善用的那样,吕夷简在识才用才上也颇得吕家家风精髓。

宋仁宗庆历年间,西夏作乱,吕夷简不计前嫌,推举范仲淹经略防御西夏入侵事务。范仲淹完全没有想到这位曾经的"死对头",居然会在国难之际,与自己冰释前嫌。但吕夷简显得很大度,表示自己岂能对过去耿耿于怀。

从此,范仲淹对吕夷简彻底放下成见。在吕夷简去世后,范仲淹主动揽下了为吕夷简写祭文的工作。在祭文中,范仲淹第一次道出对吕夷简的佩服,称对方一生"股肱同体""雍容道行"。

6

自然,吕夷简豁达的人生观以及为国尽心的品格,成为东莱吕氏家风传承的一部分,而其小心谨慎、保守的一面,也被后人学了去。

尽管吕氏门人传至简字辈时,当官出名的人不多,但获得科举硕果者,吕氏第二代并不比蒙字辈少。除了吕夷简外,吕家还有吕务简、吕居简、吕易简、吕从简等数名进士。难得的是,吕夷简的儿子们在政坛上的成就并不比其父低。其四个儿子吕公绰、吕公弼、吕公著、吕公孺,更是位极人臣,屡入中枢。

这其中,以吕公著最为知名。如果说,吕夷简的功绩在于辅弼刘太后,协助仁宗皇帝,开创宋朝盛世,那么,吕公著的功绩便是在激烈的改革过后,让宋朝另一位高太后完成权力的平移，开启北宋最后一个盛世。

吕公著起家于宋仁宗末期。作为宋仁宗"庆历新政"的坚定改革者，欧阳修在范仲淹与吕夷简冰释前嫌后，便一直承担着抨击宰相理政不当的任务。为此，吕夷简没少被欧阳修骂。

但有趣的是，欧阳修与吕公著的交情却极好，在出使辽国期间，欧阳修还不忘对当时的辽朝皇帝宣传吕公著的为人品行，称吕公著"器识深远，沉静寡言，富贵不染其心"。因此，颇得欧阳修赏识的吕公著在前者的推荐下，逐步走入权力中心。

宋神宗元丰元年（1078），吕公著与枢密直学士薛向同知枢密院事，正式进入中枢。

众所周知，在宋神宗一朝，以王安石变法为核心的改革，曾在朝廷上掀起一阵革新热潮。受其父吕夷简为人处事风格的影响，吕公著对王安石激进的变法，并不看好。他似乎更偏向于司马光的保守思想。但这并不妨碍他与王安石之间的私人交情，与司马光一样，吕公著在年轻时，便与王安石是很好的朋友。

当时，作为南方人在北方做官的王安石为了少受些朝中的派系倾轧，广结好友。作为北宋文化家族也是宰相家族出身的吕公著，自然也是王安石颇为看重的朋友。

在变法以前，王安石与吕公著算是知心朋友，王安石为兄，吕公著为弟，两人互相欣赏，就连司马光也曾向宋神宗表示"臣善安石岂如吕公著"。也正因如此，王安石在熙宁变法前曾提名吕公著担任御史中丞，希望对方在其后变法中能为自己减少点阻力。

但事实证明，王安石错了。务实且较真的吕公著看到新法种种弊端之后，不再顾及与王安石的私交，直言反对王安石变法，不惜与曾经的好友决裂。因此，终王安石之世，吕公著多在地方任职。直到昔日挚友王安石以及宋神宗相继去世后，临朝掌政的高太后才将其与司马光召回。

在后王安石时代，司马光是恢复保守旧政的领军人物。但实际执行太后命令、恢复旧制的人，其实是吕公著。毕竟，继王安石之后，回朝尚不足一年的司马光也撒手人寰了。

像其父当年向宋仁宗进言一样，重返朝堂后的吕公著做的第一件事就是上了一份《十事疏》给朝廷，希望临朝理政的高太后能在修德任贤中，广开言路。

尽管执政的高太后在很多制度上因循守旧，废除变法，导致宋朝的改革中途流产，但在吕公著等人的辅佐下，高太后临朝期间，北宋百姓总算度过了一段较为安稳的时光。

7

自吕公著之后，受元祐党争的影响，东莱吕氏在宋朝的官场鲜有宰执类的高官。但吕家向学之风却未曾断绝，据统计，自吕蒙正起，吕家一共有17人曾获得宋代进士出身以上资格。而在吕公著之后，吕家在两宋时期还出现了8位进士。

在此后百余年的时光中，吕氏一族的重心逐渐偏向讲学育人。

吕公著除了本人在政治领域出色外，朋友圈中也不乏开创宋代理学思想的"北宋五子"这样的学者。受他们的影响，在吕公著之后，吕家世代人才辈出。

吕公著之子吕希哲，世称"荥阳先生"，兼具儒、佛两家学问，主张"人应以修身为本，修身则以正心诚意为主"。而吕希哲的孙子吕本中更是南宋著名诗人、词人，著有《东莱先生诗集》。

在这群吕氏后人里，"小东莱先生"吕祖谦在宋代理学史上的知名度不亚于朱熹。在宋代传统的书院教育中，吕祖谦率先提出了"读书先做人"的理念,并将"明理躬行"等品德编入《学规》中,在当时反响极大。为此,同为致力于教书育人的朱熹将自己的儿子送入吕祖谦门下,拜其为师,并要求儿子做到"事师如事父,凡事咨而后行"。

吕祖谦认为,书院教育非单纯教人怎么做官,而是为了更好地治国安邦。所以,培养出来的人才必须才德兼备,方能持身以正。这种思维,与两百年前的吕蒙正不谋而合,恰如历史的一个回眸。

自吕祖谦之后,吕家声名渐衰。但这个家族的荣耀,已深深嵌入中国历史之中,不曾磨灭。

范氏义庄：一个超越人生与时代的家族故事

范仲淹在苏州买了一块地，打算建房子居住。动工之前，照例请来风水先生帮忙看一看。

风水先生告诉他，这是一块难得的宝地，住在此处的人家将世世代代出卿相。要是一般人，听完立马就兴奋地宣布动工了。但范仲淹听完却说，风水这么好，我不能独享啊。于是，他把地皮捐了出去，盖起学官。相传这就是后来的苏州府学所在地。

范仲淹对人解释说，在这里盖私宅，只能让一家子弟富贵；但要改成学官，本地的子弟都能来此求学，将来必定人才辈出。

1

范仲淹的命并不好。

他两岁的时候，老天就硬塞给了这个小婴儿一手烂牌——父亲范墉去世，母亲谢氏带着他改嫁山东淄州人朱文翰。很长一段时间内，他并不知道自己的身世。在中举做官之前，他的名字一直叫朱说。

某次，他劝朱家兄弟不要挥霍浪费，结果人家呛他说："我自用朱家钱，关你什么事？"他一脸惊愕，终于了解到自己本姓范，籍贯苏州。

范氏家族世居苏州吴县。唐朝时，这个家族并不十分显赫，虽然也世代为官，但自唐朝中叶开始，世家大族的地位已不稳固。五代时，范仲淹的曾祖父、祖父和父亲均在吴越国为官，官职都不高。入宋后，其父范墉追随吴越王钱俶归降大宋，任武宁军节度掌书记。

范仲淹知道自己的身世后回苏州认亲，但家族的人起初并不待见他，担心他回来分家产。而历史终将证明，这个不受范氏家族欢迎的人，恰恰是这个家族重新兴起、恢复荣光，并绵延900年不衰的关键人物。

范氏家族的复兴，是从范仲淹个人命运的改变开始的。

宋代科举制度打破了阶层限制，给予贫寒子弟向上流动的通道。范仲淹恰好赶上了这样的历史节点，有希望通过科举改变命运。他搬到寺庙中苦读，后来又到应天府（今河南商丘）求学。

这期间，许多人从他身上，看到了颜回的影子。他生活清苦，却不改其乐。他每天煮粥，待粥凝固后，用刀划成四块，早晚伴着腌菜，各吃两块，就算填饱肚子了。这段经历，为后世留下了"划粥断齑"的成语。

当地官员听说了他的事迹，特地派人给他送吃送喝，以示鼓励。范仲淹一概谢绝，说今天尝到美味，以后对着白粥腌菜就吃不下了。

即便如此贫寒，他却有着远大的理想。在做人生规划时，他早早就敲定了两条路子：第一志愿当良相，第二志愿做良医，因为只有良相和良医可以救人。

据说，宋真宗有一次路过应天府，观者如堵，唯有范仲淹不为所动，继续躲在书院里看书。有一个同学很八卦地问他："大家都去看皇帝本尊，指望着能跟皇帝握握手，这辈子都不用洗手了，你怎么不去呢？"

范仲淹头也不抬，回了一句："今后见皇帝的机会多着呢！"

别人说这话，可能是吹牛，但范仲淹说这话，是真牛。27岁那年，他考中进士，在殿试环节，真的见到了皇帝。

进入仕途后的他，尽管只是庞大的官僚体系中的小小一员，却从未淡忘心中以天下为己任的光辉理想。他无时无刻不在想着如何让国家强盛。他执着地上疏、针砭时弊、力陈改革，迎接他的却是一次次的贬黜。但他从不怯懦，亦不后悔。

友人梅尧臣劝他，不要当发出不祥叫声的乌鸦，范仲淹回答说："宁鸣而死，不默而生。"

《宋史》后来评价范仲淹，说他"每感激论天下事，奋不顾身，一时士大夫矫厉尚风节，自仲淹倡之"。可见他以自己的身体力行，改变了整个士人阶层的风气，是当之无愧的儒林领袖。

2

庆历三年（1043），宋仁宗决心改革。他第一项人事任命，就是把范仲淹调回中央，授官参知政事（副宰相）。在皇帝心中，范仲淹是非常合适的改革领袖。

范仲淹一生的理想，担当良相的追求，此刻得以实现。他抓住机遇，提出了十项改革方针。拿既得利益者开刀，澄清吏治，是当务之急。

此时，范仲淹的周围聚拢了一批牛人，包括韩琦、富弼、欧阳修等，史称"同官尽才俊"。范仲淹则是由这些才俊之士组成的政治集团的领袖。

范仲淹对贪污腐败、尸位素餐的官员毫不客气，每次看到针对这些官员的调查报告，就大笔一挥，把这个官员拿下。富弼说："一笔勾了他容易，可你知道他的全家都在哭吗？"范仲淹毫不心软，回答说："一家哭总比一路（路，宋代地方行政单位，相当于现在的省）哭要好。"

由于阻力太大，"庆历新政"历时仅一年，就以范仲淹等改革者被逐出京城而宣告夭折。一代人的理想，自此失落。

改革失败后，庆历六年（1046），58岁的范仲淹在邓州贬所，写下闻名天下的《岳阳楼记》，表达了"不以物喜，不以己悲"和"先天下之忧而忧，后天下之乐而乐"的毕生追求。这种不计个人前程的胸怀，以及始终忧国忧民的心境，使得在政治上失败了的范仲淹，依然不失为千百年来受人尊崇的楷模。

从副宰相变回地方官，范仲淹并未埋怨消沉，也未消极怠政。他治理下的地方，百姓安居乐业，有口皆碑。

皇祐元年（1049），范仲淹调任杭州担任主官。次年江浙遭遇大灾，死人很多，"殍殣枕路"。作为知州，范仲淹理应施粥济民，同时与民休息。但他却采取了两大措施：一是赛龙舟，鼓励民间办赛事，城中居民大规模出游，尽情玩赏；二是大兴土木，一方面召集各寺院僧人，告诉住持说，现在灾荒年间工价最低廉，可以趁机大建寺庙，另一方面命当地官府也翻修仓库、建设官署，每天雇佣上千人。

大灾之年居然大张旗鼓赛龙舟，还大兴土木？监察机关于是弹劾范仲淹不体恤荒政，劳民伤财。范仲淹却不慌不忙，自己草拟了奏章进行应对。他说，大灾之年，饥民遍地，仅靠政府救济是远远不够的，需要为灾民提供工作机会，让他们自己养活自己，这才是最好的救灾方法。举办赛事是为了让那些从事商业、饮食的人有活路；而搞工程建设，雇佣工匠民夫，也是为了让他们有工作机会。用现在的话说，范仲淹的经济举措就是创造就业机会，拉动内需。

果然，那一年，两浙路只有杭州平安无事，"民不流徙"。这都是范仲淹的惠政带来的结果。

金末元初一代文宗元好问评价范仲淹："在布衣为名士，在州县为能吏，在边境为名将，在朝廷则又孔子所谓大臣者，求之千百年间，盖不一二见。"无论什么身份职位，范仲淹都能做到极致。如此全才，千年一遇。

3

范仲淹不仅是个全才，还是个圣人。史书说他"名节无疵"，是一个烛照古今的贤者。他的政敌想诋毁他，都不知道从何下手。

个人生活方面，范仲淹做了高官以后，家里生活依然如贫贱时一般俭朴，他的家人根本"不识富贵之乐"。

他的二儿子范纯仁，娶妻王氏。王氏是王质长女，王家世代富贵，到范家后一时难以适应清贫生活。一天，范仲淹看到这个儿媳从娘家拿来优质丝绸做帐幔，心里很不高兴，便指责儿子和儿媳说："这样好的绸缎，怎么能用来做帐幔呢？我们家一贯讲究清素节俭，你们如果把奢华的坏习惯带到家里，搞乱了我的家法家规，别怪我在庭院里烧掉这些绸缎！"

范仲淹将要退休时，他的门生建议他在洛阳修建住宅，以安度晚年。他听后，语重心长地对弟子们说："每晚就寝时，我都要合计自己一天的俸禄和一天所做的事。如果二者相当，就能够打着鼾声熟睡；如果不是这样，我心里就不安，闭目也睡不着。第二天一定要做事补回来，使所作所为对得起朝廷的俸禄。"

他接着说："如今我之所以打算退休，就是因我年老体衰，精力有限，能为他人做事一天比一天少，对不起百姓，对不起俸禄。这时营造安乐窝，又岂能安乐？"

皇祐四年（1052），范仲淹带着病躯，到颍州赴任，途中逝世，终年64岁。他死后，"殓无新衣，友人醵资以奉葬。诸孤亡所处，官为假屋韩城以居之"。

北宋政府以高薪厚禄闻名于史，范仲淹身为朝廷重臣，为何却"贫终其身"，死后连一身入殓的新衣服都没有？他的俸禄，都到哪里去了呢？

同朝为官的富弼在《范文正公墓志铭》中说："（范仲淹）在杭，尽以余俸买田于苏州，号义庄，以聚疏属。"原来，范仲淹晚年用自己的家财在苏州买了千亩土地，捐作范氏族人的义庄，并要求自己的子弟不能从义庄获得任何收入或好处。

开创义庄慈善事业，范仲淹是历史第一人。他似乎很早就下了财产不留给儿子的决心。在《告诸子及弟侄》中，他深情地写道：

"吾贫时，与汝母养吾亲，汝母躬执爨，而吾亲甘旨未尝充也。今得厚禄，欲以养亲，亲不在矣。汝母已早世。吾所最恨者，忍令若曹享富贵之乐也。

"吴中宗族甚众，于吾固有亲疏，然以吾祖宗视之，则均是子孙，固无亲疏也。敬祖宗之意无亲疏，则饥寒者吾安得不恤也。自祖宗来积德百余年，而始发于吾，得至大官，若享富贵而不恤宗族，异日何以见祖宗于地下，今何颜以入家庙乎？"

按照范仲淹的意思，他得了高官厚禄，本来是要孝顺母亲的，但母亲只跟他过过苦日子，还没来得及看到儿子的成功就逝世了。所以他最遗憾的事，是如今富贵的日子只能由儿子们来享受，这是他不愿意看到的。照他的观点，年轻人就应该奋斗，就应该吃苦，不应堕入安乐窝。

他最终还是以身作则，以俭约约束家人。而他的家产则找到了另外的用处——设立范氏义庄，抚恤家族中贫寒的同胞。他教育子弟，范氏子孙不分亲疏，以祖宗为宗脉、以家庙为中心收合族人，"置上田十顷于里中，以岁给宗族，虽至贫者，不复有寒馁之忧"。

他将购置的千亩良田称为"义田"，以义田创办义庄，亲自制定《初定义庄规矩》，确定收益的分配。他还在苏州灵芝坊祖宅建立义宅，供族人聚居。与此同时，举办义学，培养族人子弟，使得范氏家族在此后的近千年间人才辈出，长盛不衰。

史学界有"唐宋之变"的说法，宋代和唐代的社会基础截然不同，一个突出的表现是贵族的衰落，以前那种延续数百年的贵族家族不见了，代之以平民家族崛起，像范仲淹这种"朝为田舍郎，暮登天子堂"的逆袭者越来越多。但阶层的上升与下沉通道是一体的，"富不过三代"亦成为家族的共同焦虑。正如北宋理学家张载所说："且如公卿，一日崛起于贫贱之中，以至公相……今骤得富贵者，止能为三四十年之计。造宅一区及其所有，既死，则众子分裂，未几荡尽则家遂不存。如此则家且不能保，又岂能保国家？"

范仲淹设立义庄和义学，很明显是为了解决家族的长远传续问题。

事实上，范仲淹的设想达成了。范氏义庄历经朝代更替、战争冲击、人员离乱，每到关键时刻，总有范氏后人站出来维持经营，前后历约900年。

不仅如此，范仲淹创设的义庄模式还深刻影响了各地官员和仁人志士，他们纷纷效仿，带领中国传统的慈善事业走向一个高峰。据统计，到清朝末年，仅苏州地区就有将近200个义庄。

4

功名富贵都是速朽的，往往及身而止，但品格可以塑造家风，传之久远。范仲淹是一个圣人，他具有强大的道德实践力和感召力，范氏义庄历900年长盛不衰，与这个创始人的伟大是分不开的。

范仲淹通过个人以身作则，以及制定《六十一字族规》《家训百字铭》等家训族规，砥砺家族风气，使得范氏家族以清廉奋进的家风闻名于世。

他的《家训百字铭》文字浅白，子弟一读就懂，但要做好其中的每一条却需要环境的熏陶与从小的教养。正是这些传世文字，造就了一个值得尊崇的家族：

孝道当竭力，忠勇表丹诚。
兄弟互相助，慈悲无边境。
勤读圣贤书，尊师如重亲。

礼义勿疏狂，逊让敦睦邻。
敬长与怀幼，怜恤孤寡贫。
谦恭尚廉洁，绝戒骄傲情。
字纸莫乱废，须报五谷恩。
作事循天理，博爱惜生灵。
处世行八德，修身奉祖神。
儿孙坚心守，成家种善根。

范氏义庄创建之初，主要由范仲淹与其退休闲居苏州的二兄范仲温商议，订立规矩并安排各项事宜。范仲温前后经营四年，使刚兴办的义庄走上了正轨。

父辈们离世后，范家第二代开始接力。范仲淹的几个儿子都能遵从父训，承继乃父志愿，光大乃父事业。除长子范纯祐去世较早，其余三子范纯仁、范纯礼、范纯粹都积极参与义庄事务，投入钱财和精力。

范仲淹四个儿子，每个都成才，而且继承了乃父的高尚品格。这在范仲淹眼里，是最值得欣慰的事情。

他的四个儿子中，名声最显的是次子范纯仁。范纯仁两度出任宰相，官职超过父亲，但一生以父亲为榜样，"先天下之忧而忧，后天下之乐而乐"，徇公忘己，颇得乃父"真传"。史家评价他，"位过其父，而几有父风"。

范纯仁任职地方时，曾帮一个县官洗刷了冤情。这个县官很感激他，特地写了感谢信送到范府。范纯仁拿过信，看都没看就回复说："我不记得有这么一回事了。"

家人很不解，说你帮了他，人家表示感谢是应该的，为什么要推托说不记得这回事呢？范纯仁说："为别人做好事，于自己是一种欣慰，对别人却是一种负担。我这样做，不过是帮他卸下感恩的包袱罢了。"

范纯仁的道德境界，由此可见一斑。做了好事，要求对方感恩，否则就骂对方忘恩负义，这是大多数好人的道德层次。但范纯仁的道德境界明显不止于此，做好事，并非为了对方感恩，只是为了自己心安，仅此而已。

范纯仁做过很多类似的事情，在北宋官场广为流传。他后来官居高位，为朝廷推荐了很多人才，那些人升了官，却压根儿不知道是被谁推荐的。

朋友劝范纯仁："你只要说出是你推荐的，他们自然感恩于你，主动聚拢到你门下了，可你为什么不说呢？"

范纯仁答道："我举荐他们，是因为他们有能力，有品行，而朝廷也能得到正直能干的人才，我又何必把公事变成私恩呢？"

范纯仁跟司马光是姻亲，关系很铁。当王安石的新党主导变法时，他们都被贬出京。等到宋神宗去世后，司马光得势，决定只要是王安石支持的，一概废除。但这时，范纯仁却提出了不同意见，认为王安石变法有可取的一面，不能因人废言。

司马光很震惊，质问范纯仁："你忘记当年王安石如何打击我们吗，怎么还为他说话？"朋友们也劝范纯仁："你好不容易才重返中枢，千万不要违拗司马光这个新宰相啊！"

范纯仁不为所动，感慨一声："如果现在为了讨好司马光而得到他的喜欢，那还不如年轻时讨好王安石而致富贵呢！"

为此，范纯仁后来又遭朝廷冷落，但他并不沮丧。他的个性跟他的父亲一样，"宁鸣而死，不默而生"。

范氏义庄传到范纯仁兄弟几人负责管理时，范纯仁特意将父亲订立的义庄规矩刻石，要求"子子孙孙遵承勿替"。他还跟两个弟弟对义庄规矩进行完善，规定范氏子弟参加科举可以领钱十贯，领了钱却不去参加考试的，要追缴回来。由于担心义庄规矩跟不上未来的时代变化，他专门在规矩里写上一条：如遇到义庄规矩中未尽的事宜，掌管人与范氏诸房可共同商议修订，在祠堂中禀明范仲淹灵位后施行。

跟父亲一样,范纯仁的俸禄基本也都被投入到义庄之中。《宋史》有载,范纯仁"自为布衣至宰相,廉俭如一,所得奉赐,皆以广义庄"。

范家第二代之后,第三代又接力维持义庄,每当朝代变化时,总有热心的范氏后裔站出来,带领义庄走出困境。南宋末年有范之柔,明末有范允临,清雍正年间有范瑶……直到清末宣统年间,范氏义庄有田产5300亩,运作良好。

范仲淹死于1052年,范纯仁死于1101年,北宋亡于1127年,南宋亡于1279年,元朝亡于1368年,明朝亡于1644年,清朝亡于1912年,而范氏义庄终结于1947年左右。超越人生与时代,这就是传承的力量。

真真假假杨家将：一个传奇家族的真相

1

老将杨业决定，用自己的生命，来证明自己对大宋帝国的忠诚。

这是北宋雍熙三年（986）。为了报七年前高梁河之战惨败给辽国（契丹）的耻辱，同时也为了收复燕云十六州，这一年，宋太宗命令大军出征，再次北伐辽国。

宋太宗派遣三路大军北上，其中东路作为主力军，由大将曹彬、崔彦进率领十万大军，从雄州（今河北雄县）出发北攻幽州；中路由大将田重进统率，出飞狐（今河北涞源）取蔚州（今河北蔚县）；西路则由大将潘美、杨业统率，出雁门关攻取云州（今山西大同）。

战役初始，中路军和西路军均进展顺利，一路攻城略地。但没想到的是，由北宋开国名将曹彬率领的十万主力军东路军却被契丹大军切断粮道，在撤退过程中遭遇惨败。

无奈之下，宋太宗只得下令命西路军和中路军各自撤退。鉴于西路军此次北伐攻下了云、寰、应、朔四州，为了削弱敌人的兵员和实力，宋太宗命令西路军主将潘美和副将杨业，务必要将云、寰、应、朔四州百姓迁徙进入内地。

而在华北平原之上，北宋的步兵本来就机动性不足。如果契丹骑兵全力进攻，西路军自顾尚且不暇，更遑论掩护百姓南撤。于是，副将杨业提出，应该设伏攻击契丹，否则正面对抗，无法抵挡契丹人的铁骑。但宋太宗派来的监军王侁和刘文裕却不同意。

没什么战争经验的王侁故意激将杨业说："将军你作为北汉的降将，如今带领几万精兵北伐，却畏葸不前，你不是被契丹人称为'杨无敌'吗？如今面对敌军却犹豫不前，你难道心怀二意？"

此前，太平兴国四年（979），宋太宗率军攻灭北汉，原本效力于北汉的大将刘继业抵抗到了最后一刻，一直到北汉国君被俘虏后才迫不得已投降北宋。由于受到宋太宗器重，本姓杨的刘继业被赐改回原姓，更名为杨业。

此后，杨业改而率领北宋军队在北方边境对抗契丹，并在太平兴国五年（980）的雁门关之战中大破契丹，杀死辽国驸马侍中萧咄李，活捉辽军马步军都指挥使李重诲。此后六年间，杨业一直镇守在北方宋辽边境前线，使得契丹人闻风丧胆。

作为北宋抵御契丹的前线大将，杨业虽然老来归顺，但却忠心耿耿。但是眼下，宋太宗派来的监军王侁却怀疑杨业作为北汉投降将领的忠诚。

杨业别无选择，只能请求监军王侁和主将潘美在后方设伏，以便在关键时刻联合进攻辽军。

自知此去凶险，杨业特地在临行前对主将潘美说："我作为北汉的降将，却承蒙官家（宋太宗）厚爱，授以西路军副将要职。我自知在平原作战，以我军步兵对抗契丹骑兵尤为不利，但为了自证忠诚，我愿意死命出战。为了避免全军覆没，也请将军在后方设伏，我们将把敌军引到埋伏圈，以争取胜利。否则，我所率领的部队必将全军覆没。"

监军王侁和主将潘美"答应"了杨业的请求。

战斗开始后，面对契丹骑兵的冲击，杨业率军且战且退，但当他进入预定的埋伏圈陈家谷后才发现，阵地里根本没有后援，监军王侁和主将潘美竟然偷偷开溜了。

杨业仰天长啸，只得率领残军与辽军展开最后决斗。他本人在最后时刻还亲自斩杀了几十名契丹士兵，最终才因严重受伤被俘。

面对辽军统帅的劝降，杨业直接拒绝说，"陛下（宋太宗）待我丰厚，我虽然是被胁迫出战以致兵败，但我已无脸面再苟且偷生。"于是，这位受伤被俘的老英雄选择了绝食三天，殉难而亡。

而在杨业绝食去世之前，他的儿子杨延玉已经在战斗中牺牲殉国。

不同于小说中的杨业头触李陵碑自尽等情节，在真实的历史中，这位铁骨铮铮的老英雄，最终选择了用一种决绝的方式告别人间。

此后一千年间，他和他的子孙数代人浴血奋战、保家卫国的故事，被改编为无数小说和戏曲，人们开始世世代代传颂一个武将世家——杨家将的故事。

2

以杨业为代表的杨家将，祖籍是唐宋两代的麟州（今陕西神木）。麟州东临黄河，与山西隔河相望，北近内蒙古和河套平原、南连关中，自古便是兵家必争之地。

由于面处"四战之地"，麟州百姓普遍习武，"重死轻生"。杨业的父亲杨弘信（又叫杨信）就是麟州当地的豪强，拥有自己的亲兵部队，"保障边城，屡著功绩"。

杨信有两个儿子，长子杨重贵，次子杨重勋。麟州毗邻山西，鉴于麟州地小势弱，杨信将自己的长子杨重贵送到毗邻的山西军阀刘崇军队中作为人质，以换取刘崇对麟州的保护。

杨重贵到达刘崇的驻地太原后，被刘崇收为养子，改名刘继业。刘崇是后汉皇帝刘知远的弟弟，刘知远在公元947年建立后汉后不久就去世。到了950

年，后汉大将郭威在首都汴州（开封）起兵攻灭后汉，建立了后周，不甘投降后周的刘崇在太原自立称帝，建立了北汉。

作为五代十国中"十国"的最后一个政权，北汉从建国开始就仅仅占有今天山西省中部和北部。虽然北汉国小民弱，但在刘继业等大将的辅佐下，北汉仍然与后周和后周后继的北宋持续对抗了整整28年，一直到979年，北汉才被北伐的北宋大军攻灭。

公元979年，北宋大军在猛攻两个月后终于攻破太原城，并俘虏了当时的北汉皇帝刘继元（刘崇外孙）。刘继元投降时，刘继业当时还率领着残军在太原城内继续抵抗宋军，一直到接到刘继元下令投降的命令后，刘继业才痛哭失声地放下武器。

获悉北汉大将刘继业终于投降后，宋太宗赵炅喜出望外，于是赐令刘继业改回本姓杨，并赐名杨业。至此，在历经多重曲折后，杨业转而投宋，并开始率领宋军抵御北方契丹。

在唐代以前，中原帝国面对的外来威胁，主要来自西北地区，例如汉代的匈奴、隋唐时期的突厥等。但是以隋唐时期为转折点，来自东北方向的高句丽、契丹等游牧民族不断崛起。唐朝中期安史之乱以后，藩镇割据，北方各路军阀你争我夺，以致到了五代十国时期，契丹趁乱南下攻占了幽州、云州等十六州地区，继而经常长驱南下华北平原，威胁到中原帝国的生存。

北方契丹频繁南侵烧杀掳掠，而继承汉唐王朝遗风、来自西北边境麟州杨氏的杨业家族，也在四战之地中，以汉唐时期遗留的义勇血性，开始了保家卫国的征战历程。

杨业自从979年投降北宋后，就一直为北宋镇守北方边疆。在次年（980年）的雁门关之战中，杨业大破辽军，使得契丹人惊呼他是"杨无敌"。于是，从979年到986年，杨业一直镇守代州边疆，使得契丹不敢犯境南下。

但是在宋太宗雍熙三年（986）的北伐中，由于监军王侁和主将潘美的逼迫与出卖,杨业所部最终全军覆没,杨业也在被俘后绝食殉国。

杨业殉国的消息传到汴京(开封)后,宋太宗震怒,将监军王侁、刘文裕免官罢职流放,主将潘美则连降三级。

为了表彰杨家,宋太宗还下令对杨业的儿子们进行封赏。据史料记载,杨业共有7个儿子,其中杨延玉在陈家谷一战中牺牲殉国,剩余6个儿子中,则以杨延昭子承父业,战绩最为突出。

在小说和评书传说中,杨业7个儿子个个武艺高强,其中几个儿子甚至力战殉国。但在真实历史中,真正在陈家谷一战中殉国的,仅有杨延玉一人。

父亲杨业和兄弟杨延玉牺牲后,杨业的另外一个儿子杨延昭(原名杨延朗,小说中称为杨六郎,但真实排序应为老大或老二)子承父业,开始镇守东北抵抗契丹。

就在杨业殉国的雍熙北伐中,杨延昭曾经跟随父亲杨业和兄弟杨延玉一同北伐。在攻占朔州的战斗中,杨延昭手臂中箭,箭头射穿了血肉。然而杨延昭竟然当场拔掉长箭,继续指挥攻城,其血性如此。

父亲杨业殉国后,杨延昭辗转于北方抗辽前线。到了宋真宗咸平二年(999),辽国实际摄政者萧太后再次挥兵南下,先行攻打宋辽边境的小城遂城。

遂城,位处今天河北保定徐水地区。为了护卫这个边境小城,杨延昭召集全城青壮年,动员他们全员守城抵抗。在杨延昭的指挥下,辽国数万大军围攻多日,竟然久攻不下。就在危急时刻,恰好当时气温锐降,杨延昭于是紧急指挥全城军民往城墙外侧浇水。当晚,遂城城墙阵地上结了厚厚的冰层,契丹人在天寒地冻的寒冰下无法攀登攻城,只好悻悻撤军另攻他城。

遂城保卫战的成功,使得宋真宗非常激动,在召见杨延昭时,宋真宗特地当着群臣表扬杨延昭说:"此即杨延朗(杨延昭)也,延朗父(杨)业为前朝名将,延朗治兵护塞,复有父风,深可嘉也。"

遂城保卫战后，杨延昭又与名将杨嗣等人合作，在西山地区大败辽军，保卫了宋朝边境。

但辽国依然野心勃勃，到了宋真宗景德元年（1004），辽国以20万骑兵再次大举南侵，并从河北的宋辽边境一直攻打到澶州（今河南濮阳），直接威胁到了宋朝首都开封的安危。

由于宰相寇準的坚持，宋真宗无奈之下只好亲临澶州前线鼓励作战。宋军于是在澶州城下与辽军展开决战，并射杀了辽军主将萧挞览，大挫了辽军锐气。

为了协助宋军出击，缓解澶州前线压力，驻扎在保州（今河北保定）宋辽边境的杨延昭又主动出击进攻辽国，并进入辽国边境攻占了古城（位处今河北保定北部）。

当时，辽军从北方南下，绕开河北等地名城，选择南下直接攻击河南等地，本意是想直接攻击北宋首都汴京（开封），但没想到却在汴京附近的澶州受阻，不仅主将萧挞览被杀，而且被杨延昭等北宋将领围魏救赵，攻入辽国境内。面对这种前线受阻、后方不稳的局势，辽国不得不与北宋议和。最终，宋辽双方在1005年达成了澶渊之盟，从而为宋辽两国赢得了此后长达百年的大体和平局面。

后人在讨论澶渊之盟时，普遍都赞扬寇準的决绝和血性，但是澶州保卫战的胜利，其背后也有着杨延昭等人围魏救赵的卓越功勋。

3

宋辽达成澶渊之盟后，杨延昭又长期驻守在当时称为河北三关之一的"高阳关"前线，一直到他57岁时去世。

杨业，杨延玉、杨延昭父子两代死战卫国，但麟州杨氏杨家将的故事并未结束。

杨延昭死后，杨延昭的儿子杨文广继续子承父业，坚守在保家卫国前线。在小说和戏曲故事中，杨延昭有个儿子叫杨宗保，杨宗保又有个儿子叫杨文广。但这只是传说，真实历史中，杨宗保并不存在，而杨文广，才是杨延昭真正的儿子。杨延昭去世时，杨文广年仅16岁。

随着宋辽双方澶渊之盟的达成，宋辽边境开始稳定下来，——而在西北边境日益崛起的西夏，则成了大宋帝国更加迫切的威胁。

1038年，党项人元昊正式称帝建立西夏。随后，元昊率军分别在三川口、好水川、定川寨等战斗中击败宋军，一直到1044年，宋夏双方才达成停战协议。

当时，名臣范仲淹一度在宋夏前线主持战事，后来又被宋仁宗召往汴京（开封）主持"庆历新政"改革。但"庆历新政"仅仅持续两年，就在反对派攻击下被迫停止，范仲淹无奈下再次回到宋夏前线。

回到西北前线的1045年，范仲淹已经57岁，杨文广也已经47岁了。

范仲淹慧眼识英才。此前，他曾经在宋夏战争中发现一位作战勇敢的年轻人狄青，于是特别召见狄青，并鞭策其要读书学习、文武并进。在范仲淹的激励下，狄青后来不断成长，官至枢密使，相当于北宋国防部部长，成为北宋一代名将。

重回宋夏前线后，范仲淹听说杨业、杨延昭有个子孙杨文广当时也在宋夏前线，于是又特地找来杨文广，并鼓励他要继承先辈遗志、精忠报国。

宋仁宗皇祐四年（1052），盘踞广西的少数民族首领侬智高兴兵作乱，并攻占了广西、广东和贵州等多个地区，宋朝派出军队围剿，没想到却被侬智高打败。无奈下，宋仁宗只得派出名将狄青前往平叛。杨文广也以低级军官的身份参与了这次南征。最终，狄青率军平定叛乱，杨文广则立下军功，此后在广西担任地方官长达十年之久。

到了晚年，杨文广又奉命前往陕西和甘肃一带的宋夏战争前线。在秦州（今甘肃天水）驻防时，杨文广曾经率军攻破西夏军，有人问杨文广为何能够

241

取胜,杨文广回答说,我先派兵抢占了有利地形,"先人有夺人之气"。

后来,杨文广又被调派到宋辽前线,担任定州路副都总管、兼侍卫步军都虞候。

宋神宗熙宁七年(1074),辽国试图进一步侵占宋朝国土。柔弱的宋朝在谈判后,又割让了"七百里地"给予辽国,听闻消息后,当时已经76岁高龄的杨文广义愤填膺,主动制定了作战方案进呈宋神宗,表示不惜与辽国一战,也绝不割让领土。

但宋神宗并未听取杨文广的意见,当年十一月,转战一生的杨文广最终病逝于河北宋辽对峙前线。

杨文广死后,杨业的直系子孙日益没落,逐渐沉沦为下级军官。到了北宋末期的宋徽宗时期,杨家将完全衰落下去。

4

杨家还有另外一支鲜为人知的支系。杨业的弟弟杨重勋有个孙子叫杨琪,鉴于北宋一代重文抑武,杨琪最终从武将奋斗转型成了文官,并任官至光禄大夫,官阶为从二品。

杨琪与同族兄弟的杨文广以及名将狄青都是同时代人,他的弃武从文,也与北宋的政治背景息息相关。

宋太祖赵匡胤自从陈桥兵变夺取后周政权,建立北宋后,就一直对军人采取严密监管态势。北宋初期,先是宋太祖"杯酒释兵权",解除了各位大将的兵权,到了宋太宗时期,又开始大兴文治,广泛科举取士,以笼络知识分子。

在北宋皇帝们看来,读书人没有兵权,通过科举制获得晋升后,对于北宋帝国更是忠心耿耿。因此,北宋的崇文抑武国策不断加固,对武将的蔑视和提防也日益加深。

面对皇权的猜疑和文官集团的集体攻击,看到武将为官的艰难后,杨家将的后人们，也慢慢读出了北宋政治的核心要领。后来，杨业的侄孙杨琪曾经有一次感慨道："吾本武人，岂足以知士大夫哉。"意思是说，作为被文官集团集体排斥的武将，他根本无法读懂文官的心思。又或者是，他只能装作不懂文官集团的心思。

1050年，杨琪病逝于淮南。

杨琪去世前，杨琪的儿子杨畋继承父志，考中进士，终于从武将世家转型，挤进了文官集团的阵营。此后，杨畋曾经受命镇压南方的瑶族叛乱。侬智高在广西起兵叛乱时，杨畋受命前往平叛，结果被侬智高击败。宋仁宗派出名将狄青，才平定了南方。

由于屡立功勋，狄青被宋仁宗提拔为枢密使，这使得文官集团非常不满，并开始交相攻击狄青。有的文官甚至上书宋仁宗说，狄青从底层士兵起家，在军队中威望很高，一定要小心提防。有人则干脆编造出各种谣言，一会儿说狄青家的狗长出了角，一会儿说狄青的府邸晚上还会发光、貌似有天子之气，来诋毁狄青。

在种种谣言和文官集团的集体抵制下，北宋难得一遇的名将狄青最终被免去枢密使要职，改而被贬黜到地方任职。不久，狄青在文官集团的集体攻击下惶恐去世，年仅49岁。

作为杨家将的后人，杨畋尽管打仗不行，但从他的父亲杨琪开始，却参透了北宋崇文抑武的政治本质。从某种程度来说，正是这种政治本质，导致了杨家将的衰落和杨家将后人弃武从文的结局。

尽管在武功上不能再对国家有所贡献，但杨畋作为文官却非常尽职。他曾经与名臣司马光同为谏官，经常犯颜直谏。嘉祐四年（1059），宋仁宗想给外戚李珣和刘永年两人升官，叫杨畋起草文件，没想到杨畋直接回绝说："武将郭进等人守卫山西前线，与辽国抗衡十几年都没升官。如今李珣、刘永年两个人没有尺寸之功，反而要升官，就因为他们是外戚？"

一生做老好人的宋仁宗没有办法，只能作罢。

最终，当族叔杨文广仍然奋战于边疆前线时，宋仁宗嘉祐七年（1062），杨畋病逝，享年56岁。

杨畋生前为官清廉，死后家境贫寒，为了表彰他的贡献，宋仁宗特地让人赠送给杨畋的家属一柄御书的纸扇和二百两黄金。

根据史料记载，后来，杨畋的儿子杨祖仁也以科举入仕，"莅官不苟，累升为大夫"。

至此，抛开小说和演义，杨家将的后人，也逐渐消失于北宋的历史风云之中。

5

到了靖康二年（1127），攻破汴京（开封）的金人将宋徽宗和宋钦宗父子以及赵宋皇族、王公大臣、后宫妃嫔、百姓男女等十几万人掳掠北上，北宋至此灭亡，是为"靖康之变"。

面对北宋亡国的惨痛教训，从南宋开始，翘首企盼北伐复国的朝野、民间，开始不断撰写小说和戏剧作品，广泛宣传保家卫国的杨家将，并衍生出杨令公（杨业）撞李陵碑自尽、杨门女将、四郎探母等小说和戏剧故事。

进入民国，由于中国面临四分五裂和帝国主义瓜分危机，有关杨家将的故事更是走向巅峰，"虽妇人孺子，无不知有老令公、佘太君、杨六郎者"。

尽管到了后世，很多人已经将杨家将的真实历史和小说演义混为一谈，莫能分出真伪，但杨家将在北宋一代抗击契丹和西夏、祖孙数代保家卫国的忠烈故事，在此后900多年间，一直激励着无数仁人志士和爱国儿女们，为祖国不懈奋斗。

但回顾杨家将的家族历史，让人感慨万分的是，这个承继汉唐遗风、武烈果敢的家族，在宋代之后，也迎来了绝唱。

有宋一代，北宋时有杨家将、呼家将、折家将、种家将，南宋时有岳家军，但在崇文抑武的宋代，这些武将家族最后几乎无一例外，都是以悲剧告终。

事实证明，在皇权的抑制和打压下，在文官集团的集体围攻下，早先中华民族血脉中涌动的血性、勇敢，逐渐被雅致、温婉的文官文化所掩饰覆盖和侵蚀消弭。在宋代以后崇文抑武、信仰"万般皆下品，惟有读书高"的时代氛围下，杨家将所象征的家族血性，逐渐被消磨了。以致连杨家将的后人，都不得不弃武从文，以寻求进入宋代朝政的高层，避免被排斥在政治顶级圈子之外。

晚清四大名臣中，曾国藩、李鸿章、张之洞三人都是进士出身，左宗棠也是举人出身。他们都是误打误撞，才进入了军事领域，张之洞也是从文官转型为地方督抚，才得以参与军政事务。

晚清覆灭，民国建立后，由于时代危亡，军事武功才再次崛起，成为中华民族在那个特定时期的主流，从本质来说，一旦进入和平时代，文治又必然复兴。但文治之外，武功也不可偏废，因为"出则无敌国外患者，国恒亡"。

从这个意义来说，杨家将的家族象征意义如此深刻，无论时代如何变迁，他们都在时刻提醒着我们：一个民族想要走向未来，文治与武功始终不可偏废。在一个家族和民族的灵魂底质上，我们始终应该牢牢传承血性、勇敢、忠贞、爱国等品质。或许，这也是杨家将能够被传颂千古，背后所隐藏的奥秘吧。

致敬，血性杨家将。

大宋第一将门家族,威震帝国两百年

民间家喻户晓的《杨家将》故事中,杨令公(杨业)的夫人佘太君在丈夫与儿子战死沙场后掌管天波府,以百岁高龄挂帅,率领十二寡妇出征。

佘太君的事迹大都为虚构,但历史上确有其人。史学家认为,杨业的妻子是永安军节度使折德扆之女,她为人机敏聪慧,曾协助杨业立下战功。佘太君应作折太君,文学作品以讹传讹,由此产生了一位巾帼英雄。而她的背后是一个历史上真实存在的、北宋延续最悠久且唯一长期世袭知州的将门家族——府州折氏。

1

折家祖籍云中(今山西大同),是一支党项豪族,一说是党项化的鲜卑人。

唐末,折氏徙居府州,世代尚武,独霸一方,并崛起于今陕西榆林市神木县、府谷县与内蒙古准格尔旗一带,即唐代的麟、府、丰三州。折氏与后来的西夏建立者李氏(拓跋)家族颇有恩怨,跟契丹也是世仇。

府州折氏的第一位领袖,是唐末藩镇官员折宗本。他与当时大多数地方豪强一样,在战乱中捞到了第一桶金,被唐朝任命为都知兵马使,执掌振武军,领绥（今陕西绥德）、麟等州，割据于陕北一带，号太山公。

从折宗本到儿子折嗣伦，再到孙子折从阮，折氏家族世居府州（今陕西府谷），三代人奠定了世袭藩镇的基础，并在五代十国中长期依附于中原政权，成为西北边境的屏障。

府州这个地方，是一个蕃汉杂居的西北边地，东濒黄河，北临草原、大漠，南瞰河西诸州，正好位于北宋、辽与西夏的边界，西、北、东三面受敌。府州东面有黄河天堑阻隔，孤悬于西北，为宋朝阻挡"西北二虏"东进南下的军事要冲。

这里离契丹的地盘虽近，但周围道路崎岖，多为山峡小道，对骑马作战的契丹人极为不利，而折氏能征善战，也不是好惹的。契丹人经常打到府州就打不动了。

折氏传到折从阮这一代，中原的后晋政权把他们给出卖了。"儿皇帝"石敬瑭将燕云十六州割让给辽国，这笔买卖把河西之地也算在内。契丹想趁机将多年未攻下的府州纳入囊中，强行迁徙河西之民，要求折氏迁往辽东。折从阮不愿向契丹奴颜婢膝，反而据险自守，与契丹人交战，使府州仍然在中原王朝的控制范围中。

此后，折氏历仕后晋、后汉、后周，并在宋太祖赵匡胤代周建宋后归附宋朝。宋代的折家军一般是从五代十国的折从阮算起，即史书中所说的，"自从阮而下，继生名将，世笃忠贞，足为西北之捍，可谓无负于宋者矣"。

在宋代，同样出自党项族的西夏李氏称帝建国，起兵反宋，建立了一个长达189年的西北政权；而府州折氏却为宋尽忠，成为大宋西北边境的守卫者。生存还是毁灭，有不同的选择，他们都被历史铭记。

2

折从阮之子折德扆，即杨业的老丈人，率领一家老小归宋后，经常与其儿子入朝觐见皇帝。

当时，折家的地位近乎藩镇节度使，十分特殊。宋太祖对主动投靠的他们予以优待，允诺折家"尔后子孙遂世为知府州事，得用其部曲，食其租入"。意思是，折家从此世代为宋臣，可世袭为知州，掌管一州军政大权，当地的租税也作为折家的收入。

这其实是一种以夷制夷的战略。西北民风剽悍，天高皇帝远，宋朝利用折氏为"酋帅"统御府州诸蕃。只要折家听话，子孙代代为地方大员，享尽富贵。但宋朝也对其进行一定制约，如像其他州那样，设置通判进行监督，并掌握知州的任免权。折家的子孙如果不称职也会被撤换，折家的第五代折继宣就因为有暴力倾向，"虐用威刑"，被朝廷撤换了，改用他弟继闵知州事。府州折氏对赵家感恩戴德，甘心成为宋朝的西北长城。

宋初采取"先南后北"的战略，宋太祖或招抚，或出兵平定南方各政权。后来宋太宗倒是想收复北方的燕云十六州，但被辽军打败，骑着驴车狂奔回营。宋真宗时，宋辽又签订了澶渊之盟。因此，宋代折家与辽军的正面冲突反而比五代时少。

其中一次正面交锋，发生在宋太宗至道元年（995），辽国丞相韩德让之弟韩德威率大军犯边，向府州进军。当时镇守府州的是折德扆之子、折太君的兄弟折御卿，他与父祖一样，是抵御契丹的一代名将，曾收复西北十五处州县，使契丹闻风丧胆。

韩德威是个战争狂人，在担任西南面招讨使时多次率领辽军向党项族出兵，19年间打了9次仗。但他对折家颇为忌惮，在此前一年的子河汊之战中，韩德威大败于折御卿，辽军被斩首五千，损失马匹上千，将领也阵亡20余人。那也是宋太宗津津乐道的一战，他自己打仗不太行，却对军事很有兴趣，听说折御卿大破契丹后乐坏了，要求府州画地图进奏，还召使者询问战役详情。

这一次，韩德威得知折御卿病重，趁机来攻，想报之前子河汊之仇。可折御卿带病上阵，吓得契丹人不敢轻易前进。折御卿的母亲听说儿子带病出征，本想秘密派人接他回家养病，折御卿却坚守前线，宁死也不回头。

折御卿托人带话给母亲，这段话也成了他的遗言："家世受国恩，敌寇未灭，御卿之罪也。今临敌，安可弃士卒自便？死于军中，盖其分也。为白太夫人，无念我，忠孝岂得两全？"我将为国尽忠，请恕我不能为母亲尽孝，这是折御卿的报国之志。

因为这番话，折家将为宋代文人所讴歌，成为忠勇之将的榜样，而这正是折家将的家风。

此战，韩德威大军不敢贸然进攻，只得撤走，而折御卿却因为耽误了治疗时间，不幸病死于军中，年仅38岁。

折御卿之子折惟昌继任后，不忘父亲教诲，多次征战沙场。后来他于运送粮草到麟州的途中遭遇风沙，冒险行军，不幸病逝，也不过37岁。临死前，部下将士都劝他暂且停止行军，折惟昌坚定地说："古人受命忘家，死于国事，分也！"

3

澶渊之盟后一百多年的时间里，折家军与辽国的战事渐渐归于平静。西北真正的威胁，转为西夏党项人。

西夏李氏与府州折氏的恩怨可以追溯到中唐。当时，一部分党项族人受吐蕃的压迫而东迁到今陕、蒙、晋交界地带，而其中最强大的两支就是拓跋氏与折氏。唐末乱世，他们各自割据一方，靠给唐朝打工得到一块地盘，招聚州境部族，成为并立的藩镇，一直延续到宋代。

北宋时，西夏起兵叛宋，折家军却为大宋而战，两个家族在宋夏战争中多次交手。宝元元年（1038），元昊称帝建立西夏后，对大宋连续发动了三川口、好水川等战役，大获全胜。这一时期，年方二十的折继闵袭职为府州知州，加入宋军抵御西夏的战争。折继闵是宋代折家将的第五代，也是第七任折氏府州知州，在职期间大小三十余战，战功赫赫。

在第一次宋夏战争中，宋军兵败如山倒。元昊在好水川大胜之后，乘胜追击，引兵攻打麟、府、丰三州，围攻麟州长达月余，再转而攻打老冤家折家将镇守的府州。

折继闵的上司、管勾麟府路军马公事（这一地区的最高军事指挥官）康德舆胆战心惊，在麟州围城后坚持闭门不战，畏敌不出。如此消极防守，注定无法退敌。于是，折继闵不顾上司的指示，凭借府州城的地利积极组织防御，与西夏军大战。正是因为折家军的顽强抵抗，元昊见攻打府州城无望，只好解围而去，没能再下一城。

府州保卫战后，折继闵在府州一带修筑多个军事堡寨，为之后的宋夏战争打下了根基。此后，世代忠于中原王朝的折氏，在宋夏战争中历经折继闵、折继祖、折克柔、折克行、折可大和折可求共三代6位知州，一直把守着大宋的西北大门，北防辽，西御夏，东抗金，直至北宋灭亡。

在《宋史》中，除了府州知州以外，折氏的唯一立传者为折从阮的六世孙折可适。折可适是北宋折家的最后一位名将，活跃于北宋中后期的宋夏边境。他继承了折家将守土保疆的爱国传统，也传承了祖辈的仁义道德。

有一年，西夏再次犯边，折可适与另一个将领郭成一同出兵阻挡。战场上，郭成想把自己的马让给折可适，让他得以突围，折可适却说："您家中还有双亲，先走吧！我会以死报国！"郭成带兵离开后，其他部将赶到，才把战马分给折可适。折可适指挥部下分兵鏖战，突出重围，取得大胜。

战后，郭成向上级汇报，说这场大胜都是折可适的功劳。折可适却说："我与郭成分兵而出，郭将军擒获二虏，我的贡献比不上他。"宋军主帅章楶大为感慨，说："诸将都在争功，二位竟如此推让！"

作为将门之子，折可适虽屡立战功，但在崇文抑武的北宋朝廷仍不免受到打压。每次作战因意见不合，出兵不利，折可适总是受连累，被王文振等同僚多次诬告，屡次被贬。他一生守卫边疆，却敌不过朝中文人的只言片语。宋代武将的悲剧命运，终将成为此后"靖康之变"的伏笔之一。

宋徽宗年间，61岁的折可适病逝于泾原总帅任上，折家将也走向最后的辉煌。

4

"靖康之变"中，折家军率部东进勤王，为守护大宋投入了两百年来积攒的全部家底。第七代折家将、最后一任府州知州折可求带兵2万驰援太原，太原之战，宋军连战失利，两名大将阵亡，将领刘光世逃之夭夭，只有折可求坚阵死守，打出血性，没给祖辈丢脸。但这一仗却也耗尽了折家军的最后一丝力气，史书记载，这一战各路宋军，"十丧七八分"。

太原之战后，折可求退回府州驻守，其子折彦文率领东进后剩下的数千麟府兵，在汴京防御战中血战到最后一刻。

西北的府州城在北宋灭亡、外无援兵的困境下，陷入金与西夏的包围。折可求带兵死守西北边境两年，却如螳臂当车，于南宋建炎三年（1129）力尽降金。

降金十年后，折可求被金人毒杀，南宋文人以幸灾乐祸的态度记载了此事，似乎早已忘记他在"靖康之变"中的抗争。有时候，在文人眼中，一次选择就足以用来否定一个人的一生。

折可求死后，府州城群龙无首，很快被西夏军攻占。西夏党项人对常年主持北宋西北防务的折家将恨之入骨，他们闯入折家，将折氏祖坟捣毁，开棺戮尸。之后，留在北方的折氏后裔被金人远徙到山东，府州折氏至此不可避免地走向衰落。

在南方，折可适之子折彦质随宋高宗南渡后，成为坚定的主战派。他受命在河南布置防线，一度位居中枢，本有希望恢复折家往日的荣耀。但在秦桧独揽大权后，折彦质作为主战派受到陷害，每以家世忠节、不得北归为恨。他平生不畏权贵，因为痛骂秦桧，被贬到海南岛。

从折从阮抗辽，到折彦质抗金，折家前后历经八代，父子兄弟前仆后继，镇守在风沙滚滚的陕北一角，出了4任节度使、12任知州，延续近200年，可谓满门忠勇，世代忠良。

这个名将辈出的党项豪族，生在西北，长在西北，也战在西北。宋时，西北边境是宋辽金夏厮杀征战的修罗场，正如欧阳修在《边户》中所写的：

> 家世为边户，年年常备胡。
> 儿僮习鞍马，妇女能弯弧。
> 胡尘朝夕起，虏骑蔑如无。
> 邂逅辄相射，杀伤两常俱。

在这个三面为敌的边境重镇，折氏将的祖训却是：以武立家，忠勇立世，效忠朝廷，浴血塞外。他们从宣誓效忠中原王朝的那一天起，代代为将，坚守边疆，战至最后一城。

有时，我们往往只能看到一个经济强盛、文化昌盛的宋朝，可那些隐藏在边缘地带负重而行的英雄，才是那个盛世真正的守护者，也是盛世破灭后勇敢的逆行者。

秦桧死后，年迈的折彦质得到平反，从海南岛北归。在渡海时，他写下一诗："去日惊涛远拍天，飞廉几覆逐臣船。归舟陡顿能安稳，便觉君恩更涣然。"（《北归渡海》）

他再也无法追随祖辈的身影，北上抗金了。那时，折家将200年轰轰烈烈的光辉岁月，早已随风消逝。

王阳明家族兴衰史

嘉靖七年（1528）十月，在平定广西思田之乱后，病体沉疴的王守仁来到广东增城的忠孝祠祭祀先祖。

这座由当地天妃庙改建的忠孝祠，供奉的正是王守仁的先祖王纲、王彦达父子。当年，王纲因向明太祖朱元璋进言治国安邦之策，得明太祖赏识，任职广东参议，到广东地区督办军粮。

时值广东潮州地区发生民乱，闻讯赶到潮州的王纲父子动之以情，晓之以理，终于劝服百姓归顺朝廷。然而，在返程复命途中，一群为王纲人格魅力所感染的海盗趁机绑架了这对父子，并希望王纲能出任他们的军师，辅佐海盗首领成就"霸业"。

王纲不为所动，在海盗们的威逼利诱下怒骂不止，终遭残忍杀害。

当时王纲之子王彦达仅16岁，面对海盗杀害其父，他悲痛万分，但誓死不降。这令海盗首领无可奈何，以"父忠而子孝，杀之不祥"为由，释放了王彦达。

而后，王彦达只身背负其父尸首归葬故里，终身不仕。

身为王氏后人的王守仁，在祭祀忠孝祠后百感交集，随即提笔留下了一首诗：

> 海上孤忠岁月深，旧墙荒落杳难寻。
> 风声再树逢贤令，庙貌重新见古心。
> 香火千年伤旅寄，烝尝两地叹商参。
> 邻祠父老皆仁里，从此增城是故林。

孰料，命运的轮回总是如此相似。一个月后，嘉靖八年（1529）十一月，王守仁与其先祖一样，在行至江西南安府大庾县青龙铺时，客死异乡。

临终前，随行的人问他可还有遗言，他说："此心光明，亦复何言！"

1

"此心光明"是王守仁研究了一辈子的心学的最高境界。心学，即王守仁希望世间诸人怀有"立德""立功""立言"之心，平和地看待世间万物，达到如孔孟般的圣人境界。

正所谓一个人的后天格局往往与家风传承密不可分，对于王守仁的王氏家族来说，"立德"之风早已奠定。

据《王文成公全书》记载，王守仁的家系最早可追溯至汉末名人、中国的孝悌典范王览。

《孝经》中记载了一则"卧冰求鲤"的故事，其主角便是王览同父异母的哥哥——大孝子王祥。当亲生母亲心怀叵测，想方设法危害兄长时，王览常常挺身而出，不惜以身试毒，救哥哥于危难之中，成就了一段"王览争鸩"的佳话。

因两兄弟所居之地为汉朝的琅邪（今山东省临沂市），故在西晋"永嘉之乱"后，以东晋宰相王导为代表的王氏后人移居南方，便以当年祖宗所居的郡望为名，世称"琅邪王氏"。

琅邪王氏在两汉至隋唐时期，孕育出35位宰相、36位皇后，如王戎、王羲之等当世风流名士更是数不胜数。在东晋家族鼎盛时期，世间普遍认可"王与马，共天下"的事实。而家族代表王导与另一位名相谢安组成的王谢之家组合，即便在士林之风消散多年的今天，仍然是钟鸣鼎食之家的代名词。

只不过，在隋唐时期兴起的科举考试打破门阀世家垄断政治资源的局面后，琅邪王氏随即败落。

在家族的不断繁衍和迁徙之中，琅邪王氏各支系不断扩大，发展出了"三槐堂"等一系列大分支。其支系传承至王寿时再度迁徙，定居浙江余姚秘图山，形成了余姚秘图山王氏。

2

王寿即王纲的曾祖父，历史上并没有记载其因何迁居余姚。但从王纲往下的王氏家传渊源，却可看出从前琅邪王氏立孝立德的家风，并未被舍弃。

王纲，字性常，以文学闻名于乡间。本来有着极高文学素养的他注定前途广阔，奈何生不逢时，其所处的年代正是元明相交的大动荡时期。生逢乱世，保全自己及家族最好的法子，大概就是隐匿山间，不问世事。因此，在《王性常先生传》中，对王纲的记载是"少与永嘉高则诚、族人元章相友善，往来山水间，时人莫测也"。

在王纲隐匿山林、渔樵耕读期间，有一终南山道士赵缘督曾夜宿其家并授予王纲相面之术，告知"公后当有名世者矣"，但最好能够一直游历于庙堂之外，否则日后性命堪忧。

赵缘督虽一语道破其未来命运，但也不希望看到这个新收的徒弟最终遭遇不测。于是，他便邀请王纲云游四海，设法为其躲劫避难。

然而，王纲上有八十老母需要奉养，对于仙师所言，他也只能听听而已。毕竟，尽孝在王氏家族的传统中，比生命更为崇高。

虽然王纲最后选择留下，但他用所学的才识，在众多好友中一眼便相中正值人生低谷的刘伯温。在与刘伯温的对话中，王纲曾不止一次推崇刘伯温为"王佐之才"。

对于好友的未来，王纲也提出了一点建议，希望好友在未来的日子中，能尽量不计回报地付出。当然，如果能做到像他那样，隐居山野，淡泊名利，远离世事纷扰，一心研学，那自然更好。

刘伯温到底听没听进去王纲之言，不得而知。但王纲预测的刘伯温前途却异常精准。也不知是否出于这样的原因，刘伯温向朱元璋推荐了这位隐居山野数十年的旷世奇才，而这，间接造成了好友的死亡。

王纲被海盗杀死后，朝廷并未立即下旨抚恤。直到此事发生近20年后，一位御史偶然上奏，才促使朝廷重启抚恤王家的工作。

这份迟到的善后，对于已独自背负父亲遇难创伤20年的王彦达而言，微不足道。

面对朝廷给予自己的封官加荫，王彦达选择秉承家风，好好读书。于是，从王彦达到王守仁之父王华之间的数代，王家只闻读书声，未见官名显。

尽管这期间王家世代相继做草民，但其家族"忠贞循谨，言无恶声，行不妄为"的节操早已名扬天下。连当时远在北京担任大明国子监祭酒的胡俨也认为王彦达有隐士之风，对其在家躬耕养母、读书向学的态度给予好评。

但王彦达明白，一个家族的家风传承，仅靠自己一人难以实现。他在世时就将父亲王纲遗留的著作悉数赠予其子王与准，希望下一代能秉承家学渊源，以孝之名，耕读山间，超脱世外。在王彦达之后，秉承家学渊源的王与准决定继续走祖、父的老路，悉心奉养母亲，以文传家，终身不仕。

当时外界普遍认为，自王纲之后，王氏族人是因怨恨朝廷凉薄，遂以不参加科举的方式，进行无声的抵抗。其实不然。以王守仁曾祖王世杰、祖父王天叙为例，当年族中向学之风日盛，其父子二人皆秉承王与准之命，参加科举，以才学反哺社会，在乡间教书育人，桃李满天下。

那为何王家数代治学却无缘为官呢?

王与准给出了答案:"吾非恶富贵而乐贫贱,顾吾命甚薄,且先人之志不忍渝也。"说到底,是王与准自己没信心,还有就是王家孝顺之风已深入骨髓——这是家学传承的精要,不宜丢弃。

为了守住它们,安贫乐道于乡野之间,或许是王家历代先祖最好的归属。但"位卑未敢忘忧国"的情怀,又促使他们即便隐匿于山野,也要尽绵薄之力,教书育人,以效国家。

3

当这样的忠孝之风传至王守仁的父亲王华时,家族的命运旋即发生了转变。

王守仁的祖父王天叙一生谨守家风,"通经典,善诗词",尤其爱读《左传》《史记》等历史类大作,以史为鉴,稽其成败兴坏之纪。他在开馆授徒之余,对儿子王华的学业监督也尤为上心。

一直以来,王天叙唯一的遗憾便是不能以身事国。他把全部希望寄托在王华身上,希望儿子能代替他进入朝堂,匡扶社稷,光耀门楣。

王华拾金不昧的品德可说是王天叙家庭教育的成功体现。但若无王氏历代先祖的家学渊源、治学之风,似乎王氏家族品德高尚也无法世代延续。可见,日后王守仁成功跻身圣人之列,其实早就奠定了传承根基。

王华考中状元后,按明朝惯例,即授翰林院编撰。在明代,翰林院堪称内阁中枢人才培训基地,"非进士不入翰林,非翰林不入内阁"。王华的仕途起步,比同科的其他进士高了不止一个等级。

然而此时的大明,宦官干政,皇权懈怠,王华这种在家学熏陶下坚守着内心良知的大家才子,其实在官场上并不受欢迎。

当年,在翰林院工作的王华因德才俱佳时常被抽调到东宫,为时任太子的明武宗讲学授课，也由此认识宦官刘瑾。之后，明武宗即位，刘瑾得宠，权倾朝野。

对于王华，刘瑾十分钦佩，希望王华能站好队，替自己摇旗呐喊。作为回报，刘瑾对王华许以大明首辅之位。但正邪自古不两立，王华不为所动。刘瑾遂借故逼令王华辞职，退出朝堂。

从此，王华再度回归乡野，秉承家风，侍养老母亲，又过上了他口中"免祸"的自在生活。

4

相较于父亲回归山野的恬静自在，此时刚刚上书弹劾刘瑾专权的王守仁就有点惨了。

对于这个与自己无甚交情的后辈子侄，刘瑾没有手下留情，先当庭痛打了王守仁四十大板，再将其下放到贵州龙场（今贵州省贵阳市修文县）当驿丞，相当于招待所所长。说是招待所所长，可龙场这个地方人迹罕至，即便把清洁卫生搞得再好，能等来的也只有呼啸而过的山风。好在王守仁从小在爷爷王天叙家中长大，这种亲近大自然的环境，对他来说是再好不过了。山高皇帝远，他有大把的时间感悟人生，升华自己。

王守仁早年的经历有些传奇。

据记载，王守仁出生前，其祖母曾梦见神仙亲驾祥云将孩子送到自己手中，而王守仁也与传说中的哪吒类似，在其母的腹中待了足足十四个月才出生。王守仁一出生，王天叙欣喜异常，随即为其起名王云。可这个名叫王云的小孩儿是如此与众不同——正常情况下，婴儿在1岁左右便会开口叫爹娘，可小王云一直长到5岁都没开过口。家人不禁怀疑，这莫不是个傻儿？

又是一个道士夜宿王家。

为感谢主人家的招待之恩，道士临走前说了句："好个孩儿，可惜道破！"

要不说王家家风传承得好，王天叙一听，原来如此，立即将王云改名王守仁，取《论语》中"知及之，仁不能守之"的意思，希望王守仁日后能以仁德之心守护自己的命运。

也不知是应了道士赵缘督对王纲说的"公后当有名世者矣"之言，还是圣人本就不同凡响，王守仁一改名就会说话了。而且到了他爹会背《诗经》的年纪，他已经能背《大学》了。

与从前王氏族人恬淡治学不同，王守仁的性格多少有些叛逆。至少在他父亲王华眼中，这小子就是家族里的"刺头"，让你好好读书，你还非得沉迷军事游戏，整天搞事情、刷存在感。

一次，王守仁因贪玩下象棋不慎惹怒了父亲王华，王华一气之下，将棋盘、棋子通通丢入河里，希望断绝儿子的玩物丧志之心。谁知，王守仁不依不饶，在他爹教训完自己后，即兴作了首《哭象棋》：

象棋终日乐悠悠，苦被严亲一旦丢。
兵卒坠河皆不救，将军溺水一齐休。
马行千里随波去，象入三川逐浪游。
炮响一声天地震，忽然惊起卧龙愁。

尽管知道儿子有特异才能，但自祖上即流传下来的潜心治学传统早在王华心中生根发芽。王华觉得王守仁这种叛逆行为发展到最后，搞不好会让王家数代英名毁于一旦。所以，不管王守仁有多么天才，在王华眼中，这家伙就是个不听话的孩子。

而对于王守仁而言，人生不应受限于科举，也不能仅限于文学。治学的最终目的不是遵从圣人，而是努力让自己与圣人肩并肩。在他的思维中，科举并非人生的头等大事。在科举之外，修身明德、齐家治国都是值得他奋斗一生的事情。年纪稍长，他便心怀经略四方之志，策马扬鞭驰骋长城一线，纵览大明锦绣江山。

不过，虽然王守仁不认可科举是人生第一大事，但不科举不能当官的道理他也明白。于是，被迫接受现实的王守仁也只能踏上应试教育的生涯。

弘治十二年（1499），注定彪炳大明科举史册。这一年，两个不同领域的天才级人物王守仁与唐伯虎同期赴考。最终，王守仁以全国第十名的好成绩顺利考中进士，进入大明官僚系统；而唐伯虎却不幸卷入试题泄密案，终身禁考，余生只能上街卖字画。

5

有幸从小王变成王大人的王守仁，最终没能得偿所愿地进入兵部上班。在上呈的《陈言边务疏》杳无音信后，还在刑部上班的王守仁决定先开始践行他要做圣人的理想。

在成圣以前，当然要膜拜一下先前以理学扬名的朱熹朱圣人。然而，在研究朱圣人的理学时，王守仁却发现朱熹先前所提的"存天理，灭人欲"的理论不对。因为在这套哲学体系中，"天理"和"人欲"是分开且对立的——要追求天理，也即遵循自然发展的规律，那就必须先消灭人的欲望。于王守仁而言，他想当圣人，这就是他的欲望。灭了这个欲望，人就不会进步了，社会也停止前进了，这个"天理"也就成了一个死理。

从朱熹到王守仁，时间长河不只是改变了人的样貌，更让天下发生了沧海桑田的变化，那天理跟人欲真的没关系吗？

王守仁不相信，可他也没办法。因为除了他，所有的儒家学子受到的教育都是，圣人是不会错的。

为了推翻朱熹的理论，王守仁还得找出新的证据。从前，在跟随其父、祖修习圣贤书时,他就知道《庄子》曾言"夫至乐者,先应之以人事,顺之以天理,行之以五德……太和万物",这说明天理是存在的。可究竟什么才是天理?王守仁百思不得其解。

正在他冥思苦想之际,宦官刘瑾上台干政了。刘瑾仗着皇帝信任,一手遮天,很多官员被无辜下狱。同僚们的冤屈激起了王守仁原本就深藏于骨子里的爱国重德之心。他冒着生命危险上书臭骂了刘瑾一顿。

早就想食其肉、啖其血的刘瑾假意将王守仁委派到贵州上班,实则派出杀手准备暗地里解决掉他。从小做事情就不安分的王守仁在去贵州的路上不按常理出牌,在经过扬州的时候,他索性写了封遗书,伪造了一个自杀现场,让刘瑾的杀手扑了个空。

王守仁本以为此举会让早已回家耕田的父亲更为担忧,没想到,死里逃生的王守仁在躲回家以后,王华高度赞赏了儿子的做法,并嘱咐其按朝廷任命前往贵州上任。

于是,履新招待所所长的王守仁来到贵州继续感悟人生。

年轻时,根据儒家经典《大学》的指导,王守仁以格物致知的方式探寻天理之所在。他天天跑到野外去"格物穷理",结果格到眼瞎也没悟出来天理何在。时间一长,原本思维能力极强的他也变得有些神经兮兮了。除了"天理"与"人欲",他的脑子里暂时装不下其他东西。

在经过无数次思想碰撞之后,王守仁最终在龙场说服了自己:天理就是人欲,圣人所格之物即去除杂念,致知则是遵从本心,因此"格物致知"实际上只要求人致知、致良知。

中国古代儒家又一哲学体系"阳明心学",就此诞生。

6

自从悟出心学之后,王守仁便成了远近驰名的哲学家。在贵州开馆授徒之际,他也得到了平反的机会,从无品级的龙场招待所长一下子升任庐陵知县。

更令王守仁振奋的是,时任兵部尚书王琼对其军事战略才能颇为看重。在此后数年间,经王琼提拔,王守仁仕途扶摇直上,官至南赣巡抚。

而就在此时,同样是在江西,一向自命不凡的大明皇室成员——宁王朱宸濠正准备起兵谋反,图谋大业。预感到江西时局微妙变化的王守仁立即乔装打扮,动身前往南昌附近的临江府(今江西樟树市),与临江知府商量对策。

凭着军事方面的敏感认知以及心学理论的指导,王守仁巧妙分析出了宁王可能进攻的路线,并假传圣旨给予宁王一定的压力,迫使其露出破绽,为自己赢得筹划时间。

最终,被王守仁吓得一惊一乍的宁王彻底玩完。一场声势浩大的叛乱活动,在王守仁的精确阻击下,只用了30多天,就彻底烟消云散。

对于这个"出奇制胜"的结果,远在北京的明武宗还接受不了。按照皇帝的想法,本来这回宁王叛乱,正是自己上阵杀敌、青史留名的好机会,现在却被王守仁抢了头功,朕的面子往哪儿搁?故而在皇帝那里,有大功于国的王守仁反倒成了不识时务的被讨厌对象。

本该获得封赏的王守仁,也被皇帝后来"亲自"再擒宁王的功劳一笔带过。直至明武宗去世后,嘉靖初年,年过半百的王守仁才等来了迟到的封赏——新建伯,成为大明王朝历史上三位以文官身份获封伯爵的重臣之一。

这样的封赏对于王守仁而言或许并不公平。纵观其人生,他最初立志想做的无非报效国家和成为圣人两件大事。但按照明朝官员任用准则,"凡公、侯、伯之任,入则掌参五府总六军,出则领将军印为大帅督……独不得预九卿事"。换种说法,就是想要借此机会,进入内阁、参掌机要、匡扶社稷,根本没门!

平定"宁王之乱"后,王守仁变得更忙了。

在同僚及皇帝眼中,他就是大明剿匪的一支标杆,指哪儿打哪儿。此后,王守仁不是在剿匪，就是在去剿匪的路上。最终，一代心学大师因劳累过度，病逝于返乡途中，享年57岁。

7

王守仁为大明鞠躬尽瘁死而后已，得到的却是死后爵位被削。

幸而他开创的心学体系，聚拢了一大批的哲学大腕，其中诸如徐阶、张居正等日后都成为左右大明帝国战略的一代名臣。在他们的倡导下，王守仁最终成圣，新建伯爵位也得以世袭。

然自王守仁之后，曾经在王氏家族中长期传承的孝悌、仁德之风，却伴随着王家身价的水涨船高，逐渐变质。

在王守仁的孙子、明朝最后一任漕运总兵王承勋去世后，王家大宗绝嗣。

为了一个伯爵的虚名，王守仁的子孙后代大打出手。一场长达数十年的新建伯爵争产案，成了大明王朝末日来临前百姓茶余饭后的笑柄。最终，还是在崇祯皇帝的亲自干预下，王守仁的曾孙王先通承袭了最后一任新建伯爵。

好景不长，此时的大明已经风雨飘摇。在李自成大军穷追猛打下，大明王朝轰然崩塌。作为明朝贵族中的一员，王先通也逃不过被戮的命运。

回望历史，纵观王氏一族，王守仁以前，忠孝节义具备，累世清德而后显；王守仁之后，纵使名利双收，守不住亦枉然。这个家族传承起落间蕴含的道理，迄今仍值得国人深思。

文徵明家族：苏州城内的君子世家

明代的苏州人文林有一个"傻儿子"。

这个"傻儿子"，2岁了还不会走路，6岁还站立不稳，9岁仍然口齿不清。长大后，这个"傻儿子"一生共9次参加乡试，全部名落孙山，连个举人都没捞着。

左邻右舍、亲朋好友都觉得，文林这个"傻儿子"实在愚钝，孺子难教。

但作为父亲的文林不以为然，他总是鼓励儿子："你将来绝对不会痴傻一生的，你的福气可是别人远远比不上的。"

"傻儿子"没有辜负父亲文林的期望。日后，他将成长为诗、文、书、画全才的文艺巨星，并跻身"江南四大才子"。他的名字叫文徵明（1470—1559）。

1

文徵明出身于苏州文氏，其先祖其实是武官出身，一直到文徵明的曾祖父文惠才开始转而经商，并供养家族子弟读书习儒。这种从武—商—文转化的家族脉络，在转折的第一代就结出了果实：文惠的长子文洪后来考中了举人；文洪的长子文林在明宪宗成化八年（1472）考中进士，后来官至温州知府，次子文森也在成化二十二年（1486）考中进士。

可以说，尽管文徵明天生愚钝，但他的祖父是举人，父亲和叔父是进士，文氏已经有了科举家族的雏形。但无奈文徵明人生中九次参加科考全部落榜，在明代以科举谋出身、论高低的年代，苏州文氏家族的文脉似乎将在文徵明手上中落。

今天，当我们论述一个古代家族的辉煌时，宋代以前所论及的绝大部分是门阀贵族，例如王羲之、谢安等门阀世家，但宋代推崇文治，加上自宋代起，科举开始广泛取士，这就使得从此以后，对家族声名的兴衰来说，是否能在科举中有累世的功名就显得异常重要，所以，文林的这个"傻儿子"文徵明，似乎是这个科举家族的一个异类。

但一个家族的延续的奥秘，绝对不仅仅是智力的传承。这种传承，还体现在家族成员对于后人的家教上，是否耐心、宽容、循循善诱。

文林活着的时候，文徵明没有显示出特别的才华和智力。文徵明在29岁那一年和好友唐伯虎一起到南京参加乡试，结果唐伯虎不仅考上举人，还荣膺第一名，在人才荟萃的江南地区脱颖而出，成为解元。文徵明则不出所料，仍然名落孙山。

当时，已经官至温州知府的文林继续劝慰儿子说："伯虎虽然有才，高中解元，但他为人轻浮，做事不稳，恐怕人生的路会越走越窄呀。而我的孩子，你将来的成就，绝对不是伯虎所能及的。你要相信老爸！"

这位目力深邃的父亲预言得非常准确。一年之后，生性放纵的唐伯虎赶到北京参加会试，却被人诬陷举报，说他与富家子弟徐经买通考官，科场舞弊，结果锒铛入狱。尽管唐伯虎最终被无罪释放，但此后他却被终身禁考，断绝了仕途。

才气纵横如唐伯虎，在高手如云的江南地区高中解元，说明他才华非凡。但是由于生性放纵，缺乏沉稳致远的家教加持，唐伯虎很快就险些因科举舞弊案被杀。

此后，仕途无望的唐伯虎放荡一生，这固然成就了他在书画等艺术上的非凡造诣，但其坎坷挫折的一生，仍然不免让时人和后人扼腕叹息。

而在人生的长跑中，有着科举家族的文化沉淀和一位循循善诱好父亲的文徵明，以其温良勤勉的性格，开始稳扎稳打，步步为营地推进自己的人生。

不得不说，尽管作为一位不世出的天才，唐伯虎才华横溢，但在人生这场马拉松中，他终究敌不过家学深厚、家教深远、家风淳良的文徵明。

从这个意义来看，人生的成败，从来就不仅仅是一个人的奋斗，而是家族几代人的沉淀，积累与教育使然。

尽管自己的"傻儿子"天资不高，但文林不仅有好家教和好耐心，而且还有好人脉。文徵明19岁那年参加科举考试，却因为字写得很难看被考官打入三等落榜，以此为耻的文徵明此后开始勤学苦练书法。

为了让儿子更上层楼，文林让文徵明跟随书法大家李应祯学习书法。李应祯曾经官至兵部郎中和太仆少卿，他的女婿祝枝山，后来也因为书法而名列"江南四大才子"之一。李应祯与文林是同僚，女婿祝枝山又与文徵明是好友，于是李应祯慨然允诺指点文徵明。

跟随李应祯学习书法时，文徵明已经22岁了，李应祯点拨他说："你书法学得再好，但都有个问题，就是你没有自己的特点！即使你学王羲之再像，你也仅仅只是临摹别人而已。"

文徵明如醍醐灌顶。

此后，文徵明在李应祯的指点下，书法日益精进。后来，他草书、行书、楷书无不精通，大字小楷字字精品。即使到了88岁，文徵明仍能写得一手恭正温润的蝇头小楷，这种对于心神、身体和笔法的控制，在中国书法史上极为罕见。

文徵明这个"傻儿子"能从愚钝平庸到以勤补拙一步步成长，父亲文林在背后的家教训导可谓功不可没。

2

但到了文徵明30岁那年,文林难以继续提点这个"傻儿子"了。文林在温州知府任上积劳成疾去世,直到他死后,温州府民才发现,这位为政清廉的地方首长,竟然一贫如洗。他遗物里没有一件温州的财物,甚至连一双布鞋都是从老家带来的。

等到文徵明带着医生从苏州赶到温州,文林已经去世三天了,地方官吏市民不忍心,于是自愿凑集钱财要替文林办丧事。

按照当时的官场惯例,地方官死在任上,地方会负责丧葬费用,当地官绅也会送来赙仪,加起来达数千两银子。这笔收入原本合情合理,文徵明却不顾家境窘迫、缺乏父亲丧葬费用的困难,毅然谢绝了当地士绅的好意。

文徵明说:"我父亲清白做官,我不能为了一己私利而玷污父亲的声名。"于是,这位"傻儿子"毅然回绝了温州士民的好意,简单办理了丧事,扶棺北归。

当地士民非常感慨,用这笔被文徵明拒绝的钱修了一座亭子,名曰"却金亭",以表彰、纪念文林、文徵明父子。

文林去世后,连续两代高中科举后的苏州文氏到了文徵明这一代似乎戛然而止。在告别了贵族社会之后,在以科举取士决定阶层上升和功名利禄、家族名望的明代社会中,文徵明连续九次科举落榜,似乎将导致苏州文氏的断崖式陨落。

然而,苏州文氏的名望,最终却在"傻儿子"文徵明的经营下,以另一种方式,逐渐浸润大明帝国的心扉。

文林去世第二年(1500),唐伯虎出狱还乡,很多江南士子都对他落井下石,他的妻子甚至与他闹离婚分家产。走投无路的唐伯虎决定离乡远游,但却放心不下自己的弟弟，于是想到将弟弟托付给文徵明。

自己也仅是贫寒度日的文徵明慷慨允诺，并多次写信劝唐伯虎不要自暴自弃。唐伯虎十分感动，回信说："我心惟君知。"

对落难好友慷慨施援的文徵明，每当有权贵、藩王要给他送珍宝钱财请他挥毫作画时，他都会直接拒绝。他还给自己订立了一条底线：不给藩王、权贵和外国使者写字作画。

但如果来者是贫寒的邻里亲友，他就会热情接待，欣然磨墨运笔，为来者赠书作画。而别人所回馈他的，无外乎一些普通的食品、日用品或文化用品。

尽管当今他的作品价值以亿万计算，比如2018年他的行书作品《杂咏诗卷》拍卖价高达人民币8165万元，但在文徵明活着的时候，他却时常因生计而困窘。

正德六年（1511），右佥都御使俞谏在苏州、杭州等地治水。当听说文徵明生活艰难到甚至要向朋友借米维持生计后，俞谏有意施援，于是礼请当时42岁的文徵明到官署茶叙。

茶聚间，俞谏婉转地提起："听说你最近不太如意……"

不等俞谏说完，文徵明就说，"我虽不富贵，但并不贫寒。"

俞谏于是又委婉说，"我看你此次前来，衣着也比较朴素。"

文徵明又是淡然地说，"这是因为下雨，才穿破衣服出门。"

于是自始至终，俞谏都没法提起借钱给文徵明补贴家用的事。

其实，在文徵明活着时，他所作的书画就已经价值不菲，以至于市面上有大量的赝品、伪作流传。当时，有的作伪者甚至直接拿着伪作要文徵明帮忙签名盖章，文徵明对此都欣然应允。有人拿来伪作请他鉴定真假，他也一概说是真迹。

门人弟子都非常不解，问他为什么要这样做。文徵明解释说："凡是有能力收购字画的，必然是家里有余财的富贵人家；而出卖字画的，一定是因为家境困难,急需用钱。如果因为我一句话而导致双方无法成交,卖字画的人家不是更要陷入困境了吗?"

在他看来,以菩萨心肠救济落魄文人,远远比鉴定真假、维护自己的名声来得重要。

后来,清代人朱彝尊非常感慨地说,文徵明"人品第一,书画诗次之"。

尽管文林的这个"傻儿子"终其一生都没能金榜题名,然而文林、文徵明父子留下的恬淡、清净、正直与善良的品德,使得文徵明在世时,就为苏州文氏赢得了满天下的敬重。而在文徵明之后,有的外国使者途经苏州城时,还特地要别人指点哪里是文徵明的故居,然后打躬作揖,朝着苏州文氏的老宅深深敬拜。

对于崇尚中华文明的朝鲜、越南等地使者来说,中华文化圈的礼仪文明假如有活化石,那么苏州文氏就一定是其中的代表。这是一种跨越国界的品格与文化熏陶,尽管苏州文氏在财富、权力和声名方面并非顶级代表,但是这个家族所世代传承的,却是中华文化中最为深邃和韵味悠长的品格。

3

迟钝却大器晚成的文徵明,一直活到了90岁才溘然长逝。

传说他临死前,仍然在为友人的家属撰写墓志铭。中途他感到不适,于是将笔搁在一边,端坐着,静静结束了平淡却辉煌的一生。

作为古代中国的文艺巨星,文徵明在明代"江南四大才子"(唐伯虎、祝枝山、文徵明、徐祯卿)中,最为大器晚成,但却是唯一的诗、文、书、画艺术全才:诗文方面,他与唐伯虎、祝枝山、徐祯卿并称"吴中四才子";书法方面,他与祝枝山、王宠并称"三大家";绘画方面,他与唐伯虎、沈周、仇英并称"明四家"。

今天我们在分析这位文化巨星、苏州文氏真正的奠基人的时候可以发现,他身上那种恬然淡远、善良真挚的气质，是一种历久弥新、余韵悠长的文化品格。从这个意义来说，苏州文氏所代表的中国文化家族所渗透出的这种魅力，也与王侯将相或科举家族迥然有别，并且具备一种穿越时空的永恒魅力。

而苏州文氏的故事并未终止。在1559年文徵明去世后，他的子孙秉承家教，以诗书传家。有后人统计，从文徵明开始，苏州文氏共诞生了62位诗人画家，即使在文化鼎盛的江南，也称得上是文化巨族。

文徵明去世63年后，明熹宗天启二年（1622），文徵明的曾孙文震孟高中状元，使得苏州文氏进入了高光时刻。

但与曾祖文徵明一样，文震孟在夺魁之前，其实屡战屡败。

万历二十二年（1594），21岁的文震孟考中举人。但此后他连续九次参加会试，却全都名落孙山。天启二年（1622），文震孟从苏州再赴北京参加会试，就当大家都以为他将再次落榜时，屡败屡战的文震孟却一飞冲天，考卷被明熹宗一眼相中，圈为当科状元。

当时，文震孟已经49岁了。

从21岁一直到49岁，28年间历经十次会试，文震孟才最终考中进士，并且一飞冲天夺得状元。这种百折不挠的经历，堪称绝世传奇。

对于一般人来说，年近老年才高中进士甚至状元夺魁，肯定会非常珍惜这来之不易乃至异常艰难的成就。但文震孟却继承了苏州文氏的憨直作风，高中状元仅仅八个月后的天启二年（1622）十月，文震孟就上书弹劾当时权势遮天、号称"九千岁"的大宦官魏忠贤，惹得魏忠贤大怒。于是，文震孟高中状元才仅仅八个月，就被廷杖80大棍后贬谪出京。

文震孟所处的晚明时期，大宦官魏忠贤利用明熹宗贪玩嬉戏的空子把持朝政，打击异己，祸害天下。当时上至大臣下至百姓，无数人被廷杖、剥皮、割舌，惨死者无数。就在这种腥风血雨的朝堂中，文震孟却不顾身家性命挺身而出，怒斥宦官。

即使在回到苏州故乡后，文震孟仍然积极参与东林党人的活动。当时，江南民间士绅集合在东林党人周围，暗中声讨魏忠贤等人擅权乱国，惹得魏忠贤大怒。于是他挑拨明熹宗拆毁东林书院，并杀害了杨涟、左光斗等著名东林党人，文震孟则"被夺官籍，贬为平民"。

直到天启七年（1627）明熹宗驾崩后，崇祯皇帝即位并铲除了以魏忠贤为首的宦官集团，文震孟才被重新召回朝中。

重新入仕后，文震孟被崇祯皇帝任命讲解经史。有一次，文震孟在讲经时，崇祯皇帝无意间跷起了二郎腿。当时文震孟刚好讲到《尚书》中的《五子之歌》，于是文震孟故意高声朗诵《五子之歌》中的"为人上者，奈何不敬"，一边两眼紧盯着崇祯皇帝的脚，搞得崇祯皇帝只好急忙用长袖遮住脚，然后慢慢放下二郎腿。

置身明末宦官与士大夫的激烈斗争以及士大夫与士大夫之间的频繁党争中，加上崇祯皇帝本身又反复多疑，文震孟虽然短暂出任过三个月的宰相，但不久就因为党争被诬陷离职。回到苏州家中不久后，63岁的文震孟最终抱病去世。

文震孟去世八年后，崇祯十七年（1644），李自成率领农民军攻破北京，崇祯皇帝上吊自尽，大明王朝覆灭。随后清兵入关，又与南明朝廷以及各路农民军展开争夺，全国上下到处腥风血雨。

清军南下攻破苏州时，文震孟的弟弟文震亨仍然在世，于是他从苏州避居阳澄湖。当时，清军强令要求明朝遗民剃发，要求"留发不留头，留头不留发"，为了捍卫自己内心的信仰和效忠大明帝国，文震亨誓不剃发，最终绝食而死，享年61岁。

作为文徵明的曾孙，文震亨也擅长诗书绘画。生长于苏州天堂的他，还曾经写下了一本奇书《长物志》。长物，指的是日常生活中，非必需的、多余的东西。在《长物志》中，文震亨细细品讲了"室庐、花木、水石、禽鱼、书画、几榻、器具、位置、衣饰、舟车、蔬果、香茗"等十二类长物，彰显出苏州文氏对于生活美学的提炼与极致感悟。

例如文震亨会讲解如何用米汤滋养青苔：五六十粒米，两碗水，照得见人影的黏稠度，放凉之后，最适合滋养青苔。

文震亨还讲到他把茶叶放在荷花里熏香一夜，然后在第二天拿出来招待友人。因为在荷花芯中熏过一夜的茶叶，能够散发出清新的香甜，而冲泡用的水一定要是冬天存储的雨水。

对于这种极致的生活美学，有朋友调侃他说，"你的专长是书画跟营造园林，干吗要写生活小事呢？"

文震亨的回答是："假如将来人们渐渐忘了该如何好好生活，当他们想要重新体会或了解时，那么至少还有一本书，可以给他们作为参考。"

人们以为，写下《长物志》的他这般懂生活、留恋人间，在朝代鼎革，大多数人选择剃发顺从之时，他也一定会选择做一个顺民，剃发偷生。但是作为苏州文氏的子孙，作为文徵明的曾孙，作为《长物志》的作者，文震亨却毅然选择了绝食而死，以彰显自己的刚烈忠诚。

文震亨绝食而死后，文震孟的次子、后来被过继给文震亨的文乘，也在暗中联络义士，筹划参与反清复明。

作为文震孟的儿子和文徵明的玄孙，文乘不甘国家危亡，与起兵反清复明的吴日生等人书信往来，筹谋抗清复国。没想到计划被清军截获，文乘被捕，最终被判斩刑。

临刑前，文乘面不改色。他先是朝着明朝首都北京所在的北方跪拜，然后又朝着苏州家乡所在的南方跪拜，并写下了最后一首诗：

三百年前旧姓文，一心报国许谁闻。

忠魂今夜归何处，明月滩头吊白云。

文乘就义后，他的妻子也自杀殉亡，文乘的儿子则因为"家门破败，身无立锥"。后来，文乘的孙子在苏州灵岩山剃发出家为僧。至此，苏州文氏这个从明朝初年以武官起家，转而从商，继而从文，先后出过文徵明等文艺巨星和文震孟等状元宰相的文化家族，最终在明末清初的时代鼎革之中，因为效忠前朝、殉节忠义而被清廷歼灭消亡。

后来，苏州文氏还有文点等后人仍然以书画为生，但这个曾经如此恬淡清雅的家族，至此已逐渐陨落人间。

但人们不曾忘记这个姑苏城外，善良、忠诚，看似恬然、淡雅，却在时代鼎革之际不顾个人乃至家族安危，敢于为国家和民族挺身而出的文化巨族。他们最终在时代的腥风血雨中慷慨高歌、舍身成仁。

这样的家族，在和平年代，他们是一个个温文尔雅的谦谦君子；在动荡时代，他们又是一个个挺身而出的时代英雄。他们可以是朋友，可以是师长，可以是巨星，可以是英雄，他们，仰不愧于天，俯不怍于人。

他们超脱地离开了科举和功名的束缚，转而以一种既温文尔雅又浩然忠义的姿态，成为中国家族的又一杰出代表。

每每仰望这样的家族，我们都心生敬意，慨叹良久。因为正是他们，支撑起了一个民族的文化血脉和不屈品格。这样的君子世家，不应当湮没于历史之中。

沐英家族：统治云南三百年

元朝末年，兵荒马乱。

一个8岁孩子的家，毁于无情的战火之中，他唯一可以依靠的母亲也在逃难时病故。无家可归的他，只能在濠州城中流浪，以乞讨为生。战乱和饥荒，随时会夺走孤儿的生命。

朱元璋难以忘记，第一眼见到那孩子的情景。那一年，25岁的朱元璋还是一个打工仔，刚加入郭子兴的红巾军，做了郭家的上门女婿，尚无儿女，也没有自己的军队。朱元璋和妻子马氏决定，将这个孩子收为养子。朱元璋也是苦孩子出身，曾在淮西一带孤苦流浪，在乱世之中九死一生，但自己好歹还有个小名重八，而这孩子连姓名都没有。

从那一天起，这个孩子被叫作朱文英，朱元璋对这个养子视如己出。多年以后，定鼎中原的他回忆往事，仍饱含深情地说："朕怜其孤且幼，特抚育如儿，夜卧同榻，数番鼾睡于朕怀。"朱元璋将人生的第一份父爱，给予了这个孑然无依的孤儿。

1

朱文英在养父的抚养教导下，渐渐成长为军中一员大将，18岁便随军出征。在开创大明王朝的战争中，朱元璋的养子朱文英、李文忠等冲锋陷阵，屡立战功，堪称其心腹大将。洪武初年，朱文英被任命为大都督府佥事。年纪轻轻就在全国最高军事机构担任要职，可见他深得朱元璋信任。

可在平定天下后，朱元璋已经儿女成群，自然要将江山传给有血缘维系的后世子孙，皇室家族将不再有养子们的席位。

洪武元年（1368），朱元璋向朱文英摊牌，他问："朱文英，你到底是谁的儿子？"

朱文英早已忘记亲生父母的姓名和容貌，只好说自己就是陛下的儿子，沐陛下、母后圣恩如天地。朱元璋反复地问，朱文英就一个劲地磕头，重复这句话。

毕竟是自己一手带大的孩子，朱元璋听了也很感动。可养子身上流的毕竟不是自己的血，朱元璋一定要他恢复原姓，于是就从这句话中取一个"沐"字，赐为沐姓。

从那一天起，他就叫沐英。

相比其他那些曾经同甘共苦的开国功臣，沐英无疑是幸运的。朱元璋不仅没有对他心存猜忌或是赶尽杀绝，还让沐英家族成为明代唯一世守封疆的公侯，守护大明王朝三个世纪。

2

洪武十四年（1381），朱元璋派傅友德、蓝玉和沐英三员大将率领30万精兵，平定云南的残元势力。当时统治云南的是元朝梁王，名字特拗口，叫把匝剌瓦尔密。

元梁王自恃云南山高地险，手下又有十几万军队屯驻于军事重镇曲靖，认为明军不敢轻易进攻，自己还能享几年清福。不承想，明军仅用了一百多天的时间，就从湖南、四川等地打到了昆明，之后又乘胜追击，征讨大理。各地关隘接连失守，云南土著居民望风而降。

曲靖之战时，沐英向主帅傅友德献计："元军以为我军疲于长途奔袭，尚未严阵以待。此时我军若突击前进，攻其不备，必定可以将其击破。这正是陛下所说的'出奇取胜'战术。"傅友德听从沐英的建议，对元军阵地展开猛烈攻势。元军果然迅速溃败，仅曲靖一战就被俘2万多人。

元军大败，元梁王带着妻儿老小乘舟逃入滇池。这位名字难念的梁王做人很简单粗暴，他在万念俱灰之际，缢死爱妃，随后对随从们说："我宗室，无降理。"之后就饮鸩自杀，为元朝尽忠。

在进攻大理时，沐英身先士卒。他策马渡河，水没过马腹也毫不退缩，将士们深深折服，紧跟其后，没有一个士卒敢落后。

洪武十五年（1382），云南全境平定，明朝在云南设置都指挥使司、布政使司，分云南为五十二府、六十三州、五十四县，置卫、所，建立了完整的行政系统。朱元璋还迁一批中原大姓移居云南，以充实云南人口。当时，江南巨族富民一有犯法的就被他遣戍云南。据明代《三迤随笔》记载，明军初平云南时，当地人口只有7万多户，而此后从江南、中原等地迁来的商贾士民多达20万户。

如此一来，朱元璋有了新的烦恼。

在给沐英等人的敕谕中，朱元璋既对他们的工作业绩感到满意，又道出自己内心的担忧："自将军南征，大军所至，势如破竹，蛮獠之地，次第底平。朕观自古云南诸夷，叛服不常，盖以其地险而远，其民富而狠也。驯服之道，以宽猛适宜。"朱元璋并非杞人忧天，云南远在千里之遥，地盘打下来总要派人管理。

此时，明朝迫切需要选派一个"名臣重望者"镇守云南，执行中央的政策。这个人选，与朱家有着特殊关系的沐英再合适不过了。明军班师时，朱元璋特命沐英留下，镇守云南。这一特殊的任命将改变一个家族的命运。

平滇后的第二年，沐英入京，朱元璋关切地问："官云南苦否？"

沐英从容答道："云南不苦，四季如春，冬不穿袄，夏至温和。那里溪水清凉可口，喝多了也不会肚子痛。不过，臣还记得，打大理那天早上，将士心切，置生死于不顾，有百余将士打完仗后拉了一裤的稀。"

朱元璋大笑，果然"儿子"还是靠得住。云南，就交给你了。

从洪武十六年（1383）西平侯沐英镇守云南，到顺治四年（1647）孙可望、李定国等率大西军余部入滇，两百多年间，沐氏家族十二世十六人袭封黔国公、云南总兵官，掌握着云南的军政大权，几乎与明朝相始终。

《剑桥中国史》曾如此概括明朝对云南的特殊治理方式："像西南其他省份一样，云南采用通常的省、府和州县的民政机构与世袭的土司和宣慰司相结合的治理办法。与这两种体制相平行的，是沐家的军事体制和广大的庄园……这个家族的声望一直很高，它的权势是没有争议的，历代黔国公是明朝唯一持续掌握实际领土权力的勋臣。"

3

沐英初入滇时，各地土司豪酋时常发动叛乱。沐英一手要进行建设，办学校，课农桑，疏浚水道，另一手还要带兵平叛，在云南各族人民中建立威信。

在征讨当地土司时，沐英曾面对上百头大象的围攻。由于火药装填太慢，明军的火器一时难以御敌。身经百战的沐英便发明了著名的"三段击"战术：将擅长火器和弓箭的士卒进行混编，分成前后三队，下令："今日之事，有进无退。"大象逼近时，第一队士兵集中射击，之后退到队伍后装填弹药，第二队、第三队相继跟上。火炮劲弩齐发，土司的象兵损失惨重，连连败退。沐英在这一战中生擒了37头大象，都够开几家动物园了。几番征战，云南土司被沐英管得服服帖帖。

随着云南人口增多，吃饭成了问题。沐英为此在云南大力发展屯田，他曾上疏朱元璋："云南地广，宜置屯田，令军士开耕，以备储蓄。"沐英命军士一边戍守，一边屯田，从江南、中原等地迁来的大批人口也加入其中。此后十年间，云南屯田总数达百万余亩。宣德年间，云南官员上奏，云南的粮食已经完全满足军需，还有大量盈余。

史书记载，沐英为人宽宏沉毅，居贵不骄，没有什么不良嗜好，唯独喜欢养马，将马称为"昵友"，爱宠物之心丝毫不逊色于当代"猫奴"。沐英主政云南期间，多设马场，大力推行马政。有明一代，云南马场战马储备充足，还大量输送到省外，为明朝的军备做出了很大贡献。

除此之外，沐英还组织云南军民疏浚河道，兴修水利，招揽商人入滇发展商业，选拔儒生，增设府、州、县学达几十所。这也难怪朱元璋在听到养子在云南的政绩后，夸赞道："使我高枕无南顾之忧者，沐英也。"

沐英将人生最后的十年献给了这片土地，直至耗尽生命。洪武二十五年（1392），与沐英感情深厚的太子朱标突然去世，沐英伤心欲绝，哭到呕血，最终在云南病逝。消息传来，朱元璋悲恸不已，命沐英长子沐春奉柩至京师，追封沐英为黔宁王。一路上，当地"官僚、士庶、胥吏、卒伍、缁黄、髫白，莫不奔号其门，泣语于路"，"云南父老、蛮夷酋长，莫不流涕请立庙"，为沐英号泣送葬的人多达数万。

沐英死后，其子沐春、沐晟先后接任镇守之职。沐春上任前，朝中群臣提出，应该先"试职"，以观察其是否称职。朱元璋立马翻脸，说："儿，我家人，勿试也。"随后命沐春走马上任。

沐英骤然离世，朱元璋唯恐西南生变，好几次当着朝臣的面叹息。可是，沐英的儿子们继承父志，在上任后依旧将云南打理得井井有条，政绩不亚于其父。朱元璋看了云南来的奏疏后，顿时心情舒畅，说："西南得人，朕无忧矣！"

4

天高皇帝远，沐英家族作为封镇一方的诸侯，手握一个世袭的"肥差"，日子过得美滋滋，鼎盛时期"珍宝金贝充牣库藏，几敌天府"。最终摧毁沐家的，也正是这样的富足安逸的环境。

自沐英次子沐晟受封黔国公后，随着岁月流逝，沐家逐渐走下坡路。沐英后人耽于享乐，腐败堕落，不思进取，沐王府害民敛财、骚扰地方、奸淫亲嫂、谋兄财产之类的丑闻屡见不鲜，放在今天也许可以经常上《今日说法》。

隆庆五年（1571），明朝处分了为非作歹的沐英八世孙沐朝弼。不久后，又派邹应龙出任云南巡抚，整治勋旧违法乱纪的现象。邹应龙因弹劾严嵩、严世蕃父子而天下闻名，这位能臣刚上任就接到一桩陈年旧案。云南府城近郊两个小村庄的村民共92人，控告沐氏勋贵霸占水源、勒索村民，而且这一情况已经持续四十多年。

四十年来，云南布政司官员不敢得罪沐家，以至于此案积压多年，村民反复告状都无人审理。邹应龙雷厉风行，马上展开调查，发现村民所控属实。于是他做出公正裁决，按沐家田庄和民田的实际用水量，开出宽窄两道水沟，立下界石，不准沐家多占。

为了防止沐家耍赖，邹应龙还特意命知县撰文刻于碑上。一旦再起争端，村民可以"印碑赴告"，不用害怕沐家的权势。但邹应龙这么秉公执法的地方官实属少见，大部分官员对沐家的不法行为只能睁一只眼闭一只眼，毕竟沐家手里可还掌握着军权。

崇祯年间，徐霞客游历到云南，就记载了一桩沐家家奴肆意欺凌百姓，激起公愤的案件。案发后，巡按余瑊公正无私，迅速将这名家奴逮捕。可还没等审案，沐英十世孙、黔国公沐启元就怒不可遏地带着一支军队包围了巡按公署，还调集火炮进行威胁，并抓来数十个官吏进行毒打。

余瑊慌了，又不敢反抗，只好上奏朝廷，请求调停。蛮横无理的沐启元根本不把朝廷旨意放在眼里，更加无法无天，几乎要把官署炸了。沐启元的母亲宋夫人担心儿子惹祸连累全族，在哭了三天三夜后，狠心将沐启元毒死，由他年幼的儿子沐天波袭爵，事件才没有进一步恶化。

崇祯元年（1628），年仅10岁的沐英十一世孙沐天波因家庭变故，被扶上黔国公之位。这个髫年无知的末代黔国公，接过的是祖祖辈辈留下的烂摊子。而他要面对的，是沐王府即将走向灭亡的命运。

5

崇祯十七年（1644），大明王朝迎来末日，又是一个乱世。张献忠的大西军在四川声势浩大，引发云南、贵州两省官民恐慌，也让沐天波心急火燎。为抵御大西军，沐天波派遣武定参将李大赘到前线布防。

这个李大赘，胸无大志，还有勇无谋，经常跟隔壁的元谋土司吾必奎闹矛盾。此次出兵，他就顺便侵袭吾必奎的领地。吾必奎不是好惹的，一怒之下竟然起兵叛乱，说皇帝都没了，哪还有什么黔国公？于是这引发了一系列连锁反应。吾必奎叛乱后，沐天波和云南巡抚传檄各土司讨伐吾必奎，却没想到，参与围剿的土司中有一个图谋不轨的野心家——沙定洲。

蒙自土司沙定洲一直垂涎沐王府的财富。每次沐天波的门客跟他夸耀沐家金银财宝之多，他哈喇子都快流一地了。

沐家到底多有钱？据统计，到万历三十九年（1611），经过多年的巧取豪夺，沐府庄田已经有八千余顷，约占当时云南田地的三分之一。沐府中的珍宝更是让人眼花缭乱："石青、朱砂、珍珠、名宝、落红、琥珀、马蹄、紫金，装以细筴箧。每箧五十斤，藏于高板库。每库五十箧，共二百五十库，他物称是。八宝黄龙伞一百四十执。"

当沙定洲的军队到达省会昆明城外时，吾必奎的叛军已被消灭。可沙定洲硬是不肯撤兵，而是里应外合，趁着城防空虚攻入城中，率部对家资富厚的沐王府进行劫掠。

沐天波这才知道自己引狼入室，但为时已晚，只好听信属下谗言，一个劲往城外跑。沐天波的母亲陈氏和妻子焦氏来不及逃跑，决心赴死，说："吾辈皆命妇，不可为贱污。"说罢，与其余未能逃走的家人举火自焚而死。

沐府的军队本来还在跟沙定洲所部展开巷战，一听说沐天波已经逃走了，纷纷作鸟兽散。不得民心的沐家，早已不复昔日威名。沙定洲轻而易举地占据省城，以及沐府的所有财宝。

6

之前，一同被派去围剿吾必奎的还有石屏土司龙在田。龙在田和张献忠的养子孙可望素有交情。张献忠死后，大西军余部由孙可望、李定国等人率领，已进军贵州。龙在田便派人抄小路去见孙可望，请大西军为沐家报仇，说："借大义来讨伐贼寇，全省可定也。"

孙可望就诈称沐天波的小舅子请兵复仇，派李定国带领大西军攻入云南。沙定洲本来就只有三脚猫功夫，遇上李定国这级别的名将，只能被按在地上摩擦，没过多久就被抓回昆明处死。史书记载，"定洲据省城逐黔国，流毒两迤，先后死难者三十余万人"。沙定洲的叛乱历时近三年，在他盘踞昆明期间，云南死于战乱的百姓多达30万，无数人被卷入战乱的旋涡中。

叛乱平定后，云南巡抚吴兆云亲自迎接大西军进城，昆明老百姓还在门外设香案，表示热烈欢迎。孙可望写信给沐天波，让他放心回城，仍以勋贵之礼优待。当然，云南的军政大权，从此就不再属于沐家了。

顺治六年（1649）的元宵节，昆明城中张灯结彩，一如往年，呈现出一片和平的假象。似乎没有人记得大明亡了，也没有人在乎统治云南的到底是谁。

顺治十三年（1656），李定国与老大哥孙可望决裂，擅自从安龙迎接南明永历帝入滇。沐天波因世代功勋，成了名义上的百官之首，不过他表面上很风光，实际上只是一个光杆司令。此时，清朝大军正向云南浩浩荡荡涌来，云南的残兵无力抵抗清军的攻势，心力交瘁的李定国也不复当年勇。

败局已定，沐天波与永历帝再度踏上逃亡之路，一路南下到缅甸，请求避难。进入缅甸后，缅甸人素来敬重沐王府的声望，一听说威震一方的黔国公来了，纷纷前来参拜，让沐天波感受到沐英家族的最后一丝荣耀。

然而，紧接着的就是缅甸王室对他的羞辱。

永历帝一行人在缅甸漂泊期间，夜郎自大的缅甸王态度越来越恶劣。最后，南明君臣竟沦为客囚，受尽屈辱。

缅甸有个风俗，每年八月十五要求属国前去朝贺。缅甸王逼迫沐天波到场，命他以臣属的身份朝贺，以此在其他小国面前炫耀。按照惯例，沐氏除了镇守云南外，还要负责与周边藩属国打交道，可谓地位尊贵。小国见了历代黔国公还得点头哈腰，不敢轻易得罪。如今，缅甸王却狂妄自大地显摆：看，当年镇守云南的黔国公也只能跪在我的脚下。

顺治十八年（1661）七月，当吴三桂大军向缅甸索要永历帝，并声称要过江屠城时，欺软怕硬的缅甸王不敢违抗，只好把永历帝出卖了。

缅甸王跟南明君臣撒了个谎，请永历帝渡河，同饮咒水盟誓，还声称这是一个表达双方友好的仪式。永历帝知道其中有诈，可客随主便，无奈之下只好让沐天波等官员作为代表前去赴约。沐天波等人一到场，缅甸埋伏的士兵一齐杀出，将南明官员们团团包围。擅使流星锤的沐天波殊死抵抗，击杀了十余个缅甸兵后才遇害。周围的南明官员见状，也纷纷拿起木棒或夺下士兵之刀进行反击。最终，在场的南明官员全部遇难。

畏惧清军的缅甸王将孤立无援的永历帝献上，送往云南。永历帝最终成为吴三桂向清朝献媚的"工具"，死于这个明朝叛臣之手。

攻入云南的吴三桂为巩固统治，疯狂地追杀沐氏家族的其余成员。一个统治了云南三个世纪，曾经煊赫一时的传奇家族，就此烟消云散。

张廷玉家族：长居高位，何以不倒？

回望自己数十载为官生涯，康熙朝文华殿大学士兼礼部尚书张英在《聪训斋语》中写道："余行年五十余，生平未尝多受小人之侮，只有一善策，能转弯早耳。凡事最不可想占便宜……便宜者，天下人之所共争也，我一人据之，则怨萃于我矣；我失便宜，则众怨消矣。故终身失便宜，乃终身得便宜也。"

《聪训斋语》后来成为张氏家族流芳后世的家训，从中可以看出，终身不占便宜、与人和善、予人宽容既是张英一辈子的做人准则，也是张英希望留给后世子孙温良谦恭让的为人尺度。

而张英之子张廷玉，无疑是饱受《聪训斋语》熏陶的受益者。继其父之后，张廷玉步入权力中枢，颇受大清皇帝的信任。

伴随着帝国时代最后的辉煌，以张英、张廷玉为首的桐城张氏也迈入了鼎盛时期，被后世称为"五里三进士，隔河两状元，父子双宰相"。

1

桐城张氏为桐城境内各支张氏的统称。在这些张氏族群中，尤以桐城宰相张最为知名。根据郡望，桐城宰相张又称为桐城清河张氏，起源于元末明初，先祖为张贵四。

关于张贵四之前的几代张氏先祖，历史上记载模糊。根据康熙年间《潜山县志》记载的张英原话"余之先自鄱阳瓦屑坝徙于桐，始祖为贵四公"，可以看出桐城张氏是外来人口，迁居于桐城。另据《张氏族谱》记载，桐城张氏一派，"迁自豫章鄱阳，贵四、贵五公则始迁桐之始祖也"。

豫章鄱阳即豫章郡鄱阳县，即今天鄱阳县。历史上豫章郡始设于西汉时期，曾经下辖南昌、庐陵、彭泽、鄱阳、柴桑等18县，面积大致等同于今天的江西省全境。

葛剑雄先生认为，此事不排除与明初"洪武赶散"——江西外迁人口入安徽、湖北两省垦荒开拓有关。据相关史书记载，瓦屑坝为鄱阳湖边的一个古渡口，历史上，它曾与福建宁化、南京杨柳巷、山西洪洞大槐树并称为"明代四大移民集散地"。

从元末至正十一年（1351）开始，江南一带，以朱元璋、陈友谅为首的农民起义军曾在鄱阳湖、江淮平原等地多次"火并"，直到至正二十四年（1364）朱元璋平灭陈友谅势力，才最终告一段落。

战乱持续13年，对当地造成的毁灭性打击可想而知。经过两军战火浩劫的江淮一带，早已人口凋敝，土地大量荒芜。

朱元璋称帝后，为恢复受战争影响的江南地区经济，便有了大规模移民安徽、湖北的计划。而同一时期的鄱阳一带，虽受战火影响也极大，但在当地自发保护家园的措施下，并未伤及根本。于是，朝廷命令迁鄱阳一带居民填实湖北、安徽等地。

有理由相信，未来的桐城张氏始祖张贵四也在这次庞大移民的茫茫人潮当中。

2

到桐城生活的张贵四过得怎样，无人知晓。但可知的是，在张英、张廷玉父子成名以前，桐城张氏就已有做官为宦之人。此人名叫张淳，是张贵四的五世孙，张英的曾祖父。

从张贵四到张淳的父亲，整整五代人在桐城都生活得默默无闻。直到张淳出现，张贵四这一支的张氏家族，才第一次活跃于史册之上。

隆庆二年（1568），张淳还是个20多岁的青年才俊。这一年，他中了进士，随即被朝廷委任为浙江永康知县。作为一县的父母官，他将在此开启他的为官生涯。

彼时，历经嘉靖年间的皇帝罢朝、倭寇入侵、回宫炼丹等多重折腾，大明王朝已现衰势。继承"老道士"嘉靖皇帝事业的明穆宗隆庆皇帝倒还不至于太差，他在位期间依靠高拱、徐阶、张居正等人进行改革，放宽海禁，缩减宫廷开支，减轻民众负担。

但是，浙江永康却还是民风彪悍，社会动荡。这不，在张淳上任前，此地已连续撵走了七任县令，县衙公案堆积如山。但接手这个"烂摊子"的张淳毕竟是个猛人，一上任就公告全县，大开衙门，将陈年积案统统整理出来，一一清查审理。与过往几任吃完被告吃原告的县太爷不同，张淳是真心为百姓办事的。他审案那叫一个"快、准、狠"，只要一顿饭的工夫，就能把案件的来龙去脉断得明明白白。所以百姓一听是他主审，一般都会带上一包午餐到衙门前观审，久而久之，他"张一包"的大名就传遍了十里八乡。张淳主政永康期间，吏廉政清，民心向化。

他在破大案要案上也很有一套。当时，永康有一个横行乡里十数年、专偷上缴国库税银的江洋大盗卢十八。卢十八屡犯大案，朝廷和地方却始终捕而不得，令在任官员颇为头疼。眼见张淳在地方上政绩卓越，朝廷决定将此案重新发回地方，限令张淳三个月内破案。

按说这种陈年旧案，若是普通官员，大概能避则避，可张淳偏偏就接下了。为了麻痹对手，张淳拿着朝廷的公函，先是在衙门里大发牢骚，指责朝廷不公，推诿拖延，随后每天在衙门里按部就班地处理着各项公事，只字不提关于此案的任何细节，也不派人通缉追捕，让人觉得他无心更无力破案。

其实，这些都是张淳的障眼法，私下里，他早就对卢十八一案展开了细致调查。朝廷及地方多次捕获卢十八无果，主要原因就是县衙里有卢十八的眼线。只要在任县官下令捉拿卢十八，卢十八就能事先收到消息，远遁他乡。这次，在张淳的布置下，县衙里的眼线被揪了出来。经过仔细盘问，眼线供出了自己与卢十八之间通风报信的详细经过。凭借着这条信息，张淳仅用两个月时间就解决了困扰地方乃至朝廷十数年的大难题。

张淳抓到了大盗贼，自然得到朝廷的通令嘉奖。于是，爱民如子、明察秋毫的张淳被调回京城，任礼部郎中。

正如他在断案上的公正高明，在为人方面，张淳也颇为高山景行，十分正直，从不阿谀奉承。

当时，隆庆皇帝已驾崩，即位的万历皇帝年幼，朝政由首辅张居正等人协商处理。万历初年，在张居正的主持下，明王朝实行"一条鞭法"，重新丈量田地，简化税赋，使国库大幅充盈，大有万历中兴之象，时人称张居正为"救世宰相"。不过，这位首辅张居正，虽在政务处置上颇具铁腕，但在生活中却多少有些以权谋私的污点。

张淳回京述职期间，恰逢张居正母亲病故。纵观朝堂，官声与文笔匹配的除了张淳，再无旁人。为了让自己的母亲生荣死哀，张居正派人找到了张淳，希望对方为自己母亲写一篇祭文，并许以高官厚禄。

然而，张淳却没有去接这块从天上掉下的"馅饼"，反而转头写了封辞呈，称病还乡。张居正去世后，遭到万历皇帝清算，大批曾经与张居正过从甚密的官员，或被罢免，或遭流放，唯张淳早已远离朝堂，未受半分损害。

或许在很早之前，张淳就看清了张居正等人即将到来的下场。所以，早离是非，方得始终。

张居正倒台后，张淳再被起用，历任建宁知府、湖广荆岳兵备副使，官至陕西临巩道参政。无论官居何位，张淳都始终保持初心，鞠躬尽瘁，为百姓服务。

但那位当年清算张居正的万历皇帝，却不再鞠躬尽瘁了。他学起自己的爷爷，躲在后宫忙活其他事情去了。眼见朝政昏暗，张淳的心情自然也不好。从他当年没有正面忤逆张居正的命令，而是直接选择辞官回乡可以看出，张淳这个人处事颇通"中庸"之道。于是，与上次一样，他向朝廷递交了辞职信，永不入仕。

3

中庸之道，成为张淳留给后世子孙最宝贵的财富。

张淳仅有一子，名张士维。在明末万历之后的衰世中，张士维秉承其父初心，以中庸之道低调行事。不过，在明末关乎"大义"的选择面前，张氏家族也并非毫无所动，不因中庸之道而"高高挂起"。

在张士维诸子中，长子张秉文便是极富家国情怀的人。

与祖父相同，张秉文在20多岁风华正茂的年纪便考中进士，入仕任浙江归安知县。史载，张秉文"少朗俊，风格标异。大父参政公许为远器"，意思是张秉文年轻时不仅长得帅，而且颇受祖父张淳喜爱，被认为日后必有一番大作为。

诚然，自万历以后，明代各朝每况愈下，到了张秉文得以大展身手的时代，早已是王朝末日。那时，在关外，后金首领努尔哈赤早前以十三副铠甲起兵反明，如今已取得一番成绩。在努尔哈赤之子皇太极的带领下，后金改称大清，大有越过长城、进军京师、称霸中原、统一天下的野心；而在关内，农民起义频频爆发。这一切似乎都在预示着这个存在了200多年的大一统王朝即将被颠覆。

是秉承祖父的中庸之道,以不变应万变,还是选择到实力蒸蒸日上的清朝政权中效力,抑或是全节死守大明最后一寸国土,忠义两全?这个问题,不仅是张秉文眼下的困境,也是张士维诸子乃至天下所有士人的困境。

最终,在这种心理较量中,张秉文违逆了祖父的中庸之道,选择了全节于世——做大明的忠臣,为张氏家族的"不孝子"。

明崇祯十一年(1638)冬,临近年关,已升任山东布政使的张秉文决定死守济南御敌。

当时,清朝八旗在多尔衮的带领下,分兵数路绕过长城,从河北青山口南下,将济南城团团包围。按说,济南为山东省首府重镇,兵力充足,虽受多尔衮包围也未见得有破城危机。但很不凑巧的是,从明初朱元璋分封诸子为王开始,藩王坐镇地方的局面就已经形成,此时,在济南城内还有一位大明德王。这位德王是明英宗朱祁镇之子朱见潾的后裔,听闻清军围城,这位一生都被锁死在济南城里的王爷估计早就吓破了胆。他早早地调集部队,死守他的王府,致使济南城防守军严重不足。

敌众我寡,济南城破只在朝夕。

面对这样的情形,书生出身的张秉文已顾不上那么多。他一面向朝廷请求支援,一面组织军民防御,自己衣不卸甲,在济南城头苦苦死守。可谁知,替崇祯皇帝督师的太监高起潜在临清坐拥重兵,却见死不救。离济南城较近的另一路援军大将祖宽看到上峰这么办事,也犹豫不决,终致贻误战机。

在求援无望之际,作为一介文弱书生,山东布政使张秉文亲自披坚执锐,率济南城军民守城十余天。城破,张秉文率众与清军展开巷战,终因寡不敌众,中箭而死,时年54岁。

这一仗,清军俘虏了包括德王朱由枢在内的五十余万人,将济南城洗劫一空。

据说,在城破当日,张秉文战死的消息传回家中,夫人方孟式痛哭一场后，交代家中人好生保护张秉文后裔回乡逃难，随即率领张家上下姬妾一同投身大明湖，追随张秉文而去，"夫子之死生惟官守，妾之死生惟夫子"。

4

张秉文夫妻的死难，无疑给张氏家族带来了极大的影响。

张秉文之后，虽有三子，却终身不仕清朝，这种影响也传给了张英的父亲张秉彝。作为张秉文的弟弟，他在乱世中继承了祖、父的中庸之道，与大多数人一样默认了清朝取代明朝的事实，但他对哥哥的忠节也表示同情，并悉心教导自己的三个侄子。

或许继承了中庸之道的张秉彝最看重的并非是狭义的"满汉之别"，而是广义的民族大义。因此，张秉彝最终选择"降清"。他所做出的选择，也最终成就了"父子双宰相"的佳话。

张英，字敦复，又字梦敦，号乐圃。在张秉彝的悉心教导下，张英以二甲第四名的好成绩考中了康熙六年（1667）丁未科进士。当时的大学士李霨一看到张英的卷子即称赞不已，认为其有成为一代"国士"的实力。

后来的事实证明，李霨的眼光不错。

张英始终秉持着祖辈的中庸之道，从广义的民族大义出发，发扬他父亲遗留下来"以天下苍生为己任"的精神，在新政权中兢兢业业地为政。

彼时，清王朝入关已数十年。天下逐渐适应了这个新政权的运作，一切都在向好的方面发展，但狭义的民族情绪同样也未消散。在这个看似太平的盛世里，各种反清复明组织活动此起彼伏，更有甚者如吴三桂等，趁乱挑起战争，企图破坏社会安定。

在这种情况下，张英始终遵从广义的民族大义，做出对国家、社会有积极作用的选择。由于他积极出谋划策，康熙皇帝顺利平定了三藩之乱，收复了台湾。可以说，他的这份民族大义对国家统一起了不可磨灭的功劳。

经历康熙一朝，国家并没有遗忘张英曾经为了"天下长安"做出的努力和贡献。在康熙的赏识下，张英平步青云，先后充任《国史》《一统志》《平定朔漠方略》总裁官，官至文华殿大学士兼礼部尚书。

5

众所周知的安徽桐城"六尺巷"故事，是张氏家族谦和特质的一个小小表现。

在40年的为官生涯中，张英发现，祖辈的中庸之道固然十分重要，但如今自己所处的这支桐城张氏，早已今非昔比，该如何保证家族势力长盛不衰呢？这个问题，大概张英也想了很久。

在回顾了自己宦海沉浮的经历之后，张英总结了几点，其中第一点就是为官一定要清正廉洁。张英认为，位高权重者，如果能保持清正廉洁，不说给自己的仕途加分，至少在很多事情发生时，也能置身事外。

他要求后辈必须做到"使我为州县官，决不用官银媚上官"，"安知用官银之祸，不甚于上官之失欢也"？就连康熙皇帝赏赐给他的金银财物，他也用于济困救贫，或是修桥筑路，以利他人。这些讲究为官清廉的经验，自然也从侧面向后世子孙传授了为官一方时如何既取信于民又尽忠于君的两全办法。

其次，张英认为，除了廉洁奉公，更应做到待人谦和，行善积德。据记载，张英在过六十大寿时，拒绝家人为其请戏班子大宴宾客，反而拿出这些年积攒的俸禄救济百姓，广结善缘。

除此之外，在朝为官免不了要跟同僚接触，有时意见相左，总少不了些磕磕碰碰。这个时候，好的人际关系，往往能使事情迎刃而解。因此，张英告诫后人，做事前一定要谋定而后动，否则，草率的决定终将自尝恶果。同时，他还要求子孙不可"友不择便交，气不忍便动，财不审便取，衣不慎便脱"。

在他的敦促指导下，其子张廷玉颇有乃父之风——他历经康、雍、乾三世位极人臣，是雍正至乾隆初期执掌大权的帝国"宰相"，死后更是成为有清以来唯一配享太庙的汉臣。

都说"月盈则亏"，张氏家族也不例外。

张英、张廷玉相继发迹，天下的汉人士子似乎看到了飞黄腾达的曙光，故在雍正、乾隆初期，众多进京赶考的举子皆以党附张廷玉为荣。久而久之，满人皆从鄂尔泰，汉人皆附张廷玉。这对刚刚坐上龙椅的乾隆来说，简直像是两个巨大的"钳子"，钳制着自己的各项决定。善用帝王权术的乾隆利用了两派之间的矛盾，最终顺利独掌并巩固了皇权，鄂尔泰、张廷玉二人均晚景凄凉。

尽管晚年坎坷，但在总结为官之道上，张廷玉也颇有贡献。他与其父一样，认为为官之道，"居官清廉乃分内之事"。他告诫子孙："做官都是苦事，为官原是苦人。官职高一步，责任大一步，忧勤便增一步。"因此，"惟天下之安而后乐，惟富贵之得而后乐"的后知后觉，才是为官者所应该拥有的品德。

不过，与其父待同僚谦和的态度不同，张廷玉更善于"驭下"。他在吏部任职期间，就曾多次表现出对严待下属的作风。当时，有一个老奸巨猾的官吏张某，人称"张老虎"。此人一贯善于舞文弄法，中央和地方的官员经常受到他的伤害。张廷玉命令有关部门重惩张老虎，朝中权贵有许多人出面营救，张廷玉不为所动，故人送外号"伏虎侍郎"。

张廷玉死后，乾隆下诏，遵清世宗雍正遗诏，着张廷玉配享太庙，赐谥"文和"，桐城张氏官名迎来了巅峰。

6

似乎，自张廷玉之后，张氏家族就不甚有名了。

其实不然。张廷玉有四子，其中次子张若霭颇得张廷玉欢心，继承张廷玉衣钵。张若霭为雍正十一年（1733）进士，据说当年他本应为探花，但由于其父在朝为官，且位极人臣，为免树大招风，张廷玉建议雍正皇帝将张若霭从第三名降至第四名，成了二甲第一名进士。

承袭家学，张若霭也官至礼部尚书。但与其祖、父耕耘官场不同，张若霭更注重文化精神层面的熏陶积累。他尝以书画供奉内廷，善画山水、花鸟，得吴门画派遗风，曾绘就从立春至大寒二十四节气山水画，颇受乾隆皇帝喜爱。他的成名作《岁寒三友图》在2005年香港佳士得拍卖会上拍出了逾千万元的天价，可见其绘画功力之深。

张若霭之后，张氏家族逐渐淡出官场，但桐城张氏的"敬慎谦和，读书做人"的家风，却得以代代相传。

据不完全统计，自张若霭后，张氏家族在清代至少出现了30位诗人，其中不乏数位女诗人，可谓诗书传家。

或许这一切，正如中纪委相关文章谈桐城张氏家训时提到的，"居官以廉，居乡以善"[①]。唯有如此，才可力保张氏家族数百年不衰。

[①] 中纪委官网《安徽桐城张英张廷玉父子：六尺巷礼让为先 笃素堂廉俭传家》，https://www.ccdi.gov.cn/yaowen/201603/t20160314_140799.html，2016年4月5日

第四章 从传统到现代：晚清以来家族的转型

第四章 | 从传统到现代：晚清以来家族的转型

清朝巨富家族，终结于1953年

左宗棠收复新疆后，在回京任军机大臣的路上，专程去山西祁县拜访了一位老者。老人名叫乔致庸，是乔家大院的主人，也是一名商人。

左宗棠出任陕甘总督时，得到过乔家的爱国资助。他来到乔家大院，为乔致庸一家写了一副对联："损人欲以复天理，蓄道德而能文章"，横额"履和"二字，意为履中蹈和。此联被雕刻在大院门前。

祁县最气派的建筑，就是乔家人修建的这座封闭式城堡大院。大院坐西朝东，四周临街，砖墙高达十多米，上层有女墙式的垛口，宛如一座军事要塞。发家不易，守家也难，气势宏伟的乔家大院守护着家门荣耀，在风雨飘摇的两百年间屹立不倒，见证帝国巨富家族化作过眼云烟。

1

乔家祖上是穷人，穷到要上街要饭的程度。有段时期，乔家不忘在祭拜先人的报本堂里摆着个要饭的篮子和一根打狗棍，以此提醒子孙后代：一粥一饭，当思来之不易。

死活不认命，是乔家发家的秘诀。

有道是王侯将相宁有种乎，乔致庸的爷爷乔贵发就是个不认命的主。清朝康熙末年，乔贵发出生于祁县乔家堡，他作为乔家第一代创业人，最早摆脱贫穷的束缚。

据后人口述，乔贵发年轻时大字不识一个，穷得叮当响。有一次，村里有个本家侄儿娶媳妇，他光着膀子就去厨房帮忙，想让喜事办得更加热闹。人家却瞧不起他，还当众羞辱乔贵发，嫌弃他太寒酸，来不来都一样。人活一张脸，这件事让乔贵发气得要命，他干脆一走了之，离开了祁县。

当时，有股"走西口"的浪潮。北方各省居民前往长城以北的口外谋生，打通了中原腹地与蒙古草原之间的通道。祁县位于太行山北麓，自古四通八达，有一条北京通往川陕的大官道，还有一条经过子洪口穿越太行山的南北古驿道。于是，乔贵发跟随着走西口的移民潮，背井离乡，来到塞外。

乔贵发只身北上，最初也不过是个打工仔，在蒙古草原的萨拉齐厅（今内蒙古土默特右旗）给人拉骆驼，还在一家当铺当过小伙计。他省吃俭用，总算攒了点儿本钱，做起磨豆腐的小买卖。

晋商基因，在这个穷苦小贩身上渐渐萌芽。

山西地处内陆，山多地少，促使不少人出外谋生。山西商人因明朝政府实行"开中法"掌握了财富密码：他们运送粮食物资到边境粮仓，换取专卖食盐的专利执照——盐引，并售盐到各地，此后不断兴盛。

清代，晋商鼎盛，甚至将贸易触角伸向亚欧各国，成为实力最雄厚的商帮之一。晋商后期主要来自府南县，即太原府以南的几个县，包括祁县、太谷和平遥等。祁县人走南闯北，很会做生意。

摆豆腐摊的乔贵发原本跟致富八竿子打不着关系，但他颇有生意头脑，存下点钱，找到一个姓秦的山西老乡，一起前往包头创业。包头也叫"包克图"，蒙语是"有鹿的地方"，属于河套地区，南傍黄河，土肥水美。清朝前期将其划为"黑界地"，不让汉民进入，后来才放开政策，使其成为走西口的商业重镇。

这个新开发区,除了马什么都缺。乔、秦二人赶上包头开放的风口,在此开了家草料铺,接待往来商贩,顺带经营食品生意。他们来得早,经营有道,生意越做越红火,别的小商小贩也竞相效仿。

险中取利,是乔家发迹的另一秘诀。

不久后,这座边塞小城店铺众多,同行对乔贵发的生意看红了眼,形成恶性竞争。眼光长远的乔贵发看出这一行没有优势,果断做起了"买树梢"的生意。所谓"买树梢",意思是,春天树梢上只有绿叶,但到秋天能结多少果子难以确定。如果春天以一个价格买了"树梢",到秋天果子丰收就大赚,反之则亏大了,类似于期货交易。

乔贵发用"买树梢"的套路进行粮食交易。他发现,农民秋冬时卖粮,春夏之际则往往手头拮据,日子都过不好。乔贵发在春种夏耘的时候,利用农民的求稳心理,商议先给他们一个稳定的粮价,先行付钱,让他们手头宽裕起来,秋后不管市场粮价如何,都按既定价格和数量交割粮食。农民乐于吃下这颗"定心丸",纷纷与乔贵发合作。

乔贵发善于算计,专门在去年粮价暴跌的时候做买卖,春夏时节就商定好粮价,提前支付。到了秋天,不管粮食市价多高,他都能按原先商定的价格,从农民手中拿到粮食。他把粮食囤积起来,等到缺粮时出售,就大赚一笔。

在包头经营多年后,乔贵发取商号"广盛公",后来改为"复盛公"。随着乔家的生意蒸蒸日上,包头这座小城也日益繁华,于是开始流传一句话:"先有复盛公,后有包头城。"后来,复字号在包头居于领导地位,有19家门店和500多名职工,经营范围包括茶叶、绸缎、药材、典当、皮毛与粮食等,几乎应有尽有。

乔贵发成为小有名气的富商,赚得家族第一桶金后,年近五旬时衣锦还乡,在乔家堡十字路口东北角建起宅院,此为乔家大院的雏形。穷了大半辈子的乔贵发生前经常训诫子孙:"我本是穷人,受尽别人的歧视;后人切不可为富不仁，欺压穷人。"

商道，说到底是人道。走西口的乔贵发不忘本分，辛劳半生，终为乔家崛起打下根基。

2

乔贵发的孙子乔致庸出生于嘉庆二十三年（1818），此时，乔家已无衣食之忧。乔贵发的三个儿子乔全德、乔全义、乔全美秉承父训，妥善经营。三兄弟当家期间，乔家拥有约百万两的财产。与之相反的是，当初与乔贵发合伙的秦家子弟挥霍无度，吃喝嫖赌，败光了家业，"复盛公"的股份几乎归乔氏一家所有。

乔家三兄弟开始介入中俄边境恰克图的茶叶生意，打通了一条从南到北的茶路。当时南方的茶叶主要分为两路：一条经西口前往新疆、恰克图，一条通过张家口到东北，关系到无数人的生计。

为此，乔家人投资了近10万两白银，在祁县开设"大德诚""大德兴"两大茶庄，与山西多家茶商共同保障茶路的畅通。茶商从福建武夷山启程，过鄱阳湖，经长江、汉水，跨越豫西山路，渡黄河，过上党、汾河，越长城，到蒙古腹地，跨越万里茶路，运送茶叶到恰克图进行贸易。

老三乔全美以"在中堂"为堂名，在兄弟中最为聪明能干，掌管了乔家的大部分生意。为避免子孙沾染恶习，他制定了"五不准"家规：一不准吸鸦片，二不准纳妾，三不准赌博，四不准冶游，五不准酗酒。

乔全美就是乔致庸的父亲。

将乔家推向顶峰的乔家第三代乔致庸，本来不愿经商，而是以读书为业。直到晚年，他的案上还常摆着儒家的经学典籍。乔致庸在乔家三堂的子侄中年纪较小，家族同辈的哥哥姐姐大都比他大20来岁。他小名叫"亮儿"，年幼时父母去世，由兄嫂抚养长大。

年少时，乔致庸只想考取功名，埋头苦读，还考了个秀才，完全一副书生模样。谁也想不到，这个熟读四书五经的年轻人会彻底改变乔家的地位。日后，祁县小城的这一家深宅大院将牵动全国的金融神经。

乔家的生意本来由乔致庸的兄长乔致广继承，但乔致广经营不善，在与竞争对手的商战中被下了圈套，使乔家陷入经济危机，自己也一病不起。乔致庸当时正在准备科考，听闻哥哥的噩耗后，不得已临危受命，接手家族重担。他联合与乔家有关联的商户，用对手打压乔家的手段以牙还牙，大获全胜，使乔家转危为安。

人生总是阴差阳错，从此，科举场上少了一个学子，山西商界多了一个巨人。乔致庸本欲从政光大门楣，却在家族危机中被迫继承家业，还把乔家打造成近代山西最负盛名的商业家族。

3

与父祖一样，乔致庸富有远见。

一个多世纪前，中国的金融中心在山西。乔家原本擅长经营粮油、丝茶等生意，而乔致庸从平遥的第一家票号"日昇昌"得到启发，将目光投向了前景广阔的朝阳产业——票号。他开办"大德通""大德恒"两家票号，并迅速在全国各地20多个城市建起分号，发展为汇通天下的大票号。

所谓票号，就是以晋商为代表的古代商帮开设的金融机构，盛行于清道光至光绪年间。票号主要经营汇兑业务，又可进行存、放款与代官府解钱粮、存捐税等，一定程度上类似于现代银行。随着商业发展，商人异地采购商品数量扩大，需要调动的金银现钱也逐渐增多，票号通过汇兑等业务让经商更加便利，成为一支举足轻重的金融力量。

乔致庸当家期间，乔家的"大德通""大德恒"票号遍设大江南北，信誉卓著，管理严格，存款源源不断涌入。兴盛时期，"大德通"的股本与存款总额达七八百万两以上，为资本的20多倍，四年即让乔致庸获利20多万两。这两家票号，直到1951年才真正歇业。

乔致庸家族凭借票号之利，一度富可敌国。

据《清稗类钞》统计，乔家的资产有四五百万两，这个数字还不包括土地、宅院、店铺等不动产。清朝时，一个知县的年俸也就几十两，加上养廉银也就几百两，可乔家一个大掌柜一年就有一千两白银的收入。

咸同年间，清廷为镇压太平军、捻军，需要大量军资，鼓励各地富商捐输助饷，乔家也多次参与捐纳，乔致庸因此得到二品官衔与顶戴花翎的赏赐。1900年"庚子国难"时，慈禧、光绪逃离北京，途经祁县，受到乔家人的隆重接待，又得到乔家票号捐银30万两，供两宫西行避难之用。慈禧赏给乔家的九龙灯等珍宝，至今还摆在乔家大院。

乔致庸经商才华过人，一生功成名就，可他教育子孙，做生意首重"信"，其次是"义"，第三才是"利"。

讲求诚信，乔致庸半点都不含糊。有一次，包头复字号旗下油坊的伙计在胡麻油中掺假，被乔致庸发现了。胡麻油用生性耐寒的胡麻作为原料，是西部、北部寒冷干旱地区常用的食用油，历史悠远，与老百姓的生活息息相关。

乔致庸大怒，责问那个造假的伙计："你是想砸了咱们的招牌，砸了大家的饭碗吗？"接着，他赶紧命人四处收回卖出的掺假油，全额退款。乔致庸为此道歉，并再次公开表示，乔家的祖训就是讲"信义利"，宁可失了银子，也不能坑害客户。

弃文从商的乔致庸一生亦儒亦商，他将《朱子治家格言》写在乔家的门扇上，一旦家中晚辈犯错，就必须跪在地上从头到尾背诵，接受惩戒，不许再犯。晋商各大家族中，乔家家教最严。

乔致庸告诫子孙勤俭持家，亲拟对联，刻在内宅门上，其中写道："求名求利莫求人，须求己；惜衣惜食非惜财，缘惜福。"这是说，要获取名利，就要靠自己勤奋努力，赚了钱，也要知足惜福。

此外，乔致庸给父亲的"五不准"家规加了一条，不准虐仆。乔家对待用人十分宽容，不以恶语相向，也不打骂虐待，保证他们吃得饱、穿得暖、有尊严，不仅工钱较高，还会发面、肉、柴、煤等日用品，甚至给年老的仆人发赡养费。

乔家请女仆也不请年轻漂亮的姑娘，更看重的是勤劳能干、最好是有经验的中年妇女，不许子孙纳妾，也不许他们拈花惹草。

在祁县，乔致庸有口皆碑，备受尊敬。

光绪三年（1877），山西大旱，甚至有"光绪三年，人死一半"的说法。在如此严峻的情况下，很多财主都无法自保，乔致庸却出巨资赈济灾民，组织家佣上街施粥，同时让家人"禁肉食，著粗服"，将省下来的钱粮都投入到赈灾救荒之中。在他的带动下，祁县各家富户纷纷效仿，使祁县成为流亡灾民较少的县。

光绪二十六年（1900），国家多灾多难，祁县也发生了饥荒。乔致庸再次命家人缩减开支，开仓济粮，给乔家堡的人按人口配发粮食，对外地来的饥民也施舍米粥。

在此后的多次历史事件中，乔家虽然日渐衰败，却未受到太大冲击，一部分原因或许是他们广行善举、善待佣仆，帮助过不少邻里乡亲。

民间的说法，认为乔致庸"命硬"。到耄耋之年时，乔致庸的六任夫人已全部先他而去，几个儿子也只有代替其掌握家政的三子乔景俨为他送终。但晚年的乔致庸仍然严厉督促子孙读书，为人更为坦荡豪放，其墓表写道，他年迈之时，"霜鬓如戟，饮啖甚豪，酒酣扬声议论"。

光绪三十三年（1907），乔致庸寿终正寝。发丧当天，整个乔家堡几乎家家戴孝，仿佛雪后初霁，银装素裹，乔家内外老小在浩浩荡荡的送葬队伍中送别了这位历经五朝的晋商巨擘。

4

乔致庸的生意经为乔家留下数以千万计的家产，也预示着这个家族此后的坎坷。时代不能为他们的资产提供保障，财富就像盆中的水，随时可能倾覆。

乔家的生意，说到底是以末致富，以本守之，上面靠的是官府。

自乔氏发家之后，他们为了获取支持，一直结交官府。同光年间的陕甘封疆大吏、山西巡抚道员，几乎都与乔家有经济上的交往，而清廷对乔家的态度，是有用则用，无用则弃。

清末，面对庚子赔款等财政难题，朝廷暂时解除了山西票号公款汇兑的禁令，只因当时南方给朝廷的公款暂时无法到达，只好开放民间票号公款汇兑。等到国家危机一过，朝廷再重新禁止。同时，清廷为偿还战争赔款，还多次向山西票号借钱来还。

山西票号因依附于清廷飞速发展，到辛亥革命后便在多重危机下迅速崩溃。

1913年，山西各大票号纷纷倒闭，乔家的"大德恒""大德通"两家票号在时代的狂澜中艰难求生，走向衰落。随着汇兑业务被银行取代，票号存款大幅度减少，退出历史舞台。

政治的风暴也席卷了乔氏族人。此前，乔致庸的长子乔景岱与次子乔景仪都死于非命。

乔景岱继承乔家在包头的胡麻油生意，企图独霸口外，被生意上的对手举报为"霸盘"，搞恶性垄断，被逮捕下狱。幸得亲戚买通慈禧的心腹太监，才以大赦之名押回原籍，但从此不得干预商务。乔景岱为此染上重病，郁郁而终。乔家景字辈中，也只有他是正七品的低衔，墓碑上不记"景"字。

乔景仪虽然是乔氏一族虚衔最高的子孙之一，与清廷王公督抚来往频繁，但也不得善终。他在包头主持乔家生意时，得罪了蒙古贵族，结局扑朔迷离。

有人说他被刺客暗杀，脑袋被割下，也有人说，他被追杀时骑上快马星夜逃回祁县，从此隐姓埋名，因此卒年记载阙如。

白发人送黑发人，是乔致庸晚年最悲痛的记忆。

到乔致庸孙子这一辈，出了一个思想先进的"洋少爷"乔映霞。

乔映霞生在中国数千年未有之大变局中，思想受到各派影响。他年少时推崇康梁，后来仰慕孙文，又向往西方文明，信奉基督教，想把家里的钱拿去支持革命党。

辛亥革命后，乔映霞成为乔家大院的掌门人，他率先剪掉辫子，换上西装。在他的大力整顿下，乔家谨遵祖训，也紧跟时代，包头"复"字号的生意一度有复苏之势。乔映霞还被任命为祁县第三区区长，带领家乡百姓禁种鸦片。他在铲除烟苗时，还闹出了人命，可见其雷厉风行。

与时俱进的乔映霞偏偏是个情种。在原配夫人去世后，他在天津认识了女大学生刘菊秀，二人感情快速升温，随后成婚。婚后的乔映霞与刘菊秀却因年龄悬殊，性情不合，逐渐产生裂痕，维持了几年的婚姻最终走向破裂。

乔映霞受此事刺激，竟然精神失常，只好退隐，直到1956年病逝于北京，享年81岁。

在乔映霞患病之后接手乔家的是乔景俨之子乔映奎。抗日战争中，乔家的当铺、店铺等大都被日伪接收，损失殆尽，没有了富甲一方的气派。为了支援抗日武装，乔映奎暗中将筹集的枪支、子弹送给中国军队。

乔家大院坚固的高墙像乔家祖祖辈辈结实的臂膀，护卫着整个家族。日寇在祁县烧杀抢掠时，幸得当地天主堂的意大利神父在乔家大院门口挂上意大利国旗，才让乔家大院免于遭难。

后来人们传言，意大利神父出手相助，是因为当年乔致庸在义和团运动中保护了7名从太原仓皇出逃的意大利修女，并用大车暗中将她们运到安全的地方。时隔多年后，意大利人不忘恩情，用一面国旗保护了乔家大院。

乔映奎去世后，乔家的百年基业也逐渐画上了句号。抗战胜利后，乔家各商号纷纷复业，却已名存实亡，勉强经营到1953年，以相对体面的方式宣告终结。在那之后，乔氏族人也迁出了乔家大院，宅院则由政府接收，做过医院和粮食仓库，如今是山西著名的旅游景点。

高墙大院至今犹在，青砖石瓦静默无言，乔家百年传奇为晋商风华画下最后的注脚。

晚清名门传承：不给子孙留财产，凭什么兴盛两百年？

道光二十九年（1849），身在京城十多年、远未达到个人事业巅峰的曾国藩，喜忧参半。喜的是，如他自己所说，湖南人中，30多岁就官至二品大员的，除了他，还找不出第二人；忧的是，曾家没有家学，也没有大家族背景，花了数代人才培养出一个曾国藩，实现了阶层跃升，往后如何保证曾家的绵延兴盛，是不得不考虑的大问题。

在当年写给弟弟们的家书中，他流露出关于家族传承的无限焦虑：

> 吾细思凡天下官宦之家，多只一代享用便尽。其子孙始而骄佚，继而流荡，终而沟壑，能庆延一二代者鲜矣。商贾之家，勤俭者能延三四代。耕读之家，谨朴者能延五六代。孝友之家，则可以绵延十代八代。
>
> 我今赖祖宗之积累，少年早达，深恐其以一身享用殆尽，故教诸弟及儿辈，但愿其为耕读孝友之家，不愿其为仕宦之家。

他说他发现当官的家族，很少有能够长久的，所以很担心曾家整个家族的荣华，到他这里就断了。想来想去，最能长久繁盛的家族，是耕读孝友之家。种地读书，孝顺友爱，以此传承，不要老想着当官宦之家了，这很不好。

曾国藩这一步想对了。

此后，他功业越做越大，成为晚清中兴第一名臣，而在暗礁重重的大时代中，他的家族也不曾因为骤然崛起而骤然衰落，反而走了一条绵延长久之路，成为近代以来屈指可数的著名家族之一。

1

湖南湘乡曾家的崛起，代表了中国一个普通家族通过世代积累，可以达到什么样的高度。

这个家族在曾国藩祖父之前的五六百年间，连一个秀才都没出过。曾国藩的祖父叫曾玉屏，他家境尚可，但早年一度游手好闲，不务正业，跟着一帮纨绔子弟斗鸡走狗。日子久了，老人家都把曾玉屏当成全村的反面教材，用来教育子孙。曾玉屏大受刺激，立誓要重新做人。

关键是，他说到做到。自此，他每天早起干活，种地养猪，勤俭劳作，终于为曾家奠定了相当丰厚的物质基础。到曾国藩出生时，曾家已有田地百余亩。

曾国藩最敬佩的人，就是他的祖父。终其一生，他都以祖父知错就改的勇气以及坚持不懈的毅力为标杆，时刻反省自己。

家财充裕之后，曾玉屏很有远见地让儿子走上读书道路。他为长子曾麟书请来名师辅导，让其专心读书，不用干活。于是，从曾国藩的父亲曾麟书开始，曾家开始了科举之路，曾家耕读的家风，也从这时开始养成。

由于积累不够，资质有限，曾麟书考了17次，到42岁才考上秀才。这么一比的话，曾国藩较父亲"聪明"多了。他只用了7次，就考中秀才，然后又一举考中举人。

曾国藩虽然后来两次考进士都失败了，但落第返乡途中，他向当知县的同乡借了100两银子，并典当了自己的衣服，去南京买了一部昂贵的"廿三史"。

他父亲没有责备他,而是替他还了借款,并且说:"你能把这部大部头读一遍,就不算辜负我了。"

曾国藩为此发愤读书,早起晚睡,两年后终于考中进士,抵达家族功名的顶点。

2

在曾国藩眼里,曾家经过三代积累,才实现了阶层跃升。

他深知一个家族要突破阶层,十分不易,所以当他官做得越大,越有能力谋划家族未来的时候,他就越是担心这个家族在他之后会阶级滑落。

他一生中多数时间在外做官,通过家书教导家中弟弟、子女读书做人,据说他总共写了1500多封家书。他之所以如此费时用心地教导家人,归根结底还是想借此树立家风,解决家族的延续问题。

曾家有五兄弟,依次为国藩、国潢、国华、国荃、国葆。曾国藩是老大,比老二曾国潢足足长了9岁,又是家中功名最大的人,所以他有足够的威望来塑造曾家的家风。

不过,就像前文所说,曾国藩一生最敬佩祖父曾玉屏,他归纳和强调要执行的家法、家风,基本都是以祖父的话为纲领。他一直认为祖父有大智之才,只是生不逢时,未获大用而已,哪怕后来封侯拜相,曾国藩仍认为自己远不如祖父。

他把祖父在时的做法,归纳为"八字诀":考宝早扫,书蔬鱼猪。

考,就是祭礼。曾国藩强调"子孙虽愚而家祭不可简",要重视家族祭祀,这是维系家族凝聚力的方式。

宝,就是有能力要周济亲族邻里。曾国藩早年到四川当主考官,将1000两银子的收入寄回家。他特别说明,600两用于家中还债,400两用于馈赠亲族,结果遭到弟弟曾国潢、曾国荃的反对。于是曾国藩给弟弟们写了一封长长的回信，说服他们要把钱馈赠出去，要懂得"日中则昃，月盈则亏"的道理。

早，就是清晨早起。曾国藩在京做官时，也会因为某天睡懒觉而在日记中责备自己。

扫，就是勤扫屋宇庭院。勤能致富，曾国藩的祖父身体力行，印证了这条真理。

书，就是积苦力学。任何时候，读书都是一个家族最大的出路。

蔬、鱼、猪，就是种菜、养鱼和喂猪。曾国藩中进士入翰林后，他的祖父还是一如既往地种菜收粪，并对其子曾麟书说，"吾家以农为业，虽富贵，毋失其旧"，"（曾国藩）虽点翰林，我家仍靠作田为业，不靠他吃饭"。曾国藩对此感受最深，事隔二三十年后，还意味深长地说，祖父此语最有道理。

对此"八字诀"，曾国藩恪守不渝，要求"永为家训"，一再叮嘱诸弟"断不可一日忘之，忘则家或败矣"。

3

太平天国运动兴起后，曾国藩组织湘军迎战，建立了不世的功勋。

在这期间，除了老二曾国潢在老家照料家事，他的弟弟们都受到他的提携，成为湘军将领。不过，战争还未胜利，曾国华、曾国葆两人均已战死。

临近攻克天京（南京）时，曾国藩仍心心念念家族的维系问题。

他给曾国荃写信说，日中则昃，月盈则亏，吾家亦盈时矣，要有危机感。

他给曾国潢写信说，莫买田产，莫管公事，盛时常作衰时想，上场当念下场时。

眼看着天京指日可破，每个人都知道，谁攻下天京，彻底消灭太平天国，谁的功劳就最大，加官晋爵，不在话下。而曾国藩却一直试图说服弟弟曾国荃不要贪功。他还邀请李鸿章一起攻城，分享胜利果实。为此，他对曾国荃说："独享大名为折福之道，则与人分名即受福之道矣。"

但曾国荃的个性，完全不同。李鸿章写信给曾国荃，表示将派淮军助攻南京。曾国荃收到信后很气愤，故意把内容透露给手下部将，大声说："他人至矣，艰苦二年以予人耶？"意思是，我们围城围了两年，辛苦卖命，现在人家轻轻松松要来摘果子了。

众部将也不服气，齐声说："愿尽死力！"

于是，没等李鸿章派军，曾国荃就抢先攻陷天京，拔得头功。

事后，清政府论功行赏，曾国藩、曾国荃兄弟同日封爵，曾家荣耀，至此极盛。曾国藩却赶紧要求弟弟急流勇退，让弟弟称病返回老家，自己则亲手裁撤了一手拉扯起来的湘军队伍。

越是人生顺遂，他的家族危机感就越强。他对两个弟弟说："由天主者，无可如何，只得听之；由人主者，尽得一分算一分，撑得一日算一日。吾兄弟断不可不洗心涤虑，以力挽家运。"

这个时候，曾国藩一再跟留守老家的曾国潢强调，不要认为家族中有二人同时封爵，就心有旁骛，丢了种田的本业。他劝诫曾国潢继续专心种田，说这才是永葆家族长久不衰的基业："凡家道所以可久者，不恃一时之官爵，而恃长远之家规；不恃一二人之骤发，而恃大众之维持。"

4

外面的世界很大，曾国潢当年也想跟兄弟们一样去看看，考取功名，或立下战功，但最终被曾国藩劝回老家了。

曾国藩说，家族的事务，种地养猪，孝敬长辈，培养子侄等等，都关系到未来兴衰，所以兄弟中必须有人承担起这个责任。他对曾国潢说："我家将来气象之兴衰，全系乎四弟（曾国潢在堂兄弟中排行老四）一人之身。"从这一点，可以看出曾国藩的深谋远虑。

曾国藩有两个儿子和五个女儿，另有一个儿子早夭。他对子女尤其是两个儿子曾纪泽和曾纪鸿提了两个要求：其一，不可轻弃其乡；其二，不可住繁华闹市。

虽然曾家已经大富大贵，曾国藩之后的第二代人不用像他当初那样打拼，但曾家却面临新的问题，那就是家族崛起后，子弟难免骄奢淫逸，贪恋荣华。用曾国藩的话来说，"家败离不得个奢字，人败离不得个逸字，讨人嫌离不得个骄字"，如果子弟们没教育好，没有良好的家风规训，那么，再大的家业也撑不过两代人。

曾国藩要求曾国潢返乡，要求子女们待在乡下，用意就在这里。他说："家中得要兴旺，全靠出贤子弟。若子弟不贤不才，虽多积银积钱，积谷积产，积衣积书，总是枉然。子弟之贤否，六分本于天生，四分由于家教。"

曾家的家教之严，是出了名的。

据曾国藩的小女儿曾纪芬回忆，曾国藩的女儿、儿媳，不仅梳妆之事都要自己做，还要按时做女工，纺织、做衣服、做鞋子，甚至连做小菜点心都有要求。有一次，曾国藩的夫人欧阳氏买了个婢女，曾国藩发现后大声申斥，欧阳氏只好把婢女转赠他人。

曾国藩嫁女儿，嫁妆一律是200两白银。这点嫁妆，跟侯爵家的身份实在不相称。四女儿曾纪纯出嫁时，曾国荃不相信哥哥对女儿真这么抠，打开箱子一看，果然只有200两。

贪财阔绰惯了的曾国荃不禁感叹唏嘘，额外给侄女加了400两。

5

曾国藩的观点很明确：留钱给子孙，对子孙并不好。

他也不愿意购置田产，或者盖豪宅。他一生辗转几大城市为官，都未曾买地置业，晚年也只是在老家湘乡建了个富厚堂。据其玄孙曾宪衡说，富厚堂比起家乡其他湘军将领的房屋来，只能算是很普通的宅子。

曾国藩多次教导两个儿子:"银钱田产最易长骄气逸气,我家中断不可积钱,断不可买田。尔兄弟努力读书,决不怕没饭吃,至嘱","凡人多望子孙为大官,余不愿为大官,但愿为读书明理之君子。"

在此基础上,曾国藩给予两个儿子自主的道路选择权,最终两个儿子无一为大官,却都成为大才。

长子曾纪泽,32岁开始学英文,终成晚清最出色的外交家之一,在谈判桌上跟俄国人拍桌子,维护了国家主权。

次子曾纪鸿,虽然年仅33岁就病逝,但他酷爱数学,并通天文、地理、舆图诸学,成为中国著名的数学家和科学家。他是把圆周率推算至200位的第一人,不仅出版了颇有影响的数学著作,还写成了我国最早的电学专著《电学举隅》。

尤其难得的是,曾纪鸿这一支人丁兴盛,四代一脉相承,使曾家成为"数学世家""科技世家"。曾纪鸿的长子曾广钧堪称文理全才,他的诗写得很好,对数学的研究也很深,迄今湖南图书馆仍藏有他的数学著作手稿。再往下,曾纪鸿的孙辈出的科技人才更多。曾宝荪(曾广钧长女),毕业于英国伦敦大学,是我国第一个获得理科学士学位的女子。还有曾约农(曾纪鸿长孙),同样留学伦敦大学,学矿冶专业。

关于曾约农,有一件逸事,说民国年间,英国哲学家罗素、美国哲学家杜威到湖南讲学,随行的翻译讲不好湖南话,主办方没办法,临时请来曾约农做翻译。曾约农一登台,观众嘘声一片,说他一副乡巴佬的模样,懂英语吗,懂哲学、数理逻辑吗?等到曾约农开口翻译,全场被镇住了:他不仅英文纯熟,而且跟两位大师谈笑风生,让人敬服。

曾昭权、曾昭桓都是曾纪鸿的孙子,均为留美的理工科高才生,回国后均出任著名大学的教授,数学大师华罗庚经常请曾昭桓演算数学题目。

曾纪鸿还有个外孙,就是曾任台湾地区军事事务主管负责人的俞大维。俞大维是哈佛大学数理逻辑博士、柏林大学弹道学专家，有"兵工之父"的美誉。1999年，我国表彰"二弹一星"元勋，钱学森发表感言时说："俞大维先生是我国近代国防科技发展史上第一位大力开拓、耕耘、播种、灌溉、施肥的始祖园丁，我们不能忘记他。"

到曾纪鸿的曾孙辈，同样出了一批理工类的专家、教授，"科技世家"未曾断绝。曾家后人对此有着清晰的认识，第三代、第四代，绝大多数留学海外，潜心做学问的多，做官的少。这很符合曾国藩当初对家族延续的构想：通过读书而不是通过做官，来实现家族的长久不衰。

6

曾国藩在世时，不仅十分注重家族成员的内在修养，还通过构建家族之间的外联网络，打通了曾家的持续发展之路。

这张外联网络有两个最主要的渠道。

一个是朋友圈。众所周知，曾国藩一生功业，半受朋友之助。可以说，他的事业成功，是善于用人的成功。他通过交游、籍贯、爱好、利益等路径构建的朋友圈，不仅帮助了他的事业，也可以帮助曾家后人。

最典型的例子，是曾国藩与左宗棠的关系。曾、左是一对欢喜冤家，两人交恶后，左宗棠一直以辱骂曾国藩为荣。但曾国藩表现得很大度，他一再要求自己的家人和亲朋好友不要回击左宗棠，避免火上浇油。不仅如此，他还希望家人尽量与左宗棠搞好关系。

左宗棠最大的功业在于西征。时任两江总督的曾国藩，总是足额、准时地把军饷送到，不会因为两人关系不好就暗中搞破坏。与此同时，他还把自己最得意的部下刘松山，派给左宗棠使用。

因为曾国藩的大度和让步，左宗棠感念在心。曾国藩去世后，长子曾纪泽曾因家人病重无钱医治，求助于左宗棠。左宗棠二话不说，立即送给他300两银子。

另一个渠道是婚姻。曾国藩找儿媳、女婿，都很看重对方的背景和家教。他联姻的家族，基本都是当时的两湖名门，比如贺长龄家族、刘蓉家族、罗泽南家族、郭嵩焘家族等。

曾纪鸿刚满月时，曾国藩就为他与自己好友郭沛霖的女儿郭筠定下娃娃亲。后来，郭沛霖在太平天国之乱中战死，郭筠操持家务、孝敬母亲，一时传为佳话。等到19岁时，郭筠与曾纪鸿举行婚礼。过门后，曾国藩亲自指导郭筠读《十三经注疏》《御批通鉴》等大部头著作，郭筠一边读书、作诗，一边主持家政。

几年后，曾国藩、欧阳夫人相继过世，曾纪泽后来又携家出使欧洲，而曾纪鸿英年早逝，于是，郭筠就以富厚堂女主持的身份，担当起了光复曾氏家族的重任。她虽是女性，却继承和发展了曾国藩的家教理念，订立《富厚堂日程》，要求儿孙俭朴、侠义、至公无私，同时创办私学，培育子孙脱离家庭荫庇，独立自强。她的做派极其开明，晚年甚至能用英语词汇与子孙交谈。曾纪鸿这一支后来出了很多驰名中外的学者和教育家，很大程度上是郭筠的功劳。这也说明了曾国藩构建家族网络时没有看走眼。

事实上，曾家通过联姻，与近代以来中国的几大文化家族均产生了关联。这张网络产生的人才，影响了中国近现代史的走向。

梁启超教子是很成功的，9个子女个个有大成就，被誉为"最牛老爸"。但不要忘记，梁启超教育子女，最常用的正是曾国藩的方法和例子。

据统计，曾国藩兄弟五人的家庭，绵延至今将近200年，传至第八代孙，共走出有名望的人才240多人。这期间，没出过一个废人，没出过一个纨绔子弟。

每当被问到曾国藩家族第五代以后，为何未再有特别显达的人物时，曾家后人总会缓缓答道："可是，曾家那么多代，你找不出一个坏人。"

左宗棠家族：他带兵收复了新疆，子孙却从此远离政坛

左宗棠墓位于长沙市跳马镇白竹村的伏龙山。山下有一户姓黄的守墓人，至今守护着这位收复新疆的民族英雄。

相传，当年左宗棠率军途经此地，见此地三面环山，前方抱水，就随口说，这里风水不错，希望百年后葬在这里。左宗棠逝世后，一户姓黄的农民因老实本分被左家人看中，成为守墓人。之后，守墓人世代相传，一守就是一百多年。

墓前石柱上刻有对联："汉业唐规西陲永固，秦川陇道塞柳长青。"如今，当别人问起黄家人为何愿意世代为左宗棠守墓时，年过七旬的守墓人黄志清会严肃地说："左大人是阻遏俄英侵略、收复新疆的功臣。"

左宗棠是守墓人心中的英雄，更是民族的英雄，他的精神彪炳史册，代代相传。在家风的传承中，左氏家族已成为近现代以来湖南的一大文化世家。

1

左宗棠在青年时期曾写下一副对联："身无半亩，心忧天下；读破万卷，神交古人。"个性直率的他常自比为诸葛孔明，而此后晚清风雨飘摇的乱世中，这个执拗的湖南人干出了一番不亚于孔明的事业。

在年轻时，左宗棠的家族只是湖南湘阴一个世代耕读的寒门之家。

祖祖辈辈留下薄田数十亩，遇到灾荒，家里十几口人只能将糠做成饼食或者喝稀薄的米汁，才能勉强度日。后来，左宗棠在写给儿子的信中常常感慨艰苦的童年，说："吾家积代寒素，先世苦况百纸不能详。"

正因家境贫寒，左宗棠自小勤勉于学，立志走上科举登第之路。他后来回忆说："人生读书得力只有数年。十六岁以前知识未开，二十五六以后人事渐杂，此数年中放过，则无成矣，勉之。"

左宗棠认为，16岁到20多岁是最好的读书时光，之后各种杂事多了，比如现在的年轻人就要攒钱结婚买房，精力可能就跟不上了。左宗棠年少时的科举之路本来一帆风顺，五六岁在家乡的私塾攻读四书五经，9岁能作八股文，15岁考中秀才，名列第一，20岁乡试中举，前途一片光明。

但更为人熟知的是，在之后三次赴京参加会试时，左宗棠名落孙山，屡屡碰壁，始终考不中进士。其中有一次，他本来榜上有名，但考官发现湖南人多占了一个名额，就把左宗棠的进士资格给取消了。这些挫折让左宗棠放弃科举，"三次礼部不第，绝意仕进"，开始寻求另一条报国之路。

在培育后代时，左宗棠一方面希望子孙保持苦心力学的耕读家风，另一方面又强调，不要为了考取科名而去读书，更不要困顿于科场。他对儿子说："读书明理，讲求作人及经世有用之学……不在科名也。"

在追求科名的少年时代，左宗棠由于没钱操办婚事，只能入赘湘潭周家，与周家的小姐周诒端结为伉俪。尽管左宗棠为自身贫寒感到惭愧（"居妇家，耻不能自食"），但周诒端对他关怀备至，让他感到了家庭的温暖。

每次进京赶考，左宗棠都会寄信回家，周诒端总是回信，安慰丈夫思乡之心，劝左宗棠不要把功名看得太重，只要放宽心态，日子就可以过得悠闲自在。

道光十三年（1833），左宗棠在北京参加春闱，写成《燕台八咏》，抒发忧国忧民的心情，叹息自己有才不能施展。周诒端收到丈夫寄回的诗后，写诗安慰丈夫："岁晏未归愁雨雪，心闲何处不蓬莱？"正因有妻子的默默支持，左宗棠在科场失意后仍能斗志昂扬。

左宗棠也将对妻子的尊重以及令家庭和睦的经验告知子侄。在写给侄子左癸叟的家书中，左宗棠说："妃匹之际，爱之如兄弟，而敬之如宾，联之以情，接之以礼，长久之道也。"当时，左癸叟娶了胡林翼的妹妹胡同芝为妻。左宗棠还说，夫妻相处时，应该相爱相敬，过于亲昵容易走向分离，而若缺乏尊重，爱情也不牢固。

家庭给了左宗棠百折不挠的力量，而他的一身才华也逐渐被人发掘。

有一次，两江总督陶澍前往江西阅兵，途经湖南醴陵，当地知县为陶澍安排馆舍，并请在渌江书院担任主讲的举人左宗棠撰写楹联。左宗棠出于对大清名臣陶澍的敬仰之情，提笔写道："春殿语从容，廿载家山印心石在；大江流日夜，八州子弟翘首公归。"

陶澍看到后赞叹不已，急忙询问此联作者的下落。经此机缘，陶澍与左宗棠相识，相谈甚欢，后来还为其子陶桄求婚于左宗棠之长女左孝瑜。

道光十九年（1839），陶澍病逝于两江总督任上，留下7岁幼子陶桄，托孤于左宗棠。左宗棠不负所托，承担了为陶桄教书的义务，此后在安化陶家任教八年。金子到哪儿都会发光，陶澍的女婿胡林翼见到在陶家教书的左宗棠，称赞他"当为近日楚材第一"。

正在此时，大清时局发生了天翻地覆的变化。

2

第一次鸦片战争前后，左宗棠已经开始留意唐宋以来各类典籍中关于"海国故事"的记载，认为应该操练水军、置办火药、改造炮船，其主张与当时林则徐在广东备战御敌之举有不少相似之处。

当林则徐被朝廷罢免、鸦片战争清军失败的消息传到湖南，左宗棠大为愤慨，认为西洋人从此有轻视中国之心，预言海上将有数十年烽火之警。

道光二十九年（1849），左宗棠与林则徐终于在湘江的舟中会面。

此前几年，左宗棠携妻儿老小回到湘阴老家，迁居柳庄，自号"湘上农人"，而多年来存下的钱，大都被他与周夫人用于赈济饥民，他还劝族里储藏谷物备荒，劝富有人家捐赈。当时，湖南周边饥民不下50万，有经过左宗棠家的灾民，左家人就倾尽所能分发粮食，并为病人送药。

这一天，因病卸任云贵总督的林则徐途经湖南，与左宗棠在岳麓之滨同乘一舟，二人在江中宴谈，通宵达旦。林则徐一见左宗棠，大赞其为"绝世奇才"，尤其是在西北边防事上对他寄予厚望。

鸦片战争中，林则徐被远贬新疆，写下"苟利国家生死以，岂因祸福避趋之"的诗句，在边疆苦心经营，颇有政绩，对西北边防十分重视。这一次潇湘夜话，对左宗棠的人生有着深远的意义，他后来创办福州船政局、收复新疆，都因在一定程度上受到林则徐的影响。

一年后，林则徐在奉命前往广西镇压叛乱时，病逝于广东普宁。不久后，不惑之年的左宗棠出山，入湘军幕府。太平天国起义后，清朝的正规军八旗、绿营全盘崩溃，满族官僚指挥的江南、江北大营在苦守数年后被击垮，湘军等地方军反而在与太平军的交战中屡立功勋。

然而，左宗棠初入官场的经历并不愉快。在湘幕干了一年，他就以"心血耗竭"为由，表示想从此销声匿迹，转徙于荒谷之间。

后来再入湘幕，又发生了"樊燮事件"，左宗棠遭地方要员倾轧，受到诬告，接受调查。不明真相的咸丰帝还特意下令密查此事，说："如左宗棠有不法情事，可即就地正法。"

这位日后的民族英雄，遭遇飞来横祸，险些断送了性命。

左宗棠为何在清廷中显得格格不入？其中一个原因在于，左宗棠个性刚直，有着强烈的个人意识。他也爱国，却不愿趋炎附势；他也忠心，却从不伪装自己；他不愿被奴化，不愿着眼于私利，不愿追随官场陋习。时人给这位性情刚烈的实在人取了个外号——"左骡子"。

"围剿"太平天国时，有一次湘军打了个小胜仗，杀死了几十个太平军。曾国藩当时因屡战屡败，急需战绩，于是向咸丰帝汇报"大捷"。左宗棠受曾国藩提携颇多，却不服他，得知此事，马上向朝廷报告说只是"小胜"。

后来，左宗棠与李鸿章共同平定西捻军。李鸿章听说捻军主将张宗禹已被乱兵杀死，就想以此上报，左宗棠却如实向朝廷报告贼首尚未擒获，左、李由此日渐失和。

左宗棠张扬自我而又严于律己的精神，也深刻影响了左氏家族。

左宗棠坚决反对亲戚托人情，找关系。有一次，周夫人想向左宗棠推荐亲戚到军营任职。左宗棠得知此人能力不足，难以担当此任，就回信说："可无须来营。"

周夫人又举荐了娘家人周庆。这个周庆有些许才能，却是瘾君子，在湘潭整日抽鸦片，左宗棠听妻子求情，不得已做出让步，但严格要求他一定要戒烟："如不吸烟，可令其前来。"

3

在平定太平天国的过程中，左宗棠得到了自己的第一份官职，从参戎幕府的宾客转变为朝廷命官。他创立了湘军的支系"楚军"，自己也在短短几年内便由帮办军务转为巡抚浙江、总督闽浙，跃居清朝督抚要员，终成大器晚成的一代名臣。

而林则徐当年的一大遗愿，将由左宗棠实现。

同治十三年（1874），在历时七年之久，终于平定"陕甘回乱"后，时任陕甘总督的62岁的左宗棠，和直隶总督兼北洋大臣李鸿章就是否要收复新疆爆发了一场空前论战。

这就是晚清著名的海防塞防之争。

这一年，日本也派兵进犯台湾，李鸿章呈《筹议海防折》，认为大清应该放弃千里之外的新疆，加强海防，保卫台湾。所谓放弃西北边境，"于（清朝）肢体之元气无伤；海疆不防，则腹心之大患愈棘"。

但是，左宗棠"引边荒艰巨为己任"，对李鸿章的主张予以反驳，认为绝对不能放弃新疆。

新疆，自古以来是中国领土。早在西汉张骞通西域后，汉朝就在西域设西域都护府，行使权力。清朝康雍乾三朝皇帝历经百年，铲除多场叛乱，平定新疆，设伊犁将军为该地区军政长官，另设镇西府、迪化州等统辖民政，隶属于陕甘总督。在晚清乱局中，中亚的阿古柏趁机入侵南疆，势力直达乌鲁木齐，建立了一个"哲德沙尔汗国"，而俄国人则趁机占领伊犁一带。

经过多次议论，最终，深知"保新疆就是保蒙古，保蒙古就是保京师和内地"的军机大臣文祥，终于被左宗棠的铁血雄心所震动，站在了左宗棠一边。清廷委任左宗棠以钦差大臣、陕甘总督的身份，同时督办新疆军务，以平定阿古柏之乱和收复伊犁。

左宗棠采取了"缓进急攻"的策略。经过长期筹备后，1876年，左宗棠命令西征军正式向阿古柏贼军发起攻击。到1879年底，左宗棠的西征军击败了阿古柏军队，基本平定新疆，而俄国人仍在伊犁盘踞不走，清廷只好与俄国展开了谈判。

与此同时，左宗棠绝口不谈和议，铁了心要给俄军一点儿颜色看看。为收复伊犁地区，老当益壮的左宗棠一面反对赴俄使臣崇厚签署的丧权辱国的《里瓦几亚条约》，一面制定了三路出击、收复伊犁的计划。

在前往前线的哈密之前，左宗棠把同乡的部下虞绍南叫来，让他造一口棺材，并表示自己要抬着棺材上战场，带兵收复国土。

之后，西征军抬着这口棺材驻军于哈密，将士一听左宗棠此举，士气更盛，都想跟俄国人拼命。

清廷不敢与俄国交锋。光绪七年（1881）2月，中俄签了改订的《伊犁条约》。

由于清政府代表曾纪泽的外交谈判和左宗棠的武力支持，伊犁地区大部分回归祖国怀抱，但霍尔果斯河以西1万多平方公里的土地仍被俄国占领。此外，清政府还支付了一笔900万卢布的所谓"赔偿费"。这是一个不平等条约，但总算在一定程度保住了大清帝国的领土完整。

光绪十年（1884），清廷在新疆正式设省，以左宗棠的爱将刘锦棠为首任巡抚。此后，新疆始终被牢牢地控制在了中国的版图之内，并得到开垦发展，日渐繁荣。

此前，平定入侵者后，左宗棠在给清廷的奏折中写下四个字："故土新归。"

在新疆期间，左宗棠曾修筑道路与水利，留心农事，如今新疆的桑蚕和棉花很多是他当年引进的，他还依据新疆很多地方可渔可牧的特点，认为"西北之利，畜牧为大"，要多养羊。

他写信给儿子，嘱托他们"买红白萝卜子及天鹅蛋种子寄来，以便散给各营哨"，发扬农夫本色，搞起了屯田耕种。

据当时前往哈密拜访并在军营居住过一个月的德国人福克回忆，左宗棠每天黎明即起，到菜园眺望半晌，再会见部下，早膳后握笔处理公事，每晚12点才睡。身在沙漠之地，无人照顾，左宗棠起居饮食，简省异常。

"大将筹边尚未还，湖湘子弟满天山。"左宗棠率领数万湖湘子弟入疆平乱，收复故土，是晚清一次扬眉吐气的豪迈壮举。西征军出征时，在路上遍植杨柳，夹道成荫。这些杨柳后来被称为"左公柳"，至今犹在，让阵阵春风吹拂到玉门关外。

4

从西北任上被征召进京后,左宗棠又因为性情耿直,在军机大臣的位置上备受排挤。

他骂朝中满人官员无能,"冒得寸用",意思是没有一点儿用处。朝廷贵胄也怀恨在心,军机大臣宝鋆经常跟同僚说:"左宗棠就是一团茅草,懂个屁。"

左宗棠回京后不久,慈禧找了个理由,将他外放到南方去当了两江总督、南洋大臣。

光绪十年(1884),边事又起,与清军在越南交战的法国派兵进犯台湾基隆,并偷袭福州马尾港。左宗棠抱着率军前往滇、粤抗法前线的愿望,对清廷在镇南关大捷后仍积极主张停战议和的谕旨痛感失望,上书直陈"要盟宜慎,防兵难撤",反对撤兵与议和。

此前,他还不顾年老体衰,上书朝廷,希望能前往越南抗击法军:"(臣)督师有年,旧部健将尚多……尚有可为……不效则请重治其罪,以谢天下!"

次年,李鸿章代表清廷,与法国在天津签订了《中法会订越南条约》,中国承认越南归法国保护,并同意允许法商进入中越边界开埠通商,中法战争最终以"中国不败而败,法国不胜而胜"惨淡收场。

三个月后,73岁的左宗棠在为大清耗尽毕生心血后,走向生命的最后一刻。

他以向儿子口授的形式,向清廷上了最后一道奏疏,留下遗言:"此次越南和战,实中国强弱一大关键,臣督师南下,迄未大伸挞伐,张我国威,遗恨平生,不能瞑目!"之后,归葬于湖南长沙。

大清帝国最后的鹰派,就此陨落。

5

左宗棠知道，他的直率终究有人爱，有人恨。

他十分豁达，写了篇文章自我调侃，声称要给自己取个谥号，就叫"忠介先生"。

左宗棠说，我这个人平生与世间众人总是磕磕碰碰，说不到一块儿。但我从来不强求别人按我说的做，我也不会委屈自己将就别人。那些毁损我、赞扬我的话，我就像聋子一样听不到，像瞎子一样看不到。毕竟别人用话贬低我，又不能真正损害我；赞誉我，也不能带给我什么好处。毁损我并不能掩盖真正的我，赞扬我反而可能夸过了头，变得好像是夸别人了，这些我都不用在意。

"千秋万世名，寂寞身后事"，左宗棠懒得去理会。

在朝堂忠直不二的左宗棠，在为人方面则表现为两袖清风的清廉家风，"不欲以一丝一粟自污素节"，乐善好施，不蓄钱财。

对此，左宗棠严格控制家中用度，一点儿也不多寄钱财。有一次，他的次子左孝宽因家中人口增加，家乡旧居略显狭窄，就在未征得父亲同意的情况下加盖房屋，花了600两银子。

左宗棠得知此事，气得训了儿子一顿："贫寒家儿忽染脑满肠肥习气，令人笑骂，惹我恼恨。"

他告诫儿子们："我廉金不以肥家，有余辄随手散去，尔辈宜早自为谋。"国家发给我的钱，都被我随手花出去了，你们要趁早自己想办法，不要指望我留钱财给你们。

左宗棠的钱都到哪儿去了呢？

他在1869年的家书中写道，今年湖南水灾过重，灾异叠见，我捐廉万两助赈，并不入奏让朝廷知道，回想当年在柳庄散米散药的情景，仿佛就在昨日。

创办福州船政局经费不足，他自己用6万两俸禄作为费用。

光绪三年（1877），西北大旱，左宗棠捐银13000两。

左宗棠的部下刘典，为平定西北出力甚多，但自奉俭约，病死军中后家无余财。左宗棠痛悼不已，从自己的俸禄中拿出6000两银子，负责其身后一切费用及灵柩还故里，并安顿其家人。

在一个"千里为官只为财"的社会，左宗棠留给子孙的不是高官厚禄，而是清白家风。

6

晚清时有一句话："天下不可一日无湖南，湖南不可一日无左宗棠。"

可左宗棠在给儿子的信中却说，子孙能像我一样以耕读为业，务本为怀，我就很欣慰了。左宗棠的一生波澜壮阔，他的子孙却不好做官，此后一百多年来没有出过多少名臣高官，而是出了不少学者名医，清白家风代代相传。

左宗棠为左氏家塾写下一联："要大门闾，积德累善；是好子弟，耕田读书。"

民国时期，左宗棠家族的家教享誉一时。杨公道在《左宗棠轶事·家教》中记载："公（左宗棠）立身不苟，家教甚严。入门，虽三尺之童，见客均彬彬有礼。妇女则黎明即起，各事其事，纺织缝纫外，不及外务。虽盛暑，男女无袒裼者。烟赌诸具，不使入门。虽两世官致通显，又值风俗竞尚繁华，谨守荆布之素，从未沾染习气。闻至今后人均能遵守遗训，无敢失坠焉。"

左宗棠出山后，与家人聚少离多，常以书信联络，现存家书80%是写给儿子的。他对长子左孝威关注最多，尤其注重引导儿子体会读书之乐趣。

左宗棠对儿子说，读书的方法是"三到"，即"目到、心到、口到"。他说，眼到是"一笔一画莫看错"，口到是"一字莫含糊"，心到是"一字莫放过"，要有恒无间，量力而行，要由浅入深，勤学深思，"读书先须明理，非循序渐进、熟读深思不能有所开悟"。

遗憾的是，左孝威在随军征战新疆时染病而亡，年仅27岁。

左宗棠诸子中，只有老四左孝同在军中有过一些官衔。甲午战争中，曾任湖南巡抚的吴大澂在奉天关统率清军，左孝同总办营务，做了很多贡献，但他在战后就退出军队。

次子左孝宽未获功名，立志从医。到了左宗棠的第四、五代后裔，左氏家族出了多位名医。左宗棠曾孙左景鉴是著名外科专家，新中国初期被称为中国外科"四把刀"之一。20世纪70年代，左景鉴不幸患上膀胱癌，主治医师医生判断他只能再活1年。都说医不自医，左景鉴却淡定地对焦急的家人说，他有自己的一套方法。

顽强的左景鉴切除了全部的膀胱，自制排泄袋戴在身上，照常生活，最后在88岁的高龄过世，比医生判断的多活了26年，性情像极了他那位为人刚直的曾祖父。

左景鉴的儿子左焕琮与女儿左焕琛，也是享誉海内外的名医。

化学家左景伊是左宗棠第三子左孝勋的孙子，后来成为中国工程院院士，还是化学界腐蚀与防护学的开创者和奠基人。他所创造的左氏定律，至今仍是化工防腐处理的一个重要定律。

左宗棠在家书中对儿女说："尔父二十七岁以后即不赴会试，只想读书课子以绵世泽，守此耕读家风，作一个好人，留些榜样与后辈看而已。"

一生正直的左宗棠离开人世后，其家族历经百年风雨，已成为勤勉好学的文化世家，在各行各业默默奉献，如左公一般，为国为民。左公之功，铭记不忘。

李鸿章家族：功过是非一百年

38岁的李鸿章，即将迎来人生的转折点。

这一年是1861年，面临太平军围攻压力的上海士绅正惶惶不可终日。他们写信给湘军大佬曾国藩说，只要湘军愿意来保卫上海，士绅们愿意每年提供60万两白银作为军费。

经常苦于军费短缺的曾国藩喜出望外。他想着肥水不流外人田，于是打算让弟弟曾国荃去领这个好差事。没想到曾国荃丝毫不感兴趣，而是一心只想着平定天京（南京），拿下"剿灭"太平天国的首功。

无奈之下，曾国藩只好改而推荐自己的幕僚李鸿章前往组建新军，支援上海。很快，在李鸿章的筹备下，从1861年底到1862年3月，一支人数达7000多人的新式军队就组建完毕，开赴上海。此后短短两年间，李鸿章组建的这支军队迅速扩张成一支人数高达7万，且拥有4万杆洋枪和4个炮兵营的新式军队。

依托着这支日后被称为"淮军"的新式军队，李鸿章从此脱离湘军一跃而起，成为影响晚清和近现代中国政局走向的领军式人物。而跟随他一起崛起的，还有一个原本在中国默默无闻的普通家族——合肥李氏。

1

李鸿章1823年出生于安徽合肥。他的先祖本姓许,祖籍江西九江湖口。元代时,许氏家族从江西迁到安徽。到了九世祖许光照时,许光照将儿子许慎所过继给了做豆腐生意的好友李心庄。从此,许慎所改名李慎所,后世子孙于是以李为姓。李慎所就是李鸿章的直系祖先。

以李慎所为一世祖的李鸿章家族,起初的几代人都家境贫寒,一直到李鸿章爷爷的爷爷(高祖)李士俊时,家里才开始购置田地,成了一个小地主。到了李士俊的儿子、也就是李鸿章的曾祖李椿一代,李家开始学文,走科举道路。

但是,李鸿章的曾祖李椿和祖父李殿华都未能有所成就,一直到李鸿章的父亲李文安时,合肥李氏才开始有人中举。道光十八年(1838),时年38岁的李文安考中进士,与之同榜的还有日后的湘军创始人曾国藩。

同年考中进士,在科举上称为"同年"或"同榜",有了这层私密的小友谊,李文安与曾国藩于是有了一种天然的亲近感,因为在大清帝国的官场上,同年们结党联合,对各自日后的政治前途至关重要。

李文安情商、眼力极高,早在曾国藩发迹前在北京当个编修史书的闲官时,他就看出曾国藩日后不凡,于是早早便安排自己的两个儿子李瀚章、李鸿章拜曾国藩为师,学习"经世之学"。

对于同僚李文安的这两个儿子,曾国藩一眼就看出李鸿章很有前途。曾国藩曾经对后来担任他幕僚的李文安的长子李瀚章说:

"令弟少荃(李鸿章),自乙、丙之际(1845、1846年),仆即知其才可大用。"

曾国藩与李鸿章后来都名列晚清四大名臣(另外两人为左宗棠、张之洞)。对于自己的这位同僚之子、学生与后辈,曾国藩目力精深,一路提携。

道光二十七年（1847），25岁的李鸿章考中进士。起初李鸿章只是在翰林院做个闲官，但没想到1851年，太平天国起义爆发。时势造英雄，李鸿章投笔从戎参与组建团练（地方武装）对抗太平军，但几年间时胜时败，没有什么成就。

李鸿章的事业转折点来自曾国藩。1859年，李鸿章改投到当时已经成为湘军大佬的曾国藩幕府，负责起草文书，曾国藩生性"儒缓"，李鸿章的作风则明快果断，他的到来使得曾国藩如虎添翼。尽管两人也曾闹过不少矛盾，但曾国藩对李鸿章举凡"军国要务，皆与筹商"，作为湘军的重要智囊，李鸿章也不负厚望，屡献谋略，是曾国藩的左膀右臂。

在此背景下，李鸿章在进入曾国藩幕府仅仅两年后，就被曾国藩任命组建新军，从而成就了李鸿章日后成为淮军创始人的辉煌伟业。

2

李鸿章的父亲李文安娶妻李氏，是合肥名士李鸿谟之女。两人共生有六子二女，其中六子分别为瀚章、鸿章、鹤章、蕴章、凤章、昭庆。

李文安的长子李瀚章和次子李鸿章都曾受教于曾国藩，两人也都做过曾国藩的幕僚。由于有湘军创始人老曾的鼎力提携，加上各自努力，李瀚章后来历任湖广总督、漕运总督、两广总督，并加兵部尚书、赏太子少保衔。

李鸿章则更上层楼。作为晚清四大名臣之一，李鸿章因为淮军起家，先后做过直隶总督兼北洋通商大臣、文华殿大学士，可谓位极人臣。

作为曾国藩的嫡系弟子，李鸿章在曾国藩的基础上继续前进，极力推进晚清的洋务运动。他先后主持创办过上海洋炮局、苏州洋炮局和中国最早的军工企业江南机器制造总局。不仅如此，李鸿章还先后创办了天津机器局和金陵机器局，后来又接管了福州船政局，堪称晚清洋务运动的集大成者。

作为"睁眼看世界"的一代先贤，尽管李鸿章后来因为甲午战争和"庚子事变"，代表清廷签订了许多卖国条约，导致其声名狼藉，但不可否认，作为近代中国走向现代化的重要推动者，洋务运动的"扛把子"李鸿章功不可没。

1872年，在平定太平天国后，被天津教案和"刺马案"搞得身心俱疲的曾国藩，在两江总督任上猝然离世，此后，湘系虽然有左宗棠作为"扛把子"力撑局面，但晚清最大的权力系统，已经不可避免地向以李鸿章为首的淮系倾斜了。

早在曾国藩去世前，为了避免清廷猜忌，曾国藩就开始自行裁撤湘军。与此同时，出于剿灭捻军等需要，淮军却不断壮大势力，成为当时清廷最大的军事力量。

随着李鸿章出任直隶总督和北洋通商大臣，淮系势力也从江淮一带北上，不仅控制了清廷京畿地区的内政大权，而且控制了外交事务。清廷对外的外交部门本来是总理衙门，但当时驻京的外国使节普遍信任李鸿章，每次有事总是绕过总理衙门，直接找李鸿章商谈。在此情况下，李鸿章以北洋通商大臣的身份，逐渐跃升成为清廷实际上的第一外交大臣。

随着李鸿章崛起成为晚清第一重臣，在他的周围也逐渐聚集起了一批安徽老乡、幕僚、门生和亲戚。至此，在以李鸿章的淮军为军事支撑的基础上，淮系集团开始形成，并逐渐发展成为中国近代史上最大的军事、买办和官僚集团。

淮军全盛时期，军队高达200营，兵员十余万人，并且同时拥有马队和炮队，这在晚清军队中是独一无二的。

不仅如此，李鸿章在陆军之外，还开始组建海军。经过多年筹备，到1888年，由李鸿章掌舵、淮系主导的北洋海军正式成军。当时，北洋海军拥有大小军舰25艘，另有50艘辅助军舰和30艘运输舰，官兵达4000多人。北洋海军，一度是当时的亚洲第一海军。

由于军队人数远远超过被裁后的湘军，在1870年后，淮军控制的地盘逐渐从最开始的江苏、浙江、安徽等地南北四散发展，到后面，淮系势力先后控制了直隶、山东、江苏、浙江、安徽、江西、河南、湖北、湖南、福建、广东、广西、贵州、云南、四川和台湾等16个省区的地方总督和巡抚大权。在李鸿章的提拔和保荐下，淮系先后有38人当上了总督、巡抚和中央的尚书、侍郎，另外还有1300多人先后当上了各省的提督和总兵。在李鸿章的不断布局下，淮军最终成为晚清时期最为强大的一股军政势力。

从1870年左右，直到1900年八国联军进军北京，近30年时间里，淮军势力几乎全面掌控了清廷的内政、军事和外交。

3

李瀚章、李鸿章兄弟在晚清政坛的强势崛起，也使得李鸿章的母亲李氏惴惴不安。

对于两个儿子的成就，李氏从来不喜形于色，相反，她却经常正告子孙，不要得意忘形，而是要持满戒盈、谦虚谨慎。为了帮助李鸿章兄弟稳定后方，李氏还严厉掌管家务，每天都要儿媳妇们上报柴米油盐等日常花销账目，如果发现有不合理的支出，还要进行训诫。

正是有如此严厉持家、谨慎把持的母亲，李鸿章兄弟得以在清廷的严厉监视之下，保持后院平稳和事业发展。

在李家严厉的家教管束下，合肥李氏家族也涌现出了不少人才：李瀚章的二儿子李经楚后来成为交通银行第一任总理。而中国银行的第一任总理则是李瀚章的外孙孙多森，即李瀚章二女儿的儿子。可以说，近代中国银行业的起步背后也有着深厚的合肥李氏家族背景。

李鸿章的大儿子李经方曾经担任出使英国大臣和邮传部左侍郎，后来还兼任晚清第一任邮政总局局长，也是中国外交事业和邮政事业的开拓者之一。

李鸿章的三儿子李经迈曾经担任晚清出使奥地利大臣。他很有经济头脑，跟外国人学会了炒股和经营房地产，后来成为上海滩的富豪。

李鸿章的三弟李鹤章军功没有两位兄长显赫，但他却很会利用兄长们的关系，最后经商致富，生意广泛，涉及典当、盐业、茶叶等多个行业，成为合肥城内的大富豪。

李鹤章有三个儿子，其中二儿子李经羲在晚清官至云贵总督，民国后还当过财政总长和几天国务总理。李鹤章的五代孙李道增出生于1930年，后来成为清华大学建筑学院首任院长，也是中国工程院院士。

李道增曾经回忆说，李家家教甚严，"父亲受礼教的影响，从小就教育我们要守法；家教很严，非常重视小孩的教育，要懂礼貌，懂得做人，每学期成绩单都要给家长看……父亲很重视中文的教育，要我们写大字、练小楷。"

李鸿章的四弟李蕴章和五弟李凤章则是短暂从政，后来都各自经商，成为晚清安徽省内的大富豪。其中老四李蕴章曾经买下太平天国时期的英王府，是安庆城里的大财主；老五李凤章则在江南各地广开当铺和各类企业，据说是李鸿章兄弟中的首富。

李鸿章故居陈列馆的一位负责人因为工作关系接触过不少合肥李氏后人，这位负责人曾经在接受媒体采访时说："李鸿章和他兄弟的下一代还能沾到祖宗的光，当官的不少，办外交的不少，第三代也基本上可以享受到祖先的遗产，有人经商，有人出国，到了第四代、第五代，从政的就寥寥无几了，因为出身问题是个大障碍。他们得靠学习，靠自己打拼改变命运，倒是密集地出了许多专业性人才。"

例如李鸿章的六弟李昭庆喜欢读书，他的儿子们就延续了二伯李鸿章的旧业。李昭庆的三子李经叙曾经被李家托付给晚清著名外交官伍廷芳，后来他曾经以外交官身份在秘鲁、墨西哥等地任职，1909年病逝在墨西哥公使任上；李经叙的儿子李国源、李国栋也曾在民国时期担任外交官，他们与开创中国外交的李鸿章一起，可谓李氏家族的三代外交官。

4

尽管合肥李氏的后代各有精彩，但这个家族因李鸿章而兴，也将因李鸿章而落。

1894年，甲午战争爆发。此后一年间，李鸿章苦心孤诣打造三十多年的淮军陆军和北洋海军全线溃败，其中北洋海军更是全军覆没。几乎是以淮系一军之力抵挡日本全军的李鸿章，最终在这场决定晚清国运的大战中输光了老本。战败后，李鸿章代表清廷前往日本谈判，签订了丧权辱国的《马关条约》，晚清被迫割让台湾给予日本，另外还要赔偿2亿3000万两白银。

《马关条约》签订后，举国上下人人痛骂李鸿章。在朝野内外的一片谴责声中，慈禧为了寻找替罪羊，于是让光绪帝下令免去李鸿章的直隶总督兼北洋通商大臣一职。

此后，李鸿章从权力巅峰迅速陨落，沦落成大权旁落的"伴食宰相"。

但晚清的悲剧并未终止，甲午战争惨败后，1898年，光绪帝试图依托康有为、梁启超等人发起戊戌变法、寻求强国之道，但在慈禧等守旧派的反扑下，变法失败。

此后，以慈禧为首的后党，与以光绪为首的帝党矛盾迅速激化。慈禧试图废掉光绪帝，但却被洋人和国内各方势力所阻挠。在种种矛盾激化下，1900年，恼羞成怒的慈禧决定利用义和团，向阻挠她废帝的十一国正式宣战，结果导致英、美、法、俄、德、日、意、奥等八国联军攻入北京烧杀掳掠，中国险遭完全瓜分，此事史称"庚子国变"。

八国联军攻入北京后，慈禧挟持光绪帝仓皇西逃，并急电李鸿章进京与洋人谈判、处理善后事宜。李鸿章在甲午战争之后，再次担任直隶总督兼北洋通商大臣，并配合庆亲王奕劻与各国进行和谈。

于是，自称为帝国"裱糊匠"的李鸿章，再次临危受命，并参与了1901年

《辛丑条约》的签订。根据条约规定，清廷需对各国赔款达4.5亿两白银，价息合计超过9.8亿两白银。

条约签订后，李鸿章向慈禧上了道奏折，他痛心疾首地建议说："今议和已成，大局稍定，仍望朝廷坚持定见，外修和好，内图富强，或可渐有转机。譬诸多病之人，善自医调，犹恐或伤元气，若再好勇斗狠，必有性命之忧矣。"

此后，清廷果然彻底向列强屈服，甚至公开提出，以后要"量中华之物力，结与国之欢心"。

《辛丑条约》虽然签订，但是当时占据中国东北的俄国人却步步紧逼，希望在与清廷的谈判中掠夺更多权益。沙俄提出，俄国可以表面"退军"，但俄国人在东北的所有权益，必须全部转交给俄国所属的道胜银行。

对此，李鸿章告诉俄国驻华公使喀西尼说，自己办外交这么多年，从来没签过这样的协定，也从来不敢对这种协定承担责任。

当时，八国联军仍然占据着北京，李鸿章回到暂居的北京城外的贤良寺后，喀西尼继续追到他的病床前，逼着他签字，李鸿章为此大口吐血。1901年11月7日，79岁的李鸿章最终以钦差大臣的身份，死于北京任上。

野史记载，临死前，李鸿章向周围的人留下一首诗：

劳劳车马未离鞍，临事方知一死难。
三百年来伤国步，八千里外吊民残。
秋风宝剑孤臣泪，落日旌旗大将坛。
海外尘氛犹未息，诸君莫作等闲看。

垂危之际，躺在病榻上的李鸿章，突然睁大眼睛，嘴唇喃喃颤动，流下了眼泪，似乎想说点什么。他的幕僚周馥见此情景，流着眼泪安慰李鸿章说：

"老夫子，有何心思放不下，不忍去耶？公所经手未了事，我辈可以办了，请放心去罢！"

身边的人也纷纷说："未了之事，我辈可了，请中堂放心！"

李鸿章流着眼泪，最终气绝，"目乃瞑"。

死讯传到慈禧那里，慈禧当场就流下眼泪说："大局未定，倘有不测，再也没有人分担了。"

就在李鸿章去世前两年，曾经担任两广总督的李鸿章大哥李瀚章病逝。而作为家族代言人的李鸿章病逝，则使得合肥李氏从晚清政坛迅速陨落。

5

尽管日趋衰落，但合肥李氏的影响力仍在。

李鸿章去世后，李鸿章的幕僚周馥升任护理直隶总督兼北洋大臣，后来又升任兵部尚书。

出自李鸿章幕僚的盛宣怀，则于李鸿章去世前后，持续推进洋务运动，先后参与创办了中国第一个民用股份制企业轮船招商局、中国人自办的第一家银行中国通商银行、第一个电报局中国电报总局、第一条铁路干线京汉铁路、第一所高等师范学堂南洋公学（今交通大学）等近代化事业。

清朝灭亡前夕，盛宣怀因为处置不当，引发四川铁路民乱，因此被罢职。此后他仓皇逃亡日本。但民国建立后，攫取了巨额财富的盛宣怀又回到国内，最终于1916年病逝于上海。

而攫取辛亥革命果实的袁世凯统率的北洋军雏形也正是来源于李鸿章手下的淮系官僚、广西按察使胡燏棻组建的新军。也因此，袁世凯对李鸿章的后人多有照顾。

后来，李瀚章的女婿、曾经在民国时出任国务总理的孙宝琦就说："庚子（1900）以前，李合肥（李鸿章）之世界也；庚子以后，袁项城（袁世凯）之世界也。"

另外，为了维系合肥李氏的根基，李鸿章兄弟以及他们的子孙，也在晚清和民国的政商各界，建立了错综复杂的姻亲网络。

以李鸿章本人为例，李鸿章在正室夫人去世后，迎娶了安徽太湖的名媛赵小莲。赵小莲的祖父是清朝嘉庆元年的状元赵文楷，赵文楷家族四代进士，在晚清和民国拥有复杂的关系网络。

另外，合肥李氏还与李鸿章的老部下、四川总督刘秉璋，先后结了七门姻亲。

李鸿章的大哥李瀚章也展开了广泛的权贵联姻，他的十个女儿全部嫁入豪门，联姻对象包括光绪皇帝的帝师孙家鼐的侄子孙传樾，以及光绪的另外一位帝师孙诒经的儿子孙宝瑄；另外，李瀚章还分别与曾国藩家族、盛宣怀家族、北洋军阀段祺瑞、湖州望族徐仁良、江南首富刘镛等结下姻亲。

由此可见，合肥李氏的家族人脉和姻亲网络，在晚清民国的关系之错综复杂。

李鸿章的长女李菊耦，也在李鸿章的安排下嫁给了晚清清流派重臣张佩纶。李菊耦与张佩纶有个孙女叫张煐，也就是后来的著名作家张爱玲。

张爱玲的父亲是李菊耦与张佩纶的儿子张志沂。张志沂后来娶了晚清长江水师提督黄翼升的孙女黄素琼，1920年，张志沂与黄素琼生下了张爱玲。

1912年清朝灭亡后，遗老遗少们由于家产丰厚，很多人日益堕落，张爱玲父亲张志沂也不例外。他吃喝嫖赌样样精通，抽鸦片、讨姨太太，因此，张爱玲出生后不久，其父母的感情就濒临破裂。母亲黄素琼一度离家出走"留学"，父亲则将姨太太公开带入家里，还经常禁闭、殴打张爱玲。

在这种畸形的家庭环境下长大后，张爱玲的情感也变得非常脆弱、敏感、畸形，她天资聪颖，7岁就写下了第一部小说，23岁写下《沉香屑·第一炉香》《倾城之恋》《金锁记》，24岁写下《连环套》《红玫瑰与白玫瑰》。

1944年，也就是在24岁这一年，张爱玲因为小说《封锁》而与时年38岁的胡兰成相识。胡兰成曾经追随汪精卫，抗战时出任汪伪政权的宣传部政务次长，是汪精卫的所谓"文胆"和有名的大汉奸。

当时，胡兰成是有妇之夫，并且老婆还是第三任妻子。但面对这个大她14岁的大汉奸和超级渣男，张爱玲却畸形地爱得死去活来，她写道："见了他，她变得很低很低，低到尘埃里，但她心里是欢喜的，从尘埃里开出花来。"

结果，张爱玲后来不仅被胡兰成劈腿抛弃，而且被痛骂为文化汉奸。张爱玲曾经在小说《留情》中喟叹说："生在这世上，没有一样感情不是千疮百孔的。"

从某种意义来说，作为名门之后，在畸形的家庭下长大，历经父母婚姻决裂、父亲吃喝嫖赌抽、家暴、母亲对自己冷漠，心灵千疮百孔的张爱玲，所产生的畸恋确实让人感慨万千。

到了1955年，张爱玲从香港转赴美国定居，次年，她与美国剧作家赖雅相识结婚。

在美国期间，张爱玲生活困顿，经常要依靠稿费和申请各类文艺基金过活，当1957母亲黄素琼在英国伦敦病危，请求与她见上最后一面时，她甚至连买飞机票的钱都没有。

1967年，丈夫赖雅去世后，张爱玲离群索居，并且频繁搬家，很少与人往来。

据说，有时有人去拜访她，她就经常从门缝里递出一张字条，上面写着："张爱玲小姐不在家。"

到了中晚年，她似乎生活在更加自闭的世界里，对此，她19岁时写下的散文《天才梦》里，有这么一句话："在没有人与人交接的场合，我充满了生命的欢悦。"

她孤独地生活，以致被剧烈变化的世界遗忘了存在。

1995年9月,她最终孤独地死在美国洛杉矶的公寓里,尸体一直到死后7天才被人发现。

对此,作家余秋雨评论说:"她死得很寂寞,就像她活得很寂寞。但文学并不拒绝寂寞,是她告诉历史,二十世纪的中国文学还存在着不带多少火焦气的一角。正是在这一角中,一个远年的上海风韵永存。"

作家叶兆言则说:"张爱玲的一生,就是一个苍凉的手势,一声重重的叹息。"

而从1901年李鸿章去世,到1995年李鸿章的外曾孙女张爱玲去世,九十多年间沧海桑田,从某种程度来说,又何尝不是合肥李氏在时代剧烈变化中,所发出的一声重重的叹息?

就这个意义来说,时代裹挟着无数家族奔涌向前。世界风云变幻,家国跌宕起伏,月有阴晴圆缺,人有悲欢离合,一个家族的发展,也必然是多种声音和滋味、情绪、经历与体验的组合,并不仅仅简单归结为成功或者失败的片面评价和孤独历程。

成与败、对与错、是与非,功过纠缠难细说。

历史是复杂的,唯有反思是永恒的。

萨氏家族：海军世家，精忠报国

1951年，当中国人民志愿军在抗美援朝战争中进占汉城的消息传回国内，萨镇冰激动得老泪纵横。

这一年，他已经92岁了，仍兴奋地提笔写道：

> 五十七载犹如梦，举国沦亡缘汉城。
> 龙游浅水勿自弃，终有扬眉吐气天。

诗中所说的"五十七载"，指的是从1951年往前推57年的1894年。那一年，甲午中日海战爆发，北洋水师全军覆没。

当年参与此战的萨镇冰，目睹了同窗好友邓世昌、刘步蟾等人力战身死的悲壮现实。他的内心，止不住地滴血。

作为活到新中国成立后的北洋军官，萨镇冰在历经无数个悲痛的日夜后，终于等来了这个令其极度令人振奋的消息。这场胜利为萨镇冰扫去了压抑在心中近一个甲子的悲痛。

第二年，93岁的萨镇冰永远闭上了双眼，去找寻逝去已久的战友们。

1

萨镇冰与海军结缘，始于晚清。

经过两次鸦片战争的战败，为挽救危局，恭亲王奕䜣、李鸿章等人发起了洋务运动。

当时主政福建的左宗棠意识到，问题出在清朝水师身上。在给清廷的奏折中，他表示："欲除海之害而收其利，非整理水师不可。"经左宗棠提议，福州马尾船政局应运而生。随后，围绕培养新式海军人才，福建船政学堂正式成立。

船政学堂前期招收的学生大多是贫苦人家的孩子。因为读船政学堂不仅学费全免，每个月还能发钱，学习成绩优良者还可获得海外留学机会。后来，随着清军在历次外战中的惨败，一些世家子弟也摒弃"学而优则仕"的理念，开始投身军界报国。萨镇冰便是其中之一。

萨镇冰出身雁门萨氏，是元代诗人萨都剌之后。自元以来，萨氏在福建繁衍了600多年。至萨镇冰这一辈，萨家已成为福州的八大家族之一。

由于其父与时任福建船政大臣的沈葆桢交好，萨镇冰顺利进入船政学堂二期，成了邓世昌等人的师弟。

虽然"走了后门"，但进入学堂学习的他，却没占到一点儿便宜。当时，仿照英、法等国海军院校，船政学堂制定了严苛的选拔淘汰制度。沈葆桢要求，在四书五经外设置"器艺"教学。所谓"器艺"，即科学技术。也就是说，船政学堂的学员们需在四书五经之外，修习完动静重学、水重学、光学、声学、热学、天文学、航海术等科目方可毕业。与此同时，所有学员进入学堂后，必须经过试读——在就学的数月间，教习会不间断地"考其勤惰，分别升降"，将不够优秀的学员淘汰出去。

最终，通过5年的刻苦学习，萨镇冰毕业时名列同期学生第一名。

1877年，18岁的萨镇冰获得赴英国留学的资格。他与严复、林泰曾、叶祖珪等人登上了开往异国他乡的轮船。

英国号称"日不落帝国"，其强大的海军、先进的工业设施、完善的法律和社会制度，都让这群从遥远的东方前来取经的学子感到震撼。他们首先入学院系统学习行船理法，随后跟随英国军舰巡游大洋，实操所学。

据萨镇冰后来回忆："那时政府派到外国去的人很少，尤其是学军事的，更是寥寥无几。我所学习的虽是驾驶，但是对于轮机和制造也稍有涉猎，学习始终是勤奋而紧张的。"

2

1880年，萨镇冰学成归国，随即被分配到南洋水师担任大副。半年后，他被调往天津，在北洋水师学堂担任教习。

尽管做了老师，萨镇冰却从未放松对自己的要求。他在宿舍内，始终用的是一张特制的窄小木床，为的是模仿军舰上的生活环境，提醒自己枕戈待旦。

萨镇冰对学员也极其负责，无论春夏秋冬，他都会带着学员们练习挖筑炮台，准备随时打仗。或许是牢记福建船政学堂的教诲，他始终要求自己的学员不要"学作八股式的无灵性的文章"。

而萨镇冰的认真负责，也让北洋水师学堂人才辈出。张伯苓、黎元洪等一批日后影响历史的人物，皆出于此。

当萨镇冰在认真教书的时候，清政府耗费巨资打造了当时亚洲最强的舰队北洋水师。其中大部分海军军官皆为先前留学的海军学子，邓世昌、叶祖珪、刘步蟾等人先后调任于此担任要职。

清政府也没有忘了萨镇冰，他被调到北洋舰队担任管带，慢慢晋升到副将，与昔日同窗制订新式海军发展计划，巩固海防。

1894年，日本海军突然对北洋水师发动进攻，甲午中日海战爆发了。萨镇冰因故没能得到直接参战的机会。他被要求在后方提供后勤支援，这件事成了他一生不能忘却的遗憾。

更令他难受的是，此前有着亚洲最强海上舰队之称的北洋水师，居然被规模小于自己的日本海军打得落花流水。丁汝昌带出去的12艘主力战舰，近半数被击沉，阵亡达800余人，其中就包括萨镇冰的昔日好友、致远舰管带邓世昌等人。

而日本海军不甘于一场海战的胜利，在时任日本首相伊藤博文的筹谋下，很快制订了进攻威海卫的作战计划。

怀着不共戴天之仇，萨镇冰与日军遭遇于威海卫。威海卫位于山东半岛的东北面，是北洋水师的大后方。港口南北两岸互成弧形，均设有炮台，且有刘公岛、日岛等两座天然岛屿互为屏障，地势易守难攻。

萨镇冰奉命率领"康济"号炮舰驻守面积仅14亩的日岛。在岛上，清军只设立了一处炮台，驻扎守军仅70人，要防御日本海军，捉襟见肘。驻守期间，萨镇冰带着官兵夜以继日地修筑工事，加紧备战。因长期操劳，他不幸罹病。

萨镇冰的夫人陈氏闻讯从福州赶去探视，却被萨镇冰拦在了岸上。萨镇冰已经做好了随时牺牲的准备，拒绝与陈氏见面。他让随行的官兵转告陈氏："此地非同寻常，此时非同寻常，怎能允其登舰？告她当我已死，令其速回！"

陈氏刚走，日岛保卫战就爆发了。在滴水成冰的隆冬时节，日军一举派出18艘军舰对日岛发动猛烈进攻。萨镇冰并没有退缩，他带着重病，在敌我实力悬殊的背景下，沉着冷静地指挥岛上的防御力量对日军进行反击。

双方苦战11天后，因力量过于悬殊，萨镇冰被迫率军撤至刘公岛。但日岛保卫战，也成为甲午一系列海战中唯一的一场胜仗，极大鼓舞了当时被挫败的海军士气。

日军本着摧毁北洋水师有生力量的目的，在地面部队完全占领威海卫后，又将刘公岛团团围住,北洋水师再无出路。

最后时刻,北洋水师提督丁汝昌服毒殉国,萨镇冰等人幸存战场,以败军之将的身份被清政府勒令返回原籍,承受战败带来的巨大伤痛。

3

被迫"失业"的萨镇冰回老家后,又遭遇了双重暴击。此前他的父母已相继离世。不久,曾去探望他的夫人陈氏也撒手人寰。萨镇冰生计艰难,连两个子女都无力抚养,只好去当塾师养家糊口。

一时之间,他对自己及海军的发展前途,均感到无比的迷茫。

半年多后,在两江总督张之洞的召唤下,萨镇冰重新出山。又两年后,他获得举荐,参与组建新的清朝水师。萨镇冰再度"活"了过来。

为了海军事业,他忍痛再踏入山东。在熟悉的战场边上,他选择烟台作为清末海军的训练基地,抓紧培训各类海军人才。

到了1911年,辛亥革命爆发,革命军迅速占领武昌,并一鼓作气攻占了武汉三镇。而担任起义后成立的军政府都督的,正是萨镇冰从前的得意门生黎元洪。为了扼制革命军北进的势头,萨镇冰被清政府勒令率领海军在长江上炮击黎元洪的部队。

师生相见,剑拔弩张,这是谁都不愿见到的局面。萨镇冰不愿与学生黎元洪兵戎相见,可军人以服从命令为天职,各为其主的困境,让萨镇冰举棋不定。

黎元洪以私人名义劝萨镇冰看在中华儿女的份儿上,双方放下武器,和平解决争端。萨镇冰只礼貌性地回复了黎元洪:"彼此心照,各尽其职!"

黎元洪又致书萨镇冰,说:"吾师抱救国之卓见,熟察现势,必知专制政体之必亡。"这一次,左右为难的萨镇冰以治病为由,选择了离开舰队。他坐上英国的商船,离开了这个是非之地。

4

萨氏家族的海军之路，并没有断绝。

就在萨镇冰苦守日岛的那一年，萨师俊降生在这个海军世家中，他是萨镇冰的远房侄孙。

18岁时，萨师俊毕业于叔公创办的烟台海军学校。沿袭叔公萨镇冰的传统，萨师俊从小就立誓报效祖国。他对兄长萨师同、弟弟萨本炘说："强国莫急于海防，忠勇莫大于卫国，我兄弟宜习海军，亦我民族武德之传统也。"

在他的影响下，三兄弟先后考入江南水师学堂、烟台海军学校、福州海军学校。

1935年初，萨师俊被委任为中山舰代理舰长。这艘原名永丰舰的传奇舰艇，最早就是在清末由萨镇冰从日本人手中购买的。后来，永丰舰响应孙中山的号召，参加了护国讨袁运动，首创义举。1925年陈炯明叛乱时，孙中山曾以此舰作为临时指挥所。因孙中山的威名，该舰随即也被改称中山舰。

萨师俊任职中山舰长期间，中国虽已结束帝制统治20余载，海军的实力却没有多大的改变。史料记载，20世纪30年代，日本海军总吨位已近140万吨，仅次于当时的美、英、法三国，位列世界第四。而中国直到卢沟桥事变前，各种军舰仅66艘，总吨位6万吨左右，与日本的差距巨大。

因此，萨师俊接下来在中山舰上的经历无疑是悲壮的。1938年秋，日军进犯武汉，萨师俊领着中山舰全体官兵加入保卫大武汉的战斗。战前他就表示，万一中山舰有什么意外，自己将与之共存亡。

历史的灰暗时刻，再度来临。

就在萨师俊等官兵努力为江防备战时，海军司令部突然下令，征调中山舰3门大炮支援武汉外围防空火力。

按照当初的设计，中山舰总共配备了8门火炮。拆掉3门火炮，几乎等同在这只"海老虎"身上拔了三颗门牙,这对中山舰的作战造成了极大影响。可站在爱国大义上,舰长萨师俊只能"慷慨解囊",组织官兵忍痛将中山舰的主要火力分配给岸上的守军。这也为中山舰的沉没埋下了隐患。

10月24日,中山舰危亡的时刻到了。那一日,奉命在长江金口巡逻的中山舰发现了日军侦察机的踪迹。在萨师俊的指挥下,中山舰用仅剩的5门火炮对侦察机发动猛烈进攻。

交战过程中,日军侦察机向大本营报告了中山舰的坐标。日军的战机随即像蝗虫般朝中山舰飞来。密集炮火攻击下,中山舰多处中弹,萨师俊身负重伤。

最后关头,萨师俊仍不愿放弃船体倾覆的中山舰。他高喊:"诸人员可离舰就医,但我身为舰长,职责所在,应与舰共存亡,万难离此一步。"眼看沉没在即,副舰长吕叔奋当机立断,命令士兵强行将萨师俊送往岸上治疗。

然而,就在这时,丧心病狂的日军竟将中山舰的受伤官兵全部射杀在江面上。42岁的萨师俊壮烈殉国。三天后,武汉三镇相继沦陷,武汉保卫战以失败告终。

5

萨师俊牺牲后,妻子林碧珠痛不欲生。她是萨师俊的第二任妻子,与丈夫感情甚笃。

尽管萨师俊长年在海上为国奔波,夫妻间聚少离多,但林碧珠始终毫无怨言地支持他。为了响应前线抗战的丈夫,林碧珠在福州家乡发起抗战宣传。在她的号召下,福州有不少百姓陆续加入保家卫国的行列中。

林碧珠与萨师俊婚后没有子女,当丈夫的死讯传来,她决心"不求同日生,但求同日死",几寻短见。萨师俊的大嫂颇为认可这位弟媳,便让自己的亲生儿子萨支源认林碧珠为母,算是给英雄留了一丝血脉。就这样,在萨家的庇护下，林碧珠一直安稳地生活在福州，直到抗战胜利。

1945年，林碧珠突然接到通知，她可以赴上海接收萨师俊的遗物。

但不知冥冥之中是否有所安排，就在林碧珠启程前往上海时，她所乘坐的轮船却因误触了闽江口的鱼雷而沉没。林碧珠终偿所愿，随夫直抵天国。

萨师俊牺牲后，自萨镇冰时代流传下来的爱国精神在萨氏家族中引起了极大的反响。兄弟子侄们莫不同仇敌忾，精忠报国。在萨师俊之后，萨家又涌现出了造船家萨本炘（萨师俊弟弟）、铁道专家萨福均（萨镇冰儿子）等一批科工类专业人士。

值得一提的是，在萨师俊精忠报国期间，他的堂弟萨本栋也在文化战线上无私地奉献着自己。

当时，因战争等原因，陈嘉庚创办的厦门大学濒临倒闭。萨本栋临危受命，出任厦大校长。在其担任校长的8年时间里，厦大逐渐形成了勤奋、朴实、严谨、和睦的好风气，校务蒸蒸日上，学生的学业成绩显著提高。厦大不仅一跃成为东南沿海最高学府，也是当时设施较完备的一流大学。当萨本栋于1946年调离后，厦大特地设立了"本栋奖学金"，以鼓励学生发扬献身精神，努力钻研、掌握过硬本领报效祖国。

萨本栋刚到厦大时，还是一位青年学者，容光焕发。仅过了8年，44岁的萨本栋已因操劳过度，未老先衰。1949年，萨本栋病逝，享年47岁。

如今，祖国早已太平。萨氏家族也无须在百年的屈辱岁月中，靠着血肉之躯保家卫国。不过，这个家族努力奋进、献身科学的精神仍在延续。在萨镇冰的曾侄孙辈中又涌现出了萨支唐、萨支汗等数理方面的专家，名声响彻中外。

这种经久不息的传承，或许源自萨镇冰的临终遗训：

> 国疆昔小而今大，民治虽分终必联。人类求安原有道，俗情狃旧尚无边。

忘怀富贵心常乐，从事勤劳志益坚。所望群公齐努力，相扶世运顺乎天。

祖有功，宗有德。致敬，一个无私奉献的中国家族！

一个"失败"了一百年的家族

当18岁的梁启超第一次遇见33岁的康有为时，感觉自己犹如被当头棒喝。

这是光绪十六年（1890），那时，年纪轻轻，还是个小青年的梁启超早已有了举人身份，而康有为却还仅仅是一位秀才。双方第一次会面，从早上8点一直聊到晚上7点，人到中年的康有为直接呵斥少年梁启超说，国家危亡，你故往的学识，不过是"数百年无用旧学"。当晚，梁启超只觉得"冷水浇背，当头一棒，一旦尽失其故垒，惘惘然不知所从事"，以致"竟夕不能寐"。

第二天一大早，这位虚岁17岁就高中举人的大才子，又早早前去拜见康有为，从此成为康有为门下弟子。日后，这对师徒的恩怨，会见证中国这段最为惊心动魄的风云史。

在康有为门下的广州万木草堂求学三年后，光绪二十一年（1895）春，梁启超与康有为一起结伴进京参加会试。两年前，康有为在连考七次后，终于高中举人。1895年，康梁师徒二人结伴进京。

此时正值大清帝国在甲午战争中惨败，李鸿章刚刚代表清廷与日本人签订了丧权辱国的《马关条约》。于是，康有为、梁启超共同发起了著名的公车上书运动，联合聚集于北京的1000多名举人联合上书清廷，要求拒和、迁都、实行变法。此后，梁启超又在《万国公报》和《时务报》中担任主笔，阐述维新变法的迫切与必要性，很快就名满全国。

作为洋务派中流砥柱的两广总督张之洞非常欣赏梁启超的文章，1897年，61岁的张之洞在湖北省城武昌，亲自接见了这位年仅25岁的小举人。

两人会面的这一天，张之洞非常兴奋，破例下令打开武昌城的中门迎接，并且问下属能不能按照迎接钦差大臣的规格鸣炮接风。下属强调梁启超只是个举人，于礼不符，张之洞才无奈作罢。

但已入暮年的张之洞显然知道这位少年英雄的意义所在。他力邀梁启超担任自己的幕僚兼两湖书院院长，月薪"千二百金"。

张之洞是晚清的四大名臣之一，跟随他的意义不同凡响。要知道，当初李鸿章就是从曾国藩的幕僚做起的。但梁启超拒绝了，这位搏击在时代浪尖的青年有自己的远大理想，尽管此后，他将被清廷追杀，流亡多年。

1

作为此后影响中国百年的梁氏家族先祖，梁启超与张之洞会面的1897年，也是中国多个家族的兴衰转折点：此时，李鸿章因为甲午战败被边缘化，正处于生命的倒计时阶段；而从美国归来的传教士宋查理，则正追随孙中山，聚集在兴中会的旗号下酝酿革命。

梁启超生于广东新会，家族背景平凡，祖父、父亲都只是普通秀才，而他即将迎来命运的逆转。1898年7月，光绪帝接见了作为维新派领袖之一的梁启超。光绪帝与康有为的初次会谈长达几个小时，而此时一口广东普通话、国语奇烂的梁启超却让光绪帝听得云里雾里，不过这并不影响光绪帝对于维新变法的强烈支持。

随着戊戌变法的展开，感觉到强烈冲击的慈禧开始展开反击。1898年9月21日，慈禧发动戊戌政变，囚禁光绪帝。随后，以谭嗣同为首的戊戌六君子被斩杀于北京菜市口，历时103天的戊戌变法最终以失败告终。而梁启超则与康有为一起逃亡日本。

对此,当时担任日本首相、发起甲午战争的伊藤博文指示日本驻华代理公使林权助说:"救他吧!而且让他逃到日本吧!到了日本,我帮助他。梁这个青年对于中国是珍贵的灵魂啊!"

从此,梁启超剪掉辫子,穿上西服,在日本一流亡就是14年。

此后,他先后创办《清议报》《新民丛报》,并作为改良派代表,与以孙中山为首的革命党人就保皇改良还是革命推翻清廷展开辩论。尽管革命党人最终占据上风,但在晚清民初的风云史中,几乎没有人未受到梁启超文字和思想的洗礼。诗人黄遵宪就评价说:"(梁启超)惊心动魄,一字千金,人人笔下所无,却为人人意中所有,虽铁石人亦应感动。从古至今,文字之力之大,无过于此者矣。"

后来毛泽东回忆说:"他是当时最有号召力的政论家。"

同样作为时代青年的郭沫若后来也评价说:"平心而论,梁任公地位在当时确实不失为一个革命家的代表。他是生在中国的封建制度被资本主义冲破了的时候,他负戴着时代的使命,标榜自由思想而与封建的残垒作战。在他那新兴气锐的言论之前,差不多所有的旧思想、旧风气都好像狂风中的败叶,完全失掉了它的精彩。二十年前的青少年——换句话说,就是当时有产阶级的子弟——无论是赞成或反对,可以说没有一个没有受过他的思想或文字的洗礼的。他是资产阶级革命时代的有力的代言者,他的功绩实不在章太炎辈之下。"

清末的改良与革命之争,最终以辛亥革命的爆发、清廷的覆灭而告终。民国元年(1912)十月,梁启超最终结束了长达14年的流亡生活,返回国内。1913年,梁启超接受袁世凯的邀请,担任民国司法总长。

但袁世凯称帝的野心日渐暴露,为了反对袁世凯称帝,1915年,梁启超写了《异哉所谓国体问题者》一文准备公开反对。袁世凯听闻后,让人带了一张

20万元的银票前去游说不要发表,没想到梁启超却当面退回。

后来梁启超回忆说:"袁世凯太看人不起了,以为什么人都是拿臭铜钱买得来。我当时大怒,几乎当面就向来人发作。"

随后,梁启超与袁世凯公开决裂。袁世凯在1915年12月公开称帝后,梁启超策动蔡锷组织护国军讨伐袁世凯,并多次起草布告电文讨伐袁世凯。袁世凯因尿毒症在1916年去世。1917年,张勋又在北京拥护溥仪复辟。

康有为也在这次复辟中上蹿下跳。对此,梁启超又不惜与昔日恩师决裂以拥护共和。当有人对此表示质疑时,梁启超说:"吾不能与吾师共为国家罪人也。"

张勋复辟失败后,支持共和的梁启超又在北洋军阀段祺瑞的政府短暂担任过财政总长。此后,他转而投身学术研究。

早在18岁时,梁启超就在康有为的启发下,从一个传统的守旧派知识分子转而支持维新变法。人到中年时,梁启超又从拥护君主立宪,改而支持共和、反对复辟。离开政坛投身学术后,经历第一次世界大战对西方政治的幻灭,他又重新转向东方文明寻求"拯救世界"之道。

由于梁启超在人生中如此多变、善变,很多人怀疑他的人品。他们不知,正是这种激流勇变,使得梁启超得以始终屹立在时代潮头,而没有像他的老师康有为一样因循守旧,最终被时代抛弃。

对于众人的质疑,梁启超在剖析心路历程时说:"我的乐观,却是从一般人的悲观上发生出来。我觉得这五十年来的中国,正像蚕变蛾、蛇蜕壳的时代。变蛾蜕壳,自然是一件极艰难极苦痛的事,那里能够轻轻松松的做到。只要他生理上有必变必蜕的机能,心理上还有必变必蜕的觉悟,那么,把那不可逃避的艰难苦痛经过了,前途便别是一个世界。"

对于自己的多变、善变,梁启超的自我总结则是:"我的中心思想是什么呢?就是爱国。我的一贯主张是什么呢?就是救国。"

2

实际上，在晚清民国风云激荡的历史中，许多时代的伟人例如孙中山，心路历程都有过巨变，因为世界格局在变，国家形势在变，如果因循守旧，则势必将为时代的洪流所淹没。而梁启超虽然多变、善变，其本质仍然是一个孜孜以求强国之道的知识分子。在时代的沧海横流面前，他所不断作出的调整和适应性改变，主旨仍然是其所自述的"爱国与救国"。

不过，与政治选择上的多变、善变相比，梁启超对于子女的教育，却相当传统。

梁启超一生共有两位夫人。梁启超在17岁那年高中举人时，被后来官至礼部尚书的主考官李端棻一眼相中，李端棻将自己的堂妹李蕙仙介绍给了梁启超为妻。李蕙仙为梁启超生育了梁思顺、梁思成、梁思庄共两女一男。另外，梁启超又将跟随李蕙仙到梁家的侍女王桂荃纳为小妾，王桂荃则为梁启超先后生下了梁思永、梁思忠、梁思达、梁思礼、梁思懿、梁思宁共四男二女。

加起来，李蕙仙、王桂荃共为梁启超生育了五男四女九个孩子。日后，在梁启超和两位夫人的教导下，这九个孩子个个成才，其中梁思成、梁思永、梁思礼更是成为院士，梁家也因此被赞誉为"一门三院士，九子皆才俊"。

梁启超九个孩子中，长女梁思顺（1893—1966）是诗词研究专家；长子梁思成（1901—1972）是著名建筑学家、民国中央研究院院士、中国科学院学部委员（院士）；次子梁思永（1904—1954）是哈佛大学硕士，著名考古学家、中国近代考古学的开拓者之一，民国中央研究院院士；三子梁思忠（1907—1932）在美国西点军校毕业后，担任国民革命军第十九路军炮兵上校，1932年参加淞沪抗战，因病逝世；次女梁思庄（1908—1986）是美国哥伦比亚大学图书馆学学士，同时也是著名的图书馆学家，中国图书馆事业的先行者；四子梁思达（1912—2001），著名经济学家，曾参与编写《中国近代经济史》；三女梁思懿（1914—1988）在南加利福尼亚大学毕业后，成为著名的社会活动家，长期从事对外友好联络工作，曾任中国红十字会对外联络部主任；四女梁思宁（1916—2006）早年就读于南开大学，后来在抗战中投笔从戎，加入新四军，历经生死考验；五子梁思礼（1924—2016）是美国辛辛那提大学博士，后为中国科学院院士、国际宇航科学院院士，中国著名的导弹和火箭控制系统专家，是中国航天事业奠基人之一。

梁氏家族的辉煌，在中国200年近现代史上可谓空前绝后。但很多人只看到台前，却没有看到梁家幕后的家教。

梁启超出生的广东新会，离南宋灭亡之战的崖山古战场不远。早在孩提时，作为当地秀才和知识分子的祖父梁镜泉、父亲梁莲涧就经常向梁启超讲述文天祥、陆秀夫、张世杰等古代忠臣义士的故事，而"亡宋、亡明国难之事"，更是在幼小懵懂的梁启超心中，播下了爱国的种子。后来，梁启超经常对子女说："我们梁家是寒士家风出身，总不要坏了自己家门本色！"

考诸历史，伟大人物在自身成功的同时，尽管琐事缠身，仍然不断拨冗关注子女教育，如此方能成就一个不断继往开来的家族。

梁启超经常对孩子们说："田可耕兮书可读，半为农者半为儒。"梁氏家族出身寒苦，一定要勤俭、朴素、务实、好学。戊戌变法失败后，梁启超在外流亡14年，虽然经济窘迫、生活困难，但却始终笔耕不辍、不减志气，在"身教"这一点上，梁启超首先是以自己的言行影响子女。

在日本流亡时，梁启超亲自教长女梁思顺读书写字，还教她写诗作词。后来梁思顺成为著名的诗词专家，写出《艺蘅馆词钞》，得益于幼年时梁启超对她手把手的教育。

为使女儿均衡发展，梁启超还专门为女儿请了家教学习数理化，并且在自己家中建了一座实验室。这种教育理念在晚清社会中可谓超前又全面。

在打好子女的知识基础的同时，梁启超也非常重视子女的"德育"工作。

梁启超曾在《变法通义》中强调"人生百年，立于幼学"，他非常重视孩子们在童年时期的教育。他常常对孩子们说，要以忠厚为本，不可损伤人格，"总要在社会上常常尽力，才不愧为我之爱儿""人生在世，常常思报社会之恩""但国家生命，民族生命总是永久的，我们总是做我们责任内的事"。

尽管出身旧知识分子家庭，但梁启超在生活态度上却主张"趣味主义"，拒绝"哭丧着脸"。他教育孩子们说："若哭丧着脸捱过几十年，那么生命便成沙漠，要来何用？"在他的影响下，梁启超的子女们大多性格开朗，风趣幽默，学有成才而不枯燥，做严肃君子又不失风趣。

等到孩子们长大成人，开始四处求学、任职时，梁启超虽然常年奔波在外，但仍然坚持给孩子们写信谈人生、谈理想、做朋友。梁启超一生共留下2000多封信，其中300多封是写给子女的。这些家书前后持续15年，少则寥寥十几字，多则几千字，或谈家事，或谈学业，或谈心聊天，或纵论时事。这种持续数十年的言传身教，即使在通信发达的今天，也是极少家长所能做到的。

对于自己的长女梁思顺，即使她已是几个孩子的妈，梁启超也经常在信中亲切地称之为"我的大宝贝""乖乖"。而对于自己的小儿子梁思礼，他则称呼为"老白鼻"（老baby）。

尽管宠爱，但梁启超非常懂得让孩子们磨砺品格。1923年，长子梁思成被汽车撞折腿骨住院，以致落下终身残疾，还延误了一年到美国留学，梁启超虽然心痛，却不急不躁对梁思成说："你一直以来处境都太顺利，这种小挫折正是磨炼德性的好机会，切不可心焦萎畏。"

梁思成赴美国留学后，梁启超特地给他寄去了全套的宋代建筑丛书《营造法式》，并嘱咐儿子一定要学习中国古典建筑，以求学贯中西。梁启超甚至给梁思成规划游学路线，告诉他要去欧洲哪些国家、如何观摩古典建筑，这也为梁思成日后成长为中国的建筑大家打下了深厚基础。

梁思成1928年从美国留学归来后，同时接到了清华大学和东北大学的执教邀请。梁启超要求儿子不要去生活舒适的清华，而要到条件艰苦的东北大学去任教。因为在梁启超看来，工作要从艰辛起步，切不可贪图安乐。

梁启超的二儿子梁思永从美国哈佛大学硕士毕业后，为了这位学考古的儿子，梁启超亲自联系考古学家李济，甚至自掏腰包，要求梁思永前往参加实地考古工作。而震惊中外的殷墟考古，便是得益于李济、梁思永等人的发掘，最终，梁思永也成为中国近代考古学的开拓者之一。

但这位梁氏家族的缔造者，最终未能战胜时间。

1926年，梁启超因为尿毒症到北京协和医院手术，没想到医生却误将梁启超健康的右肾割掉，而留下了病变的左肾。这起重大的医疗事故之后，梁启超的健康持续恶化。考虑到西医初入中国，如果公开抨击协和医院，更将加剧国人对西医的质疑，梁启超选择将此事遮掩下来。他的想法是："愿为众生病。"

到了1928年10月12日，梁启超拖着病体写作《辛稼轩年谱》，恰好写到辛弃疾61岁那年，朱熹去世，辛弃疾前往吊唁并作文寄托哀思。梁启超于是摘录下了这篇文章中的四句："所不朽者，垂万世名。孰谓公死，凛凛犹生。"

之后，梁启超再次病发被送往医院抢救，这四句话也成为他的绝笔。

救治一直持续到1929年1月19日，最终，梁启超病逝于北京，并被安葬在北京西山卧佛寺，与发妻李蕙仙合葬。

梁启超逝世后，学习建筑的长子梁思成和儿媳林徽因共同为他设计了墓碑。墓碑除了纹饰，没有任何文字。此前，梁启超曾经说："知我罪我，让天下后世评说，我梁启超就是这样一个人而已。"

而友人沈商耆则为他送上挽联，作为对梁启超一生的评价：

三十年来新事业，新知识，新思想，是谁唤起？
百千载后论学术，论文章，论人品，自有公评。

3

梁启超逝世后,梁家的第二代也隆重登场。

梁启超病逝前一年,长子梁思成和儿媳林徽因一起从美国留学归来。在梁启超的建议下,梁思成前往东北大学任教,并亲手创立了东北大学建筑系,培养了中国最早一批建筑专业人才。

对于即将到来的世界风雨,梁启超显然有着超前的认识,在叮嘱留学海外的孩子们时,梁启超说:"你们回国后职业问题大不容易解决,现在那里有人敢修房子呢,学校教授也非易,全国学校除北京,几乎都关门了……我想你们这一辈青年,恐怕要有十来年——或者更长,要捱过极艰难困苦的境遇,过此以往却不是无事业可做,但要看你对付得过这十几年二十年风浪不能?"

在艰难困苦之中,梁思成顶住了风雨。1931年九一八事变后,日军侵占东北,梁思成改而南下北京加入中国营造学社。从1931年到1937年抗战全面爆发,梁思成与林徽因率领中国营造学社的考察队,走遍了国内15个省、190多个县,考察测绘了2700多处中国古建筑。

这是中国建筑史上,前无古人的事业。

在梁思成和林徽因的主持下,始建于北宋时期的杭州六和塔最终被重修一新。而梁、林夫妻二人更是四进五台山,最终在1937年全面抗战爆发前夕,发现了始建于唐宣宗大中十一年(857)的佛光寺大殿,从而推翻了日本人"中国根本不存在唐代木结构建筑"的断言。

林徽因曾经在1936年一封信中,谈到她和梁思成在前往山东青州路上的经历:"整天被跳蚤咬得慌,坐在三等火车中又不好意思伸手在身上各处乱抓,结果浑身是包。"

尽管出身名门,但林徽因与丈夫梁思成一样,并未被艰苦的条件吓倒。她甚至在生孩子后不久就跟着梁思成一起长途颠簸,上房攀瓦,到处测量考察,以求记录、保护民国时期年久失修的海量古建筑。

在时代的巨变中,这个家族始终与国家和民族同行。

1932年,淞沪抗战爆发。当时,梁启超的三子梁思忠已经从美国西点军校毕业,正在担任十九路军炮兵上校,随即带领战士投身淞沪抗战。在战斗期间,由于误喝了战地上有毒的脏水,梁思忠最终染病去世,年仅25岁。

与拼搏的兄弟们相似,梁启超的次子梁思永也不甘人后。1930年梁思永从哈佛大学考古学专业硕士毕业后,随即投身到中国的考古事业当中。他在中原大战、九一八事变、淞沪抗战的炮火中依然坚持科学考古,并为殷墟的系统发掘奔波劳累。由于长期坚持野外考古,到了1932年,梁思永得了烈性肋膜炎,医生从他胸部中整整抽出了四瓶水。但稍康复后,他立即重返殷墟考古现场。

全面抗战爆发后,梁思永又跟随着抗战军民一路辗转迁到西南的昆明和李庄。抗战时期条件艰苦,加上由于工资低微,长期饮食不良,梁思永的病后来发展成了肺炎。1945年抗战胜利后,当听说通过切除肋骨可以使有病的肺萎缩下来时,为了重返考古现场,这位硬汉当时竟然找到了重庆的名医,切除了自己的七根肋骨!

但他最终还是没能重返他心爱的田野考古现场。由于病情影响,梁思永此后大部分时间都只能躺着休息,站立时必须挂着拐杖。

1948年,梁思永和哥哥梁思成一起被评选为民国中央研究院院士。在新中国成立后,这位科学硬汉又担任中国科学院考古研究所副所长。1954年,这位硬汉最终因为心脏病去世,年仅51岁。

4

七七事变前一个月,即1937年6月,梁思成与林徽因前后四进四出,终于在山西五台山发现了曾经在敦煌壁画中见过的佛光寺大殿,并在大殿内找到了铭文,确认其是国内幸存的唐代木构建筑。但喜悦并未持续多久,随着全面抗战的烽烟燃起，梁思成和林徽因毅然决定跟随抗战军民撤退到后方。他们一路辗转经郑州、长沙、湘西、贵州迁到昆明。

由于物价飙涨，工资低微，林徽因不得不每天来回爬4次山坡，去云南大学教英文赚钱，补贴家用。

为了维持生活，梁启超次子梁思永的妻子李福曼也和西南联合大学许多教授的妻子一样，在小路边摆摊卖衣物，来维持生计。

由于日军频繁轰炸昆明，1940年，梁思永任职的史语所和梁思成任职的中国营造学社被迫迁往四川南溪县的李庄，一个"地图上找不到的地方"。由于四川气候夏天闷热而冬季湿冷，林徽因很快病倒。当时，林徽因的老毛病肺结核发作得厉害，经常连续几周高烧不退，夜间则盗汗不止。后来林徽因的女儿梁思冰回忆母亲说："李庄没有医院，她瘦得简直可以说不大像个正常的人，手、腿就剩骨头棒棒了。"

林徽因重病在床，而梁思成却由于中国营造学社经费困难，不得不去向国民政府教育部乞求支援，以维持中国营造学社的生存。梁思冰回忆说："他说他当时就是个叫花子，经常要去化缘。"

虽经战乱动荡，疾病摧残，经济窘迫，梁思成和林徽因却仍然坚持和中国营造学社的同事们一起着手撰写《中国建筑史》，以求将多年来的古建筑调查成果整理成书。为了节约经费，梁、林二人对于设计图纸和建筑施工一直亲力亲为。尽管如此，他们还是欠下了不少债务。

万般无奈之下，林徽因只得写信向美国友人费慰梅求助，希望友人能资助一笔钱，协助梁家渡过难关。费慰梅很快就寄来了100美元和一封信，并邀请梁、林夫妇前往美国讲学，以求摆脱经济困境和治好林徽因的病。

没想到林徽因却回信拒绝了，林徽因的回答是："我应该留在祖国，共赴国难！"

在四川时，仅有几岁的小儿子梁从诫曾经问林徽因说，"妈妈，如果日本人打过来了,我们该怎么办?"林徽因坚定地说:"中国念书人总还有一条后路嘛,我们家门口不就是扬子江吗?"林徽因的意思是,如果抗战失败,那么全家人唯一的路,就是以身殉国。

梁家幸运地坚持到了抗战胜利。

1949年新中国成立后,北京开始扩张城建,计划听从苏联专家建议,拆除北京古城。听到这个消息后,梁思成和林徽因寝食难安。他们和时任南京中央大学建筑系的教授陈占祥一起,力主保留北京的古城墙和众多牌坊等古建筑。为了争取保留古城,梁思成甚至在会议上与时任北京市副市长吴晗争得面红耳赤。

吴晗坚决不同意保留北京古城墙,梁思成在现场失声痛哭,他说:"50年后,历史将证明我是对的!"性格向来刚烈的林徽因更是不饶人,她直接指着吴晗说:"你们拆的是具有八百年历史的真古董!你们真把古董给拆了,将来要后悔的!即使再把它恢复起来,充其量也只是假古董!"

但北京古城墙终究没保住。林徽因则没有等到那一天,1955年,长期拖着病体的她最终病逝,年仅51岁。

此前,这位曾经让徐志摩魂牵梦萦的著名女诗人,曾经在诗歌《深夜里听到乐声》这样写道:"生命早描定她的式样,太薄弱,是人们美丽的想象。"这何尝不是后人,对林徽因美丽一生的幻想?

人们似乎热衷于谈论她年轻时候与徐志摩传出的绯闻以及她写出的那些美丽诗句,却很少关注她和丈夫梁思成一起,为了中国古建筑的测量、保护,以及抗战事业所作出的坚守和牺牲。

她是一位弱女子,但她同时也是一位至刚至强的知识分子。

林徽因去世后,一生都爱恋她的哲学家金岳霖为她写下了这样一副挽联:"一身诗意千寻瀑,万古人间四月天。"

那位诗意与美化身的女子,再也回不来了。而梁思成则在林徽因去世后,一直坚持到了1972年。

5

但梁家的故事，不止于梁思成和林徽因。

1949年，就在新中国成立之际，从美国辛辛那提大学博士毕业的梁启超第五子梁思礼，也毅然放弃了留在美国的优渥前景，选择了回国参与建设新中国。

此后，梁思礼在艰难困苦之中，参与了新中国第一个自主设计的中近程液体地对地导弹及带自控系统的带原子弹弹头导弹的研发。1993年，梁思礼被评选为中国科学院院士。

梁启超的四女梁思宁则在抗战中投笔从戎，毅然投奔新四军。后来在20世纪50年代，陈毅元帅还曾经当面对梁思成说："当时在我的部队里有两个特殊的兵，一个是梁启超的女儿，就是你妹妹；另一个是章太炎的儿子。"

梁思宁历经抗战和解放战争的生死考验，直到2006年以91岁高龄去世。生前，她对身边的人说："我要静悄悄地来，静悄悄地走。"

梁家的第三代也一直奋斗不息。作为梁启超的孙子、梁思成和林徽因的儿子，梁从诫从北京大学历史系毕业后，在云南大学历史系任教几年。此后，他又回到北京从事世界史研究。"文化大革命"期间，梁从诫因为有一个曾经做过"保皇派"的爷爷而被牵连，被下放到江西改造劳动。改革开放后，梁从诫最终到了冯友兰、张岱年等哲学教授创立的中国文化书院工作。

到了晚年，这位倔强的老人突然转向，开始了自己的环保事业。

改革开放后，国内的环保问题也日益突出。1993年，梁从诫创立了中国民间第一家环保组织——"自然之友"。面对飞速发展中的中国，这位始终秉持祖先家国情怀的老人，一直觉得自己该为这个国家做些什么："自己的国家地脏了，总得有人扫吧！"

作为国内环保事业的先驱，"自然之友"曾经在北京的公园里劝说过遛鸟的大爷保护鸟类，结果大爷们反而说："我自己都舍不得吃，把鸡蛋黄给鸟吃了，还想怎么对它好？"

还有一次，梁从诫到某县考察环保，当地领导拿出好酒招待，没想到性格耿直的梁从诫直接发怒："你们河里的水都像酱油汤了，怎么还好意思喝酒呢？"

1995年，云南德钦县计划砍伐100平方公里的原始森林。梁从诫听说这个消息后心急如焚，因为德钦县的这片原始森林同时也是滇金丝猴的重要栖息地。为了拯救这片原始森林和滇金丝猴，梁从诫四处向媒体求援，并且利用自己全国政协委员的身份直接向领导建言，最终保护住了这片原始森林和滇金丝猴。

滇金丝猴的保护战，也是梁从诫创立"自然之友"后打的第一个大胜仗。此后，全国各地反映环保问题的信件雪片般寄到"自然之友"的办公室，这使得梁从诫越来越感到力不从心，但他仍然继续坚持。为了保护藏羚羊，1999年，已经67岁的他甚至和"自然之友"的会员们一起登上了海拔4500米的可可西里，将收缴来的近400张藏羚羊皮付之一炬，以此宣示保护藏羚羊的决心。

2006年，74岁的梁从诫在骑自行车时突然遭遇车祸，被送医后他又被查出得了阿尔茨海默病，俗称老年痴呆症。此后，梁从诫的身体状况急转直下，记忆力迅速减退。尽管如此，他却将所有来看望他的朋友们统一称为"自然之友会员"。在生命最后的日子里，他忘记了很多事，唯独没有忘记他一直心心念念的环保事业。

由于梁从诫对环保事业的贡献，国家林业局特别向他颁发了"大熊猫奖"。2010年，这位79岁的老人，最终在北京逝世。

就在车祸前，梁从诫曾经对媒体说，如果说梁家三代人有共同点的话，"那就是社会沉重的责任感。我们生于斯长于斯，这块土地养育了我们，我们不能不尽我们的力量，为这块土地、为这个民族做一些力所能及的回报"。

对于爷爷梁启超的政治改良事业和父亲梁思成壮志难酬的古建筑保护事业，以及自己任重道远的环保事业，梁从诫不无自嘲却又很坚定地说："我们祖孙三代都是失败者，可是屡战屡败，仍然屡败屡战。"

尽管梁家祖孙三代从政治到财富都呈现出不断"退化"的趋势，但这个家族投身家国的雄心壮志，以及为祖国、民族和人民奋斗终身的知识、教养和胸怀，却足以让他们傲然立身百年来最卓越的家族之列。这无关乎权力、名利和地位，只关乎情怀、家国和奉献。

这个屡败屡战的中国家族，值得被永远怀念。

第四章 | 从传统到现代：晚清以来家族的转型

张伯苓家族：奋斗百年，教育救国

威海卫的龙旗升起，不到24小时又被降下，23岁的张伯苓心中一阵剧痛。

这是清朝光绪二十四年（1898）7月。在甲午战争清廷惨败后，日本人占领了北洋水师的诞生地山东威海卫。为了参与瓜分中国，英国人又与日本协商要接管威海卫，并胁迫清廷签订了《中英订租威海卫专约》。

已经在北洋水师服役四年的张伯苓，见证了这个历史性场面。后来他回忆说，当时他作为北洋水师通济舰舰员，护送清廷大员前往办理交接仪式。当天，北洋水师先是取下飘扬在威海卫军港上的日本太阳旗，然后升起清朝的龙旗；第二天，他们又亲自降下清朝的龙旗，目睹英国士兵升起了自己的米字旗。

两天时间国旗三变，带来的心中的剧痛，加上步伐整齐、神采飞扬的英国士兵与面黄肌瘦、精神萎靡的北洋水师官兵形成的鲜明对比带来的震撼，让从13岁就进入北洋水师学堂学习、18岁进入北洋水师服役的张伯苓大受刺激。

在经历甲午战争北洋水师的全军覆没与重建后，原本还抱着一丝希望的他突然彻底死心了，他觉得海军救国，无望了。

后来，张伯苓回忆自己心路历程的转变时说："要在现代世界中求生存，必须有强健的国民。欲培养健全的国民，必须创办新式学校，造就一代新人，我乃决定献身于教育救国事业。"

于是，这位23岁的年轻海军士兵脱下军服，毅然回到故乡天津，开始投身教育事业。日后，他将因为参与创办南开中学、南开大学等南开系列学校，而享誉于亿万国人心中。

他也奋力支撑起一个以推进中国教育现代化为己任的家族——天津张氏。

1

甲午战争后，在时代的巨浪中，无数人都在思考中国何去何从、如何救亡图存的问题。在当时，康有为和梁启超选择了变法维新，孙中山则转向了革命的道路，鲁迅在后来也弃医从文。而张伯苓选择的是"教育救国"，他认为"我认定救国在教育""解决世界大难题，要在教育""教育事业，（乃）强国之最善股票"。

这种思想的萌芽，与他的家庭出身也有一定关系。

清光绪二年（1876），张伯苓出生在天津一个贫寒的塾师家中。张伯苓先祖来自山东，由于经常往来于天津贩运货物，最终在此落户。当时，天津位处江淮流域与北京以及东北的交接要道，既是海运又是河运要道，城市日益繁盛，张氏先祖在此经商并发家致富。

张伯苓的祖父张筱洲弃商从儒，没想到却屡试不中，以致38岁时就疯癫而死。张伯苓的父亲张久庵受此影响，从小就对科举意兴阑珊，反而对骑马射箭、吹拉弹唱很感兴趣。在艺人表演兴盛的天津，张久庵以弹得一手好琵琶名闻江湖，当时人称"琵琶张"。

爱好吹拉弹唱的张久庵无意经营家族事业，加上父亲早逝，张家家道中落。到张伯苓出生时，父亲张久庵只能靠着教授乐器为生，家中甚至还要靠妻子杨氏替人缝补衣服，才能勉强维持生计。

也许是意识到自己以乐器谋生的艰难，张久庵从张伯苓才五岁时，就对他的教育异常重视。张久庵不仅亲自传授张伯苓学习四书五经等儒家经典,而且"重启发,贵实践",经常向张伯苓强调学习与生活的结合,这也影响了后来张伯苓自己的教育理念。

张伯苓成长时,经常打抱不平,看到不平之事就非要上去。由于个子高大,他经常将人打伤。当受伤者父母上门告状时,父亲张久庵就向人赔礼道歉。但问清是非曲直后,张久庵却从不深责张伯苓。这位父亲的教育理念是:"不可因此伤了他的这一点儿正义之气。"

但由于家中贫寒,张伯苓无奈,只能进入一家刘姓富人开办的义塾中求学。义塾,又称义学,是专为家境贫困的子弟提供普及教育的教育机构。晚清时期,仅在天津城内就有三十多所或官办或民办的义塾。

义塾虽好,但周边的人经常鄙视这些因为家贫不得不入读义塾的学生。对此,张伯苓的父亲张久庵总是鼓励孩子说:"我小的时候还梳着小辫子,你爷爷就经常教导我说,人愈倒霉,愈应当勤剃头、勤打扮,总当洁净光滑,显示精神。"

"一个人越是在艰难处境中,越应该振作精神,切切不可颓废下去。"祖父传下来的这句话,张伯苓也铭记一生。日后,张伯苓还用这句家训来教育南开学校的学子们,以示要自强不息、精锐进取。

当时,由于四方辐辏,新锐思想在天津传播、渗透,张伯苓也对科举考试表现得意兴阑珊。加上由于家境贫寒,到了光绪十五年(1889),年仅13岁的张伯苓考入了设在天津的北洋水师学堂,学习轮船驾驶等近代知识。从此,他开始接受新式教育。

起初,张伯苓抱着"军事强国"的梦想发奋学习。他"在学校五年,学习驾驶,每次考试,都是列在第一名",19岁那年,张伯苓进入北洋水师舰队实习。

当年,甲午海战爆发,随后北洋水师全军覆没。尽管再次重建,但1898年在山东威海卫的经历还是深深刺激了这位年轻人。深感军事强国无望的他决定退役，投身"教育强国"的事业。

就在退役从教的这一年，他幸运地遇到了后来的南开校父严修。

严修号范孙，他是光绪九年（1883）的进士，曾经做过翰林院编修和学部侍郎，掌管过全国教育，是晚清民初教育改革的身体力行者。严范孙非常开明，决定聘请在北洋水师学堂受过西学教育的张伯苓，在自己的严氏家馆教授子弟西学。

为了维持生计，张伯苓同时在严氏家馆、王氏家馆等私塾中任教。光绪二十九年（1903），28岁的张伯苓毅然东渡日本，考察教育事业。张伯苓回国后，严范孙与其有过一番深谈，随即决定将严氏家馆和王氏家馆合并为私立敬业中学堂，并聘请张伯苓为监督（即校长），这就是日后南开中学的前身。

从一位私塾先生变成现代学校校长，张伯苓在严范孙的支持下，开始了人生的重大转型。

1905年9月，在袁世凯和张之洞等改革派大臣的极力主张下，已经意识到风雨欲来的清廷最终决定宣布从1906年开始废除科举制。由于教育改革的利好刺激，1907年，私立敬业中学堂在严范孙等士绅的资助下搬入天津城南的新校址，并更名为南开中学堂。

作为近现代著名教育家，严范孙是南开学校创业之初的最重要捐助人和发起人。在严范孙的资助和主持募捐下，社会各界士绅名流纷纷对南开学校伸出援手。当时，邑绅郑菊如捐地十余亩作为南开学校办学之用；与严范孙为同科举人、清末出任军机大臣、民国时还曾经出任大总统的徐世昌则捐赠2.6万两白银；另外，袁世凯也捐助了1万两白银。在各界名流的带头捐助和支持下，南开学校迅速发展，"虽时有困窘，人多助之，而终归无恙"。

晚清废除科举制后，学子们纷纷进入新式学校。但是当时国内大学匮乏，出国留学又耗资巨大，不是一般家境学生所能承受的。为了培养人才，严范孙与张伯苓决定在南开中学基础上建立南开大学。

于是,严范孙与张伯苓先后前往美国考察大学建设,学习如何组织和建立私立大学。当时,张伯苓特地入学美国哥伦比亚大学师范学院研修教育。严范孙与其会合后,两人每天晚上碰面,张伯苓讲授当天所学,严范孙则认真做笔记,共同探讨如何建立一所大学。1918年,严范孙与张伯苓从美国归来,开始正式筹办南开大学。

当时,民国初年很多公立大学和政府机构,都先后出现财政困难。但在各界社会名流的踊跃捐助下,南开大学和南开中学通过捐款收入,从一开始就迅速打开局面,扩充师资和教学设施,在硬件上迅速看齐当时草创的北京大学和清华大学。

在南开中学和南开大学先后创办成功的激励下,1923年,张伯苓又在严范孙的支持下创立南开女子中学。1927年,南开小学也正式成立。到了1932年,张伯苓又支持创立了南开经济研究所和应用化学研究所,从而构建了一个完整的南开教育体系。

2

南开校父严范孙于1929年逝世,张伯苓自此接过重担,开始独力承担南开系列学校的经营。

在张伯苓的主导下,南开大学陆续邀请到了蒋廷黻、李继侗、沈仲端、姜立夫、饶树人等著名学者,组成了一支阵容强大的教授队伍。南开大学当时的经济学教授何廉后来回忆说:"20年代南开大学的教授生活是简朴、充实而繁忙的,在政府机构财政困难时,南开通过捐款收入、基金捐赠和私人资助维持住局面……这里的薪金水准很低,却起码可以按时如数照发……我们衣着简朴,生活俭节而又心满意足。一位教授负责的教学包括四门,每周三个学时的不同课程,备课工作极其繁重。回想起来,我们每个人确实都是以一种献身精神工作的。"

为了强化南开学校的师资，张伯苓甚至将自己的弟弟张彭春也"驱赶上阵"。张彭春在1915年从美国哥伦比亚大学教育学硕士毕业后，也被张伯苓邀请来到南开学校，担任专门部主任兼代理校长。

1919年，张彭春再次赴美国哥伦比亚大学留学，并于1922年获得教育学博士。回国后，张彭春到当时仍处于草创时期的清华大学担任教授兼教务长。1926年，张彭春又被哥哥张伯苓"挖墙脚"，回到南开大学担任教授。

关于自己创立南开系列学校的初衷，张伯苓早在1915年就曾经说："试问海内视国事为己事者几人哉！"为了实现自己"教育救国"的理想，张伯苓说："欲免为亡国之奴，请先克服自己。"

作为校长，张伯苓对南开的学生也做了严格要求。他特地请严范孙在南开中学东楼中的过道左侧立了一面一人高的大镜子，上面写着四十字格言：

> 面必净，发必理，衣必整，纽必结。
> 头容正，肩容平，胸容宽，背容直。
> 气象：勿傲、勿暴、勿怠。
> 颜色：宜和、宜静、宜庄。

这四十个字，也被南开学子们称为四十字镜箴。在这种南开式的要求下，当时南开学校的学生们很讲究姿态和仪容与神气，甚至连说话都有一套南开的口语，以至于南开学校的学生走到哪里都鹤立鸡群，让人一看就知道是"南开的"。

不仅如此，张伯苓早在南开学校草创时，就要求当时还身着"长袍马褂"的学生进行跳高、跳远、踢球、赛跑等各项体育锻炼。进入民国后，张伯苓更是要求南开系列学校各个年级，每个星期至少要有2个小时以上的体育课。为了身体力行,张伯苓还经常跟学生们一起踢足球,并介绍引入奥林匹克运动。

在张伯苓的倾心运营下,南开系列学校很快就树立了口碑,以致当时很多社会名流和达官贵人,例如袁世凯、段祺瑞、冯玉祥、梁启超、黄兴、胡适、叶圣陶、张自忠、邹韬奋、陶行知等都将子女送到南开学校就读。到了1925年,北洋政府教育部特派员刘百昭到南开学校视察后,得出的结论是:"就中国公私立学校而论,该校整齐划一,可算第一。"

到了1947年,英国牛津大学更是宣布承认南开大学学历,当时连同北京大学、清华大学在内,中国一共只有七所学校获得了牛津大学的承认。

南开学校早在民国时就人才卓著。根据资料统计,民国时期中央研究院六任院长,有两位是南开学校的学生。

1948年,民国中央研究院选举中国第一届院士,81人中,有9位来自南开学校,他们分别是姜立夫、陈省身(数学),吴大猷、饶毓泰(物理学),殷宏章(经济学),汤用彤(哲学),李济(考古学),萧公权(历史学),陶孟和(社会学)。

后来,毕业于南开学校的梅贻琦也被选为中央研究院院士。新中国成立后,共和国两任总理周恩来和温家宝,同样也是毕业于南开学校。

有人评价说,如果说蔡元培是完成了中国传统教育近代化的转换,张伯苓就是开创了中国近代教育现代化的先河;蔡元培使中国近代教育超越了传统政治文化,张伯苓则为中国现代教育探索了实业化道路。作为私立大学,南开系列学校以其在市场化运营和培育人才上的成功,堪称中国教育史上的拓荒牛。

3

关于如何修身齐家,张伯苓曾经训诫子女们说:"私立非私有,留德不留财。"意思是说自己与严范孙倾尽平生之力创办南开系列学校,乃是为国家和民族之作,而不是为一人一家一己私利。而他自己为子孙后代留下的训诫重点就是以德留世，而不是以财传子孙。

张伯苓于1951年去世后，人们才发现，他全部的遗产竟然只有七元钱。这是一位用生命践行了承诺的教育家。

后来，张伯苓的孙子张元龙总结说："南开是私立学校，全靠社会捐资而成，最终回归了社会，他身后竟无一分存款。他说把财产留给子孙，可能会造成懒惰和风险，留下德行在社会，子孙受用无穷。"

在经历多年教育实践后，张伯苓在1934年提出了"允公允能、日新月异"的南开校训。"允公允能"指的是要求学生们"既有公德，又有能力"，以培养学生们"爱国爱群之公德，与服务社会之能力"；而"日新月异"，则是指要与时俱进，每天每月都要有所创新和发展。

关于自己办学的初衷，1944年，张伯苓在总结自己办学四十周年时撰文回顾说："苓追随严范孙先生，倡导教育救国。创办南开学校，其消极目的在矫正民族五病（指愚、弱、贫、散、私）；其积极目的，为培养建国人才，以雪国耻，以图自强。"

在张伯苓的苦心经营下，南开系列学校在国内声名卓著，学子备受各界青睐。

时代风云变幻，南开的命运，也日益与中国时局紧密相连。

1931年九一八事变后，南开学校决定为所有家在东北、失去经济来源的学生垫付学费。此后，南开大学、南开中学等学校逐渐成为天津学界抗日的中心。为了鼓励东北抗日运动，张伯苓还让人在学校主席台悬挂了一副对联：

莫自馁、莫因循，多难可以兴邦；
要沉着、要强毅，立志必复失土。

1934年，第十八届华北运动会在天津召开。当时，来自察哈尔、陕西、山东等12个省市和地区的运动员齐聚一场，河北省省长于学忠、绥远省主席傅作义等中国官员以及美国、英国、意大利、日本、德国等国家驻天津的领事也出席了运动会。没想到入场式开始后，正对主席台的四百多名来自南开学校的啦啦队队员，突然用黑白色手旗打出"勿忘国耻"四个大字，然后又打出"收复失地"四个大字。现场观众都被南开学子的举动所震惊，继而报之以狂风暴雨般的掌声。不仅如此，南开学子们还在现场散发抗日传单，"观众们顿时争先恐后地站起来捡阅传单"。

南开学子的爱国行为，使得出席现场活动的日本驻天津最高长官梅津美治郎恼羞成怒。他当即向张伯苓提出抗议，张伯苓则冷静地应对说："中国人在自己的国土上进行爱国活动，这是学生们的自由，外国人无权干涉。"

事后，日本人怒而向中国政府提出抗议，国民政府无奈饬令南开对学生严加约束。张伯苓表面答应，但是背后却把现场组织的学生领袖找来，第一句话说的就是"你们讨厌"，第二句却说"你们讨厌得好"，第三句话竟然是"下回还这么讨厌""要更巧妙地讨厌"。

当时，日本在天津南开学校附近的海光寺地区有大量驻军。面对日军近在咫尺的威胁，张伯苓却宁死不屈，就在1935年9月17日的开学典礼（时称始业式）上，张伯苓向学生们发出了灵魂三问："你是中国人吗？你爱中国吗？你愿意中国好吗？"

这三句询问，南开学生们异口同声地喊出了"是！爱！愿意！"的震天呐喊。

尽管日本军队近在咫尺，这位可爱的校长和可爱的学生们，发出的声音却是如此铿锵有力。

4

七七事变发生后，1937年7月28日至30日，日军出动大炮和飞机，对南开大学、南开中学、南开女中和南开小学展开了狂轰滥炸。对于未炸毁的建筑，他们则泼汽油，纵火焚烧。在这场浩劫中，南开系列学校几乎被夷为平地，张伯苓一手创办、苦心经营几十年的南开私立学校，纷纷化为瓦砾。

当时，大部分南开师生已转移南下。在听到天津南开系列学校被日寇炸毁的消息后，张伯苓马上召集部分师生发表了一番慷慨激昂的讲话："敌人此次轰炸南开，被毁者为南开之物质，而南开之精神，将因此挫折而愈益奋励。故本人对于此次南开物质上所遭受之损失，绝不挂怀，更当本创校一贯精神，而重为南开树立一新生命。"

南开为抗日而牺牲，这也让蒋介石感慨不已。日寇轰炸南开系列学校后，蒋介石约见了张伯苓，并许诺说："南开为中国而牺牲，有中国即有南开。"

在全面抗战的烽火中，南开大学先是迁徙到长沙，随后又迁到昆明，与清华、北大组成了西南联合大学，张伯苓出任西南联大校委会常委。

面对凶残的日寇，张伯苓的子女也挺身而出。此前，张伯苓与妻子王淑贞共生有四个儿子，九一八事变后，张伯苓的第四子张锡祜毅然离家，考入笕桥中央航校第三期，投军报国。

1934年12月27日，张伯苓作为学生家长，应邀前往笕桥中央航校所在地杭州参加儿子的毕业典礼，并作为家长代表上台发言。在致辞中，张伯苓说："杭州有一名人之墓，便是岳武穆（岳飞）将军。岳氏年少的时候，他的母亲，曾以'精忠报国'四字，刺之背上。我们做家长的，也应该以此四字，刺诸诸生之心。如将来为国御侮，万一失败，就不必再回到家去！我们教育儿子，的确是这样的！"

1937年8月，已经是中国空军第八大队第三十中队队员的张锡祜也给父亲写下了一封书信：

> 男等现已奉命出征，地点关系秘密性质，信札之中不敢奉禀……儿昨整理行装，发现大人于四川致儿之口谕，其中有"阵中无勇非孝也"。儿

虽不敏,不能奉双亲于终老,然也不敢为中华之罪人!遗臭万年有辱我张氏之门庭!

此次出征,生死早置度外,望大人勿以儿之胆量为念!望大人读此之后不以儿之生死为念!若能凯旋而归,自能奉双亲于故乡以享天伦之乐。倘有不幸,虽负不孝之名,然为国而殉亦能慰双亲于万一也!

男锡祜　谨禀　二日晨

写下这封信12天后,即1937年8月14日,张锡祜在从江西奔赴上海淞沪前线抗击日军的途中,因为遭遇雷雨,所驾驶的飞机不幸失事,最终殉难长空。牺牲时,他年仅27岁。

张锡祜最终用死践行了父亲的教诲。儿子死讯传来后,张伯苓惊愕呆怔,但没有哭,而只是缓缓说了一句:"我早就把他许给国家了,今日的事,早在意中。可惜他未能给国家立大功,这是遗憾!"

但他不敢将这个消息告诉妻子王淑贞,直到抗战胜利,他才终于将儿子的死讯告诉了妻子。张伯苓自己则一直将儿子张锡祜寄来的最后的那封信放在办公室,时时拿出来看了又看。1951年张伯苓逝世后,人们在整理他的遗物时,才看到了那封他一直珍藏在办公桌里的儿子的遗书。

此前,考虑到局势的发展,张伯苓于1936年在重庆创办了私立南渝中学,随后又接管了自贡私立蜀光中学。全面抗战爆发后,1938年,这两所学校被合并更名为重庆私立南开中学。

当时,日军疯狂轰炸重庆。1938年5月6日、7日,就在日军大轰炸刚刚过去不久,重庆南开中学就如期召开了运动会。张伯苓在开幕式上慷慨激昂地致辞说:"敌人想威胁我们屈服,我们偏不怕他威胁。"

天津的南开系列学校尽为日本人所毁,但张伯苓却在抗战的大后方,在重庆南开中学继续奋斗。

为了支持抗战，此前已经于1929年赴美国任教的张彭春，也选择在危难之中回归祖国，并出任了国民政府的外交官，以其实际行动支持祖国的抗战。

为了最后的胜利，来自天津的张氏家族，以自己的血肉和生命，站到了第一线。

5

1945年，抗战胜利，但当时已经70岁的张伯苓却因为旧疾复发，不得不赴美国手术治疗。好不容易康复，他又不慎摔伤，一直到1946年年底才回到了国内。

1947年3月，张伯苓最终辗转回到天津。当时，整个天津火车站都被自发前来迎接的人群围得水泄不通，"每一个人露出的欢欣鼓舞，是由衷而发的，并非恭迎如仪，奉命行事……等他老人家初现门首，随即爆发出震天的欢呼"。

内战的硝烟和暴涨的物价，困扰着南开学校的每一位师生，但是张伯苓却发表演讲安慰大家说："中国经此抗战，不平等条约终获解除，此即为余数十年前办学之目的……余并深信中国前途极为光明，盖中国人有智慧，能吃苦，并具有老文化……惟大家毋自暴自弃。"

当时正担任燕京大学校长的司徒雷登很能理解这位老友的难处："近几年来，每当我见到张伯苓时，他总是说，只有他深知我的苦处，也只有我深知他的苦处……在中国，高等教育一向是由国家办理的，办私立大学，张伯苓是一个拓荒者……在政局混乱的岁月里，张伯苓建立起他的教育体系（非常不易）。"

到了1949年，国民党败走台湾，张伯苓最终选择留守大陆。在北上天津前，1949年12月，张伯苓决定将重庆南开中学、小学及幼儿园一起捐献给国家。

奋斗一生，他终于卸下了这副教育的重担。1951年2月，张伯苓突然中风，他预感自己时日无多，于是委托助手黄钰生为自己起草遗嘱。

在这封遗嘱中，张伯苓这样表述："余致力于教育事业垂五十年。凡余所致力之科学教育、健康教育、爱国教育而力有未逮者，今在人民政府之下，一一见诸实施……余所尝效力之南开大学、南开中学、南开女中、南开小学、重庆南开中学，终将在人民政府之下日益发达……凡我同学，宜竭尽所能，合群团结，拥护人民政府，以建设富强康乐之新中国。无限光明远景，余将含笑九泉以待之。"

张伯苓一直坚持到了1951年2月23日。当天下午6时30分，张伯苓逝世。他的三子张锡祚回忆说，父亲张伯苓死后双目不瞑，看护他的护士随后用热毛巾给他揉摩双眼，说道："安息吧！安息吧！你的工作已经做完了！你应该休息了！"张伯苓这才闭上了双眼。

这位老校长逝世后，人们为他整理遗物，发现他全部的遗产，一共只有七元钱。

张伯苓逝世后，跟随了老校长一辈子的黄钰生，在悼词中这样怀念说："凡是亲炙过他的教训的人，像我们这些四十、五十、六十岁的人们，谁不敬仰而又亲爱我们的老师——四十多年，为教育、为中国，辛辛苦苦，劳碌奔波，到处碰壁。失败了再起来，起来了又失败，愈失败愈奋斗，这（位）教育工作者、教育家、一代人师，中国新教育的启蒙者，张伯苓先生……我们怀念，15年前，20年前，30年前，每到一处，青年们争先恐后，满坑满谷，去听他演讲，爱护青年而为青年所敬爱的那个人，国士、教育家、新教育的启蒙者、一代导师，张伯苓先生。"

老先生逝世后，骨灰一直放置在儿子们家中。1986年，南开大学最终为张伯苓立起了一尊塑像。1989年，张伯苓和夫人王淑贞的骨灰，最终被安葬于张伯苓在南开大学校内的铜像之后。

6

张伯苓病逝之前,他的弟弟张彭春为了中国的外交事业,也在到处奔走。

抗战期间,张彭春先是担任国立西南联合大学的教授,后来奉命从事外交,先后出任中国驻土耳其、智利等国公使。抗战胜利后,张彭春又出任联合国人权委员会副主席,并参与起草了《世界人权宣言》,将中国儒家理念融入《世界人权宣言》之中。

例如《世界人权宣言》第一条就这样阐述:"人人生而自由,在尊严和权利上一律平等。他们赋有理性和良心,并应以兄弟关系的精神相对待。"这里面的"良心"(conscience)一词,正是来自张彭春对中国儒家理念的提炼。对此,美国学者萨尼·突维斯(Sumner B.Twiss)评价说:"中国代表张彭春当年把儒家的一些理念、观点引入《世界人权宣言》的审议过程,这种努力导致了宣言的最后形成并通过。在智慧的高度上,张彭春对宣言的形成所尽的责任比谁都要大,他将具有更为普遍性而非纯粹西方的思想注入于世界人权宣言之中。"

1949年后,张彭春移民美国。为了向美国介绍中国文化,他还曾经将白居易的《琵琶行》等唐诗翻译成英文介绍给西方读者。为了在异国他乡弘扬中华文化,他还经常教孩子们用中文朗诵唐诗,举办各种活动,让华人孩子在异国他乡的土地上朗诵中华典籍。

1957年,张彭春因为心脏病猝发逝世,享年66岁。

对于自己一生所愿,张彭春生前曾经演讲说道:"个人有时致力于教育,有时从事外交,有时也研究戏剧,表面上看起来,似乎所务太广。其实一切活动,都有一贯的中心兴趣,个人三十年来,时时萦绕在脑际的中心问题,就是现代化,也就是中国怎么才能现代化。"

他和兄长张伯苓一样,为了中国的现代化事业鞠躬尽瘁,先是从事教育,后来又从事外交,晚年致力于弘扬中华文化,无怨无悔奉献出了一生。

张伯苓、张彭春兄弟先后逝世后,天津张氏的接力棒,传到了家族第二代的手中。

此前,张伯苓和夫人王淑贞一共生育了七子一女,但是只有四个儿子长大成人。由于四子张锡祜在抗战中殉国牺牲,因此当张伯苓逝世时,实际只有三个儿子在世。

张伯苓的长子张锡禄生于1901年,后改名为张希陆。1920年张希陆从南开中学毕业后考入清华学校,在参加学生运动时被军警用刺刀刺伤。后来,他获得清华学校"庚子赔款"赴美留学,入读美国威斯康星大学数学系,后来又在美国芝加哥大学读了研究生。

1928年,张希陆放弃在美国的优渥生活,选择回到祖国效力。他先后担任南开大学数学系教授、厦门大学理学院院长兼数学系主任、国立西南联合大学教授以及中法大学经济数学及统计学教授。

1949年中华人民共和国成立后,张希陆又参与筹建了北京石油学院(今中国石油大学前身)数学教研室,并担任数学教研室主任。1988年,这位为中国现代数学教育奉献了一生的老人在北京逝世,享年88岁。

到了张伯苓家族的第三代,张希陆的女儿张媛美于1955年从北京大学毕业后,被分配到新中国第一所体育学院——上海体育学院担任心理学教师。1985年,张媛美荣获国家体委颁发的"新中国体育开拓者"光荣称号。

张希陆的另外一位女儿张媛庆后来则成了排球教练,她曾经慧眼识中郎平,将郎平带入了排球世界,为新中国培养出了一位后来家喻户晓的排球名将。

张伯苓最小的孙子张元龙则生于1949年。张元龙是张伯苓三子张锡祚的儿子,1982年他从天津大学毕业后,长期活跃在政治经济生活前线。2015年抗战胜利70周年时,他还以全国政协委员的身份,提出了《关于在中国设立审理对日战争索赔的专事法庭的提案》,并在天津呼吁发掘有关天津抗日英烈的事迹和抗战纪念遗址。

在总结南开学校精神以及张伯苓家族祖孙三代的经历时,2014年,作为张伯苓最小的孙子,张元龙在一次学术研讨会中这样说道:

"中华民族五千年历史,历经磨难,遭到强邻、列强欺辱,几近亡国灭种,但总能在磨难中生存、在烈火中重生、在毁灭中崛起。一定是在民族文化中有很多倔强的根在支撑着我们。我以为,其中之一是中华民族那种'士'的精神,之二是高度的理性精神。

"这两种精神,可以用孔子的两句话来概括'以直报怨、以德报德''士不可以不弘毅,任重而道远。'一百多年前的中国知识分子,秉承民族精神,为挽救民族危亡,毅然选择教育救国道路的壮举。这其中,严范孙、张伯苓就是中国'士'的典型代表,并且,他们通过教育事业把这种精神传承至今。今后,还是要靠教育把这种精神传承下去……

"南开就是培养'士'的学校,'公能'校训就是'士'的标准,南开精神就是'士'的品格!"

从1898年那位年仅23岁的北洋海军士兵张伯苓脱下海军军服投身教育救国事业开始,这个历经百年始终自强不息的家族,也在与中华民族同呼吸、共命运的历史洪流中,毅然付出了所有。

诚然,中国百年来之所以近乎亡国灭种却最终得以延续不息,仍然屹立于世界民族之林,正是因为有如张伯苓家族一样的"士"人前赴后继、奋不顾身。

回顾历史,这正如张彭春所言,这个致力于"推进中国现代化"的家族,正是中国家族现代化转型的卓越代表。这种卓越,旨在贡献,不在财富;旨在付出,不在权势;旨在立意高远,不在利钝成败。

从这个角度而言,张伯苓家族,无愧于任重道远的"弘毅之士"的精神代表。在一个民族多灾多难的转型期,我们庆幸有这样的家族,因为正是许许多多这样的家族,支撑起了中国的过去、现在和未来。

珍惜我们的民族,要从珍惜这样的家族开始。

牛气千年的家族：家教很"笨"，为何却无比成功？

起源于宋朝的《百家姓》，首句是"赵钱孙李"，这俨然是当时的四大家族。

我们都知道，宋朝是赵家天下，赵氏在百家姓排第一很好理解，但是钱氏为什么能够排第二呢？

这得从钱氏始祖钱镠说起。

1

钱镠生在唐朝末年。在群雄割据的时代，他依靠战功获得中央信任，拥兵两浙。但他并未恃宠而骄，而是告诫子孙"永不称帝"。

公元902年，唐朝中央册封钱镠为越王。五年后，朱温篡夺皇位，改国号为梁，并册封钱镠为吴越王。

这时，手下部将纷纷建议钱镠拒绝封号，出兵讨伐朱温。钱镠拒绝出兵，还在部将面前折箭为誓，保证世代归顺中原，不搞分裂，让百姓免受战乱之苦。

整个五代十国时期，钱镠和他的后继者没有参与各种以领土扩张为目的的战争，而是以"保境安民，发展农商"为基本国策，留心地方治理，着力发展经济。在中国最动乱的历史阶段，钱氏创造了一个奇迹——中原地区群雄纷争，百姓处于水深火热之中，吴越国却迎来了和平发展的机会，江南人民安居乐业，从不受战争影响。当时，吴越国拥有天下三分之二的财富。以此为起点，长三角地区崛起为中国近千年来最富裕的地区，影响迄今。

公元932年，钱镠临终前，告诫儿子钱元瓘说，钱氏子孙要好好守住吴越，忠心侍奉中原王朝，即便是改朝换代，也不能失礼。

不仅如此，钱镠生前常说："民为社稷之本。民为贵，社稷次之，免动干戈即所以爱民也。"他屡次教诫子孙，要度德量力而识时务，"如遇真主，宜速归附"。

这样，吴越国历经三代五王，到钱镠之孙钱弘俶在位时，大宋统一天下的趋势已经很明显。钱弘俶审时度势，遵从祖训，以天下苍生为念，决定纳土归宋。

公元978年，钱弘俶自绑双手入京，将所辖土地、民众悉数献给大宋。大宋不费一兵一卒，就把吴越国纳入版图，实现统一。对此，苏轼曾高度评价钱氏家族治理吴越国的成绩说，"其民至于老死，不识兵革，四时嬉游，歌鼓之声相闻，至今不废，其有德于斯民甚厚"。

钱弘俶自愿纳土归宋，也为钱氏家族在宋代赢得了相当的"政治待遇"。钱氏名列百家姓第二，就是这种待遇的具体表现。

更为难得的是，历史车轮滚滚，中国多少皇室贵胄早已零落成泥碾作尘，而以钱镠为始祖的吴越钱氏家族，却能翻越千年，长盛不衰。尤其是近现代以来，钱氏一下子涌现出一大批超一流的人才，成为中国最耀眼的家族之一。

这是什么道理呢？历史学家熊月之认为，中国传统的改朝换代往往采取革命的手段，以颠覆性的、非延续性的方式，直接把原来的朝代推翻，因此，皇室集团的人往往成为被铲除的对象，其家族的资源积累一般就此中断，无以为继。比如清朝推翻明朝以后，以朱元璋为代表的朱氏家族就不可能成为社会显赫的一支了。这就是传统中国为什么很少有大的家族代代相传，即古话所谓的"千年土地八百主"，"君子之泽，五世而斩"。

因为这个客观存在的政治原因，中国历史上不少家族的传承都存在中断现象。

钱氏家族是鲜有的例外，原因之一恰恰是钱弘俶在改朝换代之际采取了纳土归宋的方式，以统一换取和平。作为回馈，赵宋政权则采取了保护钱氏家族延续性的措施。这让钱氏家族在最危险的关头，挺了过来。

另一个原因则是，钱镠做吴越王的时候，把他的33个儿子分派到吴越各地进行统治。他们的子孙成为当地最有实力的家族，随后散处各地，发展成为很大的宗族力量。

钱氏家族主要集中在江浙一带。这个区域在唐代以后是中国经济最发达、文化最昌盛的地方，近代以后则是中国最早接触和吸收西方文化的地方之一。

毫无疑问，这个区位环境对于钱氏家族的兴盛，有如大海之于大鱼。

据统计，整个宋代，钱氏家族中，有320多人得中进士。这些钱氏精英虽然在政治上未曾扮演过轰轰烈烈的角色，但他们在学术、文化、医学等领域成果斐然，涌现出钱藻、钱惟演等一批名家。

2

从宋代起，钱氏家族借助五代十国时期地方第一家族的积累，实现了从政治家族向文化家族的成功转型。

北宋中后期以后，人们膜拜钱氏家族，已经不是因其当初纳土归宋的义举，而是因为这个家族人才辈出，是一个显赫的文化世家。宋人王明清对钱氏家族推崇备至，说："富贵文物三百年相续，前代所未见也。"

钱氏后人并不以曾经的显贵身份为豪，反而更加注重家族中文采风流的传承。这种文化内核，像血液一样被传承、积淀、浸染，泽被后世。

近代以后，钱氏家族迎来人才大爆炸时代。特别是在科技和文史两个领域，钱氏家族的人才之盛，放眼全国，几乎没有一个家族能出其右。以"科技三钱"为代表："中国航天之父""中国导弹之父"钱学森出自杭州钱氏，"中国近代力学之父"钱伟长出自无锡钱氏，"中国原子弹之父"钱三强出自湖州钱氏。

2008年的诺贝尔化学奖得主钱永健，祖籍杭州，是钱学森的堂侄。因为家里有一群工程师，钱永健自称为"分子工程师"。对于自己的职业，他说："我注定了要继承家族的血统，似乎生来就要做这样的工作，走这样的道路。"

此外，钱氏家族走出多名两院院士，被认为是出院士最多的家族。

在文史领域，钱氏家族在近现代则培育出了钱玄同、钱穆、钱基博、钱锺书、钱仲联等大师级人物。

民间流传的一句话，高度概括了近代以来江南钱氏家族人才井喷的情况：一诺奖，二外交家，三科学家，四国学大师，五全国政协副主席，十八两院院士。

据称，当代国内外科学院院士以上的钱氏名人有100多位，分布在50多个国家和地区。对此，无锡钱氏后人钱志仁曾表示无法核实这一数据，但他说，无锡钱家确实出了10位院士：台湾"中研院"院士钱穆，中科院院士钱伟长（钱穆侄子）、钱锺韩（钱锺书堂弟）、钱临照、钱令希、钱逸泰以及钱保功，中国工程院院士钱易（钱穆长女）、钱鸣高，中科院学部委员钱俊瑞。

更令人惊奇的是，钱氏家族走出了很多"父子档"精英，比如钱基博、钱锺书父子，钱玄同、钱三强父子，钱穆、钱逊、钱易父子（女），钱均夫、钱学森父子，钱学榘、钱永健父子，等等。

小家庭内部的人才承续如此自然，人才密度如此之高，某种程度上证明了钱氏这个大家族长盛不衰，除了时代与区域的因素，肯定还有更深层的原因。

3

答案其实在钱氏家族的始祖和精神偶像那里，就已经写好了。

钱镠在位时，曾作八训，用于教诲子孙后代，后来进一步将其扩充为遗训，作为钱氏子孙立身处世的准则，并且严令子孙必须恪守，不得违背："子孙不忠不孝，不仁不义，便是坏我家风，须当鸣鼓而攻。"

千百年来，钱镠家训成为钱氏子孙后代行动的准绳。钱氏家族千年不散、人才辈出的文化密码，就藏在一部《钱氏家训》里面。

家训塑造家风，而良好的家风是钱氏家族兴盛不衰的主要原因。

我们今天也在热议家风，懂得良好家风对于子女成才的重要性，但很多人可能忽略了"说"和"做"的关系，以为在家庭内部推一个能说的"新闻发言人"，对着稿子念我们家有多高尚，尽量用上一些好词、大词，提几点希望，这就是我们家的家风了。

是这样吗？

绝对不是。钱氏家训是根据这个家族的始祖的所作所为，逐步提炼和完善而成，进而作为整个家族行为规范的指导，反过来影响和重塑家族的历史。也就是说，钱氏家训是人家已经做出来的事实，不是提出来的希望。家训，落实了才叫家风，写在纸上、停在嘴上，只能叫"家封"，封起来落灰尘而已。

我们来看看钱氏家训具体如何塑造了这个一流家族的家风历史。

"利在一身勿谋也，利在天下者必谋之。"这句话出自钱氏家训的《国家篇》，很明显，这是教导家族之人要做一个对国家社会有用的人，而不汲汲于个人私利。

当初钱镠不参与乱世中的争权夺利，不参与扩大领土之争，作为一方雄主，却遏制住自己及后继者称帝的欲望，其实就是不谋一身之利、只谋天下之利的具体实践。到了钱弘俶主动纳土归宋,亦是出于同样考虑:一个人、一个家族的名位,与天下百姓的安危相比,孰轻孰重,不言自明。

江南人迄今感念钱王的恩德,不是没有原因的。

近代以后,仍能看到钱氏族人将这条家训贯彻得十分到位。"科技三钱"的爱国举动,以及关键时刻的选择,就是最好的注脚。

钱三强和妻子何泽慧于1946年在法国结婚后,一起研究原子核裂变。他们发表的论文在国际科学界引起巨大轰动,当时很多媒体称他们是"中国的居里夫妇"。然而,当所有人都认定钱三强夫妇将会留在欧洲搞研究、向诺贝尔奖发起冲击的时候,他们却毅然决定回国。

钱三强后来解释了他们回国的动因,令人动容。他说:"回到贫穷落后、战火纷飞的中国,恐怕很难在科学实验上有所作为。不过,我们更加清楚的是:虽然科学没有国界,科学家却是有祖国的。正因为祖国贫穷落后,才更需要科学工作者努力去改变她的面貌。我们当年背井离乡、远涉重洋,到欧洲留学,目的就是为了学到现今的科学技术,好回去报效祖国。我们怎能改变自己的初衷呢?应该回到祖国去,和其他科学家一起,使原子核这门新兴科学在祖国的土地上生根、开花、结果。"

1948年6月,钱三强夫妇带着尚在襁褓中的儿女,回到阔别11年的祖国。

同样的选择,几年后在钱学森身上重演。他在因决定回国而遭到美国软禁和威胁时,时时以"我是中国人,当然忠于中国人民"表明心迹,历经艰险,义无反顾,最终回到了一穷二白的祖国。

钱学森之子钱永刚曾经说过,父亲从不会对他讲"你长大要爱国、要报效社会"这类话,但是却在用实际行动告诉自己要热爱这个国家,服务社会,服务人民。他不但把精力奉献给祖国的科研事业,而且把大额奖金基本都捐了出去,以支持国家的科研教育事业。耳濡目染,钱氏子孙都知道如何对待获奖,如何看待名利。

"子孙虽愚，诗书须读。"这条家训表明钱氏家族重教育的传统，这是历代钱氏族人英才辈出的重要保障。

当被问到"钱家为什么能出这么多名人"时，钱伟长曾半开玩笑地回答说："我们钱家人喜欢读书，书读多了容易当官，当官的容易出名。"

事实上，爱读书是真，出官员是假，钱家最多的人才是文史、科技大师，而不是大官。这得益于钱家的家学渊源，家庭教育在每个人成才的过程中起到了无可替代的作用。

国学大师钱基博曾自述，他5岁就跟着长兄钱基成读书，9岁时已学完《四书》《易经》《尚书》《毛诗》《周礼》《礼记》《春秋左氏传》《古文翼》等经典，而且都能背诵。从10岁起，他跟着伯父学策论，熟读《史记》、唐宋八家文选，到13岁，读司马光《资治通鉴》、毕沅《续通鉴》，圈点七遍。

试问，这样扎实的家庭教育和基本功，如今有几人能及？

钱基博的儿子钱锺书童年所受的教育路径基本也是如此，以至于钱家的长辈一度反对将孩子们送去学校，说自己的家庭教育水准已经远超正规学校水平。

钱家子弟，勤读成风。杨绛在《我们仨》里提过，有一段时间，他们的生活很贫困，家里没书可读了，钱锺书不知道从哪儿找出一本《新华辞典》读了起来。杨绛觉得这也就随便翻翻，没想到钱锺书这一看，就是长达半年多的时间。

在《干校六记》里，杨绛还提到过一个细节：他们老两口走到一个窝棚边上的时候，杨绛问钱锺书，就给咱俩这么一个窝棚住行不行？钱锺书想了想说，没有书。

钱伟长的父亲去世得早，很多乡邻劝钱伟长的母亲，叫儿子早点去做手工，赚钱来补贴家用。但她十分坚定地说："我就是再苦再累，也要让孩子读书,因为我们钱家的家风和古训是这么要求的,我一定要为我们钱家留下几颗读书的种子。"

正如曾国藩在谈及对家族未来的希望时说:"吾不望代代得富贵,但愿代代有秀才。秀才者,读书之种子也,世家之招牌也,礼仪之旗帜也。"钱氏家族的成功,正是源于此——代代有读书种子!

其实,钱氏家族中的贫困子弟,也从不用担心想读书而无书可读。因为从宋代开始,钱氏家族中就形成了族内相互扶携、相互帮助的风气。这也与钱氏家训的训诫有关,家训中明确要求:"家富提携宗族,岁饥赈济亲朋。"

为了让族中的贫困子弟有书可读,各地的钱家族人均设立了义田、义庄、祭田,并明文规定,其中一部分田产或盈利必须作为教育经费。这种早期的"教育基金"模式,保证了钱氏子孙无论贫富,都有受教育的机会。

无锡七房桥的怀海义庄就是一个典范,钱穆和侄子钱伟长都是在义庄的资助下才得以上学的。

等到钱伟长升入初中,钱穆已担任中小学老师。他秉承祖训,接过抚养、教育钱伟长的重任,包揽了钱伟长初中、高中和大学的读书费用以及人生教导责任。

对此,钱伟长晚年在《八十自述》中说:"融乐的家庭及长辈的楷模,启迪着像我这样的年轻人,懂得洁身自好,刻苦自励,胸怀坦荡,积极求知,安贫正派。"

4

我们不仅要看到这个家族的厉害,还要看到在这背后,有传统家风和制度设计的支撑。

古语说:"道德传家,十代以上;耕读传家,次之;诗书传家,又次之;

富贵传家,不过三代。"

作为曾经雄霸一方的王族,钱氏家族没有为子孙后代留下深宅大院,也未曾留下万贯家财,而是留下了自强不息的精神力量,以及修身自重的道德规范。

谁曾想到,正是这些天下最"笨"的传统,把一个仅占中国千分之二人口的家族推上了历史的巅峰,让多少大富大贵之家望尘莫及呢?

海宁查家：中国武侠背后的传奇家族

据金庸回忆，他从小就钦仰范蠡、张良这一类高人。在他笔下，不少英雄侠士选择功成身退。

金庸小说中，陈家洛一心光复汉人江山，几经恩仇，退隐回疆；袁承志助闯王起义，后来隐居渤泥国附近；杨过在华山论剑后与小龙女绝迹江湖；张无忌爱美人，不爱江山；甚至就连韦小宝，金庸也让他在享尽荣华后弃官而走，隐姓埋名。

大闹一场，悄然离去，这是金庸的人生信条，一如他背后的传奇家族海宁查氏600多年来的命运——诗礼传家，大隐于市。

1

金庸先生原名查良镛，出身浙江海宁查氏，为海宁查家的第二十二代孙。

海宁查氏，是当地数一数二的名门望族。金庸终生不忘其家族生生不息的故乡，并将深厚的感情寄托于武侠世界中。

《神雕侠侣》开篇是在烟水蒙蒙的湖面上，五个吴越少女荡舟采莲，和歌嬉戏，一阵轻柔婉转的歌声传来，正是欧阳修的《蝶恋花》："风月无情人暗换，旧游如梦空肠断。"

《书剑恩仇录》中，钱塘江大潮的磅礴气势跃然纸上："只见远处一条白线，在月光下缓缓移来。蓦然间寒意迫人，白线越移越近，声若雷震，大潮有如玉城雪岭，际天而来，声势雄伟已极。"这是金庸年少时亲眼所见的一线横江奇观。

在金庸开始武侠小说创作的600年前，海宁查氏的一世祖查瑜发现了这一处人杰地灵的宝地，并迁居至此。从海宁市区东行20公里就是海宁查氏祖居所在的袁花镇，即金庸出生地。

元至正十七年（1357），适逢元末农民大起义，查瑜为避战乱，携一家老小离开世代居住的皖南婺源，沿着新安江至钱塘江的水道辗转漂泊，来到浙北的嘉兴落脚。一次偶然的机会，查瑜经友人介绍，到海宁袁花一户人家任西席，即家庭教师。

袁花得名于晚唐的"袁花里"，是典型的江南水乡，山间林木葱茏，溪水潺潺流过。查瑜发现，这一带依山面海，民风淳朴，有几分故乡婺源的风貌，而且邑名海宁与祖籍休宁的旧名也相似。于是查瑜欣然决定，买地造屋，正式定居于海宁。

从此，查氏族人"勤恳耕作，敦睦乡里"，并"以儒为业，诗礼传家"。自古至今，查氏族人从政、从商、从文、从医，家族人才辈出，学风兴盛，在当地士民的排行榜中名列第一。海宁有句民谣："查祝许董周，陈杨在后头。"

作为江南望族，海宁查氏与其他家族多有联姻，关系密切，就像金庸说的，海宁地方小，大家都是亲戚。到金庸这一辈时，他的亲戚里面就有表哥徐志摩、姑父蒋百里、表姐蒋英、表姐夫钱学森以及表外甥女琼瑶。据金庸自己说，王国维的弟弟王哲安做过他的老师，建筑学家陈从周也是他的亲戚，比他小一辈。

金庸小说中的表哥大多是反面人物，长得帅却有点坏，如《天龙八部》的慕容复、《倚天屠龙记》的卫壁、《连城诀》的汪啸风。有人说，这是在影射徐志摩,金庸本人没有同意过这一说法。

金庸的母亲是徐志摩的姑妈,年纪比徐志摩之父徐申如小很多。徐志摩去世时,金庸只是个十岁左右的小孩儿。他对徐家最深的印象是去参加徐志摩的葬礼时,一张大桌子摆满了热腾腾的菜肴,男仆在旁盛饭斟酒。金庸心里想,大概皇帝吃饭就是这样子。

金庸说,他与徐志摩的干系到此为止,他只和徐志摩的儿子做过朋友,但徐志摩的散文、新诗对他教益很深。不过,查家人对这位风流才子似乎印象不佳。1931年,徐志摩飞机失事后,查家送来的挽联是"司勋绮语焚难尽,仆射余情忏较多",不知是否对徐志摩的婚变有所不满。

吊诡的是,历史上以文为业的海宁查氏,却多次身陷文字狱案。这是令查氏后人最心痛的记忆,也塑造了查家人在多次历史动荡中顽强不屈的适应能力。

2

明洪武年间,海宁查氏二世祖、查瑜之子查恕医术精湛,入宫受明太祖朱元璋封赐,授予太医院正使。查恕有"查一帖"的外号,给人看病,经常在几日内药到病除,且常为穷人免费治病。这位闻名江南的神医进宫后,却因遭人妒忌,受到职场霸凌,死于非命。

朱元璋得知真相后不禁为之扼腕,下诏惩治真凶,追祭查恕。查恕之弟查慧扶兄长灵柩归葬海宁,从此韬光养晦,潜心求学,传承查氏文脉,开启海宁查家在文化领域的辉煌历程。

到了弘治年间,查瑜的第五代后人查焕高中进士,海宁查氏就此在科场上势不可挡。明代查家在科举考试中最令人瞩目的成就当属查秉彝祖孙三代连中进士。查秉彝为官正逢嘉靖年间,严嵩父子祸乱朝政,他刚正不阿,冒死直陈时事。查家敢于言说,在此时已初见端倪。

到了清康熙年间,海宁查氏进入全盛时期,人丁逾三百人,进士及第者就有十余人，其中有五人入翰林院，留下"一门十进士，叔侄五翰林"的美誉，一时传为佳话。

据学者对海宁查家的研究，查家在明清两代共有800多人考中秀才，并有133人考中进士、举人、贡生。康熙帝曾为查家题对联"唐宋以来巨族，江南有数人家"，并赐匾额"嘉瑞堂"。

同一时期，金庸的十三世祖、曾陪康熙帝伴读并成为近侍的查昇，入值南书房长达38年。他书法超群，品性高洁，其书法与查慎行的诗、朱自恒的画被称为"海宁三绝"。

正当海宁查氏所受恩宠冠绝一时时，一场危机正在向这个家族悄然接近。

金庸用文字描绘了一个成人童话般的江湖，但身为媒体人的他，没有忘记保持对现实的思考和批判，他小说中很多情节也是现实的影子。《鹿鼎记》的开头便描写了清代一起著名的文字狱——庄廷鑨明史案。这也是海宁查家真实遭遇的一次文字狱，小说中提到的伊璜先生，正是金庸先祖查继佐。

查继佐精通经史百家、诗词艺术，与张岱、谈迁、万斯同合称为"浙东四大史家"。明清易代之际，他投靠南明朝廷，曾参与保卫钱塘江的抗清斗争。南明亡后，查继佐向清廷妥协，把自己姓氏的"查"字写成"楂"，自比为罪人，从此归隐讲学，不问世事，没想到却惹上了明史案。

清初，双目失明的庄廷鑨编了本《明史辑略》，请许多文人帮忙修订，书中有不少抨击清朝的内容。庄氏书成之后，在修订者之中写了江南名士查继佐等十八人的名字。查继佐生性谨慎，并未答应署名。随着此书大量刊印，权臣鳌拜下令彻查参与编书的人员。

康熙元年（1662），明史案事发，涉案者多达千余人，被杀七十人，其中十八人凌迟。

查继佐受牵连入狱五个月，本要以"大逆罪"被判腰斩。世传，多亏广东提督吴六奇出手相救，查继佐才死里逃生。吴六奇年轻时穷得揭不开锅，有幸结识慷慨大方的查继佐。查继佐当年对他厚待有加，吴六奇也心念旧恩，对身陷囹圄的查继佐大力营救，为他开脱。另也有一些史料认为，查继佐为了摆脱罪名，在官府的威逼下，成为此案的检举者之一。总之，海宁查氏逃过一劫。

但几十年后，他们就没那么好运了。雍正四年（1726）的江西科场试题案，才真正给海宁查家带来毁灭性打击。

这一年，海宁查氏的查嗣庭被派往江西担任主考。后世传闻，他当时出的试题是"维民所止"，出自《诗经·商颂·玄鸟》中的"邦畿千里，维民所止"。这句话的本意是国家广袤的土地，百姓都可居住，大有爱护天下子民之意。可有人不怀好意，弹劾查嗣庭，称"维止"二字正好是把"雍正"的头掐掉了，这是大逆不道。

实际上，查嗣庭身陷此案的关键原因，是他曾被隆科多举荐，但雍正帝此时正要铲除隆科多党羽，而且查嗣庭早年又做过与雍正争夺皇位的八阿哥的入幕之宾。如今被抓住把柄，查嗣庭在劫难逃。

雍正在上谕中称，查嗣庭"语言虚诈，兼有狼顾之相，料其心术必不端正"，并以"讽刺时事，心怀怨恨"等罪名，将他逮捕。所谓查嗣庭案，不过是雍正铲除异己、树立威望的举措罢了。

四月，查嗣庭全家被押送刑部，大受拷问。查嗣庭次子查克上原来已官至内阁中书，次年三月病死狱中，这给早已绝望的查嗣庭莫大刺激，很快他便自尽于狱中。尽管如此，查嗣庭仍被戮尸，他的儿子16岁以上处斩，15岁以下流放。又因涉案的查嗣庭等人是浙江人，雍正帝下诏，停止浙江乡试、会试三年。

在此案中，查嗣庭的哥哥查慎行和查嗣瑮也受到牵连。查嗣瑮全家被流放至陕西蓝田，最终客死他乡。查慎行本已告老还乡，还被迫带着查家老少赴京投狱。

查慎行是黄宗羲的弟子，以诗闻名于世，一生作诗万首，堪称清代一流诗人。金庸的《鹿鼎记》全书五十回的回目，用的全是查慎行《敬业堂诗集》中的诗句，其中不乏佳句。

有一回，康熙给大臣赐鱼，命众臣赋诗，查慎行信手拈来："笠檐蓑袂平生梦，臣本烟波一钓徒。"康熙乐了，忍不住地夸。以前太监奉命传唤查慎行时，叫他"老查"，从那天起，都开始称他作"烟波钓徒查翰林"。

到了晚年，一生端谨的查慎行因弟弟的文字狱身陷牢狱之灾。他以赴京途中及狱中经历创作上百首诗，并集为《诣狱集》《生还集》。"如此冰霜如此路，七旬以外两同年。"在投狱途中，他写诗赠予同时受难的同科好友。"两月冰霜忽入春，全家赴狱岂惟生"，一语道出举家入狱的凄切悲苦。

雍正帝本要治其家长失教罪，可查慎行毕竟德高望重，皇帝不好意思太过绝情，便特赦查慎行归还乡里。侥幸回到故乡一年后，一代文坛领袖查慎行便去世了。顺治至雍正年间四大文字狱，有两起与海宁查氏有关，查家数年内不准参加科举，书生报国无路，一度盛极而衰。

有道是祸福相依。文字狱后，海宁查氏不再把重心放在八股文上，也不再为政治争破头皮，反而专注于家风传承，勤奋嗜学，以文化泽被后人。

金庸的成名绝非偶然，而是源于承继家学渊源。他回忆道："家中藏书很多，幼时虽然看不懂，但找书很方便，不仅有古书，还有新书。家人间的活动也很文雅，闲来多是下棋、看书。"

这一切，源自明代海宁查氏第三代、贫乐公查澄确立的"耕读为务"家训：

我今年老，戒尔诸孙：凡为童稚，读书为本。勤俭为先，兼知礼仪。及其成人，五常莫废，出则有方，入则孝悌。兄弟之间，本同一气，切勿相争，自相弃矣。妯娌之间，纺织为最，虽云异姓，和如姐妹。

戒尔子孙：毋贪于酒，酒能乱性，亦能招祸；毋贪于色，色能丧身；

毋学赌博，赌则败家；毋好争讼，讼则受辱。凡此四事，警之戒之。

和于邻里，睦于亲切。择良而交，见恶责己，毋堕农事，毋失祖业，顺之则行，逆而则止。言必择善，行必和缓，毋以暴怒，招其祸衍。

食但充口，毋贪美味；衣但蔽寒，毋贪绫绢。非礼勿取，量力节俭。凡使奴婢，亦当宽缓。凡此数事，斟酌而行。

戒尔子孙，谨守良规，从之者昌，逆之者殃，成败之际，如在反掌。

3

金庸的祖父查文清，是查氏家训的继承者。他是海宁查家的最后一位进士，在清光绪年间出任江苏丹阳知县，并于1891年遇上了著名的"丹阳教案"。当时，浙江多地的教堂相继被焚毁，上司要求查文清将火烧教堂的为首二人斩首示众，以便向西方列强交代。

查文清同情老百姓，暗地里通知那两人逃走，并回报自己的领导：此事全由外国传教士欺压良民引起公愤，数百人挺身而出，焚毁教堂，并没有为首者。

不久后，查文清因此案被迫辞官，从此闲居乡野，致力于当地的公益事业。他经营自明朝就有的查氏义庄，将几千亩地的田租用于资助孤儿寡妇。凡是上了中学、大学的人，每年可领一笔津贴；如果有人出国留学，补助的数额更大。子女读书有不同的档次，品评后张榜贴在祠堂里，受资助后事业有成要回报给家族，以此鼓励子弟求学。

金庸幼时听叔伯说，祖父查文清出丧之日，当年他设法营救的那两个烧教堂犯人一路哭拜而来，走一里路磕一个头，从丹阳一直哭到查家。

金庸受祖父的影响极深。他认为，祖父告诉了他两件事：一是外国人欺负中国人，二是要多读书。

到金庸父亲查枢卿时，查氏家中还拥有3600多亩田地、100多户佃农。他管理着上一辈留下的查氏义庄，又出资兴办学堂，让各家孩童免费入学。有一年圣诞节，查枢卿送给正在读中学的儿子一本狄更斯的名著《圣诞颂歌》。此书讲的是一个吝啬鬼的故事，是一本极平常的小书，却为金庸的文学启蒙。直到成年，金庸还把此书带到身边，每年都要拿出来读上几段。

查枢卿对人过分客气，有时借钱给别人，带着儿子一起去讨钱，可别人请老查吃饭喝酒，说的话也好听，钱却一分都不还。因此，查枢卿缺钱时只好先卖自己的田地垫付。

金庸说自己十三四岁的时候觉得父亲没用，做生意不该是这样做的。直到多年后，他也背负了作为父亲的悲痛，才理解了父亲，并时时想念父亲。

1950年查枢卿去世时，金庸还没有开始执笔武侠小说。后来，金庸在自传散文《月云》里回忆了失怙之苦。他也在小说里写了许多失去父亲的少年，故事里那些少年总在寻找自己的父亲，杨过在找父亲，萧峰在找父亲，段誉在找父亲，虚竹在找父亲，石破天在找父亲，张无忌在找义父。

1976年10月，金庸年仅19岁的大儿子查传侠在美国为情上吊自杀。接到噩耗的时候，金庸正在给报纸写社论。他强忍着悲痛，一边写稿一边流泪。后来，他一度想跟随儿子自杀："当时我有一个强烈的疑问，（他）为什么要自杀？为什么忽然厌弃了生命？我想到阴世去和传侠会面，要他向我解释这个疑问。"

在单行本《倚天屠龙记》后记中，金庸写道："张三丰见到张翠山自刎时的悲痛，谢逊听到张无忌死讯时的伤心，书中写得也太肤浅了，真实人生中不是这样的。因为那时候我还不明白。"

家庭，始终是海宁查氏最关怀的命题之一。

4

早在明代，海宁查家第七世的查绘为这一支定下了字辈，依次是：秉志允大继嗣克昌,奕世有人济美忠良。几百年来,查家人才辈出,涌现的重臣、文人、画家、名医、史学家、篆刻家和水利家等等,不胜枚举。

到了近现代,以金庸为代表的海宁查氏第二十二世良字辈,继承祖上的光辉,带领这一家族重出江湖,闻名海内外。

查良钊是我国著名的教育家,早年先后就读于南开、清华等名校。1918年,21岁的查良钊赴美求学,拜入著名学者杜威门下,与胡适、蒋梦麟师出同门。

学成归国后,查良钊先后担任北京师范大学教授兼教务长、河南大学校长、河南教育厅厅长等职,深受学生爱戴,被称为"孩子头"。1930年陕西大旱,查良钊不仅深入灾区访问,还发起"三元救一命"活动,募款救灾。后来长江发水灾,他又以灾区工作组总干事的身份,投入到赈灾中,救人无数,人称"查活佛"。

查良钊的弟弟查良鉴则是法学界的风云人物。民国时期,他为废除列强剥削的领事裁判权而精研法学,后来去台湾。1951年,查良鉴曾前往美国,调查空军将领毛邦初贪污案。毛邦初借在美军购之便私吞军款,查良鉴经过努力,成功将毛邦初绳之以法,并追回赃款数百万美元。

病重期间,查良鉴作《渺小的自我》,其中有几句颇有借鉴意义:"把自己想成是这世界上最渺小的生物,那么生活中既少苦闷,又乏忧伤,因为与世无争,与人无怨,自然烟消云散。"他终生奉行与查氏家训一脉相承的"渺小"哲学。查良鉴于1994年病逝,享年90岁。

在查良鉴赴美查案的那一年,他的族弟查良铮,即被称为"20世纪桂冠诗人"的穆旦,刚刚在美国获得硕士学位。两年后,穆旦毅然放弃国外的优裕生活,偕同夫人回国,来到南开大学外文系任教,一心想为建设新中国尽一份心力。

查良铮出身海宁查氏北支,15岁时拆姓"查"为"木旦",取其谐音"穆旦"为笔名发表诗歌,并翻译了拜伦、雪莱、普希金等文学巨匠的作品。全面抗战爆发后,穆旦投笔从戎,参加抗日救亡运动,到缅甸为中国远征军担任军队翻译,还曾穿越原始森林野人山,断粮八天。

1945年,他为远征军牺牲将士写下《森林之魅·祭歌》:

在阴暗的树下,在激流的水边。
逝去的六月和七月,在无人的山间,
你们的身体还挣扎着想要回返,
而无名的野花已在头上开满。

那刻骨的饥饿,那山洪的冲击,
那毒虫的啮咬和痛楚的夜晚,
你们受不了要向人讲述,
如今却是欣欣的树木把一切遗忘。

过去的是你们对死的抗争,
你们死去为了要活的人们生存,
那白热的纷争还没有停止,
你们却在森林的周期内,不再听闻。

静静的,在那被遗忘的山坡上,
还下着密雨,还吹着细风,
没有人知道历史曾在此走过,
留下了英灵化入树干而滋生。

直到生命的最后一年，穆旦每天仍要一边与伤病做斗争，一边花费十多个小时进行紧张的翻译工作。为了翻译拜伦的名著《唐璜》，他耗费了15年的心血。直到去世三年半之后，其译著《唐璜》才终于得以出版。穆旦的儿子后来回忆说，父亲在世时，我们不知道他是穆旦，只知道他是一个"为理想活着，而津津有味"的人。

这是穆旦的人生哲学，也是海宁查氏的精神传承。金庸与穆旦，一南一北，从未见面，却都是文坛的大侠。

5

《神雕侠侣》中，郭靖为了大宋奋不顾身地苦守襄阳多年，他希望杨过牢牢记住一句话："为国为民，侠之大者。"

但金庸写武侠小说，最初不过是无心插柳。

1954年，为吸引读者，《大公报》旗下的香港《新晚报》决定利用当时的武术流行风，在副刊连载武侠小说。编辑陈文统打头阵，以"梁羽生"为笔名开始写作武侠小说《龙虎斗京华》。次年，为接上档期，报馆向几年前南下香港、同为《新晚报》编辑的查良镛紧急约稿。

从未写过小说的查良镛被临时顶到了前台，开始连载第一部长篇小说《书剑恩仇录》。他并将"镛"字拆成两半，署名"金庸"。这一提笔，从此影响了数以亿计的华人。

从1955至1972年封笔，金庸一连写下了14部长篇武侠小说及1篇短篇武侠小说《越女剑》。后来，金庸将他的14部书书名的第一个字连起来，做了一副著名的对联："飞雪连天射白鹿，笑书神侠倚碧鸳。"

得益于香港的独特条件，金庸的市场意识让他摆脱了文人身份的桎梏，一手执笔，一手办报，活得潇洒。写小说只是金庸的副业，同一时期，他还创办了《明报》。

学者陈平原说，《明报》头版的社论可能才是金庸"更重要的文化事业"。身为《明报》的老板，他的政论影响了香港一个时期的政治和文化风气，因此一度成为激进分子的暗杀目标。

当金庸正在构建他的武侠世界时，同样出自海宁查家的查济民以纺织业起步，逐渐崭露头角，成为港商的代表人物。

查济民年轻时就读于浙江大学。他吃苦耐劳，先后在上海、常州等纺织公司工作，从学徒干起，一步步成长为纺织业界的行业精英。20世纪40年代后期，查济民举家赴港，在香港开始新事业，仍不忘家国情怀，为人低调，热心公益，也是海宁查氏家风的一个典型代表。

查济民生前说过："待人宽厚一点，待人好一点就是仁。人活在社会上必须彼此尊重、互相容忍……所谓'为富不仁'，在中国传统社会是一件很差很差的事。"

20世纪70年代，查济民为避免香港最大一块私人开发土地落入外商手中，斥资数千万港元，购买了大屿山愉景湾的一片荒地，并将其打造为区内最大型的度假式住宅社区之一。1988年，查济民与金庸强强联合，应邀担任香港基本法起草委员会委员，推出了有名的"双查方案"。这一法案经过修订，被纳入《基本法》。

从明清至今，无论时代如何变迁，海宁查家始终保持着初心，正如《倚天屠龙记》中那一句："他强由他强，清风拂山岗；他横由他横，明月照大江；他自狠来他自恶，我自一口真气足。"

侠之大者，为国为民，这就是海宁查家。

诗礼传家，大隐于市，这就是海宁查家。

富了十五代人，苏州贝家凭什么？

中国古话常说"富不过三代"，但有这么一个家族，它从明代中叶起，五百年间不曾中断，发展至今已兴盛整整十五代。这就是名扬海内外的江南名门——苏州贝家。

对中国人来说，家族永续绵传，是每一位创业先祖及后代子孙的殷殷期望。然而世事沧桑、命运多舛，自古至今能够延续兴盛的家族实际上寥寥无几。而那些存于当世的名门望族之中，究竟有着怎样的传世智慧？

1

早在清代乾隆年间，贝家就已跻身苏州的四大富族行列。当时，在大清帝国富甲一方的苏州城中，当地人口中流传着"南濠四富"的说法，指的是居住在苏州城内南濠街中的戈、毛、贝、毕四大家族。贝家在"南濠四富"中尤其为人称道。

贝家祖籍是浙江金华府兰溪县。明朝中期，贝氏先祖贝兰堂从浙江迁居苏州，是为苏州贝家的一世祖。贝兰堂原本在苏州城阊门外摆地摊，边卖草药边行医，到第二代贝兰亭、第三代贝和宇时已扩展成中药店。

贝家靠行医起家，以信誉闻名。贝家第三代贝和宇曾经接受一位湖州人的委托，代他销售中药制品。没想到有一天深夜强盗突然破门抢劫，仓促之中，贝和宇首先想到的不是保护自己的财物，而是带着存放那位湖州人药款的盒子迅速转移。结果等到贝和宇回到店中，他自己的财物早已被强盗洗劫一空，唯有别人委托存放的钱款安然无恙。尽管受此打击，贝家诚信守义的名声却四处传开，生意由此日渐兴隆。

在中国古代家族史上，暴发致富的人很多，但能连续多代行善积德的家族却很少，所谓为富不仁、不义自毙，大概说的也是这种类型。苏州贝家却是一个累世行善达十几代之久的家族。

贝家第五代贝琏就曾多次免费施药救人、惠泽乡里。因此当康熙皇帝于1711年在北京举行盛大的乡饮酒礼时，73岁的贝琏因德高望重，被苏州的乡邻士绅联合推举为"乡饮介宾"，赴京会宴。在封建帝国时代，这是对一位德高望重的老人及其家族至高无上的尊重。

苏州贝家发展到第七代贝慕庭时，已经成为江浙地区最著名的药材行商。贝慕庭本人也是江浙地区远近闻名的大慈善家，他到处设立义仓赈济灾民，遇到灾年米荒，甚至将自己的库存粮食以市价的三分之二卖给灾民。

过60岁生日时，贝慕庭将一个装满别人欠条、价值几万两银子的盒子当众烧毁。65岁时，身患重病的贝慕庭又再次将大量财物布施给周围的穷苦人家。

做完这些事后，他愉悦地说："我心里再没什么牵挂，可以瞑目了。"说完，他整理了下衣服，端坐椅中，从容逝世。

2

宋代以后，中国逐渐进入平民社会，加上朝代的更迭与战乱，能够兴盛达百年之久的名门望族寥若晨星。贝家之所以能够延续十几代，兴盛五百年之久，靠的不是科举发家，而是将家族累世的诚信经营、慈善布施、行善积德作为延续家族的不二法宝。

俗话说，家有败家子，即使是有金山银山，也是坐吃山空。所以，贝家非常重视子孙教育。

贝家的第十三代贝润生，28岁时在师傅奚润如的交托下管理颜料生意，并帮助奚家发展成远近闻名的颜料大王。然而到50岁时，贝润生却将自己倾注毕生精力培育的颜料产业交回给了奚家，以报答师傅奚润如的栽培之恩，他自己翩然而去，另外谋生。

后来，凭借着自己的生意天赋，贝润生的买卖也走上了正轨，还斥资买下了被列为"苏州四大园林"之一的狮子林。

贝润生认为："以产遗子孙，不如以德遗子孙；以独有之产遗子孙，不如以公有之产遗子孙。"于是，他在狮子林中设立了贝氏祠堂，并捐资在旁边建立了贝氏承训义庄，用来赡养、救济族人。他还与同族兄弟、金融巨子贝理泰在苏州城内开办了江苏省内最早的新式幼儿园，为江苏的教育改革和苏州的公益慈善做出了巨大贡献。

由于尊奉"以德遗子孙"，贝家历代重视教育，家族中无论是男孩还是女孩都必须上学求知。贝家还规定，"男丁必须做事"。尽管累世巨富，但"贝家从没出过提笼遛鸟的公子哥"。不要小看这一个小小的现象，实际上，很多名门后裔根本无法做到这一点。教育失道、子孙败落，这也是很多家族"富不过三代"的重要原因。

苏州贝家到了第十三代时，家族产业从传统的医药行业拓展到了颜料、房地产、金融、旅游等多个行业。贝润生是当时著名的"颜料大王"和房地产巨子；同为第十三代的贝理泰年轻时中过秀才，是中国第一家新型旅行社——中国旅行社的联合创始人，也是上海银行的联合创始人。

贝理泰的儿子、贝家第十四代贝祖诒则延续父亲贝理泰的风采，成为中国银行香港分行的奠基人，并参与了中国货币史上"废两改元"活动，协助推动了中国币制改革。1944年，贝祖诒以中国代表身份，陪同当时主管国民政府财政的孔祥熙赴美出席了国际金融货币会议，即著名的布雷顿森林会议。

1946—1947年间，贝祖诒担任国民政府中央银行总裁。尽管大权在握，但贝祖诒却坚持两袖清风，从未带走一分公款。这份清白的信念和道德的坚持，无疑也是贝家兴盛不衰的品质保证。

而贝祖诒也正是著名建筑大师、贝家第十五代贝聿铭的父亲。

由于累世巨富、教育有方，到了晚清民国及当代，苏州贝家已名人辈出。除了"颜料大王"贝润生，金融巨子贝理泰、贝祖诒，这个家族还出了诗人贝青乔，藏书家贝墉、贝信三，中国最早留学西方的建筑师贝季眉，建筑大师贝聿铭，资深教育家贝季瑶，女画家贝聿昭，科学家贝聿渠、贝聿铣，经济学家贝世鸿等名人。

3

历经四五百年的滋养，这个家族即使经历考验，也仍屹立挺拔，能屈能伸。贝家的第十五代贝聿琳的丈夫被打成"历史反革命"，每次在批斗会后，贝聿琳总是对丈夫说："我对你就一个要求，不要死！不要自杀！"

贝聿琳的女婿梁成锦回忆说，有一次岳父从批斗会上回来，孩子们看到他脖子上挂着批斗的大牌子，就帮他摘下来，结果才发现，挂牌子的铅丝早已把他的脖子勒出了深紫色的印记。一家人见此无不掉泪，但他却自己"一弯腰从菜篮子里挑了几棵开着黄花的菜芯，又顺手从地上捡了个瓶子，插好了往桌上一摆"，然后笑着对着全家人说："有花就有春天，有花就有希望！"

在历经考验的时代，尽管家族饱经创伤，但贝家仍然保持着最后的名门风范。

贝家的第十四代贝娟琳是颜料大王贝润生的女儿，后来嫁给了同为颜料大王的吴同文。民国时期，吴同文请匈牙利著名建筑师邬达克，为贝娟琳建造了当时号称为"远东第一豪宅"的上海"绿屋"。这座上海绿屋，光厨房就有300

平方米，另有12个洗手间，还装有中国第一部奥的斯全自动电梯。

1966年，吴同文被批斗后服毒自杀，贝娟琳也被赶出了"绿屋"。后来，有关部门决定把"绿屋"归还给贝娟琳，但贝娟琳却说："不要了，就算拿回来，也找不回当年的气派。"

改革开放后，年近八旬的贝娟琳又重新活跃在上海"老克勒"（老洋派作风者）的沙龙上。有人回忆说，尽管历经沧桑、家道中落，但这位老太太依然自有气质，贵气袭人。

经历时代的冲击，苏州贝家遭受重创。当1974年，旅居海外的贝家第十五代、功成名就的著名建筑大师贝聿铭在1949年后第一次回到苏州，面对"一百多位穿着破旧蓝黑衣服的亲戚"时，他一时悲戚无语。后来，贝聿铭回忆说："我在他们面前没有一丝一毫的优越感。他们当中任何一个人可以是我，我可以是他们当中的任何一人，一切都是历史的偶然。"

当初，贝聿铭的父亲贝祖诒见到时代巨变，于是坚持让贝聿铭留在美国。贝聿铭身在异国他乡，结婚生子后，因为怀念祖国，他为自己的三个儿子分别取名贝定中、贝建中、贝礼中，意思分别是安定中国、建设中国、礼仪中国。

虽然独处海外，贝聿铭却始终坚称自己是苏州人和中国人。

后来，贝聿铭应邀为北京设计一座建筑。有关部门希望在长安街沿线修建一座高层建筑。对此贝聿铭直接拒绝说："我的良心不允许我这么做，从紫禁城墙上往上看，你看到的是屋顶金色的琉璃瓦，再往上就是蓝色的天空，中间一览无余，那就是使紫禁城别具一格的环境。假如你破坏了那种独树一帜、自成一体的感觉，你就摧毁了这件艺术品。我无法想象有一幢高层建筑像希尔顿饭店俯瞰白金汉宫那样，居高临下俯视600年的故宫。"

独辟蹊径的贝聿铭为北京设计了香山饭店，开辟了古典建筑与当代建筑融合之美，"以在中国留点纪念"。

2002年，85岁的贝聿铭又亲自动手，为故乡苏州设计了极富中国古典审美情趣的苏州博物馆新馆。当时，贝聿铭的儿子、著名建筑师贝礼中对这个设计也感兴趣，但贝聿铭却说："我的儿子中文已经生疏了，对中国文化不够了解。我是中国人，这个设计要我亲自来。"

在纪录片《我的建筑师》中，有人问贝聿铭说："为什么你的成功概率很高？"贝聿铭只回答了一句："是的。但可能是因为我更加耐心，因为我是个中国人。"

对于这个家族之所以能够兴盛五百年不衰的原因，早在贝聿铭年轻时，当他向祖父、金融巨子贝理泰请教人生经验时，贝理泰就曾经用孔子的一句名言回答说："为政以德，譬如北辰，居其所，而众星共之。"

孔子这句话，本意是说为政者应该实行德治，这样就如北极星一般，即使安居其所，其他星辰也会井然有序地拱卫着它。但贝理泰却用这句话来讲道德、讲人生、讲家族，看似辽阔不着边际，但或许只有这样的格局，才足以护佑一个家族，兴盛长达整整五百年吧。

义宁陈氏：近代以来最有文化的家族

1925年，清华要办中国最好的国学研究院，第一件事是请人、挖人。

时任国学研究院筹委会主任的吴宓很快落实，他请来了王国维、梁启超和赵元任，每一个都是当时学界的超一流大师。

至于第四位导师，吴宓向清华大学校长曹云祥隆重推荐了他在哈佛的同学——陈寅恪。

清华教务长张彭春表示强烈反对，理由是陈寅恪学问虽好，但一无学位，二无著作，不符合聘任条件。吴宓当即与张彭春辩论说，陈寅恪前后留学18年，真正是为学问而学问，其他人只是为学位而已，学了四五年就跑回国来了。

他又说，虽然陈寅恪没有正式著作发表，但他发表过的一封《与妹书》节录，其中透露的学问之深广、见识之高远，已然胜过国内一堆教授。

然而，无论吴宓如何力捧陈寅恪，清华教务处就是不肯聘请一个"双无"导师。吴宓急了，直接找到曹云祥，当场甩下一句话："如果清华不愿聘请陈寅恪，那我吴某的筹委会主任不当也罢。"

由于吴宓以辞职要挟，清华终于同意聘请陈寅恪为"四大导师"之一。

关于清华聘任陈寅恪，学界还流传另一种说法。吴宓推荐了陈寅恪之后，校长曹云祥不知陈寅恪何许人也，便问梁启超："他是哪一国博士？"

梁答："他不是学士，也不是博士。"

曹又问："他有没有著作？"

梁答："也没有著作。"

曹说："既不是博士，又没有著作，这就难了！"

梁生气了，说："我梁某也没有博士学位，著作算是等身了，但总共还不如陈先生寥寥数百字有价值。"

曹云祥这才决定发聘书。

在"四大导师"的加持下，清华国学院一创办，就迎来了巅峰。

那么，陈寅恪究竟是何许人，竟能引得身为主事人的吴宓为他辞职，向来骄傲的梁启超为他自污？

为了更好地回答这个问题，我们得从江西义宁（今修水）的陈氏家族讲起。

1

陈寅恪的祖上是雍正末年从福建上杭迁居江西义宁的客家移民，即所谓"棚民"。

史学家黄仁宇曾说："一个农民家庭如果企图生活稳定并且获得社会声望，惟一的道路是读书做官。然而这条路漫漫修远，很难只由一个人或一代人的努力就能达到目的。通常的方式是一家之内创业的祖先不断地劳作，自奉俭约，积铢累寸，逐步上升到地主。这一过程常常需要几代人的时间。经济条件初步具备，子孙就得到了受教育的机会……所以表面看来，考场内的笔墨，可以使一代清贫立即成为显达，其实幕后的惨淡经营则历时已久。"

宋代科举平民化以后，中国历史上大家族的崛起，无不经由这条路径。义宁陈氏家族也不例外。经棚民之家、耕读之家到官宦之家，陈氏总共用了四代人的时间。进入这个家族最辉煌的阶段后,陈氏走出的陈宝箴、陈三立、陈衡恪、陈寅恪、陈封怀等杰出人物,被后世誉为"陈门五杰"。义宁陈氏由此成为中国历史上罕见的文化大族。

吴宓不仅十分推崇陈寅恪,对整个义宁陈氏家族亦推崇备至。他说,义宁陈氏"一家三世,为中国近世模范人家,父子秉清纯之门风,学问识解,惟取其上,所谓文化贵族。降及衡恪、寅恪一辈,犹然如此,诚所谓君子之泽也。故义宁陈氏一门,实握世运之机轴,含时代之消息,而为中国文化与学术德教所托命者也"。他把义宁陈氏视作中国文化的一根顶梁柱,评价之高,可见一斑。

陈寅恪的祖父陈宝箴,是义宁陈氏走出来的第一位风云人物。

1852年,年仅21岁的陈宝箴考中举人,陈家人欣喜欲狂,张灯结彩。两年后,其父陈伟琳过世,留下12字遗训:"成德起自困窘,败身多因得志。"意思是,一个人也好,一个家族也好,在困境中容易磨砺德行,在顺境中却容易走向衰败。

从此,陈家再未因科举功名而疯狂。

1860年,正在北京考进士的陈宝箴在一家茶楼目睹了英法联军火烧圆明园时的冲天大火、滚滚浓烟。他当场失声痛哭,随即做出了一个决定:放弃科举,投身军旅。

陈宝箴先后投入曾国藩、席宝田幕中,当时就被称赞为"海内奇士"。湘军攻入天京后,太平天国幼主洪天贵福逃出天京并一路逃到江西,陈宝箴设计将其一网打尽。

无论在何处任职、出任何职,陈宝箴都力推善政,勤勉图强,造福百姓。到了光绪年间,封疆大吏纷纷举荐陈宝箴,张之洞说他"才长干济,学识深通",卞宝第说他"饶有才识,而淡于荣利",王文韶说他"才大而性刚,往往爱惜羽毛,有不轻寄人篱下之概,所如稍不合,辄置荣辱于度外"。虽处帝国晚期，陈宝箴的能力和品性还是人所周知，有识见的封疆大吏们都想重用这位干才。

1895年，《马关条约》签订，陈宝箴悲愤交加，长叹："无以为国矣！"当时，陈宝箴任直隶布政使，签约的李鸿章从日本回来后，也住在天津。帝国官场传言，李鸿章将复任直隶总督，而陈宝箴不仅不去拜见他，还放言说："李公朝抵任，吾夕挂冠去矣。"他来，我就走，辞官不做。

有人替李鸿章辩解，陈宝箴却说，我之所以愤恨李鸿章，是因为他作为最受信任的封疆大吏，深知中国不堪一战，却不能谏阻最高统治者草率做出应战的决策，导致中国落下战败割地赔款的结局。

同年，陈宝箴出任湖南巡抚，成为一员封疆大吏。在任上，他以富国强民为己任，推行新政。文化上，他变士习，开民智，开创南学会、时务学堂；政治上，他肃清吏治，知人善任，起用谭嗣同、唐才常等维新人物；实业上，他设矿务局、铸币局等；军事上，他裁汰旧式军营，引进西方军事化管理，设武备学堂。原本保守的湖南，在陈宝箴手上，一举成为全国最有生气的省份，也成为维新变法在全国的标杆。

慈禧发动戊戌政变后，作为维新变法的地方实力派，陈宝箴遭到革职，永不叙用。一个走在时代前沿的人，仕途戛然而止。

陈宝箴一生淡泊，两袖清风，被贬回籍时，一家人连回家的路费都没有，最后在百姓的资助下才得以成行。他为官的时候，经常吩咐下人少买荤菜，多买蔬菜。下人不理解，背后说他故作清廉。他听到后，当即写了一首诗送给厨工：

嚼来确是菜根甜，不是官家食性偏。
淡泊生涯吾习惯，并非有意钓清廉。

1900年，陈宝箴去世。有学者考证，他是在义和团运动达到顶峰的时候被慈禧赐死的。陈宝箴死前留下遗嘱："陈氏后代当做到六字：不治产，不问政。"

在此之后，陈家再无人涉足宦海。

2

一个政治家族消失了，但一个文化世家从此崛起。而为陈氏家族转型挑大梁的，正是陈宝箴的长子陈三立。

陈三立与谭嗣同等人一起被称为"维新四公子"，名动一时。1889年，陈三立考中进士，在吏部为官。但后来，他辞去官职，追随父亲到湖南推行新政。据梁启超说，湖南变法运动的幕后主持者，实际上就是陈三立。

当年，黄遵宪向陈宝箴建议请康有为担任长沙时务学堂总教习，陈三立则主张请梁启超。他说自己读过梁的文章，"其论说似胜于其师，不如舍康而聘梁"。最后陈宝箴请了梁。事实证明，梁启超到时务学堂讲学，对湖南影响很深。

陈三立晚年曾与梁启超重逢，在说到长沙时务学堂最得意的学生蔡锷时，他告诉梁，当年蔡锷报考时务学堂，文章不通，是自己看蔡锷年少，破格录取的，后来蔡锷果然成为大才。

可以看出，无论请先生还是选学生，陈三立的眼光都非常独到。

戊戌政变后，跟陈宝箴一样，陈三立亦获严谴，从此落魄江湖。他给梁启超写过一首诗，其中有句："凭栏一片风云气，来做神州袖手人。"

但事实上，陈三立虽远离政治，却从未对国家之难、人民之苦袖手旁观。

1903年，陈三立为了创办一所小学堂，果断决定"将我的住宅让出办学"。他还聘请了外国教师，成为创建新式学校的先例。

1906年，清廷曾要委派陈三立职务，但被他拒绝。一年后，袁世凯要他出任参政议员，他仍然不为所动。

陈三立博学多才，写诗写成了近代诗坛的绝对领袖。在文学史上，陈三立被誉为"最后一位古典诗人"。汪辟疆仿水浒一百零八将写《光宣诗坛点将录》，点陈三立为"天魁星及时雨宋江"。

曾有学生问陈三立怎样才能写好诗，陈三立斩钉截铁地回答说："你们青年人，目前的任务是怎样做人。"

1932年，陈三立的好友郑孝胥投靠日本，辅佐溥仪建立伪满政权，陈三立痛骂郑"背叛中华，图功利"，当即与之断交。

1937年全面抗战爆发后，逃难成为中国人的一种日常。这位倔强的老人却说："我决不逃难！"听到有人鼓吹中国必败，陈三立怒不可遏："中国人岂狗彘耶？岂帖耳俯首，任人宰割？"

日本人一度想招揽陈三立，陈三立让用人拿扫帚逐客。之后，为表抗议，他连续绝食五日，最后忧愤而死。

3

陈三立是中国古典诗人中的最后一座高峰，是抗战年代中国不屈的一根脊梁，他膝下五个儿子也个个是人杰：长子陈衡恪，著名书画家，是吴昌硕之后、齐白石之前，中国画坛最重要的人物；次子陈隆恪，著名诗人；三子陈寅恪，蜚声国际的史学大师；四子陈方恪，著名诗人，风流倜傥，被称为"金陵最后一个贵族"；幼子陈登恪，著名古典文学研究专家，武汉大学外文系主任、中文系"五老"之一。

陈衡恪有一个更为人所知的名字，叫陈师曾。他是天才横溢的画家，但秉承其父陈三立之风，认为画画与做人不可分割。他曾说，文人画有四大要素："第一人品，第二学问，第三才情，第四思想，具此四者，乃能完善。"

他曾赞助过鲁迅办杂志，和李叔同是知交，与齐白石是莫逆之交。齐白石说，他与陈师曾二人的关系是"君无我不进，我无君则退"。可惜陈师曾英年早逝。1923年，他得知继母病危，赶回南京亲奉汤药，不久继母病逝，他也因连日劳累染病不起。

梁启超在陈师曾的追悼会上说："师曾之死，其影响于中国艺术界者，殆甚于日本之大地震。大地震之损失不过物质，吾人之损失乃为精神。"

陈师曾有个儿子叫陈封怀，日后成为中国近代植物园的创始人之一，是义宁陈氏家族自陈宝箴之后第四代的代表人物。

陈封怀不愧出身陈氏家族，他像他的父祖辈一样，热爱祖国，铁骨铮铮，从不对权贵低头。他曾留学英国爱丁堡皇家植物学院，专攻园艺学和报春花分类学。学成后，他毅然谢绝了留在英国工作研究的邀请，对自己的导师说："报春花的故乡在中国，我的根也在中国。"

1948年，蒋介石想装饰他的庐山别墅，手下官员迎合上意，派人到庐山植物园挖掘红枫树。时任植物园主任的陈封怀坚决不同意，说："红枫不能挖，树木是植物园的，我有责任保护！"来人看他的架势，只好撤退。上级知道后，向陈封怀施压，陈封怀仍然不为所动。管你是天王老子，不能挖就是不能挖。

4

如今，说起义宁陈氏家族，大家最熟悉的人物当属陈寅恪。

吴宓毫不掩饰他对陈寅恪的膜拜："合中西新旧各种学问而统论之，吾必以寅恪为全中国最博学之人，寅恪虽系吾友而实吾师。"一身傲气的傅斯年，认识陈寅恪之后，同样对他佩服得五体投地："寅恪之学问，三百年来一人而已。"当代史学大家余英时说过，"在中国学术界中，王国维以后，便很少有人像陈先生那样受到人们普遍的崇敬与仰慕"。

陈寅恪早年留学日本，后来又在欧美整整游学16年。在此期间，他上过全世界最牛的大学，却从未拿过一张文凭、一个学位。

他自己说过，考博士并不难，但两三年内被一个具体专题束缚住，就没有时间学其他知识了。所以，文凭在别人眼里是个人才学的证明，在他眼里，则是废纸一张。

正如文章开头所说，陈寅恪获聘清华国学院导师时，虽因无文凭、无著作而受到争议，但很快，这位学问贯绝中西、深不可测的大师，便深深折服了整个中国学界。

他在清华讲课，不仅本校学生来听，北大的学生也来听；不仅本校的教授来听，北大的教授也来听。清华国学院主任吴宓，每课必到，风雨无阻。朱自清、冯友兰……这些大咖，都曾是陈寅恪课堂上的常客，以至于北平的大学生都称陈寅恪为"太老师"。出身名门的陈寅恪，因此被誉为"公子的公子，教授之教授"。

陈寅恪有一套著名的讲课规定"四不讲"："前人讲过的，我不讲；近人讲过的，我不讲；外国人讲过的，我不讲；我自己过去讲过的，也不讲。我现在只讲未曾有人讲过的。"

他对古籍的熟稔程度，连资深教授都颇为诧异。经常有人向他求问一句话的出处，他闭目说出在哪本书哪一页，一查，准没错。

陈寅恪嗜书如命，用他自己的话说，是"因龆龄嗜书，无书不观，夜以继日"，导致高度近视，视网膜脱落，乃至40多岁时右眼失明。

1939年，牛津大学聘请他为汉学教授，据说这是三百年来第一个获此殊荣的中国人。陈寅恪接受聘任，想顺便到伦敦治眼睛。谁知道辗转到香港时，陈寅恪一家被困香港。

太平洋战争爆发后日本占领香港，日本人又拼命做陈寅恪的工作，但就像他绝食而死的父亲一样，陈寅恪的国恨家仇理念非常强烈，哪怕一家人揭不开锅，整日惴惴不安，他就是不肯屈从日本人的摆布。

好不容易逃回内地，抗战还未胜利，陈寅恪却双目皆已失明。

若是常人，至此学术生涯基本已废，但陈寅恪绝非常人。那些经典早已刻在他心里，他凭借一张嘴，通过口述，完成了一部部后人难以超越的著作，包括晚年最负盛名的《柳如是别传》。

1927年，清华"四大导师"之一的王国维自沉，陈寅恪为他写下了传诵至今的纪念碑铭："先生之著述或有时而不章，先生之学说或有时而可商，惟此独立之精神，自由之思想，历千万祀而与天壤同久，共三光而永光。"

"独立精神，自由思想"这八个字，恰是陈寅恪的心声与毕生追求。无论身处什么时代，他都恪守一个国家的史学传统，只要文化不曾断绝，这个国家就还在。

陈寅恪的晚年在广州的中山大学度过。当时主政广东的陶铸，给予了他最好的照顾，谁知引起一些人的不满。时任中大党委副书记马肖云说，给陈寅恪配三个半护士的照顾，太特殊了。陶铸听后，回答说："你若像陈寅老这个样子，眼睛看不见，腿又断了，又在著书立说，又有这样的水平，亦一定给你三个护士。"[1]

1962年，康生南下广州，提出要见见陈寅恪，可无论中大校方如何动员，陈寅恪就是不见，不但不见，还赋诗自娱："闭户高眠辞贺客，任他嗤笑任他嗔。"[2]

再后来，陈寅恪难逃被批斗。他的护士和助手被撤走了，一个坐轮椅的盲人教授，只能依赖同样年迈、一身伤病的妻子唐筼照顾。这个时候，唯一的温情是，每当学生要批斗陈寅恪，中大历史系主任刘节就会及时赶到："我是他的学生，他身上有的毒，我身上都有，斗我就行了！千万别斗他！"学生于

---

[1] 陆键东，《陈寅恪的最后二十年》，生活·读书·新知三联书店，1995年，第394、395页。
[2] 刘宜庆，《百年风雅》，江苏凤凰文艺出版社，2018年，第63页。

是殴打刘节，问他有何感受。刘节回答："能够代替老师来批斗，我感到很光荣！"

1969年10月7日，陈寅恪与世长辞。弥留之际，他一言不发，只是眼角不断地流泪。他最大的遗恨，是未能写成《中国通史》和《中国历史的教训》。

5

当年，迁居江西的陈氏先祖陈腾远，虽以低微的身份，为后代筚路蓝缕，却从一开始就教育子孙谨记十个字："立仁德之志，操君子之节。"

而这，成了陈氏家规的核心。从陈宝箴，到陈三立，到陈衡恪、陈寅恪，再到陈封怀，每一个人，都足以突破家族的界限，上升为中国人的精神榜样。

高风亮节，铮铮铁骨，一个国家，任何时代都需要这样的人。致敬，义宁陈氏家族！

参考文献

1. 司马迁. 史记[M]. 北京：中华书局，2006.

2. 班固. 汉书[M]. 北京：中华书局，2007.

3. 陈寿. 三国志[M]. 北京：中华书局，2006.

4. 荀悦，袁宏. 两汉纪[M]. 北京：中华书局，2017.

5. 范晔. 后汉书[M]. 北京：中华书局，2007.

6. 房玄龄. 晋书[M]. 北京：中华书局，1996.

7. 魏收. 魏书[M]. 北京：中华书局，1974.

8. 萧子显. 南齐书[M]. 北京：中华书局，1972.

9. 姚思廉. 梁书[M]. 北京：中华书局，2000.

10. 令狐德棻. 周书[M]. 北京：中华书局，1971.

11. 李延寿. 北史[M]. 北京：中华书局，1974.

12. 李延寿. 南史[M]. 北京：中华书局，1975.

13. 魏徵. 隋书[M]. 北京：中华书局，1997.

14. 刘昫. 旧唐书[M]. 北京：中华书局，1975.

15. 欧阳修，等. 新唐书[M]. 北京：中华书局，1975.

16. 薛居正. 旧五代史[M]. 北京：中华书局，1976.

17. 欧阳修，等. 新五代史[M]. 北京：中华书局，1974.

18. 司马光. 资治通鉴[M]. 北京：中华书局，2009.

19. 李焘. 续资治通鉴长编[M]. 北京：中华书局，2016.

20. 脱脱，等. 宋史[M]. 北京：中华书局，1985.

21. 陈邦瞻. 宋史纪事本末[M]. 北京：中华书局，2015.

22. 脱脱，等. 辽史[M]. 北京：中华书局，1974.

23. 脱脱. 金史[M]. 北京：中华书局，1975.

24. 宋濂. 元史[M]. 北京：中华书局，1976.

25. 张廷玉. 明史[M]. 北京：中华书局，1974.

26. 诸葛亮. 诸葛亮集[M]. 北京：中华书局，2009.

27. 余嘉锡. 世说新语笺疏[M]. 周祖谟，整理. 北京：中华书局，2011.

28. 杜甫. 杜工部集[M]. 上海：上海古籍出版社，2003.

29. 范仲淹. 范仲淹全集[M]. 李勇先，等，点校. 北京：中华书局，2020.

30. 司马光. 涑水记闻[M]. 北京：中华书局，1989.

31. 李昉. 太平御览[M]. 北京：中华书局，2000.

32. 苏轼. 苏轼文集[M]. 孔凡礼，校注. 北京：中华书局，2004.

33. 陆游. 剑南诗稿校注[M]. 钱仲联，校注. 上海：上海古籍出版社，1985.

34. 辛弃疾. 稼轩词编年笺注（增订本）[M]. 上海：上海古籍出版社，1993.

35. 王守仁. 王阳明全集[M]. 上海：上海古籍出版社，1992.

36. 赵廷瑞. 陕西通志[M]. 西安：三秦出版社，2006.

37. 黄宗羲. 宋元学案[M]. 北京：中华书局，1986.

38. 徐秉义. 明末忠烈纪实[M]. 杭州：浙江古籍出版社，1987.

39. 张英，张廷玉. 聪训斋语澄怀园语[M]. 合肥：安徽大学出版社，2013.

40. 马其昶. 桐城耆旧传[M]. 台北：文海出版社，1968.

41. 严可均. 全后汉文[M]. 北京：商务印书馆，1999.

42. 曾国藩. 曾国藩全集[M]. 长沙：岳麓书社，1994.

43. 左宗棠. 左宗棠全集[M]. 长沙：岳麓书社，2009.

44. 赵尔巽，等. 清史稿[M]. 北京：中华书局，1998.

45. 徐珂. 清稗类钞[M]. 北京：中华书局，2010.

46. 钱穆. 国史大纲[M]. 北京：商务印书馆，2013.

47. 吕思勉. 两晋南北朝史[M]. 上海：上海古籍出版社，2005.

48. 陈寅恪. 唐代政治史述论稿[M]. 上海：上海古籍出版社，1997.

49. 陈寅恪. 金明馆丛稿初编[M]. 北京：生活·读书·新知三联书店，2001.

50. 毛汉光. 中国中古社会史论[M]. 上海：上海书店出版社，2002.

51. 田余庆. 东晋门阀政治[M]. 北京：北京大学出版社，2005.

52. 梁庚尧. 宋代科举社会[M]. 北京：东方出版中心，2017.

53. 李桂芝. 辽金简史[M]. 福州：福建人民出版社，1996.

54. 骆玉明. 简明中国文学史[M]. 上海：复旦大学出版社，2004.

55. 侯家驹. 中国经济史[M]. 北京：新星出版社，2008.

56. 齐涛. 中国古代经济史[M]. 济南：山东大学出版社，1999.

57. 韩茂莉. 中国历史地理十五讲[M]. 北京：北京大学出版社，2015.

58. 邹逸麟. 中国历史地理概述[M]. 上海：上海教育出版社，2007.

59. 刘清扬. 诸班史迹考[M]. 西安：西北大学出版社，2018.

60. 吴从祥. 马融年谱[M]. 合肥：黄山书社，2019.

61. 李禹阶、秦学颀. 外戚与皇权[M]. 重庆：西南师范大学出版社，1993.

62. 易中天. 两汉两罗马[M]. 杭州：浙江文艺出版社，2016.

63. 阎爱民. 汉晋家族研究[M]. 上海：上海人民出版社，2005.

64. 余明侠. 诸葛亮评传[M]. 南京：南京大学出版社，1996.

65. 汲广运. 琅邪诸葛氏家族文化研究[M]. 北京：中华书局，2013.

66. 陈启云. 荀悦与中古儒学[M]. 沈阳：辽宁大学出版社，2000.

67. 王心扬. 东晋士族的双重政治性格研究[M]. 上海：上海古籍出版社，2010.

68. 吕卓民. 古都西安：长安韦杜家族[M]. 西安：西安出版社，2005.

69. 谭凯. 中古中国门阀大族的消亡[M]. 胡耀飞，谢宇荣，译. 北京：社会科学文献出版社，2016.

70. 周征松. 魏晋隋唐间的河东裴氏[M]. 太原：山西教育出版社，2000.

71. 王力平. 中古杜氏家族的变迁[M]. 北京：商务印书馆，2006.

72. 陈鹏. 中国婚姻史稿[M]. 北京：中华书局，2005.

73. 刘海峰. 中国科举文化[M]. 沈阳：辽宁教育出版社，2010.

74. 罗莹. 宋代东莱吕氏家族研究[M]. 北京：人民出版社，2011.

75. 方健. 范仲淹评传[M]. 南京：南京大学出版社，2001.

76. 戴应新. 折氏家族史略[M]. 西安：三秦出版社，1989.

77. 华建新. 姚江秘图山王氏家族研究[M]. 宁波：宁波出版社，2010.

78. 牟复礼，崔瑞德. 剑桥中国明代史[M]. 北京：中国社会科学出版社，1992.

79. 顾诚. 南明史[M]. 北京：中国青年出版社，2003.

80. 李建军. 明代云南沐氏家族研究[M]. 沈阳：辽宁人民出版社，2002.

81. 张正明. 晋商兴衰史[M]. 太原：山西古籍出版社，1995.

82. 程光，盖强. 晋商十大家族[M]. 太原：山西经济出版社，2008.

83. 梁绍辉. 曾国藩评传[M]. 南京：南京大学出版社，1999.

84. 成晓军. 曾国藩家族[M]. 重庆：重庆出版社，2006.

85. 秦翰才. 左宗棠全传[M]. 北京：中华书局，2016.

86. 左景伊. 我的曾祖左宗棠[M]. 武汉：湖北人民出版社，2010.

87. 孙占元. 左宗棠评传[M]. 南京：南京大学出版社，1995.

88. 王力顺. 再造玄黄：李鸿章家族传[M]. 武汉：华中科技大学出版社，2020.

89. 金庸，梁羽生，百剑堂主. 三剑楼随笔[M]. 上海：学林出版社，1997.

90. 金庸，池田大作. 探求一个灿烂的世纪：金庸/池田大作对话录[M]. 北京：北京大学出版社，1999.

91. 江庆柏. 清代人物生卒年表[M]. 北京：人民文学出版社，2005.

92. 洪水铿，等. 海宁查氏家族文化研究[M]. 杭州：浙江大学出版社，2006.

93. 陈伯良. 穆旦传[M]. 北京：世界知识出版社，2006.

94. 傅国涌. 金庸传[M]. 杭州：浙江人民出版社，2013.

95. 侯杰，秦方. 张伯苓家族[M]. 北京：新星出版社，2018.

96. 萨本珪，等. 仁寿堂集[M]. 福州：海峡文艺出版社，2013.

97. 萨支辉，萨本仁. 锐舰：海军耆宿萨镇冰传[M]. 天津：天津人民出版社，2010.

98. 刘尔亮. 殇海遗梦：萨师俊与中山舰[M]. 武汉：武汉出版社，2019.

99. 石慧霞. 萨本栋传：民族危机中的大学校长[M]. 厦门：厦门大学出版社，2015.

100. 环球人物杂志社. 百年政治家族[M]. 北京：现代出版社，2016.

101. 余世存. 家世：百年中国家族兴衰[M]. 北京：北京时代华文书局，2018.

102. 唐长孺. 门阀的形成及其衰落[J]. 武汉大学人文科学学报，1959（8）.

103. 田余庆. 曹袁斗争和世家大族[J]. 历史研究，1974（1）.

104. 何兹全. 读《三国志》札记：荀彧之死[J]. 文史知识，2003（9）.

105. 孟祥才. 论荀彧[J]. 史学月刊，2001（1）.

106. 林校生. 桓温与玄学[J]. 中国史研究，1998（4）.

107. 范国强. 汉代自杀现象下的反行为——以李陵及其家族的非正常死亡为中心[J]. 兰州学刊，2010（2）.

108. 温海清. 北魏、北周、唐时期追祖李陵现象述论——以"拓跋鲜卑系李陵之后"为中心[J]. 民族研究，2007（3）.

109. 单磊. "李陵之祸"：史家思维与政客思维的交锋[J]. 唐都学刊，2015（1）.

110. 侯文学. 班固年表[J]. 南京师范大学文学院学报，2015（4）.

111. 王永平. 略论诸葛诞与琅邪诸葛氏"姓族"形成之关系[J]. 文史哲，2005（4）.

112. 王永平. 兰陵萧氏早期之世系及其门第之兴起考论[J]. 南京理工大学学报（社会科学版），2007（2）.

113. 刘祥. 辞赋的贵族肖像：南朝兰陵萧氏赋学考论[J]. 文艺理论研究，2018（3）.

114. 王光照. 隋文献独孤皇后与开皇世政治[J]. 中国史研究，1998（4）.

115. 陈冠明. 杜审言年谱[J]. 杜甫研究学刊，2001（3）.

116. 佐藤浩一. 杜甫的"义姑"京兆杜氏——以唐故万年县君京兆杜氏墓志铭为中心[J]. 杜甫研究学刊，2002（4）.

117. 王湘平. 论范仲淹的宗法思想与义庄的慈善信托机制[J]. 原道，2019（2）.

118. 廖志豪，李茂高. 略论范仲淹与范氏义庄[J]. 学术月刊，1991（10）.

119. 李裕民. 折氏家族研究[J]. 陕西师范大学学报（哲学社会科学版），1998（2）.

120. 薛正昌. 府州折氏家族析论[J]. 西夏研究，2016（1）.

121. 诸焕灿. 王阳明世系考索[J]. 浙江万里学院学报，2001（4）.

122. 祝勇. 风雨乔家[J]. 寻根，2001（6）.

123. 武世刚. 乔致庸和乔氏家族[J]. 山西档案，2006（3）.

124. 武殿琦，马晓燕. 三晋儒商乔致庸[J]. 文史知识，2006（11）.

125. 胡卫平. 从《几何原本》的刊刻到"雪耻"的数学世家[J]. 湖南人文科技学院学报，2010（4）.

126. 石潇纯. 论曾国藩家族女性对曾氏家风的继承与发扬[J]. 船山学刊，2012（4）.

127. 杨琳. 安徽桐城父子宰相家训思想研究[D]. 蚌埠：安徽财经大学，2011.

128. 王丹. 东汉窦氏家族研究[D]. 长春：东北师范大学，2006.

129. 张广村. 中古河东裴氏家族及其文献研究[D]. 济南：山东大学，2012.